十三經注疏

傳 毛亨 箋 鄭玄 疏 孔穎達
책임번역 林在完 공동번역 金明煥
현토 吳圭根

譯註 毛詩正義 6

모시정의

전통문화연구회

東洋古典現代化와 十三經注疏 譯註

본회가 東洋古典의 飜譯과 教育, 情報化 등 古典現代化 사업을 시작한 지 어느덧 25년이 되었다. 그간 우리나라의 고전국역 상황을 보면, 東洋古典에 대한 번역문제는 1960년 중반에 한국고전번역을 정부에서 추진하면서 우선 四書五經 등 기본고전을 모범 번역하자는 논의가 있었지만 우리 고전이 아니라고 무산되었다.

1980년대에 韓國學 연구와 한국고전번역의 先決課題는 물론, 國際政治 관계나 經濟상의 이유로도 필요하다는 논의가 제기되었다. 그 후 1988년 본회가 발족하면서 東洋古典 번역을 착수하여, 1990년대 말경 본회에서 소위 '新注'의 四書三經을 註까지 懸吐完譯함으로써 東洋學과 韓國學徒들의 袖珍本이 되고 教育界와 文化界까지 파급되었다.

그 후 본회 창립 20주년이 되면서 다시 동양고전현대화의 과제와 목표를 논의하면서, 단순한 韓國學의 선결과제를 넘어 東洋文化에 대한 源泉的이며 體系的인 檢討의 필요성이 대두되었으니, 이제 우리는 東洋文化의 先導的 역할을 담당할 준비를 갖추고 21세기에 先進文化强國 건설로 새 歷史를 이루자는 것이었다.

일반적으로 十三經은 核心的 儒家經典의 總稱이지만, 이는 東洋文化의 뿌리라 하겠다. 우리 역사상으로 十三經은 저 멀리 삼국시대에 이미 高句麗의 太學에서 기본 교과로 채택하였고, 百濟에서는 五經博士 制度를 두었고, 新羅 薛聰은 九經을 方言으로 읽었고, 高麗에서는 國子監이나 九齋學堂에서 교육하였으며, 朝鮮朝 成均館과 鄕校, 書堂과 書院에서는 四書五經 등을 교육하여 人材 등용과 국가정책에 절대적 영향을 끼쳤다.

이 十三經의 代表的 註釋書는 漢 · 唐時期의 '古注'라 일컬어지는 十三經注疏와, 그 후 宋代의 朱子的 世界觀이 반영된 '集註'와 '集傳' 등의 '新注'가 두 개의 軸이라 할 수 있다.

그런데 우리는 조선조에서부터 朱子學 일변도의 學風으로 경도되어, 그 偏向性이 오늘에까지 이르렀음은 심히 不幸이라 하겠다. 中國에서는 明 · 淸 시기에 訓詁學, 考證學이라는 學風이 일어 十三經注疏가 經學研究의 標準이 되었고, 日本에서는 反朱子的 見解와 陽明學의 영향을 받아 明治維新 때 이미 漢文大系 등의 古典整理 사업으로 '古注' 연구가 一般化된 사실을 간과해서는 안 되겠다.

이에 東洋文化의 核心이라 할 수 있는 十三經注疏를 譯註하고, 이를 통해 우리 文化의 傳統에 대해 體系的으로 이해하고 復元함으로써, 그간 편협했던 학술 風土를 넘어 多樣性과 客觀性을 모색하고, 아울러 古典現代化의 水準을 높이고 融合的이고 自生的인 韓國學을 진작시켜야 할 것이다.

오늘날 중국과 일본에서 번역하지 못한 십삼경주소를 본회에서 130여 책으로 10년 안에 完譯하고, 이와 이울러 韓中日 三國의 東洋古典語彙 情報網을 구축함으로써, 우리의 東洋學과 韓國學 연구에 礎石과 架橋가 되어 우리나라가 先進文化强國으로 昇華되고 世界文化 발전에까지 기여하기를 기대한다.

이 十三經注疏의 번역은 三經과 三禮와 春秋三傳과 ≪論語≫, ≪孟子≫, ≪孝經≫, ≪爾雅≫ 등의 十三經을 經은 물론이요 注와 疏까지 譯註하는 것으로, 原典의 傳統性과 번역의 現代性을 기본으로 하여 漢學元老와 新進學者의 協同硏究飜譯으로 추진하고자 한다.

또한 註釋은 宋代의 소위 '新注'와 비교하고, 明淸代의 注와 韓國 先賢의 注와 見解, 그리고 日本의 注를 가급적 반영하며, 深度 있는 硏究解題를 하기로 하였다. 한편 古典의 우리식 讀解文法인 懸吐를 經과 注에 달고 방대한 疏에는 편의상 構文을 이해할 수 있는 標點을 달며, 經·注·疏 전체에 대한 內容索引을 할 계획이다.

끝으로 오랫동안 飜譯과 校閱에 종사하여 오신 元老漢學者와 10여 년 이상 漢學을 연수한 新進學者로서, 이 십삼경주소의 연구번역에 참여하여 難解한 注疏의 譯註에 헌신하시는 모든 분들께 무한한 감사를 드린다.

또한 고전현대화에 대한 政府의 지대한 關心과 支援에 감사를 드리며, 그간 직간접으로 지도편달하여 주신 학계와 교육계 및 문화계 인사 여러분께 심심한 謝意를 표하며, 앞으로도 따뜻한 관심과 엄정한 叱正을 부탁드리며 내내 평강과 행복을 기원한다.

社團法人 傳統文化硏究會 理事長 李啓晃

凡 例

1. 본서는 十三經注疏 중 ≪譯註 毛詩正義≫의 제6책이다.
2. 본서는 원전의 傳統性과 번역의 現代性을 구현하기 위해 노력하였다.
3. 본서의 底本은 阮元 校刻本 ≪毛詩正義≫(淸 嘉慶 21년(1816) 阮元 校刻 十三經注疏, 中華書局, 2009, 이하 '阮刻本'으로 약칭)로 하되, 北京大 整理本 ≪毛詩正義≫(十三經注疏整理委員會 整理, 北京大學出版社, 2000, 이하 '北京大本'으로 약칭)를 참고하였다.
4. 原文의 經과 각 시편의 序 및 毛亨의 傳과 鄭玄의 箋은 우리나라 전통 방식으로 懸吐하고, 疏는 經에 대한 字句 해석이 중심이므로, 본서에서도 간략하게 標點만 하였다.
5. 原文은 저본의 체제에 따라 經, 序, 傳, 箋, 疏를 구분하되, 經은 大字로 표기하고, 序, 傳, 箋, 疏는 【序】, 【傳】, 【箋】, 【疏】로 표시하여 구분하였다. 陸德明의 音義는 ○로 표시하여 箋이나 傳의 원문에 병기하고, 번역문은 ○를 붙여 별행하였다.
6. 저본은 卷 단위로 별면을 하였으나, 번역서에서는 독자의 편의를 위해 卷뿐만 아니라 周南·召南 등 각각의 風, 雅, 頌 단위로도 별면하였다. 또한 별면에는 '毛詩注疏卷第○(○之○)'과 '○○○○詁訓傳第○'도 함께 표기하였다.
7. 毛詩에는 詩의 제목이 각 편의 말미에 표기되어 있으나, 독자의 편의를 위하여 각 편의 앞에도 제목을 표기하였다.
8. 原文의 分節은, 經과 序, 傳, 箋, 音義는 저본의 분절을 따르고 疏는 단락이 길 경우에 의미의 단락에 따라 역자 재량으로 분절하였다.
9. 글자의 음에 대한 저본의 反切 注는 문맥의 이해를 위해 필요한 경우만 싣고, 讀音이 특수하거나 僻字인 경우에는 원문의 해당 글자 뒤의 ( ) 속에 한글로 音을 달았다.
10. 疏에서 설명 대상으로 인용한 經, 序, 傳, 箋의 구절은 번역하지 않고 원문 그대로 쓰되, 뜻을 풀이하는 부분은 ' '로 묶어주었다.

    예 또 序에서 '勉之以正'이라 칭하였으니, 그렇다면 이는 庶人의 처가 아니요,……
11. 序에 대한 疏에서 범위를 지정한 부분의 편명에 붙어 있는 '몇 장 몇 구'는 편제상 편말에 기재되어 있으므로 원문에는 ( ) 안에 넣어 표기하고 번역문에서는 생략하였다.

    예 원문 – 【疏】'鹿鳴(三章 章八句)'至'心矣' ○正義曰：………

    예 번역문 – 序의 序의 〔鹿鳴〕에서 〔心矣〕까지

    ○ 正義曰：………

12. 飜譯은 原義에 충실하게 하되, 이해가 어려운 부분은 意譯 또는 補充譯을 하였다.
13. 飜譯文은 한글과 漢字를 혼용하였으며, 맞춤법과 띄어쓰기는 한글 맞춤법과 표준어규정을 따르는 것을 원칙으로 하였다.
14. 譯註는 校勘, 異說, 인용문의 出典, 故事, 人物, 制度, 官職, 역사적 사건, 전문용어, 難解語, 難解文 등에 관한 사항을 밝혔다.
15. 원문의 誤字, 脫字, 衍字, 倒文은 저본의 교감기를 반영하여 번역하고 譯註하였다. 그 외에도 北京大本을 비롯한 여러 原典 자료를 참고하였으며 이를 譯註에 밝혔다.
16. 본서에 사용된 주요 부호는 다음과 같다.

“ ” : 對話, 각종 引用
‘ ’ : “ ” 안의 再引用, 强調
「 」 : ‘ ’ 안의 再引用, 强調
( ) : 原文에서의 讀音이 특수한 글자나 벽자의 音
번역문에서의 간단한 역주
저본의 衍字 표시
〔 〕 : 번역문과 뜻은 같으나 音이 다른 漢字나 句節
疏에서 설명 대상으로 제시한 經이나 序·傳·箋의 단어나 구절
역주에서 인용한 原文
저본의 脫字 보충
( )〔 〕 : (저본의 誤字)〔교감한 正字〕
≪ ≫ : 書名, 典據
〈 〉 : 篇章名, 作品名 표기, 補充譯
【 】 : 序, 傳, 箋, 疏의 표시
○ : 저본에 사용된 단락 구분 표시 準用
陸德明의 音義 앞

17. 본서에서 사용된 標點符號는 다음과 같다.

. : 문장의 종결
, : 한 문장 안에서 句나 節의 구분이 필요한 곳
· : 대등한 명사나 구절의 병렬
“ ” : 인용
‘ ’ : “ ” 안의 재인용
「 」 : ‘ ’ 안의 재인용
: : ‘正義曰’ 뒤, ‘箋云……’의 번역문 앞, 주석의 제시어 뒤

目 次

東洋古典現代化와 十三經注疏 譯註
凡 例

毛詩注疏 卷第九(九之一)

鹿鳴之什詁訓傳 第十六 / 11
毛詩小雅 / 11
小雅大雅譜 / 12

毛詩注疏 卷第九(九之二)

鹿鳴(녹명) / 67
四牡(사모) / 86
皇皇者華(황황자화) / 100
常棣(상체) / 115

毛詩注疏 卷第九(九之三)

伐木(벌목) / 141
天保(천보) / 167
采薇(채미) / 184

毛詩注疏 卷第九(九之四)

出車(출거) / 212
杕杜(체두) / 233
魚麗(어리) / 241
南陔(남해) · 白華(백화) · 華黍(화서) / 255

毛詩注疏 卷第十(十之一)

南有嘉魚之什詁訓傳 第十七 / 260
南有嘉魚(남유가어) / 260
南山有臺(남산유대) / 271
由庚(유경) · 崇丘(숭구) · 由儀(유의) / 278
蓼蕭(요소) / 281
湛露(담로) / 296
彤弓(동궁) / 309
菁菁者莪(청청자아) / 324

〔附 錄〕

1. ≪毛詩正義6≫ 參考書目 / 335
2. ≪毛詩正義6≫ 參考圖版 目錄 및 出處 / 340
3. ≪毛詩正義≫ 總目次(QR코드) / 341
4. ≪毛詩正義≫ 解題(QR코드) / 341

譯註 毛詩正義 6

모시정의

毛詩注疏 卷第九(九之一)

毛詩小雅 鄭氏箋 孔穎達疏

鹿鳴之什詁訓傳 第十六

○ 陸曰：什音十이라 什者는 若五等[1]之君有詩에 各繫其國이니 擧周南에 卽題關雎라 至於王者施教하여선 統有四海하여 歌詠之作이 非止一人이요 篇數既多라 故로 以十篇編爲一卷하고 名之爲什이라

1) 五等：公・侯・伯・子・南의 다섯 등급을 가리킨다.

○ 陸德明이 말하였다. "什은 音이 十이다. 什이라는 것은 다섯 등급의 임금에게 詩가 있을 때 각각 그 나라와 관계를 짓는 것과 같으니, 周南을 거론할 때 〈關雎〉를 쓰는 것과 같다. 왕이 教化를 베푼 것에 이르러서는 실마리가 四海에 퍼져 있고, 그것을 읊은 작품도 한 사람의 작품에 그치지 않고 그 편수도 이미 많다. 그러므로 10편을 묶어서 1권으로 만들고 '什'이라 이름 지은 것이다."

毛詩小雅

○ 陸曰：從鹿鳴至菁菁者莪히 凡二十二篇은 皆正小雅로되 六篇亡하여 今唯十六篇이라 從此至魚麗(리)히 十篇은 是文・武之小雅로되 先其文王以治內하고 後其武王以治外라 宴勞嘉賓하고 親睦九族이니 事非隆重이라 故로 爲小雅하고 皆聖人之迹이라 故로 謂之正이라

○ 陸德明이 말하였다. "〈鹿鳴〉에서부터 〈菁菁者莪〉까지 22편은 모두 正小雅인데, 6편이 망실되어서 지금은 16편만 남아 있다. 여기에서부터 〈魚麗〉까지 10편은 文王과 武王의 〈小雅〉인데, 문왕이 나라 안을 다스린 내용의 시를 앞에 두고 무왕이 나라 밖을 다스린 내용의 시를 뒤에 두었다. 잔치를 베풀어 嘉賓을 위로하고 九族을 친애하고 화목하게 하는 내용이니, 일이 성대하지 않은 까닭에 '小雅'라 하였고, 모두 성인의 자취인 까닭에 '正'이라고 하였다."

小雅大雅譜

小雅・大雅者는 周室이 居西都豐鎬[1]之時詩也라

1) 豐鎬 : 周나라의 文王이 도읍으로 정한 곳이 '豐'이고, 武王이 도읍으로 정한 곳이 '鎬'이다. 豐은 豐水 서쪽에, 鎬는 豐水 동쪽에 있다. 두 곳의 위치가 가깝기 때문에 '豐鎬'로 사용되는 경우가 많은데, '鎬'는 '鎬京'이라고도 한다.

〈小雅〉, 〈大雅〉는 周나라 왕실이 서쪽 수도인 豐과 鎬에 거주할 때의 시이다.

【疏】 ○ 正義曰 : 以此二雅, 正[1]有文・武・成, 變[2]有厲・宣・幽. 六王皆居在鎬・豐之地, 故曰豐・鎬之時詩也. 知者, 文王有聲云 "作邑于豐.", 是文王居豐也, 又曰 "考卜維王, 宅是鎬京. 維龜正之, 武王成之.", 是武王居鎬也. 太史公曰 "成王卜居洛邑, 定九鼎焉, 而周復都豐・鎬." (外傳)〔說苑〕[3]曰 "杜伯射宣王於鎬." 魚藻序云 "王居鎬京." 是幽王以上皆居鎬也. 世本[4]云 "懿王徙於犬丘." 地理志[5]云 "京兆槐里縣, 周曰犬丘, 懿王都之." 京兆郡, 故長安縣也. 皇甫謐[6]云 "鎬在長安南二十里." 然則犬丘與鎬相近, 有離宮在焉, 懿王暫居之, 非遷都也. 鄭必須言周室居豐・鎬者, 以國風皆題諸國之名, 知其國土所在, 雅亦須顯其號, 竝知天子所居之處也. 采薇・出車, 以天子之命, 命將率, 則文王時未稱王也, 則二雅各有未稱王時作者. 未稱王時, 則在岐周矣. 而繫之豐者, 以其爲雅詩者, 卽述天子之政, 文王居豐乃稱王, 縱使在岐周[7]時作, 亦繫之於豐也. 厲王流於彘, 王爵仍存, 鎬京尙在, 故亦總云豐・鎬焉. 雅題不曰周者, 以雅與國風絶殊, 又無異代相涉, 故不言周也.

1) 正 : 正雅를 말한다. 〈小雅〉와 〈大雅〉 중에서 周나라가 왕성할 때의 시이다. 〈小雅大雅譜〉에 의하면 〈소아〉의 〈鹿鳴〉에서 〈菁菁者莪〉까지가 正小雅이고, 〈대아〉의 〈文王〉에서 〈卷阿〉까지가 正大雅이다.
2) 變 : 變雅를 말한다. 〈小雅〉와 〈大雅〉 중에서 주나라가 쇠락할 때의 시다. 〈소아〉의 〈六月〉 이후와, 〈대아〉의 〈民勞〉 이후를 모두 變雅라고 한다.
3) (外傳)〔說苑〕 : 外傳은 ≪國語≫를 말한다. ≪國語≫ 〈周語 上〉에 "杜伯射王於鄗"라고 되어 있으나, ≪說苑≫ 권18 〈辨物〉에 인용된 글이 저본과 같으므로 ≪설원≫에 따라 번역하였다.

4) 世本 : 書名이다. ≪漢書≫ 〈藝文志〉 등 여러 문헌에 이름이 전하나 책은 전하지 않는다.
5) 地理志 : 현재 전하는 ≪漢書≫ 〈地理志〉에는 인용된 글이 보이지 않는다. 孔穎達이 본 것과 차이가 있는 듯하다.
6) 皇甫謐 : 215~282. 晉나라 학자로 자는 士安이고, 玄晏先生이라 自號하였다. 저서로는 ≪高士傳≫, ≪烈女傳≫ 등이 있다.
7) 岐周 : 周나라 때 岐山 아래에 있던 고을로 지금의 陝西省 岐山縣이다. 주나라 초기에 이곳 岐山 아래에 도읍을 정하였으므로 岐周라고 부르는 것이다.

○ **正義曰** : 여기의 二雅(小雅와 大雅)에서 正雅의 시는 文王·武王·成王 시대에 있었고, 變雅의 시는 厲王·宣王·幽王시대에 있었는데, 여섯 왕이 모두 鎬와 豐에 자리 잡았기 때문에 '豐鎬 시대의 시'라고 하였다. 그래서 알 수 있는 것은 〈文王有聲〉에서 "豐에 도읍을 옮겼다."라고 하였으니 문왕이 豐에 거주한 것이고, 또 "거북점을 친 무왕이 鎬京에 거주하셨으니, 거북점으로 결정하고 무왕이 이룩하셨다."라고 하였으니 무왕이 호경에 거주한 것이다.

太史公 司馬遷은 ≪史記≫ 〈周本紀〉에서 "成王이 점을 쳐서 洛邑에 도읍을 정하여 천하를 안정시켰는데 주나라가 다시 豐과 鎬에 도읍을 정하였다."라고 하였고, ≪說苑≫에서는 "杜伯이 〈죽어서 귀신이 되어〉 鎬에서 宣王을 쏘았다."라고 하였으며, 〈魚藻〉의 序에 "왕이 호경에 거주하였다."라고 하였으니, 이것은 유왕의 윗대 임금들이 모두 호경에 거주한 것이다. ≪世本≫에서 "懿王이 犬丘로 천도하였다."라고 하였고, ≪漢書≫ 〈地理志〉에서는 "京兆의 槐里縣을 주나라에서는 犬丘라 불렀는데 의왕이 도읍으로 삼았다."라고 하였으니, 京兆郡은 옛날 長安縣이다. 皇甫謐이 말하기를 "鎬는 長安에서 남쪽으로 20리 떨어진 곳에 있다."라고 하였으니, 그렇다면 犬丘와 鎬는 거리가 서로 가까워 離宮을 두었으므로 의왕이 잠시 머문 것이지 도읍을 옮긴 것은 아니다. 鄭玄이 굳이 주나라가 豐과 鎬에 있었다고 말한 것은, 〈國風〉에서 모두 여러 나라의 國名을 써서 그 나라의 영토가 있는 곳을 알게 하였기 때문에 二雅에서도 역시 국호를 드러내어 천자가 거주하는 곳임을 아울러 알게 한 것이다.

〈采薇〉·〈出車〉는 殷나라 천자의 명으로 將帥에게 명령을 내린 것이니, 문왕은 이때 아직 왕이라 칭하지 않았으니, 그렇다면 二雅에도 각각 왕이라 칭하지 않았을 때의 작품이 있다. 왕이라 칭하지 않았을 때는 岐周에 있을 때인데, 豐과 연계시킨 것은 雅詩의 내용이 천자의 정치를 기술하였기 때문이고, 문왕이 豐에 자리했을 때 비로소 왕이라고 칭하였으므로 비록 岐周에 있을 때 지어진 시라도 또한 豐과 연계시킨 것이다.

여왕이 〈晉나라 지역인〉 彘로 달아났지만, 왕의 작위는 그대로 가지고 있었고 호경도 여전히 건재하였으므로 역시 총괄해서 豐과 鎬라고 한 것이다. 雅의 앞에 '周'라고 말하지 않은 것은, 雅는 〈國風〉과는 매우 다르고 또 시대가 달라 상호 걸릴 것이 없으므로 '周'를 언급하지 않은 것이다.

始祖后稷[1)]은 由神氣而生하여 有播種之功於民이라 公劉至于大王王季[2)]히 歷及千載하고 越異代하여 而(別)〔列〕[3)]世載其功業하여 爲天下所歸라

1) 后稷 : 周나라의 시조이다. 母親은 姜嫄이다. 모친이 거인의 발자국을 밟고 감응이 있어 임신하여 그를 낳았다는 전설이 있다. 어려서부터 농작물을 심고 기르길 좋아하여 성장해서는 농사에 남다른 능력을 보였다. 이에 舜 임금의 農官으로 발탁되어 백성들에게 농사짓는 것을 가르쳤다. 후대에 그를 農耕의 신으로 받들어 제사를 지냈다.
2) 公劉至於大王王季 : 公劉는 文王의 먼 조상, 太王은 祖父, 王季는 父親이다.
3) (別)〔列〕: 저본의 교감기에 따라 '列'로 번역하였다.

시조 后稷은 신령한 기운을 받고 태어나서 백성에게 농사를 전파한 공로가 있다. 公劉에서부터 大王과 王季에 이르기까지 천년을 경과하고 다른 시대를 뛰어넘어 대대로 업적을 쌓아서 천하의 모든 사람이 귀의하였다.

【疏】○ 正義曰 : 案周本紀云 "公劉, 后稷之曾孫. 大王, 公劉九世之孫. 后稷在唐・虞之時, 公劉當夏大康之時, 此至大王・王季, 歷夏・商之世." 漢書律歷志云 "夏凡四百四十年, 殷凡六百二十九年." 則餘一千矣, 故曰 "歷千載, 越異代"也. 言后稷至於大王, 則公劉在其間矣, 而別言公劉者, 以周之先公, 皆能修后稷之業, 公劉・大王, 其中賢俊者, 故歷言之. 所以追說后稷・公劉・大王者, 言周德積基所由也.

○ 正義曰 : ≪史記≫ 〈周本紀〉를 살펴보면 "公劉는 后稷의 증손자이다. 太王은 공류의 9대손이다. 후직은 唐나라에서 虞나라 때까지 있었고, 공류는 夏나라 大康 때에 해당되니, 〈공류에서부터〉 太王과 王季에 이르기까지 하나라와 商나라의 세대를 경과하였다."라고 하였다. ≪漢書≫ 〈律曆志〉에서는 "하나라는 모두 440년이고, 殷나라는 모두 629년 동안 존속하였다."라고 했으니, 1천 년 남짓이 된다. 그러므로 "천년을 경과

하고 다른 시대를 뛰어넘었다."라고 한 것이다.

후직에서부터 태왕에 이르기까지라고 말하면 공류는 그 사이에 있게 되는데, 특별히 공류를 언급한 것은 주나라의 조상들이 모두 후직의 업적을 잘 실천하였지만 공류와 태왕이 그 중에서도 재주와 덕이 출중했기 때문에 낱낱이 말한 것이다. 후직, 공류, 태왕까지 거슬러 올라가 기술한 까닭은 주나라의 덕이 기본을 쌓은 것이 그들에게서 비롯되었음을 말하기 위해서이다.

文王受命하고 武王遂定天下는 盛德之隆이라 大雅之初는 起自文王하여 至于文王有聲로대 據盛隆而推原天命하여 上述祖考之美라

文王이 天命을 받고 武王이 마침내 천하를 안정시킨 것은, 백성에게 베푼 은덕이 융성하였기 때문이다. 〈大雅〉의 시작은 〈文王〉에서부터 시작해서 〈文王有聲〉에 이르는데, 융성한 덕에 근거하여 천명을 미뤄 찾아가면서 위로 할아버지인 太王과 아버지인 王季의 아름다운 덕을 서술하였다.

【疏】○ 正義曰：自文王至文王有聲, 凡十篇. 文王・大明・綿・棫樸・思齊・皇矣・靈臺七篇, 序皆云文王, 旱麓一篇居中, 從可知凡八篇文王大雅也. 下武・文王有聲二篇, 序皆言武王, 則武王大雅也. 以文・武道同, 故鄭連言之. 雅有小大二體, 而體亦由事而定. 故文王以受命爲盛, 大雅以盛爲(王)〔主〕[1]. 故其篇先盛隆. 文王言"受命作周", 大明言"天復命武王", 是盛隆之事. 故以文王爲首, 大明次之也. 文王所以得受天命, 由祖考之業, 故又次綿也. 言文王之興, 本由大王[2]也. 文王旣因祖業, 得四臣[3]之力, 卽是能官其人, 故次棫樸也. 旣言任臣之力, 又述受祖之美, 故次旱麓也. 旱麓直論樂易於民, 施化而已, 非盛事, 故在棫樸之下. 旣言受祖之業, 又述其母之賢而得成爲聖, 故次思齊也. 文王旣聖, 世修其德, 天使之代殷, 故次皇矣. 旣聖能代, 德及鳥獸, 故次靈臺. 綿與旱麓・皇矣. 皆述大王・王季之德, 是上述祖考[4]者. 鄭以文王據受命盛隆, 逆而本之於祖父, 取編篇之意, 故其餘不盡論也. 其武王之詩, 下武序云"繼文也". 明以上文王事, 下武則武王繼之. 旣能繼其伐功, 故次文王有聲. 序云"繼伐也." 言文王伐崇, 武王繼之以伐紂也. 案大明, 文王之詩, 而經陳武王之事, 文王有聲, 武王之詩, 而經陳文王之事. 其勢正同, 而詩主相反者, 由作者之意殊也. 文王經云"王之藎臣, 無念爾祖", 以戒成王也, 大明云"篤生武王", 言武王之諡, 則二篇成王時作也. 綿云 "文王蹶厥生", 思齊云 "文王之母", 皇矣云 "帝謂文王", 三篇皆言文王之諡, 則皆文王崩後作之. 棫樸云 "濟濟辟王", 靈臺云 "王在靈沼", 皆言王, 則稱王之後作也. 唯旱麓不言諡, 又不言王, 或未稱王之前作也. 但經無諡者, 或當其生存之時, 或在其崩後, 不可定也. 下武不言武王之諡, (成)〔武〕[5]王時作. 文王有聲云 "武王烝哉" 言其諡, 則其崩後作也.

1) (王)〔主〕: 저본의 교감기에 따라 '主'로 번역하였다.
2) 大王 : 文王의 祖父인 太王 古公亶父를 말한다.
3) 四臣 : 文王을 도운 네 부류의 신하를 말한다. 〈綿〉에서 "虞나라와 芮나라가 분쟁을 재판해달라고 하자, 문왕이 그들의 마음을 감동시켰다. 그리고서 자신에게는 疏附하는 자가 있었고, 先後하는 자가 있었고, 奔奏하는 자가 있었고, 禦侮하는 자가 있었다.〔虞芮質厥成 文王蹶厥生 予曰有疏附 予曰有先後 予曰有奔奏 予曰有禦侮〕"라고 하였다. 疏附는 소원하게 지내는 사람과 친근하게 지내고, 先後는 앞서고 뒤서서 서로 이끌어주는 것이고, 奔奏는 사방에 나가서 왕의 덕을 알리며 선양하는 것이고, 禦侮는 적의 침입을 막는 것이다. 문왕의 덕이 세상에 성대하게 퍼져서 제후들이 많이 귀의하게 된 이면에는 소부·선후·분주·어모하는 신하들이 있어서 가능했다고 한다.
4) 祖考 : 문왕의 조부인 太王과 부친인 王季를 말한다.
5) (成)〔武〕: 저본의 교감기에 따라 '武'로 번역하였다.

○ 正義曰 : 〈文王〉에서 〈文王有聲〉까지 모두 10편이다. 〈文王〉, 〈大明〉, 〈綿〉, 〈棫樸〉, 〈思齊〉, 〈皇矣〉, 〈靈臺〉 7편은 서문에서 모두 文王을 언급하였고, 〈旱麓〉 한 편은 중간에 자리하고 있으니, 따라서 8편 모두가 文王의 〈大雅〉임을 알 수 있다. 〈下武〉, 〈문왕유성〉 2편은 서문에서 모두 武王을 언급하였으니 武王의 〈대아〉이다. 문왕과 무왕의 理想이 같았기 때문에 鄭玄이 연결시켜 언급하였다. 雅에는 〈소아〉와 〈대아〉의 두 가지 체제가 있는데, 체제 또한 국가대사를 통해 정해진다. 그러므로 문왕이 천명을 받은 것을 융성한 덕이 있기 때문이라고 여겨서, 〈대아〉는 융성한 덕을 위주로 하였다. 그러므로 〈대아〉에 속한 시들은 융성한 덕을 우선시한다.

〈文王〉에서 "천명을 받아 周나라를 만들었다.〔受命作周〕"라고 하고, 〈大明〉에서 "하늘이 다시 무왕에게 명을 내렸다.〔天復命武王〕"라고 하였는데, 이것이 융성한 덕의 일이다. 그러므로 〈문왕〉을 첫 번째 시로 삼고, 〈대명〉을 다음 시로 삼았다.

문왕이 천명을 받을 수 있었던 것은 할아버지 太王과 아버지 王季의 功業 때문이다. 그러므로 또 〈綿〉을 그 다음으로 차례지었다. 말하자면 문왕이 흥성한 것은 본래 祖父

인 태왕으로부터 시작된 것이다. 문왕이 선조의 업적을 기반으로 해서 네 명 신하의 조력을 얻어 즉시 적절한 人材를 관리로 임명할 수 있었다. 그러므로 〈棫樸〉을 그 다음에 차례지었다.

신하를 임명하는 능력을 말하고 나서, 다시 조상의 공업을 이어받은 미덕을 서술하였다. 그러므로 〈旱麓〉을 그 다음에 차례지었다. 〈한록〉은 백성에게 화락하고 즐거운 일은 교화를 베푸는 것뿐이라고 직설적으로 논하였지만, 융성한 사업은 아니었다. 그러므로 〈棫樸〉을 그 다음에 차례지었다.

조상의 공업을 받았다고 말하고 나서, 다시 문왕의 어머니인 太任이 현명해서 문왕을 聖人으로 만든 것을 서술하였다. 그러므로 〈思齊〉를 그 다음에 차례지었다. 문왕이 성인이 되고 나서 대대로 그 덕을 닦으니, 하늘이 그로 하여금 은나라를 대신하도록 하였다. 그러므로 〈皇矣〉를 그 다음에 차례지었다. 성인이 되어서 은나라를 대신하니 은덕이 鳥獸에까지 미칠 수 있었다. 그러므로 〈靈臺〉를 그 다음으로 차례지었다.

〈면〉, 〈한록〉, 〈황의〉는 모두 太王과 王季의 은덕을 서술하였는데, 이것이 '위로 할아버지인 태왕과 아버지인 왕계의 아름다운 덕을 서술하였다.'는 것이다. 정현은 문왕이 천명을 받고 융성한 공업을 이룬 것을 근거로 해서 그 바탕을 소급하여 祖父에게 근본을 두는 것으로 篇次를 엮은 의미를 취하였다. 그러므로 그 나머지는 다 언급하지 않았다.

무왕과 관련된 시에서는 〈下武〉의 序에서 "文王을 계승하였다."라고 하였으니, 〈하무〉 위의 시는 문왕의 일이고, 〈하무〉는 무왕이 문왕을 계승한 것임을 밝혔다. 정벌한 공로를 계승할 수 있었기 때문에 〈文王有聲〉을 그 다음에 차례지었다. 〈문왕유성〉의 序에서 "정벌하는 일을 계승한 것이다."라고 한 것은, 문왕이 崇나라를 정벌하였는데 무왕이 그것을 이어서 紂를 정벌하였음을 말한 것이다.

살펴보건대 〈大明〉은 문왕의 시인데 經文(시 본문)에서는 무왕의 일을 서술하고, 〈문왕유성〉은 무왕의 시인데 경문에서는 문왕의 일을 서술해서, 그 형세가 참으로 같지만 시의 주된 의미가 상반되는 것은 作者의 창작 의도가 다르기 때문이다.

〈文王〉 경문에서 "왕의 충성스런 신하들은 너의 조상들을 생각하지 않는가.〔王之藎臣 無念爾祖〕"라고 한 것은 成王을 훈계한 것이고, 〈大明〉에서 "돈독히 武王을 낳았다.〔篤生武王〕"라고 하며 '武王'이라는 諡號를 말하였으니, 두 편은 성왕 때에 지어진 작품이다.

〈綿〉에서 “文王이 그들의 마음을 감동시켰다.〔文王蹶厥生〕”라고 하고, 〈思齊〉에서 “文王의 어머니〔文王之母〕”라고 하였으며, 〈皇矣〉에서 “上帝께서 文王에게 말하였다.〔帝謂文王〕”라고 하여 세 편에서 모두 ‘文王’이라는 시호를 말하였으니 모두 문왕이 崩御한 후에 지어진 것이다.

〈棫樸〉에서 “엄숙한 辟王〔濟濟辟王〕”이라 하고, 〈靈臺〉에서 “王이 靈沼에 있다.〔王在靈沼〕”라고 하여 모두 ‘王’이라고 하였으니, 두 편은 왕이라고 부른 이후에 지어진 것이다. 오직 〈旱麓〉에서 시호를 언급하지 않고 또 왕이라고 말하지 않았으니, 왕이라고 부르기 전에 지어진 작품인 듯하다. 다만 경문에서 시호가 없는 것은 생존해 있을 때인지 아니면 붕어한 후의 작품인지는 확정할 수 없다. 〈下武〉에서 ‘武王’이란 시호가 언급되지 않았으니 무왕 때 지어진 작품이다. 〈文王有聲〉에서 “武王이 아름답다.〔武王烝哉〕”라고 하면서 시호를 말하였으니, 무왕이 붕어한 후에 지어진 작품이다.

小雅에 自鹿鳴至於魚麗는 先其文所以治內하고 後其武所以治外라

〈小雅〉에서 〈鹿鳴〉부터 〈魚麗〉까지는, 文德으로 나라 안을 다스린 시를 앞에 두고 武力으로 나라 밖을 다스린 시를 뒤에 두었다.

【疏】 ○正義曰：此又解小雅(此)〔比〕[1)]篇之意. 采薇云 “文王之時, 西有昆夷之患, 北有玁狁之難. 以天子之命, 命將率, 歌采薇以遣之, 出車以勞還, 杕杜以勤歸”, 則采薇等篇皆文王之詩. 天保以上, 自然是文王詩也. 魚麗序, 文・武竝言, 則魚麗武王詩也. 鹿鳴至天保六篇, 言燕勞群臣朋友, 是文事也. 采薇三篇, 言命將出征, 皆是武事. 故魚麗序曰 “文・武以天保以上治內, 采薇以下治外.” 旣以治內爲先, 君爲元首, 臣爲股肱. 君能懇誠以樂下, 臣能盡忠以事上, 此爲政之尤急. 故以鹿鳴燕群臣嘉賓之事爲首也. 群臣在國則燕之, 使還則勞之. 故次四牡, 勞使臣之來也. 使臣還則君勞之, 去當送之. 故次皇皇者華, 言遣使臣也. 使臣之聘, 出卽遣之, 反乃勞之, 則遣先勞後矣. 此所以先勞後遣者, 人之勞役, 苦於上所不知, 則已勞而怨, 有勞而見知, 則雖勞而不怨. 其事重, 故先之也. 且使臣往反, 固非其一. 四牡所勞, 不必是皇皇者華所遣之使, 二篇之作, 又不必一人. 故以輕重爲先後也. 君臣旣洽, 隣國又睦, 乃可以和燕宗族. 故次常棣, 燕兄弟也. 兄弟旣和, 又及朋友. 故次伐木, 燕朋友故舊也. 君旣能燕勞臣下, 臣亦歸美以報之. 故次天保, 言下報上也. 內事旣治, 則當命將征伐, 以禦夷狄之患.

故次采薇, 遣戍役. 遣則欲其同心, 還則別其貴賤, 先出車以勞將率, 後杕杜以勞還役也. 文王之詩旣終, (可)〔武〕[2]王之事繼之. 以文王治內外有成功, 故武王因之, 得萬物盛多. 所以次魚麗也. 萬物旣多, 人得養其父母. 故次南陔, 孝子相戒以養也. 孝子非徒能養其親, 身又淸潔. 故次白華, 言孝子之潔白也. 萬物盛多, 人民忠孝, 則致時和年豐. 故次華黍, 歲豐宜黍稷也. 思齊說文王之敎, 先兄弟, 後家邦. 此詩之次, 先群臣, 後兄弟者, 彼說施法之事. 先齊其家, 後化於外, 自近及遠之義. 此卽爲國之政, 固當先國事, 後族人. 故使燕群臣在先也. 又鹿鳴等三篇, 皆燕勞臣子, 爲政之大務. 後世常歌之. 故鄕飮酒・燕禮皆歌此三篇. 四牡傳曰 "文王率諸侯, 撫叛國, 而朝聘於紂. 故歌文王之道爲後世法." 是其事重可法, 故樂常歌之. 推此, 則樂歌周南・召南及大雅, 皆歌其首三篇. 書傳[3] 多云 "升歌淸廟[4]," 是事重爲常歌, 故以爲諸篇之首也.

1) (此)〔比〕: 저본의 교감기에 따라 '比'로 번역하였다.
2) (可)〔武〕: 저본의 교감기에 따라 '武'로 번역하였다.
3) 書傳 : 漢나라 經學者 伏生이 지었다는 ≪尙書≫ 해설서 ≪尙書大傳≫을 말한다.
4) 升歌淸廟 : ≪禮記≫ 〈明堂位〉와 〈祭統〉에도 동일한 구문이 보인다.

○ 正義曰 : 여기에서 또한 〈小雅〉에서 詩篇을 배열한 의미를 풀이하였다. 〈采薇〉의 序에서 "文王의 시대에는 서쪽에 昆夷의 우환이 있고, 북쪽에는 玁狁의 반란이 있었다. 〈문왕이 殷나라〉 천자의 명으로 장수를 임명하고 〈채미〉를 노래해서 병사들을 파견하고, 〈出車〉를 노래해서 돌아온 장수를 위로하고, 〈杕杜〉를 노래해서 고생하고 돌아온 병사를 쉴 수 있도록 하였다."라고 하였으니, 〈채미〉 등의 여러 편은 모두 문왕의 시이다. 〈天保〉 이상은 본래 文王의 시이다. 〈魚麗〉의 序에서는 文王과 武王을 아울러 언급하였으니 〈어리〉는 무왕의 시이다.

〈鹿鳴〉에서 〈天保〉까지 6편은 群臣과 朋友에게 연회를 베풀어 위로하는 것을 말하였으니 이 시들은 文德과 관련된 일이고, 〈采薇〉・〈出車〉・〈杕杜〉 3편은 장수에게 出征을 명한 것이니 모두 武力과 관련된 일이다. 그러므로 〈어리〉의 序에서 "문왕과 무왕은 〈천보〉 위의 시를 사용해서 나라 안을 다스렸고, 〈채미〉 아래의 시를 사용해서 나라 밖의 일을 다스렸다."라고 하였다.

나라 안을 다스리는 것을 급선무로 삼았으면 임금이 머리가 되고 신하가 팔다리가 되니, 임금은 정성을 다하여 아랫사람을 즐겁게 해야 하고 신하는 충성을 다 바쳐 윗사람을 섬겨야 하니, 이것은 정치에서 매우 시급한 일이다. 그러므로 群臣과 嘉賓에게

燕禮를 베풀어주는 일을 노래한 〈鹿鳴〉을 〈小雅〉의 첫 번째 자리에 두었다.

군신이 국내에 있으면 연례를 베풀어주고, 사신의 임무를 마치고 돌아오면 위로를 하였다. 그러므로 〈四牡〉를 그 다음에 차례지었으니 사신이 돌아온 것을 위로한 것이다. 사신이 돌아오면 임금이 위로하고 타국으로 가면 전송한다. 그러므로 〈皇皇者華〉를 그 다음에 차례지었으니, 사신을 파견하는 것을 읊은 것이다. 사신의 임무를 수행할 때 사신으로 나가면 전송하고 돌아오면 위로하니, 전송하는 것이 먼저이고 위로하는 것이 나중이다. 그러나 여기에서 위로하는 시(〈四牡〉)를 앞에 두고 전송을 하는 시(〈皇皇者華〉)를 뒤에 둔 이유는, 사람이 힘들게 일할 때 윗사람이 알지 못하는 곳에서 고생하면 자기만 수고롭다고 여겨 윗사람을 원망하고, 수고로움이 있어도 윗사람이 알아주게 되면 비록 고생스럽더라도 원망하지 않기 때문이다. 즉 위로하는 일이 중요하기 때문에 〈사모〉를 앞에 둔 것이다. 또 사신이 타국에 갔다가 돌아오는 것은 진실로 한 번에 그치는 것이 아니다. 〈사모〉에서 위로하는 사신은 반드시 〈황황자화〉에서 보낸 사신이 아니고, 두 편의 시는 또한 한 사람이 지은 것도 아니므로 輕重을 따져 先後로 삼은 것이다.

임금과 신하가 뜻이 맞고, 이웃 나라와 다시 화목하게 지내면, 宗族과도 화목하게 연례를 베풀 수 있다. 그러므로 〈常棣〉를 그 다음에 차례지었으니, 형제간에 연례를 베푼 시이다. 형제가 화목하면 다시 벗에게 미친다. 그러므로 〈伐木〉을 그 다음에 차례지었으니, 벗과 옛 친구에게 연례를 베푼 것이다. 군주가 먼저 신하에게 연례를 베풀어 위로하면, 신하도 또한 군주의 미덕을 찬미하며 보답한다. 그러므로 〈天保〉를 그 다음에 차례지어서, 아랫사람이 윗사람에게 보답한 시임을 말한 것이다.

나라 안의 일이 먼저 제대로 다스려지면 마땅히 장수에게 정벌을 명하여 夷狄의 우환을 막아야 한다. 그러므로 〈采薇〉를 다음에 차례지었으니, 수자리 보내는 것을 읊은 시이다. 변방으로 병사를 보낼 때는 그들의 마음이 같아지기를 바라고 귀환할 때는 귀천을 구별해야 하므로, 〈出車〉를 앞에 두어 장수를 위로하고 〈杕杜〉를 뒤에 두어 군역에서 돌아오는 병사를 위로하였다.

文王의 시가 끝나고 나서 武王의 일이 이어졌다. 문왕이 국내와 국외를 다스리면서 功을 이루었으므로 무왕이 그 공을 이어서 만물이 풍부해질 수 있었다. 그 때문에 〈魚麗〉를 다음에 차례지었다. 만물이 풍성해지면, 사람들은 자신의 부모를 봉양할 수 있다. 그러므로 〈南陔〉를 다음에 차례지었으니, 효자가 부모를 봉양하는 것으로 서로 경계한 시이다. 효자는 자신의 부모를 봉양해야 할 뿐만 아니라, 자신의 몸도 또한 청결하게 해야 한다. 그러므로 〈白華〉를 다음에 차례지었으니, 효자가 〈자신의 몸을〉 청결하게 하는 것을 읊은 시이다. 만물이 풍부하고 백성이 忠孝하면 四時가 조화로워져 풍년이 들게 된다. 그러므로 〈華黍〉를 다음에 차례지었으니, 풍년이 들어 黍稷이 잘 자랐음을 읊은 시이다.

〈大雅 思齊〉에서는 문왕의 교화를 설명하면서 형제를 앞에 두고 국가를 뒤에 두었는데, 여기 〈鹿鳴之什〉에서의 시의 순서는 群臣을 앞에 두고 兄弟를 뒤에 두었으니 그 까닭은 〈思齊〉는 국법을 시행하는 일을 설명하는 것이므로 집안을 다스리는 것을 앞에 두고 외부에 교화를 베푸는 것을 뒤에 두었으며, 가까운 곳에서 시작하여 먼 곳으로 미친다는 의미이고, 여기 〈鹿鳴之什〉에서는 곧 국가를 다스리는 정치여서, 진실로 國事를 앞에 두고 친족을 뒤에 두어야 했기 때문이다. 그러므로 群臣에게 잔치를 베푸는 시(〈鹿鳴〉)로 하여금 앞에 자리하게 하였다.

또 〈鹿鳴〉·〈四牡〉·〈皇皇者華〉 3편은 모두 신하들에게 연례를 베풀면서 위로한 시인데, 정사는 중대한 업무여서 후대에 항상 노래로 불렀다. 그러므로 鄕飮酒禮나 燕禮에서 모두 이 3편을 노래했다.

〈四牡〉의 毛傳에 이르기를 "문왕이 제후를 거느리고 배반한 나라를 慰撫하여 紂에게 朝聘하도록 하였다. 그러므로 문왕의 道를 노래하여 후세의 법으로 삼았다."라고 하였는데, 이것은 그 일이 중요해서 법도로 삼을 만했기 때문에 음악을 연주하며 항상 노래로 불렀다는 것이다. 이런 일을 미루어보면 〈周南〉·〈召南〉 및 〈大雅〉를 연주하며 노래를 부를 때 모두 그 첫머리 3편을 노래하였으니, ≪尙書大傳≫에서 "堂上에서 〈淸廟〉를 부른다."라고 여러 차례 말한 것도 바로 일이 중요할 때는 항상 노래로 불렀기 때문에 이로써 여러 편의 첫머리로 삼은 것이다.

此文王小雅, 其事多在稱王之前. 案書傳 "文王受命四年伐昆夷, 采薇爲伐昆夷而作." 事在受命四年也. 出車・杕杜, 役反而勞之. 出車經曰 "春日遲遲", "薄言還歸", 在受命五年而反也. 則采薇三篇, 事在稱王前矣. 鹿鳴, 燕群臣嘉賓, 嘉賓之文, 容有隣國之聘客也, 明亦未稱王也. 四牡云 "周道倭遲", 傳曰 "岐周之道", 尙在岐周未遷, 亦是未稱王也. 皇皇者華, 君遣使臣, 是聘問隣國也. 若稱王之後, 與諸侯禮異, 不得爲隣國相聘之法, 則亦未稱王也. 此三篇之事, 或在采薇之前, 其作之時節次(弟)〔第〕[1], 不可得而知也, 稱王之前作, 亦可矣. 伐木云 "陳饋八簋", 爲天子制. 天保云 "禴祠烝嘗, 于公先王." 追王改祭之禮, 定是稱王之後. 無文王之諡, 或當時卽作, 或崩後爲之, 未可定也. 檢文武大雅[2], 經每言文·武之諡, 多在武王·成王時作也. 小雅唯有稱王後事, 曾無言其諡者, 又所論多稱王以前之事. 知不先作爲小雅·後作爲大雅者, 以六詩[3]之作, 各有其體, 詠由歌政而興, 體亦因政而異. 王政有巨細, 詩有大小, 不在其作之先後也. 比篇尙不以作之先後爲次, 況小大反以作之先後爲異乎. 且就檢其事亦不然矣. 緜有伐昆夷之事而在大雅, 采薇亦伐昆夷之事而在小雅. 緜云 "虞芮質厥成", 事在稱王之初, 天保云 "禴祠烝嘗", 事在稱王之後. 天保在小雅, 緜在大雅, 明不以作之先後分屬二雅可知也. 但作者各有所擬, 述大政爲大雅之體, 述小政爲小雅之體. 體以政興, 名以體定. 體旣不同, 雅有大小, 大師審其所述, 察其異體, 然後分而別之. 自王澤竭而詩息, 暴秦起而樂亡, 去聖久遠, 無所傳授, 雖髣髴其大校[4], 不可以言宣也. 詩次先小雅, 此鄭先論大雅者, 詩見事漸, 故先小後大. 鄭以大雅述盛隆之事, 故先言焉.

1) (弟)〔第〕: 저본에는 '弟'로 되어 있으나, 문맥에 의거하여 '第'로 번역하였다.
2) 文武大雅 : 〈文王〉에서 〈靈臺〉까지 8편이 文王의 〈大雅〉이고, 〈下武〉와 〈文王有聲〉이 武王의 〈大雅〉이다.
3) 六詩 : '六義'로 ≪詩經≫의 風·賦·比·興·雅·頌을 말한다.
4) 大校 : '大較'로 大略, 大體를 뜻한다.

〈小雅〉에서 文王을 노래한 시는 대부분 王이라고 칭하기 이전의 일이다. 살펴보건대 ≪상서대전≫ 권2에서 "문왕이 명을 받은 지 4년 되던 해에 昆夷를 정벌하였는데, 〈采薇〉는 곤이를 정벌하기 위해 지었다."라고 하였으니, 그 일은 명을 받은 지 4년 되던 해에 있었다. 〈出車〉·〈杕杜〉는 병사들이 군역에서 되돌아와서 위로한 것인데, 〈출거〉의 經文에서 "봄볕은 따스하다.〔春日遲遲〕"라고 하고 "이에 재빨리 돌아왔다 하네.〔薄言還歸〕"라고 하였으니, 명을 받은 지 5년 되던 해에 돌아온 것이다. 그렇다면 곧 〈채미〉·〈출거〉·〈체두〉 3편은 王이라고 칭하기 이전의 일이다.

〈鹿鳴〉은 群臣과 嘉賓에게 연례를 베푼 시인데, '嘉賓'이라는 단어에는 이웃 나라의 聘客도 포함되어 있으니, 또한 王이라고 칭하기 이전의 일이 분명하다.

〈四牡〉에서 "周道가 멀리까지 뻗어 있다.〔周道倭遲〕"라고 하였는데, 毛傳에서 "周道는 岐周로 가는 도로이다."라고 하였으니, 아직 도읍을 기주로 옮기지 않았을 때이고 또한 왕이라고 부르지 않았을 때이다.

〈皇皇者華〉는 군주가 使臣을 보낸 것을 읊은 시로, 이웃 나라를 聘問한 것이다. 만약 왕이라고 칭한 이후라면 諸侯의 예와 차이가 있어서, 이웃 나라와 상호 빙문하는 법이 될 수 없으니 또한 왕이라고 칭하지 않은 것이다.

〈녹명〉·〈사모〉·〈황황자화〉 3편의 내용은, 혹 〈채미〉 이전에 해당될 수 있고 지어진 시기와 순서는 알 수 없지만 王이라고 칭하기 전의 작품임을 또한 알 수 있다.

〈伐木〉에서 "여덟 개 그릇에 음식을 진열한다.〔陳饋八簋〕"고 하였는데 〈八簋는〉 천자의 제도이고, 〈天保〉에서는 "禴祠烝嘗 사계절 제사를 先公과 先王에게 올린다."라고 하였는데, 왕으로 追尊하고 제사를 바꾸는 예는 확실히 왕이라고 칭한 이후의 일이다. '文王'이라는 시호가 없으니, 당시에 즉시 지었는지 또는 붕어한 후에 지었는지는 확정할 수 없다. 문왕과 무왕의 〈대아〉를 조사해보면, 經文에서 문왕과 무왕이라는 시호를 번번이 언급하였으니, 대부분이 무왕과 成王 시대에 지어진 것이다.

〈소아〉에는 오직 왕이라고 칭한 이후 사건만 있고 시호를 언급한 경우가 없는 것은 또한 시에서 논의한 내용에 王을 칭하기 이전의 사건이 많기 때문이다. 먼저 지은 것이 〈소아〉가 되고 나중에 지은 것이 〈대아〉가 되지 않은 줄 아는 것은, 風·賦·比·興·雅·頌으로 지어진 작품들〔六詩〕은 각각 그 체제가 있고, 시가 작품은 정치를 노래하는 것에서 일어났고 체제도 또한 정치에 따라서 달라지기 때문이다. 국가 정책에 크고 작은 일이 있고 시에 〈대아〉와 〈소아〉가 있는 것이, 그 저작의 선후와 관계되는 것은 아니다.

시편의 차례를 매기는 것도 오히려 저작 연도의 선후로써 차례를 정한 것이 아니니, 하물며 〈소아〉, 〈대아〉가 도리어 저작 연도의 선후로써 구별했겠는가. 그 일에 대해 조사해보아도 또한 그렇지도 않다. 〈綿〉은 昆夷를 정벌한 내용인데 〈대아〉에 있고, 〈채미〉 또한 곤이를 정벌한 내용인데 〈소아〉에 있다. 〈면〉에서 "虞와 芮가 평화를 이루었다.〔虞芮質厥成〕"라고 한 것은 그 일이 王이라고 칭한 초기에 해당되고, 〈天保〉에서 "禴祠烝嘗 사계절 제사를 지낸다.〔禴祠烝嘗〕"라고 한 것은 그 일이 왕이라고 칭한 이후에 해당한다. 〈천보〉는 〈소아〉에 있고 〈면〉은 〈대아〉에 있으니, 저작 연도의 선후로써 〈소아〉와 〈대아〉에 나누어 귀속시키지 않았음을 분명히 알 수 있다. 다만 詩人은 각각 헤아린 바가 있어서, 큰 정치를 표현할 때는 〈대아〉의 격조를 사용하고 작은 정치를 표현할 때는 〈소아〉의 격조를 사용하였다. 격조는 정치에 따라 흥기하고 명칭은 격조에 따라 결정된다. 격조가 같지 않아서 雅에 〈대아〉와 〈소아〉가 있는데, 〈樂官

의 우두머리인〉 太師가 그 서술 내용을 심사하고 격조가 다른 것을 살핀 연후에 나누어 구별하였다. 왕의 은택이 고갈되고부터 詩가 종식되었고 포악한 秦나라가 일어나면서 樂이 무너졌으며, 성인과의 거리가 멀어질수록 가르침을 傳授받는 것이 없어져서, 비록 그 大體를 비슷하게 하더라도 말로써 널리 표현할 수 없다.

≪詩經≫의 편차에서는 〈소아〉를 앞에 두었는데 여기 〈詩譜〉에서 鄭玄이 〈대아〉를 먼저 거론한 것은, ≪시경≫에서는 사건이 점진적으로 진행되는 것을 드러내어야 했기 때문에 〈소아〉를 앞에 두고 〈대아〉를 뒤로 두었지만 정현은 〈대아〉에서 융성한 일을 서술했기 때문에 먼저 말한 것이다.

此二雅逆順之次는 要於極賢聖之情하고 著天道之助가 如此而已矣라

〈小雅〉와 〈大雅〉의 순서 차례는, 賢者와 聖人의 마음을 지극히 하고 天道의 도움을 드러나게 하는 것이 이와 같다는 것에 요점이 있을 뿐이다.

【疏】○ 正義曰：由祖考積基之美, 致令受命而王. 今大雅先陳受命, 後述祖考, 從下而上, 是逆也. 爲政之法, 當以近及遠. 今小雅先內後外, 是順也. 二雅逆順雖異, 其致一也. 皆要在於極盡先祖賢聖之情, 著明天道符命之助而已矣. 公劉・大王・王季是賢也, 卽綿與旱麓等詩是也. 文王・武王聖也, 卽述文・武詩是也. 天道助者, 卽"周雖舊邦, 其命維新"之屬, 是也.

○ 正義曰：祖考가 기초를 쌓은 미덕으로 말미암아 天命을 받아서 왕이 되었다. 그런데 지금 〈大雅〉에서는 천명을 받은 것을 먼저 진술하고 祖考의 업적을 뒤에 진술해서 뒤에 있어야 할 詩가 앞으로 갔으니 이것이 逆이다. 정치하는 법은 마땅히 가까운 곳에서부터 먼 곳으로 미친다. 지금 〈小雅〉에서는 국내를 먼저 진술하고 국외를 나중에 진술하였으니 이것이 順이다.

〈소아〉의 順과 〈대아〉의 逆이 다르기는 하지만 그 이치는 동일하다. 모두 핵심은 先祖인 聖人과 賢人의 마음을 극진히 하고, 天道인 符命(하늘이 내려주는 제왕의 징조)의 도움을 분명히 드러내는 데 있을 뿐이다. 公劉・太王・王季가 현인이니 곧 〈綿〉・〈旱麓〉 등의 시가 그들의 마음을 읊은 시이고, 文王・武王이 성인이니 곧 문왕과 무왕의 업적을 서술한 시가 그들의 마음을 읊은 시이다. 천도가 도왔다는 것은 〈大雅 文王〉에서 "周나라가 비록 오래된 나라이나 천명을 받아 새롭게 되었다.〔周雖舊邦 其命維新〕"라

고 한 부류의 표현이 바로 그것이다.

又大雅生民〔下〕[1]及卷阿와 小雅南有嘉魚下에서 及菁菁者莪는 周公・成王之時詩也라

1)〔下〕: 저본의 교감기에 따라 '下'를 보충하였다.

또 〈大雅〉의 〈生民〉에서 〈卷阿〉까지의 시와, 〈小雅〉의 〈南有嘉魚〉에서 〈菁菁者莪〉까지의 시는, 周公과 成王 시대의 시이다.

【疏】 ○ 正義曰：知大雅自生民者, 以生民序云"文・武之功, 起於后稷, 故推以配天焉." 明是文・武後人, 見文・武功之所起, 故推以配天也. 文・武後人, 唯周公・成王耳. 孝經云"昔者, 周公郊祀后稷以配天." 故知生民爲周公・成王之詩. 生民旣然, 至卷阿皆是可知. 知小雅自南有嘉魚者, 以六月序廣陳小雅之廢[1], 自華黍以上皆言缺, 由庚以下不言缺, 明其詩異主也. 魚麗之序云"文・武", 華黍言與上同, 明以上武王詩. 由庚以下周公・成王詩也. 南有嘉魚云"太平", 蓼蕭云"澤及四海", 語其時事, 爲周公・成王明矣. 序者蓋亦以其事著明, 故不言其號謚焉. 由庚旣爲周公・成王之詩, 則南有嘉魚至菁菁者莪, 從可知也. 故云"下及菁菁者莪, 皆周公・成王之時詩也." 以周公攝王事, 政統於成王, 故竝擧之也. 由庚在嘉魚前矣, 不云自由庚者, 據見在而言之. 鄭所以不數亡者, 以毛公下由庚以就崇丘, 若言自由庚, 則不包南有嘉魚. 故不得言也. 旣不得以由庚爲成王詩首, 則華黍不得爲武王詩末. 故上說文・武之詩, 不言至華黍也. 其比篇如此次者, 大雅之次, 以后稷祖考之先, 文・武功之所起, 人本於祖, 故生民爲先, 言尊祖也. 旣后稷有功, 世篤忠厚, 故次行葦, 言忠厚也. 旣能忠厚, 化以及物, 令天下醉飽, 故次旣醉言太平也. 旣得太平, 又能久持不失, 故次鳧鷖, 言能持盈守成也. 鳧鷖止言祭神, 無持盈之事. 而序以承太平之後, 因言太平之君子能持盈守成, 則神祇祖考安樂之矣. 是傅會其事以爲篇次之意也. 推此, 明其餘皆有次比之義. 旣能持盈不失, 事可嘉美, 故次假樂, 嘉成王也. 旣嘉之, 又恐其怠慢, 故公劉・泂酌・卷阿戒成王也. 召公以成王初莅政, 恐不留意於治民之事, 故先言公劉厚於民以戒之. 旣戒以民事, 欲其忠信, 故次泂酌也. 旣有忠信, 須求賢自輔, 故次卷阿也. 詩人之作, 自有次第, 故其卒章曰"矢詩不多, 維以遂歌." 是也. 小雅之次, 以承文・武政平之後, 繼體之君, 調陰陽, 育萬物. 由庚, 萬物得由其道. 南有嘉魚, 樂與賢也. 崇丘,萬物得極其高大也. 南山有臺, 樂得賢者. 由儀, 萬物之所生, 各得其宜. 此五篇樂與〔賢與〕[2), 萬物得所, 更相互見, 明得賢所以養物也. 旣萬物得宜, 又能周及海外, 故次蓼蕭也. 言萬物得所, 四海蒙澤, 天下無事, 可以飮燕諸侯, 褒賜有功, 故次湛露·彤弓也. 旣見因饗燕而賜之, 故先燕後賜也. 旣有功蒙賞, 唯才是用, 爲天下之所歌樂, 故次菁菁者莪也. 其次如此, 其作之時節則難明也. 生民云"推后稷配天", 是周公制禮之時, 則攝政六年後作也. 行葦云"曾孫維主", 周公攝政之時, 成王爲孺子, 養老之事, 周公所爲. 行葦, 言成王爲主, 則在卽政之後也. 旣醉告太平, 鳧鷖守成. 周公攝政三年則致太平, 旣已太平, 則有成功可守, 作必在攝政三年之後, 不可定指其時也. 假樂, 嘉成王有顯顯令德, 官人安民, 則亦卽政之後矣. 公劉·泂酌·卷阿, 同是召公之戒. 公劉云"成王將涖政", 則歌在行葦·假樂之前也. 旣醉·鳧鷖, 指論太平·守成, 亦不廢在生民之前也. 大雅之作旣有先後, 則小雅亦當然也. 小雅之中, 皆無成王之言, 又無卽政之事. 其作多在攝政之時, 不可定其年月也. 襄二十九年, 左傳, 爲吳季札歌小雅[3). 服虔[4)云"自鹿鳴至菁菁者莪, 道文·武脩小政, 定大亂, 致太平, 樂且有儀, 是爲正小雅." 皇甫謐[5)亦云"詩人歌武王之德, 今小雅自魚麗至菁菁者莪七篇是也." 則服虔與皇甫謐以小雅無成王之詩也. 左傳又曰"爲之歌大雅." 服虔云"陳文王之德, 武王之功, 自文王以下至鳧鷖, 是爲正大雅." 則服虔又以生民·行葦·旣醉·鳧鷖爲武王詩也. 案武王伐紂, 未幾而崩, 不得有天下太平, 澤及四海之事. 蓼蕭·旣醉之輩, 皆言太平之事, 安得爲武王詩乎. 卽小雅皆武王之詩, 六月之序何當廢缺異文也. 生民"推后稷配天", 行葦"曾孫維主", 書傳配天皆謂周公之詩, 曾孫皆斥成王, 不得爲武王詩矣. 華黍·由庚本相連比, 毛氏分序, 致其篇端. 使華黍就上, 由庚退下, 則毛意亦以由庚以下爲成王之詩也. 不然, 亡詩六篇[6), 自可聚在一處, 何須分之也. 服虔之誤, 違詩之文, 失毛之旨, 故鄭所以不然也[7).

1) 六月序廣陳小雅之廢 : 〈六月〉의 序에서 廢缺에 대하여 언급하였는데 廢缺은 하나가 무너지면 다른 하나의 기세가 약해짐을 말한다. "鹿鳴廢則和樂缺矣 四牡廢則君臣缺矣 皇皇者華廢則忠信缺矣"라고 하였다. 구체적으로 언급된 〈小雅〉의 시는 〈鹿鳴〉·〈四牡〉·〈皇皇者華〉·〈常棣〉·〈伐木〉·〈天保〉·〈采薇〉·〈出車〉·〈杕杜〉·〈魚麗〉·〈南陔〉·〈白華〉·〈華黍〉·〈由庚〉·〈南有嘉魚〉·〈崇丘〉·〈南山有臺〉·〈由儀〉·〈蓼蕭〉·〈湛露〉·〈彤弓〉·〈菁菁者莪〉이고, 이 이하는 모두 '小雅'로 지칭되었다. 그리고 위에서 언급한 시의 순서는 저본 ≪毛詩正義≫의 편차와 조금 다르다. 즉 〈由庚〉·

〈南有嘉魚〉·〈崇丘〉·〈南山有臺〉의 순서가 저본에서는 〈南有嘉魚〉·〈南山有臺〉·〈由庚〉·〈崇丘〉로 되어 있다. 여기서는 〈六月〉의 序에서 언급된 순서에 따라 설명이 이루어졌다.

2) 〔賢與〕: 저본의 교감기에 따라 '賢與'를 보충하였다.

3) 爲吳季札歌小雅 : ≪春秋左氏傳≫ 襄公 29년 4월에 나오는 내용을 孔穎達이 중요한 말만 발췌한 것이다. 吳나라 季札이 魯나라에 사신으로 가자 襄公이 樂工을 시켜 〈周南〉, 〈召南〉, 〈小雅〉, 〈大雅〉를 부르게 하였다. 노래가 끝날 때마다 계찰은 아름답다고 하면서 극찬하였다.

4) 服虔 : 後漢의 학자이다. 孔穎達이 ≪春秋左傳正義≫를 저술할 때 杜預의 注를 위주로 하여 그의 주석이 없어지고 말았다. ≪玉函山房輯佚書≫에 그의 주석 일부가 실려 있다. 복건의 주석은 淸나라 惠棟(1697~1758)의 ≪東惠氏春秋左傳補注≫ 권4에 보이며, 아래에 보이는 인용문도 마찬가지이다.

5) 皇甫謐 : 215~382. 晉나라의 학자로 자는 士安, 호는 玄晏이다. 저서로 ≪高士傳≫, ≪烈女傳≫ 등이 있다.

6) 亡詩六篇 : 序만 있고 내용이 없는 6편의 시인데, 〈南陔〉·〈白華〉·〈華黍〉·〈由庚〉·〈崇丘〉·〈由儀〉를 말한다.

7) 服虔之誤……故鄭所以不然也 : 淸의 학자 沈廷芳(1692~1762)의 ≪十三經注疏正字≫ 권14에는 '誤'가 '說'로 되어 있다.

○ **正義曰** : 〈大雅〉가 〈生民〉에서 시작됨을 알 수 있는 것은, 〈생민〉 序에서 "文王과 武王의 공로는 后稷에게서 시작되었으므로 후직을 추존해서 하늘과 함께 제사를 지낸 것이다."라고 하였기 때문이다. 이것은 문왕·무왕의 後人이 문왕·무왕이 일으킨 공적의 기원을 보고서 후직을 추존하여 하늘에 제사를 지낼 때 함께 지낸 것을 분명히 밝힌 것이다.

문왕·무왕의 후인은 周公과 成王 뿐이다. ≪孝經≫에서 "옛적에 주공이 교외에서 제사 지낼 때 후직을 하늘에 제사 지냈다."라고 하였다. 그러므로 〈생민〉은 주공·성왕의 詩임을 알 수 있고, 〈생민〉이 그러하니 〈卷阿〉까지 모두 알 수 있다.

〈小雅〉가 〈南有嘉魚〉에서 시작됨을 알 수 있는 것은, 〈六月〉 序에서 〈소아〉가 무너지게 된 것을 널리 진술하면서 〈華黍〉부터는 모두 '缺(쇠락)'이라 말을 하고, 〈由庚〉부터는 缺이라고 말을 하지 않았으니 詩마다 주체가 다르다는 것을 분명히 하고자 하였기 때문이다.

〈魚麗〉 序에서 "文王·武王"이라 하였고, 〈화서〉의 말도 위와 같은데 〈화서〉 위로는 무왕의 시이고, 〈유경〉 아래로는 주공·성왕 시대의 시임을 분명히 하였다. 〈남유가어〉 序에서 "太平"이라 하였고, 〈蓼蕭〉 序에서 "은택이 四海에 미친다."라고 하였는데, 그 당시의 사건을 말하였으니 주공·성왕 시대의 일을 읊은 것이 분명하다.

序에서는 대개 그 일이 분명히 드러났기 때문에 시호를 언급하지 않은 것이다. 〈유경〉이 주공·성왕 시대의 시이니, 〈남유가어〉에서 〈菁菁者莪〉까지도 알 수 있다. 그러므로 詩譜에서 "아래로 〈청청자아〉까지는 모두 주공·성왕 시대의 시이다."라고 한 것이다. 주공이 성왕을 대신해서 攝政하였지만 성왕에게 정통성이 있었기 때문에 두 사람을 함께 거론한 것이다. 〈유경〉이 〈남유가어〉 앞에 있는데도 〈유경〉에서부터 말하지 않은 것은 현재 ≪시경≫에 남아 있는 시에서 근거하여 말한 것이다. 鄭玄이 없어진 시를 계산하지 않은 것은 毛公이 〈유경〉을 아래로 두어 〈崇丘〉로 나아갔기 때문이다. 만약 〈유경〉에서부터라고 말했다면 〈남유가어〉를 포함하지 않으므로 말하지 않은 것이다.

〈유경〉이 성왕 때의 詩 첫머리가 되지 못한다면 〈화서〉는 무왕 때의 시 끝이 되지 못한다. 그러므로 위에서 문왕·무왕 시대의 시를 설명하면서도 〈화서〉까지 언급하지 않은 것이다. ≪시경≫ 전체 편수의 순서를 정하는 과정에서 〈대아〉의 차례도 이렇게 하는 것은 祖考인 후직이 앞장을 섰고 문왕과 무왕이 공적을 일으켰으며 사람은 조상에 뿌리를 두고 있으므로 〈生民〉을 앞에 두어 조상을 존중함을 말한 것이다. 후직이 공로가 있었고 대대로 독실히 忠厚하였으므로 〈行葦〉를 다음에 두어 충후를 말한 것이다. 충후하고 나서는 교화가 만물에 미치고 천하의 모든 사람들을 배불리 먹이고 취하도록 하므로 〈旣醉〉를 다음에 두어 太平을 말한 것이다. 태평하게 되고나서는 또 오래도록 유지하고 잃어버리지 않아야 하므로 〈鳧鷖〉를 다음에 두어 이루어놓은 일을 보전하고 守成을 말한 것이다. 〈부예〉는 단지 신을 제사 지내는 것을 말하였고 이루어놓은 일을 보전하는 일이 없다. 그런데 序에서 태평한 뒤를 이어서 태평한 시대의 군자가 이루어놓은 일을 보전하고 守成을 하면 天神·地神·祖考가 안락해짐을 말하였으니, 이것은 그 일을 傅會하여 篇次의 뜻으로 삼은 것이다. 이러한 사실을 미루어 본다면 그 나머지 시도 모두 순차적으로 의미가 이어져 있음이 분명하다. 이루어놓은 일을 보전하고 잃지 않았으므로 그 일을 가상하게 여기고 〈假樂〉으로 이어서 성왕을 찬미하였다. 찬미하고 나서는 또 태만하게 될 것을 우려하여 〈公劉〉·〈泂酌〉·〈卷阿〉로 성왕을 경계한 것이다.

召公이 성왕이 처음으로 정무를 보면 백성을 다스리는 일에 유념하지 못할까 염려하여, 公劉가 백성을 후하게 대해준 것을 먼저 말하고서 성왕을 훈계하였다. 백성을 다스리는 일로 성왕을 훈계하고 나서 그가 忠信하기를 바라면서 〈泂酌〉을 다음에 두었고, 충신하고 나서는 賢者를 구해 자신을 보좌토록 해야 하므로 〈卷阿〉을 다음에 두었다. 시인의 작품은 본래 순서가 있으므로 〈권아〉 마지막 구절에 "바친 시는 얼마 되지 않지만 왕의 시를 이어 계속 시를 짓는다."라고 하였으니 이것이다.

〈小雅〉의 순서는 문왕과 무왕의 태평한 정치를 계승한 후에 선왕의 뒤를 이은 임금이 음양을 조화하고 만물을 기르는 것이다.

〈유경〉은 만물이 그 道를 실천한 것을 읊은 시이다. 〈남유가어〉는 賢者와 더불어 즐거워한 시이다. 〈崇丘〉는 만물이 그 高大함을 지극히 한 것을 읊은 시이다. 〈南山有臺〉는 현자를 얻은 것을 즐거워한 시이다. 〈由儀〉는 만물이 생장하면서 각각 그 마땅한 자리를 얻은 것을 노래한 시이다. 이 5편의 시는 현자와 더불어 즐거워하고 만물이 제자리를 찾아 살아가는 뜻이 상호 드러나니 현자를 얻었기 때문에 만물을 양육한 것이 분명하다. 만물이 제자리를 찾은 데다가 또 海外까지 두루 미치므로 〈蓼蕭〉를 다음에 두었다. 말하자면 만물이 제자리를 찾고 四海가 은택을 입어 천하가 무사하므로 제후에게 燕禮를 베풀고 공이 있는 사람에게는 포상을 내리므로 〈湛露〉·〈彤弓〉을 다음에 두었다. 향례와 연례를 베풀어주고 나서 포상을 내렸으므로 연례를 먼저하고 포상을 나중에 한 것이다.

공로가 있어 포상을 받고 재주가 있어 등용되어 천하가 노래 부르고 즐거워하므로 〈菁菁者莪〉를 다음에 두었다. 시의 순서가 이와 같으니 시가 지어진 때를 밝히기는 어렵지 않다. 〈生民〉에서 "后稷을 추존하여 하늘과 함께 제사를 지낸다."라고 하였는데, 이것은 周公이 예법을 제정했을 때이니 섭정하고 6년이 지난 후의 작품이다. 〈行葦〉에서 "曾孫이 군주가 되었다."라고 하였는데 주공이 섭정할 때 成王은 어려서 원로를 봉양하는 일을 주공이 한 것이다. 〈行葦〉는 성왕이 군주가 됨을 말하였으니 정권을 잡은 바로 직후이다. 〈旣醉〉는 천하태평을 읊은 시이고, 〈鳧鷖〉는 守成을 읊은 시이다. 주공이 섭정한 지 3년이 되어 천하태평을 이루었다. 천하가 태평하자 이루어진 공로를 지켜야 했으니 작품은 반드시 섭정한 지 3년이 지난 뒤이지만 그 시기를 확정해서 가리킬 수는 없다.

〈假樂〉은 성왕이 빛나고 아름다운 덕을 가지고서 적합한 사람을 관리에 임명하고 백성을 편안하게 살도록 해주는 것을 가상하게 여긴 것이니 정권을 잡은 후의 시이다. 〈公劉〉・〈泂酌〉・〈卷阿〉에는 모두 召公이 성왕을 훈계한 내용의 시이다.

〈공류〉에서 "성왕이 처음 정무를 보려 한다."라고 하였으니, 이 시는 〈行葦〉・〈假樂〉의 앞에 있어야 한다. 〈기취〉・〈부예〉는 천하태평과 守成을 거론하였으니 역시 차질 없이 〈생민〉의 앞에 있어야 한다. 〈大雅〉의 시는 선후가 있으니 〈小雅〉 역시 당연하다.

〈소아〉의 시 전체는 성왕의 말이 없고, 또 성왕의 執政과 관련된 사건도 없다. 시들은 대부분 주공이 섭정할 때이지만 시기를 확정할 수 없다. ≪春秋左氏傳≫ 襄公 29년에 吳나라 季札을 위해 〈소아〉를 불렀다고 하였고, 服虔이 "〈鹿鳴〉에서 〈菁菁者莪〉까지는 문왕과 무왕이 대소 정사를 수행하고 大亂을 평정하여 태평을 이루고 화락하면서 법도가 있음을 말하였으니 이것을 正小雅라고 한다."라고 하였으며, 皇甫謐 또한 "시인이 무왕의 은덕을 노래하였는데, 지금의 〈小雅 魚麗〉에서 〈菁菁者莪〉까지 7편이 이것이다."라고 하였다. 복건과 황보밀은 〈소아〉에 성왕 시대의 시가 없다고 여긴 것이다. ≪춘추좌씨전≫에 또 "계찰을 위해서 〈대아〉를 불렀다."라고 하였다. 복건은 "문왕의 은덕과 무왕의 공적을 기술하였는데, 〈文王〉에서 〈鳧鷖〉까지가 正大雅이다."라고 하였다. 복건은 〈生民〉・〈行葦〉・〈旣醉〉・〈鳧鷖〉를 무왕 시대의 시로 여긴 것이다. 살펴보건대 무왕이 紂를 정벌하고 얼마 지나지 않아 崩御하여 천하가 태평하고 은택이 四海에 퍼지는 업적을 가지지 못하였다. 〈蓼蕭〉・〈旣醉〉 같은 시는 모두 태평한 시대의 일을 말하였으니 어찌 무왕의 시가 되겠는가. 〈소아〉가 모두 무왕의 시라고 한다면 〈六月〉의 序에 어떻게 廢缺에 해당된다고 하여 글을 달리하겠는가.

〈생민〉에서는 "후직을 추존하여 하늘에 제사 지낼 때 함께 지낸다"라고 하였고, 〈行葦〉에서는 "曾孫인 成王이 군주이다."라고 하였다. 서책에 나오는 '配天'은 모두 周公 시대의 시이며, 曾孫은 모두 성왕을 가리키니 무왕의 시가 될 수 없다.

〈華黍〉・〈由庚〉은 본래 서로 이어져 있는데 毛亨이 序를 나누어 시의 앞에 두었다. 〈화서〉를 위로 〈유경〉를 아래로 두었으니, 모형의 의도는 역시 〈유경〉 이하를 성왕 시대의 시로 여겼기 때문이다. 그렇지 않다면 亡詩 6편은 본래 한 곳에 모을 수 있었는데 구태여 나누어야 했겠는가. 복건의 오류는 시의 체제를 위배하였고 모형의 취지를 상실하였지만 정현은 그렇게 하지 않았다.

傳[1]曰 文王基之하고 武王鑿之하며 周公內之라 謂其道同하고 終始相成하며 比而合之라 故

大雅十八篇과 小雅十六〔篇〕[2]爲正經이라

1) 傳 : 어떤 책인지 확실하지 않다. 宋나라의 학자 王應麟(1223~1296)의 ≪詩地理攷≫ 권3 〈雅〉에 "孔穎達이 말하기를 이 傳이 무슨 책인지 모른다고 하였다.〔孔氏曰 未知此傳在何書〕"라는 글이 있다.

2) 篇 : 저본의 교감기에 따라 '篇'을 보충하였다.

傳에서 "文王이 토대를 잡았고, 武王이 공사를 시작하고, 周公이 집안 내부 공사를 마무리하였다."라고 하였다. 이것은 道가 같고 始終으로 이루어졌으며 시를 나란히 이어 합하였다. 그러므로 〈大雅〉 18편과 〈小雅〉 16편이 正經이 되었다.

【疏】 ○ 正義曰 : 此傳以作室爲喩也. 言周國之興, (警)〔譬〕[1]如爲室. 文王始造其基, 武王鑿其榱棟, 周公內而架之, 乃成爲室. 猶言文王受命, 武王因之, 得伐紂, 定天下, 周公致太平, 制禮作樂以成之. 故中候曰 "昌受命, 發行誅, 旦弘道." 是其終始相成. 故比合其詩, 大雅十八篇, 小雅十六篇爲正經. 凡書非正經者, 謂之傳, 未知此傳在何書也.

1) (警)〔譬〕 : 저본의 교감기에 따라 '譬'로 번역하였다.

○ 正義曰 : 이 傳은 집을 짓는 것으로 비유하였다. 말하자면 周나라의 흥성은 비유하자면 집을 짓는 것과 같다. 文王이 그 토대를 만들고, 武王이 서까래와 들보를 올리고, 周公이 안에 시렁을 올려 집을 완성한 것이다. 문왕이 천명을 받고 무왕이 계승하여 紂를 정벌해서 천하를 평정하고, 주공이 태평천하를 이루어 禮法을 제정하고 音樂을 만들어서 완성하였다고 말하는 것과 같다. 그러므로 〈漢나라의 讖緯書인〉 ≪尙書中侯≫에 "文王 昌이 천명을 받고, 武王 發이 誅罰을 행하고, 周公 旦이 道를 넓혔다."라고 하였는데 이것이 바로 시종 상호 완성된다는 것이다. 그러므로 시를 나란히 이으면 〈大雅〉 18편, 〈小雅〉 16편이 正經이 된다. 서책은 正經이 아니면 傳이라고 하는데, 鄭玄이 ≪詩譜≫에서 말한 이 傳은 무슨 책인지 모르겠다.

其用於樂에 國君以小雅하고 天子以大雅라 然而饗賓或上取하고 燕或下就[1]라

1) 饗賓或上取 燕或下就 : 國君이 상호 간에 만날 때는 〈小雅〉를 연주하지만 간혹 〈大雅〉를 연주할 때가 있는데 이것을 上取라고 하며, 천자가 제후를 접대할 때는 〈대아〉를 연주하지만 간혹 〈소아〉를 연주할 때가 있는데 이것을 下就라고 한다. 아래에 있

는 孔穎達의 疏를 통해 알 수 있다. "제후가 신하에게 燕禮를 베풀면서 鄕樂을 함께하는 것이 下就이며, 천자가 제후에게 〈鹿鳴〉을 함께하는 것도 역시 下就인 것이 분명하다. 제후가 隣國의 군주에게 〈大雅〉를 부르는 것은 上取이니 천자가 제후의 수장에게 〈肆夏〉를 부르는 것 역시 上取이다." 즉 上取는 윗 등급 악곡을 취한다는 의미이고, 下就는 아래 등급의 악곡으로 내려온다는 의미이다.

시를 樂에 사용할 때 國君은 〈小雅〉로, 天子는 〈大雅〉로 한다. 그렇지만 빈객에게 饗禮를 베풀 때는 上取하고 燕禮를 베풀 때는 下就한다.

【疏】○ 正義曰：以詩者樂章, 旣說二雅爲之正經, 因言用樂之事. 變者雖亦播於樂, 或無筭之節所用, 或隨事類而歌, 又在制禮之後. 樂不常用, 故鄭於變雅下不言所用焉. 知國君以小雅, 天子以大雅者, 以鄕飮酒云"乃合樂[1]關雎・鵲巢", 則不言鄕樂. 燕禮云"遂歌鄕樂周南關雎・召南鵲巢." 燕諸侯之禮, 謂周南・召南爲鄕樂. 鄕飮酒, 大夫之禮, 直云合樂. 大夫稱鄕, 得不以用之鄕飮酒, 是鄕可知, 故不云鄕也. 由此言之, 則知風爲鄕樂矣. 左傳晉爲穆叔, 文王・鹿鳴別歌之[2], 大雅爲一等, 小雅爲一等. 風旣定爲鄕樂, 差次之而上, 明小雅爲諸侯之樂, 大雅爲天子之樂矣. 且鄕飮酒, 鄕大夫賓賢能之禮也. 言賓用敵禮, 是平等之事. 合已樂, 而上歌小雅, 爲用諸侯樂. 然則諸侯以小雅爲已樂. 而穆叔云"文王, 兩君相見之樂". 歌則兩君亦敵, 明歌大雅爲用天子樂. 故知諸侯以小雅, 天子以大雅矣. 鄕射之禮云"乃合樂周南・召南等[3]." 注云"不歌・不笙・不間, 志在射, 略於樂. 不略合樂者, 風, 鄕樂也, 不可略其正." 大射, 諸侯之禮, 所歌者, 明亦諸侯之正樂也. 其經曰"乃歌鹿鳴三終, 乃下管新宮三終[4]." 亦不笙・不間, 又不言合. 明亦略樂不略其正. 是小雅爲諸侯之樂, 於是明矣, 自然大雅爲天子之樂可知. 若然, 小雅之爲天子之政, 所以諸侯得用之者, 以詩本緣政而作. 臣無慶賞威刑之政, 故不得有詩. 而詩爲樂章, 善惡所以爲勸戒, 尤美者可以爲典法. 故雖無詩者, 今得進而用之. 所以風化天下, 故曰"用之鄕人焉, 用之邦國焉." 因其節文, 使之有等. 風爲夫婦之道, 生民之本, 王政所重. 欲天下徧化之, 故風爲鄕樂. 風本諸侯之詩, 鄕人所用. 故諸侯進用小雅. 諸侯旣用小雅, 自然天子用大雅矣. 故鄕飮酒・燕禮注云"鄕樂者, 風也. 小雅爲諸侯之樂, 大雅・頌爲天子之樂." 是也. 彼注頌亦爲天子之樂, 此不言頌者, 此因風與二雅爲尊卑等級, 以見其差降, 故其言不及頌耳. 國君以小雅, 天子以大雅, 擧其正所當用者. 然而至於饗賓或上取, 燕或下就. 天子不純以大雅, 諸侯不純以小雅, 故下鄭分別說之.

1) 合樂 : 노래와 악기가 함께 어우러진 것 또는 어떤 노래를 하면 다른 노래도 함께 부르는 것을 말하며, 堂下에서 한다. 예컨대 두 임금이 相見할 때 〈文王〉을 부르는데 이 때 〈鹿鳴〉도 함께 부른다. 鄭玄은 "노래와 악기 그리고 여러 소리가 함께 연주된다.〔歌樂與衆聲俱作〕"라 하였고, 賈公彦은 "堂上에는 노래와 瑟, 堂下에는 笙磬으로 이 시를 합주한다.〔堂上有歌瑟 堂下有笙磬 合奏此詩〕"라고 하였다.

2) 左傳晉爲穆叔 文王鹿鳴別歌之 : ≪春秋左氏傳≫ 襄公 4년에 晉侯가 穆叔을 위해 〈大雅 文王〉과 〈小雅 鹿鳴〉을 부른 것을 말한다.

3) 乃合樂周南召南等 : ≪儀禮≫ 〈鄕射禮〉의 "乃合樂周南關雎·葛覃·卷耳·召南鵲巢·采蘩·采蘋"의 글을 축약한 것이다.

4) 歌鹿鳴三終 乃下管新宮三終 : '鹿鳴三終'은 〈鹿鳴〉 이외 〈四牡〉와 〈皇皇者華〉를 말한다. 시 한 편이 한 곡으로 이루어지며, 한 곡이 끝나는 것을 '一終'이라고 한다. 〈新宮〉은 없어진 시의 편명이며, 〈신궁〉을 제외한 두 곡은 무엇인지 알 수 없다. ≪儀禮≫ 〈大射〉에는 '下'자가 없다.

○ 正義曰 : 詩는 음악의 가사이니, 二雅를 正經으로 한다고 설명하였고 이어서 音樂에 적용하는 일로 말한 것이다. 變風이 비록 음악에 퍼졌지만 가락에 사용되지 못하였고 또 일의 종류에 따라 노래로 불리어졌고 예법을 제정한 뒤에 음악을 항상 사용하지 않았으므로 鄭玄은 變雅의 아래에 용도를 말하지 않았다.

國君은 〈小雅〉를 天子는 〈大雅〉를 사용하는 줄을 아는 것은, ≪儀禮≫ 〈鄕飮酒禮〉에 "合樂은 〈關雎〉·〈鵲巢〉로 한다."라고 하였으며 鄕樂이라고 말을 하지 않았기 때문이다. ≪儀禮≫ 〈燕禮〉에 "答歌는 鄕樂인 〈周南 關雎〉·〈召南 鵲巢〉으로 하였다."라고 하였으니, 제후에게 연례를 베풀 때의 예는 〈周南〉·〈召南〉을 鄕樂으로 여긴 것이다. 향음주례는 大夫의 禮이므로 곧장 合樂이라 하였다. 大夫가 鄕이라고 할 경우에는 향음주례를 사용하지 않더라도 이것이 향음주례임을 알기 때문에 鄕이라고 하지 않는 것이다. 이런 사실을 근거로 말한다면 風이 鄕樂임을 알 수 있다.

≪春秋左氏傳≫ 襄公 4년에 晉侯가 穆叔을 위해 〈大雅 文王〉과 〈小雅 鹿鳴〉을 따로 노래했다고 하였는데 〈大雅〉도 한 등급이며 〈小雅〉도 한 등급이다. 風이 鄕樂으로 정해지고 난 다음에 등급이 올라갔으며, 〈소아〉는 제후의 樂이 되었고 〈대아〉는 천자의 樂이 된 것이 분명하다.

또한 鄕飮酒禮는 鄕大夫가 賢能한 사람을 접대하는 禮이다. 말하자면 접대할 때 대등한 예의를 적용한 것으로 이것은 동등한 일이다. 자기 신분에 맞는 樂을 합치고 위로 〈소아〉를 불러 제후의 악으로 사용하게 되었다. 그렇다면 諸侯는 〈소아〉를 자기의 樂으로 삼은 것이다. 〈≪춘추좌씨전≫ 양공 4년에〉 穆叔이 "〈대아 문왕〉은 두 나라 임금이 相見할 때 연주하는 악이다."라고 하였다. 노래를 한다는 것은 두 나라 임금이 역시 대등한 관계이며, 〈대아〉를 노래함은 천자의 악을 사용함이 분명하다. 그러므로 제후는 〈소아〉, 천자는 〈대아〉임을 알 수 있다.

≪儀禮≫ 〈鄕射禮〉에 "〈周南〉과 〈召南〉 등을 合樂한다."라고 하였으며, 鄭玄의 주에 "노래를 부르지 않고 생황을 불지 않고 간주곡을 연주하지 않는다. 뜻은 과녁을 적중하는 곳에 있어 악을 생략한다. 合樂을 생략하지 않는 것은 風이 鄕樂이기 때문이고, 그 正樂을 생략해서는 안 된다."라고 하였다. 大射는 제후의 禮이고 이때 부르는 노래는 분명히 제후의 正樂이다.

≪儀禮≫ 〈大射〉에 "〈鹿鳴〉·〈四牡〉·〈皇皇者華〉를 부르고 관악기로 〈新宮〉 외 두 곡을 연주한다."라고 하였다. 또한 생황을 불지 않고 간주곡을 연주하지 않고 또 合樂을 하지 않았으니, 樂은 생략해도 正樂은 생략하지 않음이 분명하다. 이것은 〈소아〉가 제후의 樂이라는 것이 여기에서 분명하게 되었으며 자연히 〈대아〉가 천자의 樂임을 알 수 있다. 그렇다면 〈소아〉가 천자의 정치가 되고 제후가 사용하는 것은, 시는 본래 정치에 따라 창작되기 때문이다. 신하는 상을 주거나 형벌을 내리는 행정이 없으므로 시를 짓지 못한다. 시는 음악의 가사가 되어 착한 일을 권면하고 악한 일을 징계하여 내용이 매우 좋은 것은 모범이 된다. 그러므로 시를 연주할 수 있는 신분이 아니더라도 지금은 음악으로 올려 사용한다.

이런 까닭에 시가 천하를 교화하므로 〈大序〉에서 "시는 지방 사람에게도 사용하고 국가에도 사용한다."라고 하였으며, 신분에 맞는 정도에 따라 차등이 있다. 風은 부부의 道이고, 백성의 근본이고, 王政의 중요한 것이다. 천하를 두루 교화하려고 하므로 風이 鄕樂이 된다.

風은 제후의 시에 뿌리를 두고 지방 사람이 사용하였다. 그러므로 제후는 〈소아〉를 사용하였으며, 제후가 〈소아〉를 사용한 뒤에 자연적으로 천자는 〈대아〉를 사용하였다. 그러므로 ≪의례≫ 〈향음주〉와 〈연례〉의 정현 주에 "鄕樂은 風이다. 〈소아〉는 제후의 樂이고, 〈대아〉·〈頌〉은 천자의 樂이다."라고 하였으니 이것이다. 정현의 주석에 〈송〉이 천자의 樂이라 하였는데 여기 〈詩譜〉에서 〈송〉을 말하지 않은 것은 風과 二雅가 尊卑와 等級에 따라 차등을 보이므로 〈송〉을 언급하지 않은 것이다.

國君은 〈소아〉, 天子는 〈대아〉로 하고 그중에서 적합하게 사용할 만한 것을 선택한다. 그렇지만 빈객을 접대하는 饗禮에는 上取하고 燕禮를 베풀 때는 下就한다. 천자가 〈대아〉를 전적으로 사용하는 것이 아니고 제후도 〈소아〉를 전적으로 사용하는 것이 아니므로 아래 글에서 정현이 분별하여 설명하였다.

何者오 天子饗元侯에 歌肆夏(개하)[1]하고 合文王이라 諸侯歌文王에 合鹿鳴이라 諸侯於隣國之君에 與天子於諸侯同이라

1) 肆夏(개하) : 佚詩의 篇名이며, 천자가 제후의 수장을 접대할 때 연주한다. ≪禮記≫ 〈禮器〉에 "〈제후들이〉 나갈 때 肆夏를 연주하여 전송하였다.〔其出也 肆夏而送之〕"라고 하였다. 鄭玄의 주에 "肆夏는 陔夏가 되어야 한다.〔肆夏當爲陔夏〕"라고 하였다. 陸德明은 ≪經典釋文≫ 〈禮記音義〉에서 "정현의 주석대로 陔라고 하며 古와 來의 반절이다.〔依注作陔 古來反〕"라고 하였다.

무엇 때문인가? 天子가 諸侯의 우두머리에게 饗禮를 베풀 때에 〈肆夏〉를 노래로 부르고 〈文王〉도 함께 부른다. 제후가 〈문왕〉을 노래로 부를 때는 〈鹿鳴〉도 함께 부른다. 제후와 이웃 나라 임금과의 관계는 천자와 제후와의 관계와 같다.

【疏】 ○ 正義曰 : 鄭旣言有上取下就之義, 因自問而釋之, 故云"何者", 以發端也. 知歌·合如此者. 左傳曰 "穆叔如晉, 晉侯饗之, 金奏[1]肆夏之三, 不拜. 工歌文王之三, 又不拜. 歌鹿鳴之三, 三拜. 韓獻子使行人子員問之, 對曰 '肆夏, 天子所以饗元侯也, 使臣弗敢與聞. 文王, 兩君相見之樂也, 使臣不敢及. 鹿鳴, 君所以嘉寡君也, 敢不拜嘉'" 又魯語曰 "金奏肆夏·繁遏·渠, 天子所以饗元侯也, 工歌文王·大明·綿, 則兩君相見之樂也. 臣以爲肄業及之, 故不敢拜. 今伶簫詠歌及鹿鳴之三. 君之所以貺使臣, 敢不拜貺." 由此二傳論之, 天子(食)〔饗〕[2]元侯歌肆夏也, 則非元侯者不得歌之. 肆夏, 頌之族類, 頌下唯有大雅, 故知於諸侯歌文王已. 傳文又言 "文王, 兩君相見之樂." 是諸侯於隣國之君亦歌文王, 與天子於諸侯同也. 鄕飮酒·燕禮合樂皆降於升歌, 歌鹿鳴合鄕樂, 則知歌文王者當合鹿鳴, 歌肆夏者當合文王也. 故鄭於此差約而知之. 傳言 "金奏肆夏", 此云歌者, 凡樂之初作, 皆擊金奏之. 春官鍾師, 以鍾鼓奏九夏[3] 論語云 "始作翕如也", 鄭云 "始作, 謂金奏." 晉爲穆叔發初歌肆夏, 故云金奏也. 言金奏者, 始作(未)〔樂〕[4]必先擊鍾以奏之. 左傳曰 "歌鍾二肆[5]." 是歌必以金奏之. 言金奏肆夏, 亦歌之. 文王・鹿鳴因上有金奏之文, 不須復云金奏, 故直云歌. 其實文王・鹿鳴亦金奏. 肆夏亦工歌, 互言之, 故知歌肆夏也. 此歌在堂上, 故郊特牲曰"歌者在上, 貴人聲也." 其合樂則在堂下. 故儀禮注云"合樂, 謂歌樂與衆聲俱作." 明在堂下衆聲也. 由在堂下輕, 故降升歌一等. 元侯者, 元, 長也, 謂諸侯之長. 杜預云"元侯, 牧伯也." 牧伯與上公, 則爲大國, 故儀禮注云"天子與大國之君燕, 升歌頌, 合大雅." 以肆夏, 頌之族類, 故以頌言之. 牧伯爲元侯, 則其餘侯・伯爲次國, 子・男爲小國, 非元侯也. 故總謂之諸侯. 故用樂與兩君相見之樂同. 儀禮注云"兩君相見, 歌大雅, 合小雅. 天子與次國・小國之君燕亦如之." 於次國與小國, 與此諸侯同也. 此先陳天子於諸侯, 以諸侯於隣國亦如之. 彼據傳之正文, 先言兩君相見, 以天子於次國・小國亦如之, 故與此倒也. 天子於諸侯, 總次國・小國爲一等, 諸侯相於, 與"天子於諸侯"文同, 則亦總次國・小國爲一等. 則次國相於, 小國於次國・於小國, 皆是諸侯於隣國之君, 同歌文王, 合鹿鳴也. 仲尼燕居云"大饗有四焉. 兩君相見, 升歌淸廟, 下管象." 彼兩君元侯相於法也. 天子於元侯, 與諸侯不同, 則元侯相於, 與諸侯亦異也. 諸侯相於, 與天子於諸侯同, 則元侯相(見)〔於〕[6], 亦與天子於元侯同, 不歌(四)〔肆〕[7]夏, 避天子也. 以此明之, 則言諸侯於隣國之君, 無元侯, 可知也. 其元侯於次國・小國, 亦當與諸侯於隣國同也. 天子以大雅, 而饗元侯歌(四)〔肆〕夏. 國君以小雅, 於隣國歌文王. 是饗賓或上取也.

1) 金奏 : 樂曲의 연주를 시작할 때 鍾을 먼저 쳐서 연주하는 것을 말한다.
2) (食)〔饗〕: 저본의 교감기에 따라 '饗'으로 번역하였다.
3) 九夏 : 옛날의 樂章 명칭이다. 왕이 출입할 때 王夏를 연주하고, 尸가 출입할 때 尸夏, 犧牲이 출입할 때 昭夏, 사방의 賓이 올 때 納夏, 신하가 功을 세웠을 때 章夏, 부인이 제사를 지낼 때 齊夏, 族人이 시중들 때에 族夏, 客이 술에 취하여 나갈 때 祴夏, 公이 출입할 때 驁夏를 연주한다고 하였다.
4) (未)〔樂〕: 저본의 교감기에 따라 '樂'으로 번역하였다.
5) 二肆 : 肆는 鍾을 배열하는 틀이다. 종 16개를 다는 것이 한 틀〔一肆〕이니 二肆는 두 틀로 종이 32개이다.
6) (見)〔於〕: 저본의 교감기에 따라 '於'로 번역하였다.
7) (四)〔肆〕: 저본의 교감기에 따라 '肆'로 번역하였다. 아래도 같다.

○ 正義曰 : 鄭玄이 上取・下就의 뜻을 말하고 나서 스스로 묻고 풀이하였으므로 '무엇 때문인가.'라는 말로 단서를 열었다. 노래와 合樂이 이와 같이 되었음을 알게 된 것

은 다음과 같다. ≪春秋左氏傳≫ 襄公 4년에 "穆叔이 晉나라로 갔을 때 晉侯가 향례를 열었다. 金奏(鍾으로 연주하는 것)하여 〈肆夏〉·〈繁遏〉·〈渠〉 3곡을 연주하였는데 목숙이 절을 하지 않았다. 악공이 〈文王〉·〈大明〉·〈綿〉 3곡을 노래하자 또 절을 하지 않았다. 〈鹿鳴〉·〈四牡〉·〈皇皇者華〉 3곡을 노래하자 세 번 절하였다. 韓獻子가 使臣 子員을 시켜 그 까닭을 묻자, 목숙이 대답하기를 '〈사하〉는 천자가 제후의 수장에게 연회를 베풀 때 연주하는 곡이니 사신인 저로서는 감히 들을 수 없습니다. 〈문왕〉은 두 나라 임금이 相見할 때 연주하는 악곡이니 사신인 저로서는 감히 들을 수 없습니다. 〈녹명〉은 晉侯가 우리나라 임금을 찬양한 것이니 그 찬양에 절을 하지 않을 수 있겠습니까.' 하였다."라고 하였다.

또 ≪國語≫ 〈魯語 下〉에 "金奏하여 〈사하〉·〈번알〉·〈거〉를 연주한 것은 천자가 제후의 수장에게 연회를 열 때 하는 것이고, 악공이 〈문왕〉·〈대명〉·〈면〉을 노래하는 것은 두 나라 임금이 相見할 때의 악곡입니다. 臣은 악곡을 연습하여 연주한다고 생각하였으므로 감히 절하지 않았습니다. 지금 악공이 피리 불고 노래하면서 〈녹명〉·〈사모〉·〈황황자화〉의 3곡까지 미쳤습니다. 임금께서 사신인 저에게 하사한 것이니, 하사한 음악에 절을 하지 않을 수 없습니다."라고 하였다. 위의 두 책을 근거로 논하자면 천자가 제후의 수장에게 연회를 열 때 〈사하〉를 노래하는데 제후의 수장이 아니면 노래하지 않는다. 〈사하〉는 〈송〉과 같은 부류이고 〈頌〉 아래는 〈大雅〉가 있을 뿐이다. 그러므로 제후에게 〈문왕〉을 노래하는 것을 알 수 있다.

≪춘추좌씨전≫에 또 "〈문왕〉은 두 나라 임금이 相見할 때 연주하는 악곡이다."라고 하였다. 이것은 제후가 이웃 나라의 임금을 접대할 때 또한 〈문왕〉을 불렀는데, 천자가 제후를 접대할 때도 동일하게 〈문왕〉을 불렀다는 것이다. 鄕飮酒·燕禮 때 堂上에서는 노래를 하고 堂下에서는 여러 樂器가 연주된다.

〈녹명〉을 부를 때 鄕樂도 함께 하니, 〈문왕〉을 노래할 때 의당 〈녹명〉도 함께 하고, 〈사하〉를 노래할 때 의당 〈문왕〉도 함께 함을 알 수 있다. 그러므로 鄭玄이 〈詩譜〉에서 조금 축약한 것을 알 수 있다. ≪춘추좌씨전≫ 양공 4년에 "金奏하여 〈사하〉를 연주했다."라고 하였는데, 여기서 노래를 불렀다고 한 것은 대체로 음악이 처음 시작될 때 모두 종을 두드려 연주하기 때문이다.

≪周禮≫ 〈春官 鍾師〉에 "鍾鼓로 〈九夏〉를 연주한다."라고 하였으며, ≪論語≫ 〈八佾〉에 "음악이 시작될 때는 웅장하다."라고 하였는데, 정현은 "시작은 金奏로 한다."라

고 하였다. 晉侯가 穆叔을 위해 〈사하〉를 먼저 불렀으므로 '金奏'라고 하였다. 金奏라고 말하는 것은 악곡의 연주를 시작할 때 반드시 종을 먼저 쳐서 연주를 하는 것이다. ≪춘추좌씨전≫ 양공 5년 9월에 "노래를 부르는 데 가락을 맞추는 鍾 32개를 설치한다."라고 하였는데, 이것은 노래를 부를 때 반드시 종으로 연주를 하는 것이다. 말하자면 〈肆夏〉를 종으로 연주할 때 역시 노래를 하는 것이다.

〈文王〉·〈鹿鳴〉은 위에 金奏라는 글이 있으므로 다시 金奏라고 말할 필요가 없어서 단지 노래를 부른다고 말하였지만 실은 〈문왕〉·〈녹명〉 역시 金奏이다. 〈사하〉 또한 악공이 노래를 하고 相互 말을 하였으므로 〈사하〉를 노래 부르는 것을 알 수 있다. 이 노래는 堂上에서 하므로 ≪禮記≫ 〈郊特牲〉에서 "노래하는 사람은 堂 위에 있는데 사람의 소리를 귀중히 여기기 때문이다."라고 하였으며, 합악은 堂 아래에 있다. 그러므로 ≪儀禮≫ 〈鄕飮酒禮〉의 정현 주에 "合樂은 노래와 악기 그리고 여러 소리가 함께 어우러진다."라고 하였는데 堂下에 衆聲이 있는 것이 분명하다. 당하에 있는 것은 가벼우므로 당상에서 노래를 부르는 것보다 한 등급 낮은 것이다.

'元侯'에서 元은 首長이니 제후의 수장을 뜻한다. 杜預는 "元侯는 牧伯이다."라고 하였으니, 牧伯은 上公과 함께 大國이다. 그러므로 ≪儀禮≫ 〈鄕飮酒禮〉의 정현 주에 "천자와 大國의 임금이 燕禮를 열 때 堂上에서 〈頌〉을 부르며 〈大雅〉도 함께한다."라고 하였는데 〈사하〉가 〈송〉의 부류이므로 〈송〉으로 말한 것이다. 牧伯은 元侯이며 그 나머지 제후인 伯은 次國이 되고, 子·男은 小國으로 元侯가 아니다. 그러므로 총괄해서 諸侯라고 한다. 그러므로 음악을 이용하여 두 군주가 相見할 때의 악곡은 동일하다.

≪의례≫ 〈향음주례〉의 정현 주에 "두 군주가 상견할 때 〈大雅〉를 부르며 〈小雅〉도 함께한다. 천자가 차국과 소국의 군주에게 연례를 열어줄 때도 또한 이와 같이 한다."라고 하였으니, 천자가 차국과 소국의 군주에게 접대할 때 연주하는 악곡은 천자가 제후에게 접대할 때 연주하는 악곡과 동일하다.

〈詩譜〉에서는 천자와 제후와의 관계를 먼저 진술함으로써 제후와 隣國과의 관계 역시 같다고 하였다. ≪의례≫ 주에서는 ≪춘추좌씨전≫ 양공 4년의 本文에 근거하여 먼저 두 임금이 상견하는 것을 말하여 천자가 차국·소국을 대하는 것도 역시 같다고 하였는데 여기 〈시보〉와 도치되었다. 천자와 제후의 관계는 차국·소국을 묶어서 한 등급으로 하였고, 제후들끼리의 관계는 천자가 제후에 대한다는 〈시보〉의 글과 같으며 또 차국·소국을 묶어서 한 등급으로 하였다. 차국들끼리의 관계 그리고 소국이 차국과 소국을 대하는 관계는 역시 제후가 隣國의 임금에게 하는 것과 같으며 〈문왕〉을 같이 부르고 〈녹명〉을 함께하는 것이다.

≪禮記≫ 〈仲尼燕居〉에 "성대한 饗禮에 네 가지가 있다. 두 나라 임금이 상견할 때 당상에서는 〈淸廟〉를 부르고 당하에서는 관악기로 〈象〉을 연주한다."라고 하였는데, 두 임금 및 제후의 수장과 친근하게 지내는 방법이다.

천자와 제후의 수장과의 관계는 여타 제후와 같지 않으며, 제후의 수장과 친근히 지내는 것은 여타 제후와 또한 다르다. 제후와 친하게 지내는 것은 천자가 여타 제후에게 대하는 것과 동일하고, 제후의 수장과 친하게 지내는 것은 역시 천자가 제후의 수장에게 대하는 것과 동일하다. 그러므로 〈肆夏〉를 부르지 않은 것은 천자를 피하고자 함이다. 위의 여러 사실로 밝힌다면 제후와 인국 임금과의 관계에 있어서는 제후의 수장이 없음을 알 수 있다. 제후 수장과 차국·소국의 관계는 역시 제후와 인국과의 관계와 동일하다. 천자는 〈大雅〉로 접대하며, 제후의 수장에게 饗禮를 베풀 때는 〈사하〉를 부른다. 國君은 〈小雅〉로 접대하며, 인국의 국군에게는 〈文王〉을 부른다. 이것이 빈객에게 饗禮를 베풀 때는 上取한다는 것이다.

天子・諸侯燕群臣(乃)〔及〕[1]聘問之賓에 皆歌鹿鳴合鄕樂이라

1) (乃)〔及〕: 저본의 교감기에 따라 '及'으로 번역하였다.

천자와 제후가 群臣과 방문한 빈객에게 燕禮를 베풀 때는 모두 〈鹿鳴〉을 부르고 鄕樂을 함께한다.

【疏】 ○ 正義曰：燕禮者, 諸侯燕其群臣及聘問之賓之禮也. 經曰"若與四方之賓燕." 言若以辨異, 則以燕己群臣爲文, 而兼四方之賓也. 其禮歌鹿鳴, 合鄕樂也. 諸侯以小雅取燕群臣及聘問之賓, 而合鄕樂, 天子以大雅取燕群臣及聘問之賓, 歌小雅, 合鄕樂, 是皆爲下就也. 推此, 則天子於諸侯合鹿鳴, 亦在下就之中矣. 若然, 前云"饗賓或上取", 上旣言"天子饗元侯, 歌(四)〔肆〕[1]夏." 於元侯(雖)〔饗〕[2]則下之. 諸侯於隣國之君, 與天子於諸侯, 同歌文王者, 皆謂饗矣. 饗賓當上取, 而言有下就者, 以饗賓之中. 天子於元侯歌肆夏, 諸侯相於歌文王, 皆爲上取. 據多言之, 故鄭屬上取於饗. 其實饗中以兼下就, 合鹿鳴是也. 言"或上取"者, 天子於元侯合文王, 於諸侯歌文王, 諸侯於隣國合鹿鳴, 皆是己樂. 非上取, 故言或, 見其不盡上取也. 言"燕或下就"者, 諸侯燕群臣及聘問之賓，歌鹿鳴，是己樂．非下就，故亦言或．案儀禮注云“頌爲天子之樂”，則天子自當用頌矣．而謂饗元侯爲天子上取者，詩爲樂，王者盡用之．但鄭從風爲鄕樂以上差之，使大雅爲天子之樂耳．故不得不以肆夏爲上取也．此鄭直以差等爲說耳，不可以己所得用則爲己樂也．何者．元侯相饗歌頌，與天子於元侯同，諸侯相於，與天子於諸侯同． 諸侯燕群臣及聘問之賓， (文)〔又〕[3]與天子燕群臣及聘問之賓同． 則風・雅・頌，皆爲諸侯所用矣，豈得皆謂之爲諸侯之樂乎．明鄭以等差言之可知矣．旣以等差定之，使天子定用大雅，諸侯定用小雅，非此者，皆謂之上取・下就．儀禮之注盡論詩爲樂章[4]之意．旣以風爲鄕樂，小雅爲諸侯之樂．而大雅之後，仍有頌在，故因言大雅・頌爲天子之樂．欲明雅・頌盡爲樂章，所以與此異也．必知天子亦有上取者，以此譜文先定言國君・天子之用樂，卽云有上取・下就之事，明上取・下就亦宜同矣．燕禮注云“合鄕樂者，禮輕者逮下．”諸侯燕臣子合鄕樂爲下就，明天子於諸侯合鹿鳴者亦是下就也．諸侯於隣國之君歌大雅爲上取，則知天子於元侯歌肆夏亦上取也．若然，天子・諸侯皆有上取・下就，自由尊(用)〔卑〕[5]之差．而云“饗或上取，燕或下就”，似上取・下就以饗・燕爲別者．以穆叔曰“肆夏，天子所以饗元侯．”禮記曰“大饗有四”，爲兩君相見之禮．儀禮燕禮，是諸侯燕群臣・賓客之禮，因此成文．故天子・諸侯於國君皆云饗，於臣皆云燕，所以見尊卑之禮異．臣與國君別其等，使上取以饗爲文，其實國君與臣饗・燕皆有．何者．周禮掌客職曰“上公三饗三燕．”是天子於諸侯饗・燕俱有也．鹿鳴，天子小雅，而序曰“燕群臣嘉賓也．旣飮食之．”箋云“飮之而有幣酬．”卽饗所用．是天子於群臣饗・燕皆有也．左傳曰“晉侯使士會平王室，定王饗之．”又曰“晉士文伯如周，王與文伯燕[6]．”是天子於聘問之賓，饗・燕俱有也．秋官司儀職曰“凡諸公相爲賓，致饗食．”左傳曰“公與晉侯燕於河上．”是諸侯相於，饗・燕俱有也．左傳曰“穆叔如晉，晉侯饗之．”聘禮曰“公於賓再饗一燕．”是諸侯於聘問之賓，饗・燕俱有也．左傳曰“季文子如宋致女，復命，公饗之．”燕禮“燕己之臣子．”是諸侯自於群臣，饗・燕俱有也．國君與臣竝有饗・燕，而鄭異其文，見尊卑之禮殊，爲上取・下就之例耳．此因尊卑異其文，則其用樂也，由尊卑爲差，不由饗・燕爲異．此饗・燕之文互見耳，則饗・燕用樂同也．且燕禮燕隣國聘問之賓歌鹿鳴，晉侯饗穆叔歌鹿鳴之三，三拜，是其用樂同文也．故儀禮注引穆叔之辭乃云“然則諸侯相與燕，升歌大雅，合小雅．天子與次國・小國之君燕亦如之．與大國之君燕，升歌頌，合大雅．”所言用樂，與此饗同．是天子・諸侯於國君饗・燕同樂之事也. 若然, 用樂自以尊卑爲差等, 不由事有輕重而升降. 鄕飮酒・燕禮竝注云 "鄕飮酒升歌小雅, 禮盛者可以進取. 燕合鄕樂, 禮輕[7]者可以逮下." 似爲禮有輕重, 故上取・下就. 與此不同者, 彼以燕禮, 諸侯之禮, 鄕飮酒, 大夫之禮, 工歌鹿鳴, 合鄕樂. 故鄭解其尊卑不同, 用樂得同之意, 因言由禮盛可以進取, 禮輕可以逮下, 所以用樂得同. 彼言解燕禮與鄕飮酒禮異樂同之意, 其實不由饗・燕有輕重也. 此用樂之差, 謂升歌・合樂爲例. 其舞, 則燕禮云 "若舞則酌", 是諸侯於臣得用頌, 與此異也. 又郊特牲曰 "大夫之奏肆夏, 自趙文子始." 注云 "僭諸侯." 明諸侯得奏肆夏. 故郊特牲又曰 "賓入門而奏肆夏, 示易以敬." 注云 "賓, 朝聘者也." 又大射・燕禮納賓皆云 "及庭, 奏肆夏", 及周禮注"杜子春[8]云 '賓來奏納夏.'"之等. 皆謂賓始入及庭, 未行禮之時, 與升歌・合樂別也.

1) (四)〔肆〕: 저본의 교감기에 따라 '肆'로 번역하였다. 아래도 같다.
2) (雖)〔饗〕: 저본의 교감기에 따라 '饗'으로 번역하였다.
3) (文)〔又〕: 저본의 교감기에 따라 '又'로 번역하였다.
4) 樂章 : 악곡에 배합한 歌詞를 말하며, ≪詩經≫ 전체가 당시에 통용되던 음악의 가사이다.
5) (用)〔卑〕: 저본의 교감기에 따라 '卑'로 번역하였다.
6) 晉士文伯如周 王與文伯燕 : ≪春秋左氏傳≫에 보이지 않으며 출전이 어느 곳인지 확실하지 않다.
7) 輕 : 저본의 교감기에 따라 '輕'을 보충하였다.
8) 杜子春 : 後漢 초기의 經學家이다. 劉歆에게 ≪周禮≫를 배웠으며, 鄭衆・賈逵・鄭玄에게 그의 학문이 전해졌다. 鄭玄의 ≪주례≫ 注에 杜子春의 글이 다소 보인다.

○ 正義曰 : 燕禮는 제후가 群臣 및 방문한 빈객에게 연회를 베푸는 禮이다. ≪儀禮≫ 〈燕禮〉에 "四方의 빈객과 더불어 연례를 베푸는 것과 같다.〔若與四方之賓燕〕"라고 하였는데, '若'이라고 말하여 구분한 것은 '자기의 群臣에게 연례를 베푼다.〔燕己群臣〕'로 문장을 만들고 이어서 사방의 빈객도 겸한 것이다. 그 禮는 〈鹿鳴〉을 부르고 鄕樂을 함께하는 것이니, 제후는 〈小雅〉로 군신 및 방문한 빈객에게 연례를 베풀면서 향악을 함께하고, 천자는 〈大雅〉로 군신 및 방문한 빈객에게 연례를 베풀면서 〈소아〉를 부르고 향악을 함께하는데, 이것은 모두 下就이다.

위의 사실을 미루어보면 천자는 제후에게 있어서 〈녹명〉을 함께하니 역시 下就에 해당된다. 그렇다면 앞글에서는 "빈객에게 향례를 베풀 때 혹은 上取한다.〔饗賓或上取〕"라고 하였고, 그 위의 글(〈詩譜〉)에서는 "천자가 제후의 수장에게 향례를 베풀 때에 〈肆夏〉를 노래로 부른다."라고 하였는데, 제후의 수장에게 향례를 열 때에는 下就이다.

제후가 隣國의 임금에 대해서나, 천자가 제후에 대해서나 동일하게 〈文王〉을 부르는 것은 모두 饗禮이다. 빈객에게 향례를 베풀 때 上取해야 하는데 下就하는 경우가 있다고 말하는 것은 빈객에게 향례를 베풀기 때문이다. 천자가 제후의 수장에게는 〈肆夏〉를 부르고, 제후들은 상호 〈文王〉을 부르므로 모두 上取이다.

여러 실례에 근거해서 말하자면, 鄭玄이 향례에 上取를 연결하였는데 실은 향례 중에 下就를 겸하며 〈녹명〉을 함께하는 것이니 이것이 옳다.

〈詩譜〉에서 "혹 상취한다.〔或上取〕"라고 말한 것은 천자는 제후의 수장에게는 〈문왕〉을 함께하고 諸侯에게는 〈文王〉을 부르고, 제후는 隣國에게 〈鹿鳴〉을 함께하는데 모두 자기의 樂이다. 上取가 아니므로 '或'이라고 말하였으니 모두 上取하지 않음을 나타내었다. 〈시보〉에서 "연례에는 혹 하취한다.〔燕或下就〕"라고 말한 것은 제후가 群臣 및 방문한 빈객에게 연례를 베풀 때에 〈녹명〉을 부르는데 이것은 자기의 樂이고 下就가 아니므로 역시 '或'이라고 말한 것이다.

살펴보건대 ≪의례≫ 〈鄕飮酒禮〉 정현 주에 "〈頌〉은 천자의 樂이다."라고 하였으니 천자는 본래 〈頌〉을 사용하는 것이 당연하다. 그런데 제후의 수장에게 향례를 베풀 때 천자가 上取한다고 한 것은, 詩는 樂의 가사이며 王이 모두 사용한다. 다만 정현이 〈風〉을 향악 위로는 차별을 두어 〈大雅〉를 천자의 樂이라고 하였으므로 부득불 〈肆夏〉를 上取라고 한 것이다.

이것은 정현이 단지 차등으로 설명한 것이며 자기가 사용할 수 있다고 해서 자기의 樂이라고 한 것은 아니다. 무엇 때문인가? 제후의 수장들이 상호 饗禮를 베풀 때 〈頌〉을 부르는데, 천자가 제후의 수장에게 대하는 것과 같고, 제후들이 상호 부르는 노래는 천자가 제후에게 부르는 노래와 같다. 제후가 群臣 및 방문한 빈객에게 연례를 베푸는 것은 또 천자가 群臣 및 방문한 빈객에게 연례를 베푸는 것과 같다. 〈風〉·〈雅〉·〈頌〉은 모두 제후가 사용하는 것이니, 아마도 모두 제후의 樂이라고 불러야 하지 않겠는가. 분명히 정현이 차등을 두어 말한 것이 분명함을 알 수 있다. 차등을 정하였으므로 천자는 〈大雅〉를 사용하고 제후는 〈小雅〉를 사용하며, 이런 경우가 아닌 것은 모두 上取·下就라고 이른다.

≪의례≫ 〈향음주례〉의 정현 주에서 ≪시경≫은 노래 가사라는 뜻을 분명히 하였는

데 〈風〉을 鄕樂, 〈小雅〉를 제후의 樂이라고 하였고, 〈大雅〉 뒤에는 여전히 〈頌〉이 있으므로 〈대아〉·〈송〉을 천자의 樂이라고 말하였다. 〈대아〉·〈송〉이 모두 노래 가사임을 밝히고자 하였으므로 여기와 차이가 있게 되는 것이다. 반드시 천자 또한 上取가 있음을 알 수 있는 것은 〈詩譜〉의 글에서 국군·천자가 음악을 연주할 때 上取·下就하는 일이 있다고 먼저 확실히 말하였으므로 上取·下就 역시 같이 있는 것이 분명하다.

≪의례≫ 〈燕禮〉의 정현 주에 "〈燕禮에서〉 鄕樂을 함께하는데 禮로 가볍게 대하는 것은 堂下로 내려간다."라고 하였다.

제후가 신하에게 燕禮를 베풀면서 鄕樂을 함께하는 것이 下就이며, 천자가 제후에게 〈鹿鳴〉을 함께하는 것도 역시 下就인 것이 분명하다. 제후가 隣國의 군주에게 〈大雅〉를 부르는 것은 上取가 되니, 천자가 제후의 수장에게 〈肆夏〉를 부르는 것 역시 上取가 됨을 알 수 있다. 만일 그렇다면 천자와 제후는 모두 上取·下就를 가지고 있어서 본래부터 尊卑의 차이에 연유하였는데, 〈詩譜〉에서 "饗禮에는 상취하고 燕禮에는 하취한다.〔饗或上取 燕或下就〕"라고 하였으니 아마도 上取·下就로 향례와 연례를 구별하는 듯하다. 〈≪春秋左氏傳≫ 襄公 4년에〉 穆叔이 말하기를 "〈사하〉는 천자가 제후의 수장에게 향례하는 것이다."라고 하였으며, ≪禮記≫ 〈仲尼燕居〉에 "성대한 향례에는 네 가지가 있다."라고 하였는데 두 임금이 상견하는 예이다. ≪의례≫ 〈연례〉는 제후가 群臣 및 빈객에게 연례를 베푸는 예이며 그것을 통해 글을 완성하였으므로 천자와 제후가 국군에 대하여 모두 '鄕'이라 하였고, 〈천자와 제후가〉 신하에 대하여 '燕'이라고 하여 존비의 예가 다름을 드러내었다.

신하는 국군과 등급을 달리하여 饗禮에 上取하는 것으로 글을 만들었지만, 사실은 국군과 신하는 향례와 연례를 모두 가지고 있다. 무엇 때문인가? ≪周禮≫ 〈秋官 掌客職〉에 "上公에 대하여 향례를 세 번, 연례를 세 번 한다."라고 하였는데, 이것은 천자가 제후에 대하여 향례와 연례를 모두 가지고 있다는 것이다.

〈녹명〉은 天子와 관련된 시로 〈소아〉에 들어 있으며, 序에는 "群臣 및 嘉賓에게 연례를 베푸는 것이다. 술과 음식을 대접한다."라고 하였다. 鄭箋에는 "술을 대접하고 폐백을 선물한다."라고 하였는데 향례에서 사용하는 것이니, 이것이 천자가 群臣에 대해 향례와 연례가 모두 있다는 것이다.

≪춘추좌씨전≫ 宣公 16년에 "晉侯가 士會를 보내어 王室의 분란을 평정토록 하니 定王이 향례로 접대하였다."라고 하였으며, 또 "晉나라 士文伯이 周나라로 가자 王이

文伯에게 연례로 접대하였다."라고 하였다. 이것은 천자가 방문한 빈객에 대해서 향례와 연례가 모두 있다는 것이다.

≪주례≫ 〈秋官 司儀職〉에 "대체로 諸公이 빈객이 되었을 때 향례와 食禮로 대접한다."라고 하였고, ≪춘추좌씨전≫ 양공 9년에 "公이 晉侯와 함께 河上에서 연례를 열었다."라고 하였다. 이것은 제후가 서로 향례와 연례가 모두 있다는 것이다. ≪춘추좌씨전≫ 양공 4년에 "목숙이 晉나라로 갔을 때 晉侯가 향례로 접대하였다."라고 하였으며, ≪의례≫ 〈聘禮〉에 "公이 빈객에게 향례 두 번 연례 한 번으로 접대하였다."라고 하였다. 이것은 제후가 방문한 빈객에 대해서 향례와 연례가 모두 있다는 것이다. ≪춘추좌씨전≫ 成公 9년에 "季文子가 宋나라에 가서 시집간 딸을 방문하고 돌아와 復命하니 成公이 향례를 열어 접대하였다."라고 하였으며, ≪의례≫ 〈燕禮〉에 "자기의 신하에게 연례를 열어 접대하였다."라고 하였으니, 이것은 제후가 자기의 群臣에 대하여 향례와 연례가 모두 있다는 것이다.

국군과 신하는 모두 향례와 연례가 있는데 정현은 그 글을 달리 여겨 존비의 예가 다른 것으로 보고서 上取・下就의 실례로 만들었다. 이것은 존비에 따라 그 글을 달리 한 것이니, 음악을 사용할 때에도 존비에 따라 차이를 두었지 향례와 연례에 따라 차이를 두지 않았다. 이것은 향례와 연례의 문장을 서로 드러냈을 뿐이고 향례와 연례에서 음악을 사용하는 것은 동일하다.

또 ≪의례≫ 〈연례〉에는 인국에서 방문한 빈객에게 연례를 열 때 〈鹿鳴〉을 부른다고 하였고, 晉侯가 穆叔에게 향례로 접대하면서 〈鹿鳴〉・〈四牡〉・〈皇皇者華〉 3곡을 부르자 목숙이 절을 세 번 하였는데, 이것이 향례・연례에 음악을 같이 사용한다는 문장이다. 그러므로 ≪儀禮≫ 〈鄕飮酒禮〉에서 정현이 목숙의 말을 인용하면서 주석하기를 "그렇다면 제후가 서로 연례를 열 때는 당상에 올라 〈大雅〉를 부르며 〈小雅〉도 함께한다. 천자가 次國・小國의 군주에게 베푸는 연례 역시 마찬가지다. 大國의 군주에게 베푸는 연례에는 당상에서 〈頌〉을 부르고 〈大雅〉도 함께한다."라고 하였다. 말하자면 사용하는 음악이 향례와 같은 것이다. 이것은 천자와 제후가 국군에 대해서 향례와 연례 때 같은 음악을 사용한다는 것이다. 그렇다면 음악을 사용할 때 존비에 차등을 두는 것이지 일의 輕重에 따라 堂上과 堂下의 〈차이를 두어〉 연주하는 것이 아니다.

≪의례≫ 〈鄕飮酒〉와 〈燕禮〉의 정현 주에서 "鄕飮酒는 堂上에서 〈小雅〉를 부르고 禮가 盛한 것은 당상으로 나아간다. 연례는 鄕樂을 함께하며 예가 가벼운 것은 당하로

내려간다."라고 하였으니, 예에 경중이 있으므로 上取・下就라고 한 듯하다.

여기 〈詩譜〉의 글과 같지 않은 것은, 저기 ≪의례≫에서 연례는 제후의 예이고 향음주례는 대부의 예이며, 악공이 〈鹿鳴〉을 부르면서 鄕樂을 함께한다고 하였기 때문이다. 그러므로 정현이 존비가 같지 않더라도 음악을 사용할 때는 같다는 뜻으로 풀이하였고, 이어서 예가 盛한 것은 당상으로 나아가고 예가 가벼운 것은 당하로 내려간다고 하였는데 음악을 사용할 때는 같다는 것이다.

≪의례≫에서는 연례와 향음주례가 다르지만 음악은 같다는 뜻으로 풀이하였는데, 실은 향례와 연례 때문에 경중이 있는 것은 아니다. 〈시보〉에서는 음악을 사용할 때 일어나는 차등을 당상에서 하는 升歌와 당하에서 하는 合樂을 예로 들었다.

춤은 ≪의례≫ 〈연례〉에서 "춤은 酌이다."라고 하였는데, 이것은 제후가 신하들에게 〈頌〉을 사용할 때 추는 춤이고 여기와 다르다. 또 ≪禮記≫ 〈郊特牲〉에 "大夫가 〈肆夏〉를 연주하는 것은 〈晉나라의 대부〉 趙文子에서 시작되었다."라고 하였고, 鄭玄의 주에 "제후의 예를 참람하게 행하였다."라고 하였으니, 제후가 〈사하〉를 연주한 것이 분명하다. 그러므로 〈교특생〉에서 또 "빈객이 문으로 들어오면 〈사하〉를 연주하는 것은 화락하면서도 공경함을 보이는 것이다."라고 하였으며, 정현의 주에 "賓은 朝聘하러 온 사람이다."라고 하였다. 또 ≪의례≫ 〈大射〉・〈燕禮〉에 빈객을 맞이할 때는 모두 이르기를 "빈객이 정원에 들어오면 〈사하〉를 연주한다."라고 하였으며, 아울러 ≪周禮≫ 〈春官 磬師〉의 정현 주석에 "杜子春이 '빈객이 오면 〈納夏〉를 연주한다.'라고 하였다."는 등의 말이 있다. 대개 빈객이 정원에 들어왔으나 예를 행하기 전에는 升歌와 合樂의 구별이 있다는 것을 말한다.

此其著略이라 大校[1]見在書籍이나 禮樂崩壞하여 不可得詳이라

1) 大校 : 대강의 줄거리, 전체적인 개요라는 뜻으로 大較라고도 쓴다. 校는 較와 通用된다.

이것이 간략한 내용을 나타낸 것이다. 전체적인 개요는 서적에 있지만 禮樂이 붕괴되어 상세하지 않다.

【疏】 ○ 正義曰 : 饗・燕用樂, 皆推禮・傳而知. 事不詳悉, 是其著明質略, 其大校見在於書籍也. 其餘笙間管舞之詩, 無以言焉, 由禮樂崩壞, 不可得詳審也. 故儀禮注 "天子約諸侯, 於國君燕用樂"[1]之下云 "其笙間之篇未詳聞"[2], 是也. 案鄉飮酒及燕禮升歌小雅, 其笙間之篇亦小雅, 則此笙間之篇, 宜與所用升歌同. 而云未詳聞者, 以其雖知同在小雅・大雅, 仍不知是何篇, 故曰 "笙間之篇未得詳聞也."

1) 天子約諸侯 於國君燕用樂 : ≪儀禮≫ 〈鄕飮酒禮〉에 있어야 하는 鄭玄 注인데, 지금의 板本에는 보이지 않는다.
2) 其笙間之篇未詳聞 : ≪의례≫ 〈향음주례〉에는 '詳'이 없다.

○ 正義曰 : 饗禮와 燕禮에 음악을 사용한 것은 모두 ≪周禮≫와 ≪春秋左氏傳≫에 근거하여 알 수 있다. 지난 일은 상세히 알 수 없으므로 간략한 내용을 드러내었으며 그 전체적인 개요가 서적에 있다. 그 나머지 佚詩인 〈笙間〉・〈管舞〉는 언급한 것이 없는데, 예악이 붕괴되어 상세히 살필 수 없었기 때문이다. 그러므로 ≪의례≫ 주에 "천자가 제후를 단속하고 國君에게 燕禮를 열 때는 음악을 사용한다."는 구절 아래에 "〈笙間〉이라는 편명은 상세히 듣지 못하였다."라고 하였으니 이것이다. 살펴보건대 ≪의례≫의 〈鄕飮酒禮〉 및 〈燕禮〉에서는 堂上에서 〈小雅〉를 부른다. 〈笙間〉 역시 〈小雅〉이므로 〈笙間〉은 의당 당상에서 불러지는 노래와 같다. 그런데 상세히 듣지 못하였다고 하는 것은, 〈笙間〉이 〈小雅〉・〈大雅〉에 함께 있는 것을 알지만 무슨 편에 있는지는 알지 못하기 때문에 "〈笙間〉이라는 편명은 상세히 듣지 못하였다고 하였다."라고 한 것이다.

大雅民勞・小雅六月之後를 皆謂之變雅라 美惡各以其時나 亦顯善懲過니 正之次也라

〈大雅 民勞〉와 〈小雅 六月〉의 이후를 모두 變雅라고 한다. 美惡이 각각 그 시대에 따라 다르나 역시 선행을 드러내고 과오를 징계하니 正經 다음이다.

【疏】 ○ 正義曰 : 民勞・六月之後, 其詩皆王道衰乃作, 非制禮所用, 故謂之變雅也. 其詩兼有美刺, 皆當其時, 善者美之, 惡者刺之, 故云 "美惡各以其時"也. 又以正詩錄善事, 所以垂法後代. 變旣美惡不純, 亦兼采之者, 爲善則顯之, 令自强不息, 爲惡則刺之, 使懲惡而不爲, 亦足以勸戒. 是正經之次, 故錄之也. 大雅言民勞, 小雅言六月之後, 則大雅盡召旻, 小雅盡何草不黃, 皆爲變也. 其中則有厲・宣・幽三王之詩, 皆當王, 號諡自顯, 唯厲王, 小雅諡號不明, 故鄭於下別論之. 如是則大雅民勞至桑柔五篇序, 皆云厲王. 通小雅十月之交・雨無正・小旻・小宛四篇, 皆厲王時詩也. 又大雅雲漢至常武六篇, 小雅自六月盡無羊十四篇序, 皆言宣王, 則宣王詩也. 又大雅瞻卬・召旻二篇序, 言幽王, 小雅自節南山下盡何草不黃, 去十月之交等四篇, 餘四十篇. 唯何人斯・大東・無將大車・小明・都人士・綿蠻六篇不言幽王, 在幽王詩中, 皆幽王詩也. 本紀曰 "厲王卽位三十年, 好利, 近榮夷公. 大夫芮良夫諫厲王, 不聽, 卒以榮公爲卿士, 使用事焉. 王行暴虐, 國人謗王. 召公諫曰 '民不堪命.' 王怒, 得衛巫, 使監謗者, 以告則殺之. 三十四年, 王益嚴虐, 國人不敢言, 道路以目. 王告召公曰 '吾能弭謗矣.' 召公又諫, 不聽. 於是國人不敢出言, 三年, 乃相與叛, 襲厲王. 厲王出奔於彘. 周・召二相行政, 號曰共和. 十四年, 厲王崩於彘." 如遷此言, 厲王積惡有漸, 三十年而甚, 三十四年益虐, 又三年而出奔, 三十七年乃流彘也. 板曰 "善人載尸." 箋云 "厲王虐而弭謗." 蕩箋云 "厲王弭謗, 穆公不敢斥言王之惡." 則流彘前事也. 桑柔, 芮良夫所作, 云 "貪人敗類", 則與所諫云 "榮夷公專利"事, 同三十年後事. 雨無正云 "周宗既滅, 靡所止戾", 則是流彘之後, 此其可驗者也. 楚語云 "衛武公九十五矣, 作懿以自(誓)〔儆〕[1] " 韋昭云 "懿, 今抑詩." 則作在平王之時. 然檢抑詩, 經皆指刺王荒耽, 仍未失政. 又言 "哲人之愚, 亦維斯戾", 則其事在流彘之前, 弭謗時也. 韋昭之言, 未必可信也. 民勞, 召穆公諫王, 令息京師之民, 十月之交, 言后黨專權, 有權可專, 有民可役, 則事在流彘前也. 小旻, 戒王無淪胥以敗, 小宛, 誨王無忝爾所生, 皆教王爲善以導民, 其事亦在流彘前矣. 則厲王小雅雨無正一篇, 事在(大雅)〔流彘〕[2]之後, 其餘不可詳矣. 厲王大雅, 事類大同, 所次之意, 蓋以王者所以牧民, 今反勞苦, 故先民勞. 民之所以勞者, 由王政反常, 綱紀廢(次)〔缺〕[3], 故次板・蕩. 王惡甚焉, 而抑刺王之荒耽, 桑柔責貪人敗善, 皆爲惡之次, 故又次焉. 小雅十月之交, 以讒自上天, 小人專恣, 惡莫甚焉, 故以爲先. 由惡之甚, 致覆滅宗周, 無所安定, 故次雨無正也. 小旻刺王謀之不臧, 小宛傷天命之將去, 論(怨嗟)〔惡差〕[4]小, 故爲次焉. 小旻箋云 "所刺列於十月之交・雨無正爲小, 故曰小旻." 此鄭解篇次之意也. 前檢小宛, 謂事在雨無正之先, 今而處流彘之後者, 以詩之大體. 雖事有在先, 或作在後, 故大雅文・武之詩, 多在成王時作. 論功頌德之詩, 可列於後, 追述其美, 則刺過譏失之篇, 亦後世尙刺其惡. 本紀又曰 "宣王卽位, 二相輔之, 修政, 法文・武・成・康之遺風, 諸侯復歸宗周. 三十九年, 戰于千畝, 王師敗績於(羌)〔姜〕[5]氏之戎. 四十六年, 宣王崩." 如遷此言, 則宣王自三十九年以前, 無他過惡, 唯敗於千畝爲始衰耳. 而小雅有箴規誨刺, 其事有漸矣, 則王衰亦有漸矣. 皇甫謐云"三十年伐魯, 諸侯從此而不睦." 蓋周衰自此而漸也. 大局宣王之美詩, 多是三十年前事, 箴規之篇, 當在三十年之後. 王德漸衰, 亦容美刺竝作, 不可以限斷也. 其大雅六篇, 小雅自六月至鴻雁及斯干・無羊七篇, 皆宣王德盛時作, 其事多在初年. 以王承衰亂之弊, 百事草創, 任賢使能, 征伐安集, 初則當然, 亦不可定其年月也. 自庭燎盡我行其野, 是王德衰乃作, 多在三十九年之後. 而三十九年以前, 諸侯不睦, 各不朝宗, 沔水之等, 或亦作也. 而三十九年之後, 則王政大衰, 刺詩爲常, 故宜多也. 祈父傳曰"宣王之末, 司馬職廢, 羌戎爲敗." 推此則其餘亦多敗後事也. 其詩之次, 大雅以宣王承亂, 遇災而懼, 憂民之本, 故先雲漢也. 王旣憂百姓, 天下復平, 五嶽生佐, 故次嵩高也. 神生賢哲, 王能任用, 又錫命之, 故次烝民・韓奕也. 旣能錫命, 賢哲任用, 其力可以征討不服, 以立武事, 故次江漢・常武也. 此則先憂百姓, 次用臣, 以征伐爲後. 而小雅與之反. 以蠻荊・玁狁南北交侵, 急須出兵, 以匡中國, 故先六月・釆芑也. 雖俱征伐, 以六月見侵之急, 又先釆芑. 以夷狄旣平, 當修車甲, 大會諸侯, 因蒐狩, 故次車攻. 吉日以田獵征伐之類, 故使次焉. 以田獵選車徒, 會諸侯, 又盛於從禽接下, 故又使車攻先吉日也. 是以車攻序曰"宣王能內修政事, 外攘夷狄, 復文武之境土, 修車馬, 備器械, 復會諸侯於東都." 言非徒外攘夷狄, 又復會諸侯於東都, 是序(此)〔比〕[6]篇之意也. 旣言征伐事終, 外無兵寇, 可以安集萬民, 故次鴻雁也. 然宣王承衰亂之後, 民先逃散, 豈得不早安集, 而待田獵之暇也. 明初卽安集之, 得其力用, 乃平四方耳. 詩不以事之先後爲次也. 宣王, 中興賢君, 末而德衰, 衰有其漸, 故次庭燎, 美其能勤, 因以箴之, 箴之不改, 則規正之, 規而不變, 則敎誨之, 誨而不從, 則刺責之. 故次沔水・鶴鳴・祈父也. 以爲王惡漸大, 故責正稍深, 此沔水・鶴鳴其作不必在祈父之前, 但次之以見其漸耳. 王旣廢其官, 則賢人逃去, 故次白駒也. 賢人旣去, 則知禮敎不行, 則室家相棄, 故次黃鳥・我行其野也. 宣王, 中興之君, 不能終始皆善, 錄者雖兼惡以示戒勸, 亦貴成人之美, 故終以斯干考室, 無羊考牧. 若言終始之善, 見仁者之過亦不甚也. 斯干說造立宮室寢廟, 生男女, 明其始時之事. 無羊類之, 當爲同時可知. 今反在箴刺之下, 見宣王終始之善明矣.

1) (誓)〔儆〕: 저본의 교감기에 따라 '儆'으로 번역하였다.
2) (大雅)〔流彘〕: 저본의 교감기에 따라 '流彘'로 번역하였다.
3) (次)〔缺〕: 저본의 교감기에 따라 '缺'로 번역하였다.
4) (怨嗟)〔惡差〕: 저본의 교감기에 따라 '惡差'로 번역하였다.

5) (羌)〔姜〕: 저본의 교감기에 따라 '姜'으로 번역하였다.
6) (此)〔比〕: 저본의 교감기에 따라 '比'로 번역하였다.

○ 正義曰 : 〈大雅 民勞〉·〈小雅 六月〉 이후의 시는 모두 王道가 쇠약해지고 난 다음에 만들어진 것이라 禮法에 쓰일 것이 아니므로 '變雅'라고 한다. 시는 美刺(칭찬과 풍자)를 겸하고 있으므로 모두 해당되는 시기에 좋은 점은 칭찬하고 나쁜 점은 풍자한다. 그러므로 〈詩譜〉에서 "美惡이 각각 그 시대에 따라 다르다."라고 하였다.

또 正詩로 좋은 일을 기록하는 것은 후대에 법도를 남기고자 하기 때문이다. 變雅는 美惡이 순수하지 못하지만 역시 두루 採錄하는 것은 선행을 하면 널리 알려 自强不息하도록 하고, 악행을 하면 풍자하여 악을 징계해서 하지 못하도록 하고자 하니 역시 타이르고 훈계할 만하다. 이것이 正經의 다음이 되므로 기록하는 것이다.

〈대아〉에서 〈民勞〉를 말하고 〈소아〉에서 〈六月〉을 말한 뒤에 〈대아〉는 〈召旻〉에서 끝이 나고 〈소아〉는 〈何草不黃〉에서 끝이 나니 모두 變雅이다. 그 중에 厲王·宣王·幽王 등 三王의 시에서는 모두 王이라고 부르면서 諡號가 저절로 드러났으나, 오직 여왕만은 〈소아〉에서 시호가 불분명하므로 鄭玄이 아래에서 따로 구별하여 논하였다. 이와 같이 〈대아〉는 〈民勞〉에서 〈桑柔〉까지 5편의 序에서 모두 여왕을 말하였다.

대체로 〈소아〉의 〈十月之交〉·〈雨無正〉·〈小旻〉·〈小宛〉 4편 모두는 여왕 때의 시이다. 또 〈대아〉의 〈雲漢〉에서 〈常武〉까지 6편, 〈소아〉의 〈六月〉에서 〈無羊〉까지 14편의 序에 모두 선왕을 말하였으니 선왕 때의 시이다. 또 〈대아〉의 〈瞻卬〉·〈召旻〉 2편의 序에서 유왕을 말하였다. 〈소아〉의 〈節南山〉에서 아래로 〈何草不黃〉까지에서, 〈十月之交〉·〈雨無正〉·〈小旻〉·〈小宛〉 4편을 제외하면 나머지는 40편이다. 〈何人斯〉·〈大東〉·〈無將大車〉·〈小明〉·〈都人士〉·〈綿蠻〉 6편에서는 유왕을 말하지 않았어도 모두 유왕 때의 시 속에 있으므로 모두 유왕의 시이다.

≪史記≫ 〈周本紀〉에 "여왕이 30년간 재위하면서 이익을 좋아하고 榮夷公을 가까이 하였다. 大夫인 芮良夫가 여왕에게 諫言하였으나, 듣지 않고 끝내 영이공을 卿士로 삼아 國事를 장악토록 하였다. 여왕이 포학한 행동을 저지르자 나라 사람들이 여왕을 비방하였다. 召公이 간언하기를 '백성이 포악한 명을 견디지 못한다.'고 하자, 여왕이 분노하여 衛나라 무당을 얻어 비방하는 자를 감시토록 하고 무당이 보고하면 그들을 죽였다. 재위 34년에 여왕이 더욱 혹독하고 포학한 짓을 하자 백성들은 감히 말을 하지 못하였고, 길에서 만나면 눈짓으로 뜻을 표시하였다. 여왕이 소공에게 '내가 비방

을 멈추었다.'고 하자, 소공이 또 간언하였으나 듣지 않았다. 이에 백성들은 감히 말하지 않았는데, 폭정이 3년 동안 계속되자 백성들이 반란을 일으켜 여왕을 습격하였다. 여왕이 彘로 달아났다. 周公과 召公 두 재상이 국정을 보면서 共和라고 하였다. 공화 14년에 여왕이 彘에서 세상을 떠났다."라고 하였다. 司馬遷의 말과 같다면 여왕이 저지른 죄악이 점차로 진행되어 30년에 심해졌고 34년에 더욱 포학하였으며, 또 3년 지나서는 달아났으며 37년에는 결국 彘로 달아난 것이다.

〈大雅 板〉에 "선한 사람이 尸童처럼 조용히 있다."라고 하였으며, 鄭箋에 "여왕이 포악한 정치를 해서 나라의 비방을 멈추게 하였다."라고 하였다. 〈大雅 蕩〉의 鄭箋에 "여왕이 나라의 비방을 그치게 하자 穆公이 감히 왕의 죄악을 분명히 말하지 못하였다."라고 하였는데, 여왕이 彘로 달아나기 전의 일이다.

〈大雅 桑柔〉는 芮良夫가 지었으며 "탐욕스런 사람이 선한 사람에게 피해를 준다."라고 하였는데, 앞에서 간언한 "榮夷公이 이익을 독점하였다."는 사건과 더불어 모두 30년 이후의 일이다. 〈小雅 雨無正〉에 "周나라의 수도 鎬京이 함락되어 머물 곳이 없다."라고 하였으니, 이것은 彘로 달아난 이후이니 이 시로 증명할 수 있다.

≪國語≫ 〈楚語 上〉에 "衛 武公은 나이 95세에 〈懿〉를 지어 자신을 경계하였다."라고 하였다. 韋昭가 "〈懿〉는 지금 〈大雅 抑〉이다."라고 하였으니 平王 때 지어진 것이다. 그러나 〈대아 억〉을 살펴보면 經文에서 모두 주색에 빠진 왕을 풍자하였지만 그래도 여전히 失政한 것이 아니었다. 또 "지혜로운 사람이 도리어 어리석으니 역시 常道에 위배된다."라고 하였다. 그 일은 彘로 달아나기 전으로 백성들의 비방을 그치게 할 때이니, 위소의 말을 반드시 믿을 만한 것도 아니다.

〈大雅 民勞〉는 召穆公이 왕에게 간언하여 京師의 백성들을 쉴 수 있도록 한 내용이고, 〈小雅 十月之交〉는 后妃의 패거리가 권력을 독점하여 마음대로 할 수 있는 권력이 있고 부릴 수 있는 백성이 있다는 내용인데, 이러한 일은 彘로 달아나기 전에 있었다. 〈小旻〉은 다 같이 패망해서는 안 된다고 왕에게 경고를 내린 내용이고, 〈小宛〉은 너를 낳아주신 분을 욕되게 하지 말라고 왕에게 가르침을 내린 내용이다. 모두 선행을 베풀어 백성을 인도해야 한다고 왕을 가르친 것이며, 이러한 일은 역시 彘로 달아나기 전에 있었다. 여왕과 관련하여 〈雨無正〉 1편에 실린 사건은 彘로 달아난 이후에 있으며 그 나머지는 상세하지 않다.

여왕과 관련하여 〈대아〉에 실린 내용은 대부분 같으나, 시의 순서를 매기는 뜻은 대개 王者가 백성을 다스리는 것으로 하는데 지금은 도리어 고생을 끼치는 것으로 하였으므로 〈民勞〉를 앞에 두었다. 백성이 고생하는 까닭은 군주의 정치가 정상적인 이치에 반대하는 정책을 펼쳐서 기강이 무너졌기 때문이므로 〈板〉·〈蕩〉을 다음에 두었다. 왕의 악행이 심해지자 〈抑〉에서 왕의 방탕한 생활을 풍자하였고, 〈桑柔〉에서는 탐욕스런 인간이 선한 사람을 해친다고 책망하였다. 모두 해악을 저지른 다음이므로 시의 순서 역시 다음에 두었다.

〈小雅 十月之交〉의 내용은 하늘에서 견책이 내려왔으며 소인들이 권력을 장악해서 방자하고 악행이 막심하므로 앞에 두었다. 악행이 심하여 周나라를 멸망시키는 데까지 이르렀지만 안정할 곳이 없으므로 〈雨無正〉을 다음에 두었다. 〈小旻〉은 왕의 계획이 좋지 않음을 풍자하였고, 〈小宛〉은 천명이 떠나는데 악행을 탄핵하는 사람이 적음에 상심하였으므로 다음에 두었다.

〈小旻〉의 鄭箋에 "풍자한 것이 〈十月之交〉·〈雨無正〉에 기록된 것 보다 작으므로 〈小旻〉이라고 한다."라고 하였는데, 이것이 정현이 순서를 편집한 뜻이다.

앞서 〈小宛〉을 살펴보았는데, 사건은 〈雨無正〉의 앞에 있었으나 지금 彘로 도망간 다음에 있는 것은 ≪詩經≫의 대체적인 체제 때문이다. 사건이 앞에 있었다고 하더라도 시가 지어진 시기는 혹 뒤에 있을 수 있으므로 〈대아〉의 문왕·무왕의 시는 대다수가 成王 때의 작품이다.

공적을 논하고 덕을 칭송한 시를 뒷부분에 나열하여 그 아름다움을 추술하면, 과오를 비판하고 잘못을 나무란 시편들도 후세에 그 惡을 여전히 비판할 수 있다.

≪사기≫ 〈주본기〉에 "宣王이 즉위하자 周公과 召公이 보필하면서 國務를 수행하였으며, 文王·武王·成王·康王의 遺風을 본받자 제후들이 다시 수도인 鎬京을 복귀하였다. 39년에 千畝에서 전쟁이 벌어졌는데 나라의 군대가 오랑캐 姜氏에게 패하였다. 46년에 선왕이 세상을 떠났다."라고 하였다.

사마천의 말과 같다면 선왕은 39년 이전에는 별다른 과오가 없었고 단지 千畝 전투에서 패배한 것이 국력 쇠약의 시초이지만 〈소아〉에서 훈계하고 풍자한 그런 일도 조짐이 있는 것이며 국력 쇠약도 역시 조짐이 있는 것이다.

皇甫謐이 이르기를 "선왕 30년에 魯나라를 정벌하였는데 제후들과 이때부터 화목하게 지내지 않았다."라고 하였는데, 대개 주나라 국력이 약해진 것은 이때부터 점점 진행된 것이다. 대체로 선왕을 미화한 시는 대다수가 즉위 30년 이전의 일이며, 그를 훈계한 시는 30년 이후에 있다. 왕의 덕이 점차 약해지자 역시 미화하고 풍자하는 시가 함께 지어졌지만 한계를 지어서는 안 된다.

〈대아〉의 〈雲漢〉·〈崧高〉·〈蒸民〉·〈韓奕〉·〈江漢〉·〈常武〉 6편과 〈소아〉의 〈六月〉·〈采芑〉·〈車攻〉·〈吉日〉·〈鴻雁〉·〈斯干〉·〈無羊〉 7편은 모두 선왕의 덕이 盛할 때의 작품으로 사건은 대부분 초년에 있었다. 선왕이 전대 厲王의 쇠약하고 혼란한 폐해를 계승하여, 모든 일을 새롭게 시작하고 어진 사람을 임명하고 능력이 있는 사람을 부리고 타국을 정벌하고 나라를 안정시켰으니, 처음에는 의당 그렇게 했을 것이지만 역시 그 시기를 확인할 수는 없다.

〈小雅 庭燎〉에서 〈小雅 我行其野〉까지는 왕의 덕이 쇠약해졌을 때 지어진 것으로 대부분이 39년 이후에 있다. 그리고 39년 이전에는 제후들과 화목하게 지내지 못하여 제후들이 인사하러 오지 않았으니 〈小雅 沔水〉 등의 시는 역시 이때 지어진 것이다. 그리고 39년 후에는 나라의 힘이 크게 쇠약해져 풍자시가 일상이 되었으므로 그런 시가 많았다. 〈小雅 祈父〉의 毛傳에 "선왕의 말기에 司馬職이 폐해졌으며 羌戎에게 패배하였다."라고 하였다. 이런 사실을 미루어보면 그 나머지 역시 대다수가 패배한 이후의 일이다.

시의 차례를 정함에 있어서 〈大雅〉는 선왕이 〈전대 여왕의〉 혼란함을 계승하고 재앙을 만나 조심하며 백성의 삶을 염려하였으므로 〈雲漢〉을 앞에 두었다. 왕이 백성을 근심하자 천하가 다시 태평하고 五嶽이 보좌하였으므로 〈嵩高〉를 다음에 두었다. 神이 지혜로운 사람을 낳고 왕이 임용하고 또 벼슬을 내렸으므로 〈烝民〉·〈韓弈〉을 다음에 두었다. 벼슬을 내리고 지혜로운 사람을 임명하였으며, 능력은 복종하지 않은 나라를 정벌할 수 있고 무력에 관련된 일을 세웠으므로 〈江漢〉·〈常武〉를 다음에 두었다. 이것은 백성을 근심하는 것을 먼저하고 신하를 등용하는 것을 그 다음으로 하여 정벌을 나중에 한 것이다.

그런데 〈소아〉는 이것과 반대이다. 남방 오랑캐 蠻荊과 북방 오랑캐 玁狁이 남북으로 교대로 침입하자 다급히 서둘러 병사를 출동시켜 中國을 안정시켰으므로 〈小雅 六月〉·〈小雅 采芑〉를 앞에 두었다. 비록 모두 정벌하는 것이지만 〈六月〉은 다급히 침략을 받았으므로 또 〈采芑〉보다 앞에 두었다. 오랑캐를 평정하고 나서는 車馬와 갑옷을 수리하고 제후들을 모두 모아 수렵을 해야 했으므로 〈車攻〉을 다음에 두었다. 〈吉日〉은 田獵과 정벌하는 종류이므로 그 다음에 두었다. 田獵하기 위해서는 거마와 몰이꾼을 선별하고 제후를 모아야 하며, 또 짐승을 쫓고 아랫사람을 대접할 때는 성대하게 해야 하므로 〈車攻〉을 〈吉日〉 앞에 두었다. 이런 까닭에 〈車攻〉 序에 "선왕이 안으로는 政事를 수행하고 밖으로는 오랑캐를 물리쳐서 문왕·무왕 때의 영토를 수복하였으며, 車馬를 정비하고 무기를 구비하여 다시 東都에서 제후를 모았다."라고 하였다. 밖으로 오랑캐를 물리친 것만이 아니라 또 동도에 제후를 모았으니, 이것이 ≪시경≫ 전체 편의 순서를 정한 뜻이다. 정벌하는 일을 마무리 지어 밖으로 敵兵의 침입이 없으면 백성을 안정시켰다고 말할 수 있으므로 〈鴻雁〉을 다음에 두었다. 그러나 선왕이 衰亂한 뒤를 계승하였음에도 백성이 먼저 달아났으니 어떻게 일찌감치 백성을 안정시키고 田獵할 여가를 기대할 수 있겠는가. 분명히 처음에는 백성을 안정시키는 데 자신의 능력을 발휘해서 사방을 평정한 것이다. ≪시경≫은 일의 선후로 순서를 짓는 것이 아니다.

선왕은 나라를 다시 일으킨 賢君이다. 말년에 덕이 쇠약해지고 쇠약함에 조짐이 있었으므로, 〈庭燎〉를 다음에 두고 능력을 찬미하면서도 훈계하였다. 훈계하였는데도 고치지 않아 바로잡고자 하였고, 바로잡고자 하였는데도 변하지 않아 가르쳤으며, 가르쳤는데도 따르지 않으므로 책망하였다. 그러므로 〈沔水〉·〈鶴鳴〉·〈祈父〉를 다음에 두었다.

생각하건대 선왕의 악행이 점점 커졌으므로 책망이 조금 심해졌다. 이것만으로는 〈沔水〉·〈鶴鳴〉이 〈祈父〉 앞에 있어야 하는 것이 아니지만 이렇게 순서를 두어 그의 악행이 점차 진행되는 것을 드러낸 것이다. 선왕이 관직을 없애자 賢人이 달아났으므로 〈小雅 白駒〉를 다음에 두었다. 賢人이 떠나자 예법과 교화가 실행되지 않음을 알았고 가정이 무너졌으므로 〈黃鳥〉·〈我行其野〉를 다음에 두었다.

宣王은 나라를 다시 일으킨 임금이지만 시종일관 善하지 못했다. 기록하는 사람이 惡을 겸해서 행하였더라도 경계하고 권면하였으니 역시 사람의 미덕을 이루어주는 것이 귀중한 것이다. 그러므로 집을 완성하는 뜻을 가진 〈斯干〉과 가축을 키우는 뜻을 가진 〈無羊〉으로 끝을 맺었다. 시종일관 善行을 하였다고 말했더라도 仁者의 과실 또한 심하지 않음을 볼 수 있다. 〈斯干〉은 宮室·寢廟를 짓거나 남녀의 탄생을 설명한 시인데 분명히 즉위한 초기 때의 일이다. 〈小雅 無羊〉도 비슷하니 같은 시기임을 알 수 있다. 지금은 도리어 훈계하는 글 아래에 있으니 선왕의 始終 행적을 분명히 알 수 있다.

本紀又曰“幽王三年, 嬖褒姒, 生子伯服. 竟廢后及子, 而以褒姒爲后, 伯服爲太子, 國人皆怨. 故申侯與繒・西夷犬戎共攻幽王, 殺王麗山之下.” 遷止言竟廢后, 去太子, 不言廢去之年月. 皇甫謐云“三年, 褒人以褒姒自贖時, 即與虢石父比而譖申后・太子, 尹氏及祭公導王爲非. 八年, 竟以石父之譖廢申后, 逐太子. 九年, 王廢高明而近讒慝, 使虢公事任於外, 褒姒固寵於內, 王室始騷.” 謐言與遷事相終始, 則幽王之惡, 自三年之後爲漸, 八年九年則其極. 故鄭語云“九年, 王室始騷, 十一年而被殺也.” 幽王大雅瞻卬曰“哲婦傾城”, 褒姒亂政之事也. 召旻云“蹙國百里”, 王道衰弱之極也. 序皆云“大壞”, 當在八年之後也. 正月云“赫赫宗周, 褒姒滅之.” 車舝序云“褒姒嫉妒” 小弁言太子之放逐, 白華言申后之廢黜, 魚藻箋云“幽王惑於褒姒, 萬物失其性” 此五篇經・注皆有惑褒姒・黜申后之事, 則多在八年之後也. 其餘則無文可明, 大局是惡盛之時, 八年之後者, 蓋多矣. 大雅之次, 先瞻卬, 後召旻者, 武王數紂之罪云“牝雞之晨, 惟家之索.” 而瞻卬疾“婦有長舌, 維厲之階” 故處先也. 王婦言是用, 政事荒亂, 致朝無賢臣, 土境日蹙, 故召旻以閔天下無如召公之臣也. 其小雅節南山以下, 至何草不黃, 其次篇之義, 蓋以類相聚. 故楚茨・信南山・甫田・大田, 皆陳古以刺今. 其餘次義, 既無明文, 不可臆說. 此三王變雅, 善者不純爲大雅, 惡者不純爲小雅, 則雅詩自有體之大小, 不在於善惡多少也. 關雎序曰“雅者, 正也. 政有小大, 故有小雅焉, 有大雅焉.” 此爲隨政善惡, 爲美刺之形容以正物也. 所正之形容有小大, 所以爲二雅矣. 故上以盛隆爲大雅, 政治爲小雅, 是其形容各有區域, 而善者之體, 大略既殊, 惡者之中, 非無別矣. 詳觀其歎美, 審察其譏刺, 大雅則宏遠而疏朗, 弘大體以明責, 小雅則躁急而局促, 多憂傷而怨誹. 司馬遷以良史之才, 所坐非罪, 及其刊述墳典, 辭多慷慨. 班固曰“迹其所以自傷悼, 小雅巷伯之倫也[1]. 夫唯大雅, 既明且哲, 以保其身. 難矣哉.” 又淮南子[2]曰“國風好色而不淫, 小雅怨誹而不亂.” 是古之道, 又以二雅爲異區也. 幽王小雅四十四, 而大雅惟二, 自大體者少也. 厲王大雅有五, 而小雅惟四, 自小體者少. 是小大不相由也. 推此而論, 則二雅擬諸其形容, 象其物宜[3]. 作者之初, 自定其體. 作既有體, 唯達者識之, 則容得有小雅無大雅, 有大雅無小雅者矣. 諸儒以厲王無小雅, 準此故也. 但文・武・成王, 正經也, 厲・宣・幽王, 變雅也. 小大之體, 時俱有作. 故采者竝存, 以示二體本自小大異區, 非徒以意中分也. 或說變雅美詩, 則政大入大雅, 政小入小雅, 刺詩則惡大入小雅, 惡小入大雅. 考之經文, 殊無其驗. 何則. 小旻・小宛,正責厲王, 謀猶回遹, 不用善道, 其惡固小. 於板云"下民卒癉, 善人載尸", 蕩云"斂怨以爲德", 綱紀之大壞也. 瞻卬云, 亂生婦人, "罪罟不收", 召旻云"實靖夷我邦, 日蹙國百里." 其惡固當大於鼓鍾, 作樂不與德比. 采綠, 婦人思夫怨曠也. 又宣王安集天下之民, 征禦四夷之寇, 其功豈徒比於封一元舅之申伯,[4] 賜一朝覲之韓侯[5]哉. 此類多矣, 略擧一二, 足明不以善惡之大小矣.

1) 小雅巷伯之倫也 : 班固가 司馬遷을 평가한 말로 ≪前漢書≫ 〈司馬遷傳〉에 보인다. 〈巷伯〉은 〈小雅〉의 편명이며, 寺人 孟子가 讒言에 피해를 입었기 때문에 시를 지은 것이다. 반고가 보기에는 사마천 역시 참언에 피해를 입었다고 여겼으므로 〈항백〉을 지은 작자와 같은 부류의 인물이라는 것이다.
2) 淮南子 : ≪史記≫ 〈屈原列傳〉의 오류이다.
3) 擬諸其形容 象其物宜 : ≪周易≫ 〈繫辭傳 上〉 8장에 나온다.
4) 元舅之申伯 : 宣王의 큰 外叔父인 申侯를 말한다. 〈大雅 崧高〉에 "높디높은 산악이 우뚝 하늘에 닿았다. 이 산에서 신령을 내려, 甫侯와 申侯를 태어나게 하였다.〔崧高維嶽 駿極于天 維嶽降神 生甫及申〕"라고 하였다. 보후는 선왕을 보좌한 재상 仲山甫이다.
5) 朝覲之韓侯 : 〈大雅 韓奕〉에 "한후가 들어와 뵈니, 그 介圭를 가지고 들어와 왕을 뵙도다.〔韓侯入覲 以其介圭 入覲于王〕"라고 하였다.

≪史記≫ 〈周本紀〉에 또 말하기를 "幽王 3년, 유왕이 褒姒를 총애하였다. 그녀가 아들 伯服을 낳자 마침내 왕비 申后와 태자 宜臼를 廢位시키고 포사를 왕후로 삼고 백복을 태자로 삼으니 백성들 모두 원망하였다. 그러므로 申侯와 繒나라 · 서쪽 오랑캐인 犬戎이 함께 유왕을 공격하고 麗山 아래에서 유왕을 죽였다."라고 하였다. 사마천은 단지 "마침내 신후를 폐위시키고 태자를 쫓아보냈다."라고만 말하고, 폐위시키고 쫓아보낸 年月을 말하지 않았다.

皇甫謐은 "유왕 3년에 褒人이 褒姒를 궁에 들여 자신들의 죄를 씻고자 하였을 때 虢石父와 함께 아부하면서 왕비 신후와 태자 의구를 참소하였고, 尹氏와 祭公이 왕을 그릇된 길로 이끌었다. 8년에 마침내 괵석보가 왕비 신후를 참소하여 폐위시키고 태자 의구를 축출하였다. 9년에 왕이 식견이 높고 현명한 신하를 없애고 아첨하는 신하와 가깝게 지냈다. 괵석보가 밖에서 권력을 휘두르고, 포사는 안에서 총애를 공고히 다지자 王室이 소란하기 시작하였다."라고 하였다.

황보밀의 말과 사마천의 기사는 시종일관 같으니 유왕의 악행은 즉위 3년이 지난 후에 점차 진행되었고, 8, 9년이 되어서는 극도에 달하였으므로 ≪國語≫ 〈鄭語〉에

"유왕 9년에 왕실이 소란하기 시작하였고, 11년에 살해되었다."라고 하였다.

유왕에 대해서는 〈大雅 瞻卬〉에 "똑똑한 부인이 城을 무너뜨린다."라고 하였는데, 포사가 국정을 어지럽힌 일이다. 〈召旻〉에 "나라가 백 리씩 줄어든다."라고 하였는데, 나라의 국력이 극도로 쇠약해진 것이다. 序에서는 모두 "국정이 크게 무너졌다."라고 하였는데, 8년 후에 있었던 일에 해당된다.

〈小雅 正月〉에 "빛나는 周나라를 포사가 멸망시켰다."라고 하였고, 〈車舝〉의 序에 "포사가 질투하였다."라고 하였고, 〈小弁〉은 태자 宜臼가 축출되었음을 말하였고, 〈白華〉는 신후가 廢黜되었음을 말하였고, 〈魚藻〉의 鄭箋에 "유왕이 포사에 빠져 정신을 못 차리자 만물이 살 곳을 잃었다."라고 하였다. 위의 5편의 시 본문과 주석은 모두 유왕이 포사에 빠지고 신후를 폐출한 사건으로 대다수가 8년 이후에 있었다. 그 나머지는 증명할 글이 없지만 대체로 악행이 성할 때는 8년 이후의 일이 대개 많다.

〈대아〉의 순서에서 〈瞻卬〉을 먼저하고 〈召旻〉을 뒤로하였다. 武王이 紂의 죄를 책망하면서 "〈≪書經≫ 〈牧誓〉에서〉 암탉이 새벽에 울면 집안이 망한다."라고 하였으며, 〈첨앙〉에서 "부인이 말 잘하는 혀가 있으면 환란을 일으키는 실마리가 된다."라고 하였으므로 〈〈첨앙〉을〉 앞에 두었다. 王婦인 褒姒의 말을 수용하자 政事가 극도로 어지러웠고, 조정에는 賢臣이 없고 국토는 나날이 축소되었으므로, 〈召旻〉에서 천하에 召公 같은 신하가 없음을 안타까워하였다.

〈소아〉의 〈節南山〉에서 〈何草不黃〉까지 여러 시의 순서를 매긴 뜻은 대개 비슷한 부류를 서로 모은 것이다. 그러므로 〈楚茨〉·〈信南山〉·〈甫田〉·〈大田〉은 모두 과거를 진술하면서 현재를 풍자하였다. 그 나머지 시들에 대해서는 순서를 어떻게 매겼다는 명확한 글이 없으므로 근거가 없는 해설은 하지 않는다.

여기 厲王·宣王·幽王에 대해 읊은 變雅 중에서 선한 것이 온전히 〈대아〉가 되는 것도 아니고, 악한 것이 온전히 〈소아〉가 되는 것도 아니니, 二雅의 시는 본래 體制의 大小에 있는 것이지 善惡의 다소에 있지 않다.

〈周南 關雎〉 序에 "雅는 正의 뜻이다. 政事에 크고 작은 차이가 있기 때문에 〈小雅〉가 있고 〈大雅〉가 있는 것이다."라고 하였다. 이 말은 정치의 善惡에 따라서 좋은 점을 칭찬하고 나쁜 점을 풍자하여 만물을 바로잡는다는 것이다. 올바름을 표현하는 데 크고 작은 차이가 있기 때문에 二雅가 있다. 그러므로 상층부의 사람들은 성대한 국정의 내용을 담은 것을 〈대아〉, 일반 정치의 내용을 담은 것을 〈소아〉로 여겼다. 내용을 표현하는 데는 각각 영역이 있으니, 善者의 문체는 대략 다르다고 하여 惡者 속에서도 구별이 없는 것이 아니다. 감탄하고 찬미한 내용을 상세히 관찰하고, 비판하고 풍자한 내용을 철저히 살펴보면, 〈대아〉는 원대하면서 호탕하고 大體를 넓히면서도 분명히 책망하였다. 〈소아〉는 조급하면서 협소하고 근심이 많고 원망하였다.

司馬遷은 뛰어난 역사관을 가진 인재이지만 죄가 아닌데도 죄에 걸려들었으므로 그가 저술한 서책에서 전하는 말은 대다수가 비분강개하다. 班固가 ≪漢書≫ 〈司馬遷傳〉에서 말하기를 "사마천 스스로가 서글퍼한 자취를 고찰해보니 〈小雅 巷伯〉의 작자와 같은 부류의 사람이다. 〈大雅 烝民〉에서 '현명하고 사려가 깊어서 자기 몸을 보전한다.'고 했지만, 어려운 일이다."라고 하였다. 또 ≪사기≫ 〈屈原列傳〉에 "〈國風〉은 好色하지만 음란하지 않았고, 〈소아〉는 원망하면서도 혼란스럽지 않았다."라고 하였다. 이것이 옛날의 도이며 또 〈대아〉·〈소아〉를 다른 영역의 시라고 여긴 것이다.

幽王과 관련된 시는 〈소아〉에 44편 〈대아〉에 2편이 있는데 본래 〈대아〉의 문체로 지어진 숫자는 적다. 厲王과 관련된 시는 〈대아〉에 5편 〈소아〉에 4편이 있는데 본래 〈소아〉의 문체로 지어진 숫자는 적다. 이것이 〈소아〉·〈대아〉가 서로 관련을 두지 않는다는 것이다. 이러한 일을 미루어 논하자면 二雅는 드러난 모습을 헤아려 사물의 본질을 형상화하려고 한 것이다. 시인이 처음 시를 지을 때 스스로 그 문체를 정한다. 시인이 이미 문체를 정해두었으면 통달한 사람은 그것을 알고 있으니 〈소아〉가 있으면 〈대아〉가 없고, 〈대아〉가 있으면 〈소아〉가 없다는 것을 용납하는 것이다. 諸儒는 〈소아〉에는 여왕과 관련된 시가 없다고 여겼는데 이러한 일을 원칙으로 세웠기 때문이다. 다만 文王·武王·成王을 읊은 시는 正經이고, 厲王·宣王·幽王을 읊은 시는 變雅이다.

〈소아〉·〈대아〉라는 문체는 시대마다 모두 작품이 있으므로 채록하는 자가 두 가지를 모두 보존시켜서 두 종류의 문체가 본래부터 小大로 영역을 달리함을 보인 것이니 단지 의도적으로 나눈 것은 아니다. 혹자가 말하기를 變雅 중의 찬미한 시는 정치가 대단하면 〈대아〉에 들어가고 정치가 하찮으면 〈소아〉에 들어가며, 풍자한 시는 악행이 대단하면 〈소아〉에 들어가고 악행이 하찮으면 〈대아〉에 들어간다고 하였다. 〈이러한 주장은〉 經文을 고찰해도 전혀 증거가 없는데, 무엇 때문인가? 〈小雅 小旻〉·〈小雅 小宛〉에서 厲王의 계책이 옳지 못하고 正道를 사용하지 않았음을 엄정하게 책망하였으니 그의 악행은 참으로 소인배가 할 짓이었다. 〈大雅 板〉에서 "백성이 모두 병들었고 선한 사람이 尸童처럼 조용히 있다."라고 하였고, 〈大雅 蕩〉에서 "원한 사는 일을 많이 하면서도 도리어 덕을 베풀었다고 여긴다."라고 하였는데, 기강이 크게 무너졌기 때문이다. 〈大雅 瞻卬〉은 혼란이 婦人에게서 생겨난 생긴 것을 읊은 내용인데 "죄를 주는 그물을 거두지 않았다."라고 하였으며, 〈大雅 召旻〉에서 "해충 같은 인간이 참으로 우리나라를 다스려 날마다 나라가 백 리씩 줄어든다."라고 하였다. 그 악행이 참으로 울리는 종소리보다 크니 음악을 연주해도 덕이 있는 사람과 함께하지 못한다. 〈小雅 采綠〉은 부인이 오래 떨어져 있는 남편을 그리워한 내용의 시이다. 또 宣王은 천하의 백성들을 안정시켰고 사방 오랑캐의 침입을 막았으니 그 공로를 어찌 큰 外叔인 申伯을 봉하고, 인사를 하러 온 韓侯에게 선물을 내린 것과 비교할 수 있겠는가. 이런 종류는 많으니, 대략 한두 가지를 거론하면 선악의 대소에 있지 않음을 충분히 밝힐 만하다.

問者曰에 常棣閔管蔡之失道[1]하여 何故列於文王之詩라 曰에 閔之라 閔之者는 閔其失兄弟相承順之道하여 至於被誅라 若在成王・周公之詩면 則是彰其罪하니 非閔之라 故爲隱이라 推而上之면 因文王有親兄弟之義라

1) 管蔡之失道 : 管叔과 蔡叔이 道를 잃고 반란을 일으킨 것으로 일명 管蔡之亂이라고 한다. 관숙인 鮮과 채숙인 度는 周나라 武王의 아우이고 成王의 叔父들이다. 무왕이 殷나라의 紂王을 정벌하여 천하를 통일한 다음, 주왕의 아들 武庚 祿父를 봉하여 은나라의 뒤를 잇게 하고, 아우인 관숙과 채숙 및 霍叔으로 하여금 은나라를 감시하게 하였다. 그 후 무왕이 죽고 나이 어린 성왕이 즉위하여 周公이 섭정하자, 관숙・채숙 등은 주공이 어린 성왕을 해칠 것이라는 유언비어를 퍼뜨리고 마침내 무경과 함께 반란을 일으키니, 주공은 이들을 토벌하였다. 주공은 무왕의 동생이자 관숙과 채숙의 兄이다.

묻기를 "〈小雅 常棣〉는 管叔・蔡叔이 도리에 어긋난 짓을 하자 상심한 것인데 무슨 까닭에 文王의 시에 나열된 것인가?"라고 하였다. 대답하기를 "상심한 것이다. 상심했다는 것은 형제가 순종하는 도리를 잃어 사형 당하는 지경에 이르게 된 것을 상심한 것이다. 만약 〈〈상체〉가〉 成王・周公의 시에 있게 되면 이것은 두 사람의 죄를 드러내게 되어서 상심한 것이 아니기 때문에 숨기고자 한 것이다. 미루어 올라가면 이 때문에 문왕이 친형제의 의리가 있다."라고 하였다.

【疏】 ○ 正義曰：此鄭自問而釋之也. 周公雖內傷管・蔡之不睦, 而作親兄弟之詩, 外若自然須親, 不欲顯管・蔡之有罪. 緣周公此志, 有隱忍之情. 若在成王詩中, 則學者之知由管・蔡而作, 是彰明其罪, 非爲閔之. 由此故爲隱. 推進而上之文王之詩, 因以見文王有親兄弟之義也. 若云文王能親兄弟, 與之燕飮, 而作此詩, 似本不由於管・蔡然也. 周公聖人, 大義滅親. 言爲隱者, 亦因此以示聖人之法. 何者. 以管・蔡之罪, 不得不誅, 偪於大義而誅之耳. 以同氣之親, 實懷閔傷, 由此而爲之隱也. 而序云 "閔管・蔡之失道"者, 以其周公之情, 欲爲之隱, 故編次者進而上之, 是以隱其事, 序者敍其作之所由, 不得不言也. 武王之詩, 又無論燕之事. 若常棣間之, 則上下非類. 而文王之詩, 上有鹿鳴燕群臣, 下有伐木燕朋友. 故舊厠於其間, 與之爲類, 因以爲文王燕兄弟之詩. 言文王有親兄弟之義, 以爲樂歌, 非謂文王獨能親兄弟, 其餘聖人不能也. 如此譜說, 則鄭定以常棣之作, 在武王旣崩, 爲周公・成王時作, 王肅[1]亦以爲然. 故魚麗序下王傳曰 "常棣之作, 在武王旣崩, 周公誅管・蔡之後", 而在文・武治內之篇, 何也. 夫"刑於寡妻, 至于兄弟, 以禦於家邦", 此文王之行也. 閔管・蔡之失道, 陳兄弟之恩義, 故內之於文・武之正雅, 以成燕群臣・燕兄弟・燕朋友之樂歌焉. 是與鄭同也. 鄭志[2]之說則異於此者, 答趙商[3]云 "於文・武時, 兄弟失道, 有不和協之意, 故作詩以感切之. 至成王之時, 二叔流言作亂, 罪乃當誅. 悔將何及, 未可定此篇爲成王時作." 趙商據魚麗之序而發問, 則於時鄭未爲譜, 故說不定也. 言未可定此篇爲成王時, 則意欲從之而未決. 後爲此譜, 則決定其說爲成王時也.

1) 王肅：195~256. 삼국시대 魏나라 經學者로 자는 子雍이다. 鄭玄의 학설에 반대하는 입장이었으며, 저서로 ≪聖證論≫이 있다.
2) 鄭志：鄭玄의 손자 鄭小同이 정현과 그 문인들의 문답을 기록한 책이다.
3) 趙商：鄭玄의 제자이다.

○ 正義曰：이 부분은 鄭玄이 스스로 묻고 풀이한 것이다. 周公이 내적으로 管叔・蔡叔과 화목하지 못함을 상심해서 형제와 친하게 지내고자 하는 시를 지었다 하더라도, 외적으로는 자연스럽게 형제와 가까워서 관숙・채숙이 가진 죄를 드러내고 싶지 않았던 것이니, 주공의 이러한 의지는 꾹 참고 견디는 마음이 있었기 때문이다. 〈만약 〈常棣〉가〉 成王의 시 속에 있었다면 배우는 자들이 관숙・채숙 때문에 지어진 것을 알 수 있으니, 이것은 그들의 죄를 드러내어 밝히는 것이지 상심한 것이 아니다. 이런 까닭에 숨기고자 한 것이다. 미루어서 文王의 시까지 올라가면 이 때문에 문왕이 친

형제간의 의리가 있음을 볼 수 있다. 만약 문왕이 형제와 친하고 그들과 燕飮하면서 이 시를 지었다고 말한다면 아마도 근본이 관숙·채숙에게 연유하지 않은 듯하다.

주공은 聖人으로 큰 도리를 지키기 위해 형제를 돌보지 않았다. 숨기자고 하였다고 말한 것은 역시 이렇게 함으로써 성인의 법을 나타내 보이고자 한 것이다. 무엇 때문인가? 관숙·채숙의 죄는 처벌하지 않을 수 없으며 大義를 위협하였으므로 처벌한 것일 뿐이고, 친형제 간에 실로 애가 타고 상심한 마음을 품었으므로 이 때문에 숨기고자 한 것이다.

序에서 "관숙·채숙이 도리에 어긋난 짓을 하여 상심하였다."라고 한 것은 주공의 마음에 이 일을 숨기고자 하였으므로 시의 순서를 편집한 사람이 그것을 위로 올렸던 것인데, 이 때문에 그 일을 숨겼더라도 序는 작자의 창작 동기를 서술하므로 말을 하지 않을 수 없었다. 武王의 시에는 또 燕禮를 논한 일이 없다.

〈小雅 常棣〉는 중간에 끼었는데 위아래의 시는 같은 부류의 내용이 아니다. 文王의 시는 위로는 群臣에게 연례를 베푼 〈鹿鳴〉이 있고, 아래로는 朋友에게 연례를 베푼 〈伐木〉이 있다. 그러므로 예전에 〈녹명〉과 〈벌목〉 사이에 끼어 같은 부류가 되었고, 이어서 문왕이 형제에게 연례를 베푼 시가 되었다. 말하자면 문왕이 친형제 간에 情誼가 있어서 樂歌가 되었는데, 문왕만이 형제와 친하게 지내고 그 나머지 聖人들은 하지 못하였음을 뜻하는 것은 아니다.

〈詩譜〉의 설명이 이와 같다면 鄭玄은 〈상체〉가 武王이 崩御한 이후 周公·成王의 때 지어진 작품이라고 확정한 것이며, 王肅 또한 그렇게 생각한 것이다. 그러므로 〈魚麗〉 序 아래에서 왕숙의 傳에서 "〈상체〉의 저작 시기는 무왕이 붕어하고 나서 주공이 관숙·채숙을 처벌한 이후이다."라고 하였는데, 문왕·무왕이 內部를 다스린 시편에 있는 것은 무엇 때문인가? 〈大雅 思齊〉에 "나의 아내에게 모범이 되고 형제에까지 그 덕이 미쳐서 집과 나라를 잘 다스렸다."라고 하였는데 이는 문왕의 행실이다.

관숙·채숙이 도리에 어긋난 짓을 하자 상심하여 형제의 은혜와 의리를 진술하였으므로 문왕·무왕의 正雅로 받아들여 群臣에게 연례를 열고, 兄弟에게 연례를 열고, 朋友에게 연례를 열 때의 樂歌가 되었다. 이것은 정현의 생각과 마찬가지이다. ≪鄭志≫의 설은 이것과는 다르니, 정현이 趙商에게 답하기를 "문왕·무왕 시대에 형제가 도리를 잃어 和協하지 못한 뜻이 있었으므로 〈상체〉를 지어 감화시키도록 한 것이다. 성왕의 시대에 관숙·채숙이 유언비어를 퍼뜨리고 반란을 일으켰으니 그 죄는 사형에 해당된다. 후회한들 무슨 소용이 있겠는가. 〈상체〉를 성왕 시대의 저작이라고 확정한 것은 아니다."라고 하였다. 조상이 〈어리〉의 序에 근거하여 질문하였는데, 당시에는 정현이 〈시보〉를 완성하지 않았으므로 그의 학설이 확정되지 않은 것이다. 말하자면 〈상체〉를 성왕 시대의 작품이라고 확정할 수 없었고, 마음으로는 따르고 싶었으나 결정하지 못한 것이다. 나중에 〈시보〉를 지을 때 성왕 시대의 저작이라고 결정하였다.

又問曰에 小雅之臣은 何(也)〔以〕[1]獨無刺厲王이리오 曰 有焉이라 十月之交・雨無正・小旻・小宛之詩是也라 漢興之初에 師移其第耳라

1) (也)〔以〕: 저본의 교감기에 따라 '以'로 번역하였다.

또 묻기를 "〈소아〉에 나오는 신하들은 무엇 때문에 유독 厲王을 비판하지 않았는가."라고 하니, 대답하기를 "〈비판한 詩가〉 있다. 〈十月之交〉·〈雨無正〉·〈小旻〉·〈小宛〉이 바로 그것이다. 漢나라가 흥성한 초기에 〈毛公이〉 그 차례를 옮긴 것이다."라고 하였다.

【疏】 ○ 正義曰 : 詩皆臣下所作, 故云小雅之臣也. 知漢興始移者, 若孔子所移, 當顯而示義, 不應改厲爲幽. 此旣厲王之詩, 錄而序焉. 而處不依次, 明爲序之後乃移之, 故云 "漢興之初"也. 十月之交箋云 "詁訓傳時移其篇第, 因改之耳." 則所云師者, 卽毛公也. 自孔子以至漢興, 傳詩者衆矣. 獨言毛公[1]移之者, 以其毛公之前, 未有篇句詁訓, 無緣輒得移改也. 毛旣作詁訓, 刊定先後, 事必由之, 故獨云毛公也. 師所以然者, 六月之詩, 自說多陳小雅正經廢缺之事[2]. 而下句言 "小雅盡廢, 則四夷交侵, 中國微矣", 則謂六月者, 宣王北伐之詩. 當承菁菁者莪後, 故下此四篇, 使次正月之詩也.

1) 毛公 : ≪詩經≫을 주석한 毛亨을 말하며, 그의 주석을 毛傳이라고 한다.
2) 廢缺之事 : 하나가 무너지면 다른 하나의 기세가 약해짐을 말한다. 〈小雅 六月〉 序에 "〈鹿鳴〉이 폐해지자 화락함에 흠이 생겼고, 〈四牡〉가 폐해지자 군신간에 흠이 생겼고, 〈皇皇者華〉가 폐해지자 충성과 믿음에 흠이 생겼다.〔鹿鳴廢則和樂缺矣 四牡廢則君臣缺矣 皇皇者華廢則忠信缺矣〕"라고 하였다.

○ 正義曰 : 詩는 모두 신하들이 지었으므로 小雅之臣이라고 하였다. 漢나라가 흥성하기 시작할 때 비로소 차례를 옮겼음을 알 수 있는 것은 만약 孔子가 차례를 옮겼다면 의당 널리 드러내어서 의미를 밝혔을 것이니, 厲王을 幽王으로 고쳐서는 안 된다.

이 시(〈十月之交〉·〈雨無正〉·〈小旻〉·〈小宛〉)는 厲王의 시로 기록해서 序를 지었다. 순서대로 하지 않고 위치를 잡았더라도 분명히 序를 지은 후에 옮겼으므로 "한나라가 흥성한 초기"라고 한 것이다.

〈十月之交〉 鄭箋에 "毛傳을 지을 때에 편차를 옮겼으며, 옮긴 편차에 따라 고친 것이다."라고 하였으니, 〈詩譜〉에서 말한 師는 毛公이다. 공자부터 한나라가 흥성할 때까지 ≪시경≫을 주석한 사람이 많은데 유독 毛公이 차례를 옮겼다고 말을 하는 것은 모공 이전에는 편명이나 구절에 훈고를 하지 않아서 갑자기 차례를 옮기거나 제목을 바꿀 이유가 없기 때문이다. 모공이 毛傳을 지은 후에 선후를 개정해서 〈≪五經定本≫으로 하였으며〉 공부할 때 반드시 이를 참고하였으므로 유독 모공이라 말한 것이다. 모공이 그렇게 한 것은 〈小雅 六月〉이란 시에서 말한 것처럼 〈소아〉는 正經으로 廢缺과 관련된 일을 많이 진술하였기 때문이다. 그리고 〈六月〉 序 아래 구절에서 "〈소아〉가 모두 무너지니 四夷가 교대로 침범하여 중국의 힘이 미약해졌다."라고 말한 것은 〈六月〉을 宣王이 北伐한 내용의 시라고 이른 것이니, 의당 〈菁菁者莪〉의 뒤를 이어야 한다. 그러므로 그 아래 4편의 시 〈十月之交〉·〈雨無正〉·〈小旻〉·〈小宛〉를 〈正月〉 다음에 둔 것이다.

亂甚焉하여 旣移文하고 改其目이라 義順上下나 刺幽王亦過矣라

혼란이 심하여 글을 옮기고 나서 그 제목을 바꾸었다. 의미가 상하에 잘 들어맞았지만 幽王을 비판한 것이 또한 지나치다.

【疏】 ○ 正義曰：言"亂甚"者, 謂正月幽王之時, 禍亂甚極. 其四篇詩, 亦厲王亂惡, 故次正月之下, 以惡相從也. 言"刺幽王亦過矣"者, 謂寄四篇於幽王詩中, 又改厲爲幽, 有言幽王亦有厲王過惡故也. 六月之序所以多陳正經廢缺者, 以聖賢垂法, 因事寄意, 厲王暴虐, 傾覆宗周, 廢先王之典刑, 致四夷之侵削. 今(先)〔宣〕[1]王起衰亂, 討四夷. 序者意其然, 所以詳其事. 若云厲王廢小雅之道, 以致交侵, 宣王修小雅之道, 以興中國, 見用舍存於政, 興廢存[2]於人也. 若然, 序者示法, 其意深矣. 毛公必移之者, 以宣王征伐四夷, 興復(부)小雅, 而不繼小雅正經之後, 頗爲不次, 故移之. 見小雅廢而更興, 中國衰而復盛, 亦大儒所以示法也. 據此六月之序, 若其上本無厲王四篇之詩, 則六月自承正經之美, 無爲陳其廢缺矣, 明於其中躡衰亂之王故也. 是以鄭於十月之交

箋檢而屬焉.

1) (先)〔宣〕: 저본의 교감기에 따라 '宣'으로 번역하였다.
2) 存 : 저본의 교감기에 따라 '存'을 보충하였다.

○ 正義曰 : 〈詩譜〉에서 "혼란이 심하다."라고 한 것은 〈正月〉에서 말한 幽王의 시대에 혼란이 극심하였다는 것이다. 〈〈十月之交〉·〈雨無正〉·〈小旻〉·〈小宛〉 등〉 4편의 시 역시 厲王의 혼란이 맹렬하므로 〈정월〉 다음에 두어서 악행으로 서로 이어지게 하였다. 〈시보〉에서 "유왕을 비난한 것이 또한 지나치다."라고 말한 것은 유왕의 시 속에 위의 4편 시를 가져다 두었으며 또 여왕을 유왕으로 고쳤기 때문이니, 유왕을 언급한 것은 역시 여왕보다 악행의 지나침이 있었기 때문이다.

〈六月〉의 序에서 正經의 廢缺을 많이 진술한 것은 聖賢이 법을 남기고 일에 따라 의미를 부여하였는데, 여왕은 포학하여 주나라를 무너뜨리고 先王이 남긴 법도를 폐기하여 사방 오랑캐의 침입을 불러들였기 때문이다. 지금 宣王은 衰亂한 시대에 興起하여 사방 오랑캐를 토벌하였다. 序에서 그럴 것이라고 짐작하여 그 일을 상세하게 한 것이다.

만약 厲王이 〈소아〉의 道를 없애서 오랑캐의 침입을 불러들였고, 宣王이 〈소아〉의 도를 수행하여 중국을 흥기시켰다고 한다면, 현인을 등용하고 무능한 이를 물리치는 일은 정치에 달려 있고 나라의 흥망성쇠는 사람에 달려 있다는 것을 알 수 있다. 그렇다면 序에서 법도를 보인 의미가 심오하다.

毛公이 기필코 시의 차례를 옮기고자 한 것은 선왕이 사방 오랑캐를 정벌하여 〈소아〉를 회복했지만, 〈소아〉가 正經의 뒤를 계승하지 못해 자못 시의 순서가 어긋났으므로 시의 차례를 옮긴 것이다. 〈소아〉가 무너졌다가 다시 일어나고 中國이 쇠약했다가 다시 흥성하였음을 드러낸 것은 역시 大儒가 법도를 남겼기 때문이다. 〈유월〉의 序에 근거하였을 때 만약 그 위에 본래 厲王과 관련된 4편의 시가 없었다면 〈유월〉이 正經의 아름다움을 계승한 이후에는 廢缺을 진술한 적이 없었던 것이니, 분명히 그 속에 衰亂한 왕이 계승하였기 때문이다. 이런 까닭에 정현이 〈시월지교〉에서 주석을 해놓은 것이다.

鹿鳴之什[1)]이라

1) 什 : 단순한 숫자 10이 아니라 10사람 또는 10편의 시를 묶은 것을 '什'이라고 한다.

鹿鳴之什이다.

【疏】 ○ 正義曰：周禮・小司徒職云 "五人爲伍." 五人謂之伍, 則十人謂之什也. 故左傳曰 "以什共車必克." 然則什伍者, 部別聚居之名. 風及商・魯頌以當國爲別. 詩少可以同卷, 而雅・頌篇數既多, 不可混倂, 故分其積篇, 每十爲卷, 卽以卷首之篇爲什長, 卷中之篇皆統焉. 言鹿鳴至魚麗凡十篇, 其總名之, 是鹿鳴之什者. 宛辭言四牡之篇等, 皆鹿鳴之什中也, 故樂師注云 "徹者歌雍, 雍在周頌臣工之什." 言雍篇在臣工之什中. 是卷首之篇爲什長, 以統餘篇之目也. 南陔下箋云 "毛公推改什首, 遂通耳. 此下非孔子之舊." 則什首之目, 孔子所定也. 以孔子論詩, 雅・頌各得其所, 明於時有所刊定篇卷之目, 是孔子可知, 故鄭云 "以下非孔子之舊", 則以上是孔子舊矣. 知以非者, 以南陔等六篇, 子夏爲序, 當孔子之時未亡, 宜次在什中. 今亡詩之下, 乃云 "有其義而亡其辭", 置之什外, 不在數中, 明非孔子之舊矣. 本十月之交等四篇, 在六月之上, 則孔子什首. 南陔復爲第二, 彤弓爲第三, 鴻雁爲第四, 節南山爲第五, 北山爲第六, 桑扈爲第七, 都人士爲第八, 以下適十篇, 通及大雅與頌, 皆其舊也. 蕩及閔予小子皆十一篇者, 以本取十篇爲卷, 一篇不足爲別首, 故附於下卷之末, 亦歸餘於終之義. 毛公推改什首, 魚藻十四篇, 亦同爲卷, 取法於大雅與頌也. 若然則鴻雁之什, 乃仍孔子之舊. 言非者, 以毛公闕其亡者, 以見在爲數, 志在推改. 而鴻雁偶與舊合, 非毛意, 故存之也. 必知今之什首, 毛公推改者, 以毛公前世大儒, 自作詁訓, 篇端之序, 毛所分置, 十月之交, 毛所移第, 故知什首亦毛所推改也. 言 "以下非孔子之舊", 則似之什始自孔子所爲. 然孔子以前, 詩篇之數, 更多於今, (杏)〔古〕[1]者無紙, 皆用簡札, 必不可數十之篇共爲一卷, 明亦分別可知. 既分爲卷, 固當以十爲別已有之什也. 但孔子論詩, 省去煩重, 更以在者爲什, 故云 "孔子之舊", 不必孔子以前無之什也. 爲此之什者, 以其篇數積多, 故分每十爲卷, 則不滿十者, 無之什矣. 今魯頌四篇, 商頌五篇, 皆不滿十, 無之什也. 或有者, 承此雅・頌之什之後而誤耳. 何者. 商・魯非周詩, 猶國風之類, 以國爲別. 假令過十以上, 亦不合分, 況不滿十篇, 明無所用於之什也.

1) (杏)〔古〕: 저본의 교감기에 따라 '古'로 번역하였다.

○ 正義曰：≪周禮≫ 〈小司徒職〉에 "다섯 사람이 伍이다."라고 하였으니, 다섯 사람을 伍라고 하면 열 사람을 什이라고 한다는 뜻이다. 그러므로 ≪春秋左氏傳≫ 昭公 원년에 "열 사람이 수레 1대를 함께 사용하면 반드시 이긴다."라고 하였다. 그렇다면 什伍는 부대에서 사람들이 머무는 곳을 구별하는 명칭이다.

〈風〉·〈商頌〉·〈魯頌〉은 나라별로 구별하였다. 시의 분량이 적으면 같은 卷이 될 수 있지만 〈雅〉·〈頌〉은 편수가 많아 섞을 수 없으므로 여러 편을 나누어 10편을 卷으로 하였고, 卷首에 있는 시를 什長(10편의 우두머리)으로 하여 卷 속에 들어 있는 시를 모두 통괄하였다. 말하자면 〈鹿鳴〉에서 〈魚麗〉까지는 모두 10편인데 총괄해서 명칭하자면 이것이 〈鹿鳴之什〉이다. 완곡한 말로 〈四牡〉 등의 편명을 말하자면 모두 〈鹿鳴之什〉 속에 들어 있는 것이다. 그러므로 ≪周禮≫ 〈樂師〉 注에 "제사를 마치고 제기를 거둘 때에 〈雍〉을 부르니 〈雍〉은 〈周頌 臣工之什〉에 있다."라고 하였으니, 말하자면 〈雍〉은 〈臣工之什〉 속에 들어 있다는 것이다. 이것이 卷首에 있는 시를 什長이라고 하여 나머지 시의 명칭을 통괄한다는 것이다.

〈南陔〉의 鄭箋에 이르기를 "毛公이 什首(열 편의 시 중 첫 번째 시)를 옮겨 바꾸자 마침내 통용되었으니, 이로부터는 孔子가 정한 옛날 차례가 아니니다."라고 하였으니, 什首라는 제목은 공자가 정한 것이다. 공자가 시를 논하면서 〈雅〉·〈頌〉이 각각 제자리를 찾았다고 하였으니, 이때에 수정하여 확정한 것이 분명하며, 篇卷의 제목도 바로 공자가 확정한 것이다. 그러므로 정현이 "〈毛公이 차례를 정한〉 이후에는 공자가 정한 순서가 아니니다."라고 하였으니, 〈모공이 순서를 정하기〉 이전에는 공자가 정한 순서였다.

〈모공이 차례를 정한 이후에는 공자가 순서를 정한 것이〉 아니었음을 알 수 있는 것은, 〈南陔〉 등 6편은 子夏가 序를 지어서 공자 시대에는 없어지지 않았으니 편차가 응당 10편 속에 들어가야 하기 때문이다. 지금 佚詩인 〈由儀〉 序에서 "그 뜻은 있는데 그 가사는 잃어버렸다."라고 하여 10편 밖에 두어 편수 속에 들어가지 않았으니 분명히 공자가 정한 옛날 차례가 아니니다. 본래 〈十月之交〉 등 4편은 〈六月〉 위에 있어야 하며 공자가 정한 什首이다. 〈南陔〉가 다시 두 번째, 〈彤弓〉이 세 번째, 〈鴻雁〉이 네 번째, 〈節南山〉이 다섯 번째, 〈北山〉이 여섯 번째, 〈桑扈〉가 일곱 번째, 〈都人士〉가 여덟 번째 什首가 되고 그 아래로 10편씩 진행되어 두루 〈大雅〉와 〈頌〉까지 미치는 것이 모두 옛날 순서이다.

〈大雅 蕩〉 및 〈周頌 閔予小子〉가 모두 11편이 된 것은 본래 10편을 취하여 卷으로 만들지만 1편을 따로 내세울 수 없으므로 권 끝에 첨부하였으니, 또한 나머지를 끝으로 돌려보낸다는 의미이기 때문이다. 모공이 什首를 옮겨 바꾸었지만 〈魚藻〉 14편을 역시 동일하게 卷으로 한 것은 〈대아〉와 〈송〉에서 법을 취했기 때문이니, 그렇다면 〈鴻雁之什〉은 공자가 정한 옛날 차례를 따른 것이다.

〈모공이 정한 시의 차례가〉 잘못되었다고 말한 것은, 모공이 佚詩를 제외하고 현존하는 시를 숫자로 삼았는데 목적이 바꾸는 것에 있었기 때문이다. 그런데 〈鴻雁〉은 우연히 옛날 순서와 합치하였으며 모공의 의도가 아니므로 그대로 두었다. 지금의 什首를 모공이 고쳤음을 알 수 있는 것은, 모공은 이전 시대의 큰 학자로 직접 毛傳을 지었고 각 시의 序도 모공이 나누어 두었기 때문이다. 〈시월지교〉도 모공이 순서를 옮겼으므로 什首 역시 모공이 바꾼 것임을 알 수 있다.

〈鄭玄이 〈南陔〉를 주석하면서〉 "〈毛公이 차례를 정한〉 이후는 공자가 정한 순서가 아니다."라고 말한 것은, 什을 공자에서 시작된 것이라고 여긴 듯하다. 그렇다면 공자 이전의 詩篇 숫자는 지금보다 더욱 많고, 상고 시대에는 종이가 없어 모두 대나무 조각을 사용하였으므로 반드시 수십 편을 모두 한 卷으로 만들 수는 없지만 분명히 나누어 구별하였음을 알 수 있다. 이미 시를 나누어 卷을 삼았다면 참으로 十(단순 숫자)을 의미 있는 什(10편을 묶은 것)과 구별해야 한다. 다만 공자가 시를 논할 때는 중복되는 것을 줄여서 다시 현재 있는 것으로 什을 만들었으므로 "공자가 정한 옛 순서〔孔子之舊〕"라 하는 것이지 공자 이전에 什이 없었던 것은 아니다. 여기의 什이란 그 篇數가 많기 때문에 나누어서 매양 10편을 卷으로 한 것이니, 10편을 채우지 못한 것은 什이라는 제목이 없다. 지금 〈魯頌〉은 4편, 〈商頌〉은 5편으로 모두 10편을 채우지 못하므로 什이라는 제목이 없다. 혹 있다 하더라도 이는 〈雅〉·〈頌〉의 什을 계승하고 난 뒤에 잘못된 것이다. 이는 무엇 때문인가. 〈商頌〉·〈魯頌〉은 주나라 시가 아니며 〈國風〉과 같은 부류이니 나라별로 구별된다. 가령 10편을 넘어가면 역시 합하거나 나눌 수 없는데, 하물며 10편을 채우지 못하면 분명히 什이라는 제목을 사용할 수 없게 되는 것이다.

毛詩注疏 卷第九(九之二)

毛詩小雅 鄭氏箋 孔穎達疏

鹿鳴(녹명)

【序】鹿鳴은 **燕群臣嘉賓也**라 **旣飮食**(사)**之**하고 **又實幣帛筐篚**하여 **以將其厚意**라 **然後忠臣嘉賓**이 **得盡其心矣**라

〈鹿鳴〉은 群臣과 嘉賓에게 燕禮를 베풀기 위해 지은 시이다. 술과 음식을 대접하고 나서 다시 광주리에 幣帛을 담아 厚意를 표시하였다. 그런 뒤에야 충신과 가빈이 자신의 마음을 다 바치는 것이다.

【箋】飮之而有幣는 酬幣也요 食之而有幣는 侑幣也라 ○ 飮은 於鴆反이요 注同이라 食는 音嗣요 注同이라 筐은 丘房反이라 篚는 音匪라 侑는 音又라

술을 대접하고 폐백을 선물하는 것을 酬幣라 하고, 음식을 대접하고 폐백을 선물하는 것을 侑幣라고 한다.

○ 飮은 於와 鴆의 반절이며 注에서도 같다. 食은 음이 嗣이며 注에서도 같다. 筐은 丘와 房의 반절이다. 篚는 음이 匪이다. 侑은 音이 又이다.

【疏】'鹿鳴(三章 章八句)'至'心矣'. ○ 正義曰：作鹿鳴詩者, 燕群臣嘉賓也. 言人君之於群臣嘉賓, 旣設饗以飮之, 陳饌以食之, 又實幣帛於筐篚而酬侑之, 以行其厚意. 然後忠臣嘉賓佩荷恩德, 皆得盡其忠誠之心, 以事上焉. 明上隆下報, 君臣盡誠, 所以爲政之美也. 言群臣嘉賓者, 群臣, 君所饗燕, 則謂之賓. 序發首云"燕群臣." 則此詩爲燕群臣而作. 經無群臣之文, 然則序之群臣, 則經之嘉賓, 一矣. 故群臣嘉賓竝言之, 明群臣亦爲嘉賓也. 案燕禮云"大夫爲賓." 則賓唯一人而已. 而云群臣皆爲嘉賓者, 燕禮於客之內立一人爲賓, 使宰夫爲主, 與之對行禮耳. 其實君設酒殽, 群臣皆在, 君爲之主, 群臣總爲賓也. 燕禮云"若與四方之賓燕, 則迎之于大門內." 四方之賓, 唯迎之爲異, 其燕皆與臣同, 則此嘉賓之中, 容四方之賓矣. 故鄕飮酒・燕禮注云 "鹿鳴者, 君與臣下及四方之賓燕, 講道修(德)〔政〕[1]之樂歌.", 是也. 知序之嘉賓, 不唯指四方之賓者, 以此詩爲燕群臣而作. 經・序同云嘉賓, 不得不爲群臣, 則序之嘉賓, 亦爲群臣明矣. 且序云 "盡心", 傳曰 "竭力", 是己之臣子可知. 燕禮者, 使反有功與群臣樂之之禮. 文王之與臣也, 本自隆恩, 不必由使出有功乃燕之也. 言 "旣飮食之", 則饗食竝有. 獨言 "燕群臣"者, 以食禮無酒樂, 饗以訓恭儉, 非於臣子忻樂之義. 經言 "式燕以敖, 和樂且耽." 此詩主於忻樂, 故敍以燕(目)〔因〕[2]之, 而後兼言饗食也. "旣飮食之", 章首二句, 是也. "實幣帛筐篚, 以將其厚意", "承筐是將", 是也. "忠臣嘉賓得盡其心"者, 序者因言君有恩惠, 可以得臣之心, 總美燕樂之事, 於經無所當也. 序上言群臣, 後言忠臣者, 見臣蒙燕賜, 乃能盡忠, 故變文以見義.

1) (德)〔政〕: 저본의 교감기에 따라 '政'으로 번역하였다.
2) (目)〔因〕: 저본의 교감기에 따라 '因'으로 번역하였다.

序의 〔鹿鳴〕부터 〔心矣〕까지

○ 正義曰: 〈鹿鳴〉을 지은 것은 군신과 가빈에게 연례를 베풀기 위한 것이다. 임금이 군신과 가빈에게 饗禮를 베풀어 술을 대접하고 음식을 차려 먹게 하고 나서, 다시 광주리에 폐백을 담아 선물로 보내주어 두터운 은혜를 표시하니, 그런 연후에 충신과 가빈이 임금의 은덕을 마음에 새겨서, 모두 자신의 충성스런 마음을 다 바쳐 임금을 섬길 수 있음을 말한 것이다. 윗사람이 은혜를 융숭하게 베풀면 아랫사람은 충성스런 마음으로 보답해서, 임금과 신하가 성의를 다하는 것이 爲政의 아름다움이 되는 것임을 밝힌 것이다.

'群臣嘉賓'이라고 말한 것은 群臣은 임금이 연향을 베푸는 대상이니, 賓이라고 한 것이다. 序의 첫머리에서 "燕群臣"이라고 하였으니, 이 시는 여러 신하들에게 연례를 베풀기 위해 지은 것이다. 그러나 經文(시 본문)에는 '群臣'이라는 글자가 없으니, 그렇다면 序의 '群臣'과 經文의 '嘉賓'은 동일한 사람이다. 그러므로 군신과 가빈을 함께 말하여 군신이 또한 가빈임을 분명히 하였다.

≪儀禮≫ 〈燕禮〉를 살펴보면 "大夫가 賓이 된다."라고 하였으니, 빈객은 단지 한 사람일 뿐이다. 그런데 여러 신하를 모두 '嘉賓'이라고 한 것은 燕禮에서는 손님 가운데 한 사람을 세워 賓으로 삼고 宰夫로 하여금 주인이 되게 해서, 서로 마주 대하여 禮를 행하도록 했기 때문이다. 그러나 실제로는 임금이 술과 음식을 마련하고 여러 신하가

모두 참석하기 때문에, 군주가 주인이 되고 여러 신하가 모두 빈객이 되는 것이다. 〈연례〉에서 "만약에 사방의 빈객과 燕禮를 베풀면 대문 안에서 맞이한다."라고 하였다. 사방에서 온 빈객은 맞이하는 것이 다르기는 하지만, 연례를 베푸는 데 있어서는 모두 신하와 같으니, 여기의 嘉賓에는 사방의 빈객이 포함되는 것이다. 그러므로 〈鄉飮酒禮〉와 〈연례〉의 주석에서 "〈鹿鳴〉은 임금이 신하 및 사방의 빈객과 연례를 베풀어 도리를 논하고 국정을 닦는 樂歌이다."라고 하였으니, 바로 이러한 내용이다.

序의 '嘉賓'이 사방에서 온 빈객만을 가리키는 것이 아님을 알 수 있는 것은, 이 시가 여러 신하에게 연례를 베풀면서 지은 것이기 때문이다. 經文과 序에서 동일하게 언급한 嘉賓은 群臣이 되지 않을 수 없으니, 序의 가빈도 역시 군신이 되는 것이 분명하다. 또 序에서 '盡心'이라 하고, 傳에서 '竭力'이라 하였으니, 이것으로 자기의 신하임을 알 수 있다. 燕禮라는 것은 사신이 돌아와 공로가 있으면 신하들과 즐기는 예이다. 그러나 文王은 신하에게 본래 융숭한 은혜를 베풀었으므로 구태여 사신으로 나가 공적이 있어야만 연회를 열어준 것은 아니었다.

序에서 "술과 음식을 대접하였다."라고 하였으니 饗禮와 食禮가 모두 있는 것이다. 그런데 유독 "신하들에게 연례를 베풀어주었다."라고 말한 것은, 사례는 술과 음악이 없고 향례는 공손과 검소함을 가르치는 것이므로 신하가 즐거워하는 뜻에서 어긋나기 때문이다. 경문에서 "연회에 참석하여 노니, 화락하고 즐겁다."라고 하였으니, 이 시는 즐기는 것을 위주로 하였기 때문에 연례로부터 비롯된 것을 서술하고 그 다음에 향례와 사례를 겸해서 말한 것이다. "술과 음식을 대접했다."는 序 첫머리의 두 번째 구절이 바로 그런 내용이다. 〈序에서〉 "광주리에 폐백을 담아서 두터운 은혜를 표시하였다."라고 한 것과 경문의 "광주리를 받들어 표시하네."라는 구절이 바로 그런 내용이다.

"충신과 가빈이 자신의 마음을 다 바친다."는 것은 序에서 군주가 은혜를 베풀면 신하의 마음을 얻을 수 있다고 말한 것에 기인하여 연향을 베풀어 즐거워하는 일을 총괄적으로 미화한 것이지만, 經文에는 이러한 것과 해당하는 내용이 없다. 序에서 먼저 '群臣'을 말하고 뒤에서 '忠臣'을 말한 것은 신하는 임금이 연례를 베풀고 폐백을 하사하는 은혜를 받아야만 충성을 다 바칠 수 있음을 드러낸 것이다. 그러므로 문장을 바꾸어서 義를 드러내었다.

【疏】 箋'飮之'至'侑幣'. ○ 正義曰：此解飮食而有幣帛之意. 言飮有酬賓送酒之幣, 食有侑賓勸飽之幣, 故皆有幣也. 飮食必酬侑之者, 案公食大夫禮"賓三飯"之後云 "公受宰夫束帛以侑." 注云 "束帛, 十端帛也. 侑猶勸也. 主國[1]君以爲食賓殷勤之意未至, 復發幣以勸之, 欲其深安賓也." 是禮食[2]用幣之意也. 饗禮云準此, 亦爲安賓而酬之焉. 案聘禮云 "若不親食, 使大夫朝服致之以侑幣." 注云 "君不親食, 謂有疾病及他故. 必致之者, 不廢其禮." 又曰 "致饗以酬幣, 亦如之." 是親食有侑幣, 不親食則以侑幣致之. 然則不親饗, 以酬幣致之, 明親饗有酬幣矣. 故知飮之而有幣, 謂酬幣也. 鄭必知飮爲饗者, 以飮食連文. 若飮食爲一, 則食禮不主於飮. 若飮爲燕禮, 不宜文在食上. 且饗食相對之物, 有食不宜無饗. 郊特牲云 "飮, 養陽氣. 故饗禘有樂." 是饗有飮, 故知此飮謂饗也. 彤弓箋云 "大飮賓曰饗." 大行人注云 "饗謂設盛禮以飮賓." 聘禮注云 "饗謂(亨)〔享〕[3]大牢以飮賓." 皆以飮爲饗禮也. 其幣所用, 公食大夫用束帛以侑, 其酬幣則無文. 故聘禮注云 "酬幣, 饗禮酬賓勸酒之幣, 所用未聞也. 禮幣用束帛乘馬, 亦不是過." 是饗所用幣無正文也. 禮幣用束帛乘馬, 謂聘享之幣[4], 聘享止用束帛乘馬而已. 侑幣又用束帛, 故云 "亦不是過." 言諸侯於大夫, 酬幣不過是也. 其天子酬諸侯, 及諸侯自相酬, 仍不必用束帛乘馬. 故聘禮注又引禮器曰 "琥璜[5]爵, 蓋天子酬諸侯也." 必疑琥璜爲天子酬諸侯之幣者, 以琥璜非爵名而云爵, 明以送爵也. 食禮無爵可送, 則琥璜饗酬所用也. 謂饗時酬賓, 以琥璜將幣耳. 小行人 "合六幣, 琥以繡, 璜以黼." 則天子酬諸侯, 以黼繡而琥璜將之. 旣天子饗諸侯之酬幣與諸侯異, 則食禮天子侑諸侯, 其幣不必束帛, 無文以言之. 此唯言饗食之幣, 不言燕幣. 燕禮亦當有焉. 但今燕禮唯有好貨[6]無幣, 故文不顯言之.

1) 主國 : 고대 제후가 서로 방문할 때 방문하는 상대국을 말한다.
2) 禮食 : 임금이 신하에게 음식물을 내리는 데 있어 일종의 禮遇를 말한다.
3) (亨)〔享〕: 저본의 교감기에 따라 '享'으로 번역하였다.
4) 聘享之幣 : 초빙한 사람에게 주는 폐백을 말한다.
5) 琥璜 : 琥는 호랑이 모양의 玉器, 璜은 반원 모양의 옥기를 말한다.
6) 好貨 : 고대에 연회를 열고나서 빈객에게 주는 예물로 의복, 수레, 말 등의 물건을 말한다.

箋의 〔飮之〕에서 〔侑幣〕까지

○ 正義曰 : 여기서는 술과 음식을 대접하고 폐백을 준다는 의미를 해석하였다. 술을 대접할 때는 빈객에게 술을 마시도록 권하는 폐백이 있고, 음식을 대접할 때는 빈객에게 배불리 먹도록 음식을 권하는 폐백이 있으므로 모두 알맞은 폐백이 있음을 말

한 것이다. 술과 음식을 대접할 때는 반드시 술을 권하고 음식을 권하는 것이다. ≪儀禮≫ 〈公食大夫禮〉를 살펴보면 "빈객이 세 번 밥을 뜬다."의 뒤에 "군주가 宰夫에게 束帛을 받아서 빈객에게 권한다."라고 하였는데, 注에서 "束帛은 비단 열 필이다. 侑는 권한다는 뜻이다. 主國의 임금이 빈객에게 음식을 대접하고도 은근한 뜻이 지극하지 못하다고 여겨, 다시 폐백을 보내 권하면서 빈객을 깊이 안심시키고자 하는 것이다."라고 하였으니, 이것이 禮食에 폐백을 사용한다는 의미이다.

〈饗禮〉에서도 여기에 준한다고 하였으니, 또한 빈객을 편안하게 하기 위해 보답하는 것이다. ≪의례≫ 〈聘禮〉를 살펴보면 "만약 임금이 직접 食禮를 행하지 못하면, 大夫로 하여금 朝服을 입혀서 대접하게 하며 폐백을 보낸다."라고 하였고, 注에서 "임금이 직접 사례를 행하지 못하는 것은, 질병이나 다른 사고가 있는 것을 말한다. 반드시 폐백을 보낸다는 것은 사례를 폐하지 않는다는 것이다."라고 하였다. 또 〈빙례〉에서 "饗禮를 할 때 폐백으로 보답하게 하는 것도 역시 그와 같다."라고 하였으니, 이것은 임금이 직접 사례를 행하면 侑幣가 있고, 직접 사례를 행하지 않으면 유폐를 보낸다는 것이다. 그렇다면 직접 향례를 행하지 않으면 酬幣를 보내니, 직접 향례를 행할 때 수폐가 보낸 것이 분명하다. 그러므로 술을 대접할 때 폐백을 보내는 것을 수폐라고 하는 것임을 알 수 있다.

鄭玄은 술을 대접하는 일이 饗禮임을 확실히 알아서 '飮食'으로 문장을 이었다. 만약 飮과 食가 하나라면 사례는 술대접을 위주로 하지 않으며, 술대접이 燕禮가 된다면 문장이 사례 위에 있는 것은 마땅하지 않다.

또 饗禮와 食禮는 상대적인 일이어서, 사례가 있으면 향례가 없을 수가 없다. ≪禮記≫ 〈郊特牲〉에 "향례는 陽氣를 기르는 것이다. 그러므로 饗禮와 禘祭에는 음악이 있다."라고 하였으니, 이것은 향례에 술대접이 있는 것이다. 그러므로 여기서의 술대접이 향례를 말한 것임을 알 수 있다.

≪詩經≫ 〈彤弓〉의 鄭箋에 "빈객에게 성대하게 술대접하는 것을 향례라고 한다."라고 하였고, ≪周禮≫ 〈大行人〉의 注에서는 "향례에는 성대한 예식을 베풀어 빈객에게 술을 대접한다."라고 하였으며, ≪의례≫ 〈빙례〉의 注에서는 "향례는 大牢를 올려 빈객에게 술을 대접하는 것을 말한다."라고 하였는데, 모두 '飮'을 饗禮라고 여긴 것이다.

폐백이 사용된 것에 대해서는, ≪儀禮≫ 〈公食大夫禮〉에서 "비단을 사용하여 빈객에게 보낸다."라고 하였지만, 酬幣와 관련된 글은 없다. 그러므로 〈빙례〉의 주에서 "수폐는 향례를 하면서 빈객에게 술을 권할 때 보답해주는 폐백이지만 사용되었는지는 듣지 못했다. 예물로 주는 폐백으로는 비단과 말을 사용하는데 역시 지나친 것은 아니다."라고 하였으니, 이것이 향례에 사용되는 폐백과 관련해서는 확실한 글이 없다는 것이다. 예물로 주는 폐백으로 사용되는 비단과 말을 聘享의 폐백이라고 하니, 빙향에는 단지 비단과 말을 사용할 뿐이다.

侑幣에도 비단을 사용하므로 "또한 지나친 것이 아니다."라고 하였으니, 제후가 大夫에 대해 보답하는 수폐가 이것을 넘지 않음을 말한 것이다. 천자가 제후에게 주거나 제후가 상호 선물을 줄 때는 비단이나 말을 사용할 필요가 없으므로, 〈빙례〉의 주에서 또 ≪禮記≫ 〈禮器〉를 인용하여 "琥璜 모양의 술잔은 대개 천자가 제후에게 주는 것이다."라고 하였다. 반드시 호황이 천자가 제후에게 주는 폐백이라고 의심하는 것은 호황이 술잔 명칭이 아닌데도 술잔이라고 하였기 때문이니 술잔을 보내는 것임을 밝힌 것이다. 사례에는 보낼 만한 술잔이 없으니, 호황은 향례에 보내는 선물로 사용되는 것이다. 향례 때에 빈객에게 선물을 보낼 때 호황을 폐백으로 삼아 보내는 것을 의미하는 것일 뿐이다.

≪周禮≫ 〈小行人〉에 "모두 여섯 종류의 폐백이 있는데, 〈그중에 다섯 번째가〉 오색 비단으로 포장한 琥이고, 〈여섯 번째가〉 도끼 모양이 있는 흑백 비단으로 포장한 璜이다."라고 하였으니, 천자가 제후에게 예물을 보낼 때는 오색 비단으로 포장한 琥와 도끼 모양이 있는 흑백 비단으로 포장한 璜을 보내는 것이다. 이미 천자가 제후에게 향례를 베풀면서 보내는 폐백이 제후와 다르다면, 사례에서 천자가 제후에게 물건을 권할 때 그 폐백은 비단일 필요는 없지만 논증할 수 있는 글이 없다. 여기서는 단지 향례와 사례의 폐백을 말하고 연례의 폐백을 말하지 않았으나, 연례에도 의당 폐백이 있었을 것이다. 다만 지금의 연례에서는 단지 好貨만 있고 폐백이 없으므로 문장으로 뚜렷하게 드러내어 말하지 못하는 것이다.

鹿

呦呦鹿鳴이여 **食野之苹**이로다

매에매에 사슴이 울며
들판의 쑥을 먹네

【傳】興也라 苹은 蓱(평)也라 鹿得蓱하여 呦呦然鳴而相呼는 懇誠發乎中이라 以興嘉樂賓客이 當有懇誠相招呼以成禮也라

興이다. 苹은 蓱(개구리밥)이다. 사슴이 개구리밥을 얻어서 매에매에하고 울며 서로 부른 것은 간절한 정성이 안에서부터 우러나온 것이다. 이것으로 아름다운 빈객은 마땅히 정성으로 초대해서 예를 갖추어야 함을 비유한 것이다.

苹

【箋】箋云 苹은 藾蕭라 ○ 呦는 音幽라 苹은 音平이라 蓱은 本又作萍이니 薄丁反이요 江東謂之薸라 薸는 音瓢니 扶遙反이라 懇은 苦很反이라 樂은 音岳이니 又音洛이라 藾는 音賴라

箋云 : 苹은 '藾蕭(쑥의 일종)'이다.

○ 呦는 음이 幽이다. 苹은 음이 平이다. 蓱은 판본에 따라 萍으로도 쓰며, 薄와 丁의 반절이고, 江東에서는 薸라고 한다. 薸는 음이 瓢이며, 扶와 遙의 반절이다. 懇은 苦와 很은 반절이다. 樂은 음이 岳이며, 또 음이 洛이다. 藾는 음이 賴이다.

我有嘉賓하여 鼓瑟吹笙하노라
吹笙鼓簧하여 承筐是將하니

나에게 귀한 손님 있어
비파를 타고 젓대를 부네
젓대를 불면서 진동판을 울리며
광주리에 폐백을 담아 올리니

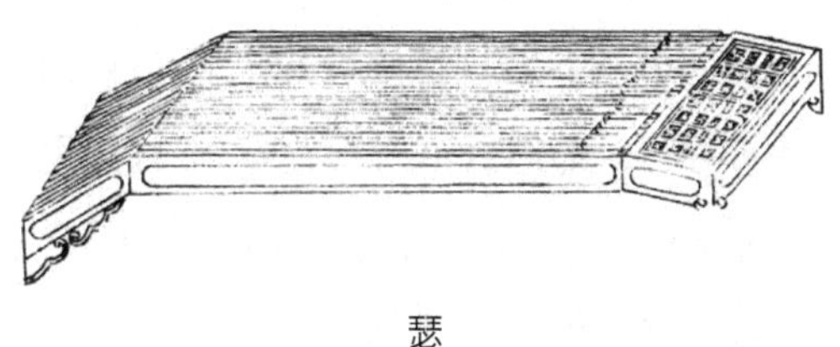
瑟

【傳】簧은 笙也라 吹笙而鼓簧矣라 筐은 篚屬이니 所以行幣帛也라

簧은 생황이다. 생황을 불면 안에 있는 진동판을 두드린다. 筐은 대광주리의 부류이니, 폐백을 담는 것이다.

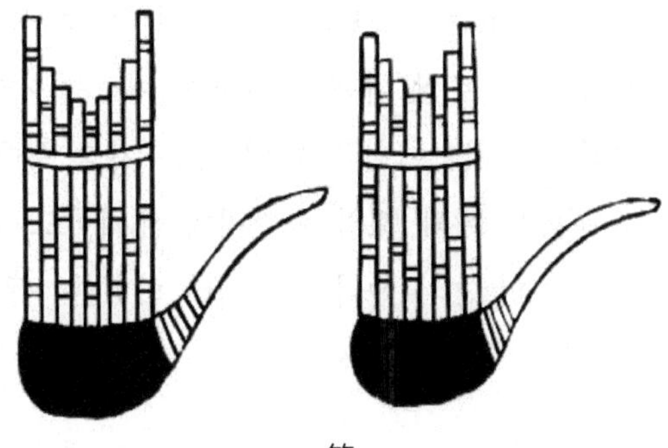
笙

【箋】 箋云 承은 猶奉也라 書曰(篚厥)〔厥篚〕[1]玄黃이라 ○ 篚는 音黃이라

1) (篚厥)〔厥篚〕: 저본의 교감기에 따라 '厥篚'로 번역하였다.

箋云 : 承은 '奉(담다)'과 같다. ≪尙書≫ 〈武成〉에 "채색한 비단을 광주리에 담는다." 라고 하였다.

○ 篚은 음이 黃이다.

人之好我는 示我周行[1]이엇다

1) 示我周行 : 毛亨과 朱子는 '내게 지극한 道를 보여달라'고 풀이하였는데, 여기서는 鄭玄의 주석을 따라 번역하였다.

나를 좋아하는 사람이 있으니
周나라의 관직에 앉히리라

【傳】 周는 至라 行은 道也라

周는 '지극함'이다. 行은 '道'이다.

【箋】 箋云 示는 當作(寘)〔寘〕[1]이라 寘는 置也라 周行은 周之列位也라 好는 猶善也라 人有以德善我者를 我則置之於周之列位라 言己維賢是用이라 ○ 好는 呼報反이니 注同이라 示는 毛如字[2]요 鄭作寘이니 之豉反이라 行은 毛如字요 鄭胡郎反이라

1) (寘)〔寘〕: 저본의 교감기에 따라 '寘'로 번역하였다.
2) 如字 : 한 글자에 두 개 이상의 독음이 있을 경우 가장 통상적인 음, 곧 본래의 음으로 읽는 것을 말한다.

箋云 : 示는 '寘'가 되어야 하니, 寘는 '둠'이다. 周行은 周나라의 작위이다. 好는 善과 같다. 德으로써 나에게 선하게 대하는 자가 있으면 나는 주나라의 작위에 그를 앉힐 것이다. 나는 어진 덕행이 있는 자를 등용할 것임을 말한 것이다.

○ 好는 呼와 報의 반절이며 注에서도 같다. 示를 毛亨은 如字라고 하였으며, 鄭玄은 寘이니 之와 豉의 반절이라 하였다. 行을 毛亨은 如字, 鄭玄은 胡와 郎의 반절이라 하였다.

【疏】'呦呦'至'周行' ○〔正義曰〕[1] : 毛以爲"呦呦然爲聲者, 乃是鹿鳴. 所以爲此聲者, 鳴而相呼, 食野中之苹草. 言鹿既得苹草, 有懇篤誠實之心, 發於中, 相呼而共食. 以興文王既有酒食, 亦有懇篤誠實之心, 發於中, 召其臣下, 而共行饗燕之禮, 以致之. 王既有懇誠, 以召臣下, 臣下被召, 莫不皆來. 我有嘉善之賓, 則爲之鼓其瑟而吹其笙. 吹笙之時, 鼓其笙中之簧, 以樂之, 又奉筐篚盛幣帛, 於是而行與之, 由此燕食以享之, 瑟(琴)〔笙〕[2]以樂之, 幣帛以將之. 故嘉賓皆愛好我, 以敬賓如是, 乃輸誠矣, 示我以先王至美之道也." 鄭唯下二句爲異. 言己所以召臣燕食, (琴)[3]瑟笙幣帛愛厚之者, 由己臣下之賢, 所宜燕饗. 所以然者, 以本己用官之法, 要須人之以德善我者, 我則置之於我周之列位. 非善不用, 維賢是與. 故臣下皆賢, 己由是當享食之.

1)〔正義曰〕: 저본의 교감기에 따라 '正義曰'을 보충하였다.
2) (琴)〔笙〕: 저본의 교감기에 따라 '笙'으로 번역하였다.
3) (琴) : 저본의 교감기에 따라 衍文으로 처리하였다.

經의 〔呦呦〕에서 〔周行〕까지

○ 正義曰 : 毛亨은 "매에매에하며 소리를 내는 것은 사슴이 우는 것이다. 사슴이 이런 소리를 내는 이유는 소리를 내어서 무리를 불러 들판의 쑥을 먹기 위한 것이다. 사슴이 쑥을 얻고 나서 간절하고 성실한 마음이, 안에서부터 우러나와서 무리를 불러 함께 먹는 것을 말한 것이다. 이것으로 文王이 酒食을 차려두고 또 간절하고 성실하게 대우하려는 마음이 안에서 발현되어, 신하를 불러 함께 饗禮와 燕禮를 베풀고 나서 예물도 보내는 것을 비유한 것이다. 왕이 이미 정성스런 마음이 있어서 신하를 부르니, 신하도 부름을 받고서 모두 오지 않을 수 없었다. 나에게 嘉賓이 있으면 그들을 위해 瑟을 타고 생황을 분다. 생황을 불 때는 생황 안의 울림판을 울려서 연주하고, 또 광주리에 폐백을 담아 주는 것을 이때에 실행해서 주었다. 이를 계기로 燕禮를 열어 대접하고 瑟과 생황을 연주하여 즐기게 하고 폐백을 마련해주었다. 그러므로 가빈들이 모두 나를 좋아하여 이와 같이 빈객을 공경히 대하며 성의를 다하였으니, 나에게 선왕의 지극히 아름다운 道를 보여 달라는 것이다."라고 여겼다.

鄭玄은 다만 아래 두 구절 '人之好我 示我周行'만 모형과 달리 해석하였다. 자신이 신하를 불러 연례를 열고 瑟, 생황, 폐백으로 신하를 사랑하고 성대하게 대접한 것은, 자신의 신하가 현명해서 연례와 향례를 베풀기에 마땅하기 때문이다. 그렇게 하는 까닭은 나를 근본으로 해서 관리를 등용하는 법은 요컨대 德으로 자기에게 잘 하는 자를 내가 주나라의 작위에 앉히는 것이다. 자신에게 좋게 대하는 이를 등용하지 않은 적이 없으며 어진 덕이 있는 이에게 작위를 주었으므로, 신하들이 모두 어진 덕이 있었고 자신도 이 때문에 연례를 베풀어 대접한 것임을 말하였다.

【疏】 傳'鹿得'至'成禮也' ○ 正義曰：懇誠發乎中者, 以鹿無外貌矯飾之情, 得草相呼, 出自中心, 是其懇誠也. 必取懇誠爲興者, 人君富有一國, 位絶群下, 禮有饗燕之道, 公法不得不設, 忠誠嘉樂, 實爲至少, 故取懇誠以爲喩. 言嘉樂賓客, 當有懇誠相招呼以成禮. 言人君嘉善愛樂其賓客, 而爲設酒食, 亦當如鹿有懇誠, 自相招呼其臣子, 以成饗食燕飮之禮焉. 以鹿呼同類, 猶君呼臣子也. 定本[1]成禮作盛禮也. 或以爲兩鹿相呼, 喩兩臣相招, 謂群臣相呼, 以成君禮, 斯不然矣. 此詩主美君懇誠於臣, 非美臣相於懇誠也. 若君有酒食, 臣自相呼, 財非己費, 何懇誠之有. 故鄭駁異義[2]解此詩之意云 "君有酒食, 欲與群臣嘉賓燕樂之, 如鹿得苹草, 以爲美食, 呦呦然鳴相呼. 以款誠之意, 盡於此耳." 據此是君召臣, 明矣.

1) 定本 : 唐나라 훈고학자인 顔師古(581~645)가 唐 太宗의 명에 따라 저술한 ≪詩經≫, ≪尙書≫, ≪易經≫, ≪禮記≫, ≪春秋≫의 주석서인 ≪五經定本≫을 말한다. 孔穎達 등과 ≪五經正義≫를 편찬하였다.

2) 駁異義 : 鄭玄(127~200)의 저서로 정확한 제목은 ≪駁五經異義≫이다.

傳의 〔鹿得〕에서 〔成禮〕까지

○ 正義曰 : 정성스런 마음이 안에서 나왔다는 것은, 사슴이 외적으로 그럴듯하게 꾸미겠다는 마음이 없고 쑥을 얻으면 무리를 부르는 것이 마음에서부터 우러나왔기 때문이니 이것이 간절한 정성이다. 반드시 간절한 정성을 취한 것을 비유로 삼은 것은 임금은 한 국가를 가질 만큼 부유하고 신하와는 비교할 수 없이 지위가 높으며 신하들을 향례와 연례로 접대하는 예법이 있어 국법을 만들지 않을 수 없고, 충성스런 신하나 아름다운 빈객은 실로 지극히 희소하므로 간절한 정성을 취하여 비유로 삼은 것이다. 말하자면 아름다운 빈객은 간절한 정성으로써 불러 예를 이루기에 마땅하기 때문이고, 임금이 그 빈객을 가상히 여기고 사랑해서 술자리를 베푼 것도, 또한 사슴과 같이 간절한 정성을 가지고 있어서 자연스럽게 신하를 초대하여 향례와 연례의 예를 이루기에 마땅하기 때문이다. 사슴이 동료를 부르는 것은 임금이 신하를 초대하는 것과 같다. ≪五經定本≫에는 '成禮'가 '盛禮'로 되어 있다.

혹자는 두 마리의 사슴이 서로 부르는 것으로 두 신하가 서로 초청하는 것을 비유한다고 여겨, '群臣이 서로 불러 君禮를 이룬 것이다.'라고 하였는데 이것은 그렇지 않다. 이 시는 임금이 신하에게 간절한 정성으로 대우한 것을 찬미한 것이 주된 내용이지, 신하가 서로에게 간절한 정성을 보인 것을 찬미한 시가 아니다. 만약 임금이 술과 음식을 마련해둬서 신하가 서로 부른 것이라면, 재화는 신하 자신의 비용이 아니게 되는데, 간절한 정성이 어디에 있겠는가? 그러므로 鄭玄이 ≪駁五經異義≫에서 이 시의 의미를 해석하기를 "임금이 술과 음식이 차려두고서 여러 신하 및 아름다운 빈객과 함께 연례를 베풀어 즐긴 것이, 사슴이 쑥을 얻고서 맛있는 먹이라 생각해서 매에매에 울어 무리를 불러, 정성스런 마음을 여기에 다 쏟는 것과 같다."라고 하였으니, 이 말에 근거한다면 임금이 신하를 초대한 것이 분명하다.

【疏】箋'苹 藾蕭' ○ 正義曰：釋草文. 郭璞曰 "今藾蒿也. 初生亦可食." 陸(機)〔璣〕[1]疏云 "葉靑白色, 莖似箸而輕脆. 始生香, 可生食, 又可烝食." 是也. 易傳[2]者, 爾雅云 "苹, 蓱." 其大者爲蘋, 是水中之草, 召南・采蘋云 "於以采蘋, 南澗之濱"者也. 非鹿所食, 故不從之.

1) (機)〔璣〕: 機는 璣의 誤字이다. 陸璣는 삼국시대 吳나라 學者로 자는 元恪이며, 저서로 ≪毛詩草木鳥獸蟲魚疏≫가 있다. 이하 '陸機'는 모두 '陸璣'로 수정하였다.

2) 易傳 : 鄭玄이 毛亨과 해석을 달리했다는 뜻이다. 毛傳에서는 苹을 大蓱(큰개구리밥)이라 하였고, 鄭箋에서는 苹을 藾蕭(쑥의 일종)라고 하였다. 사슴은 큰개구리밥을 먹을 수 없고 쑥을 먹을 수 있기 때문에 정현은 苹을 개구리밥이 아니라 쑥이라고 한 것이다.

箋의 〔苹 藾蕭〕

○ 正義曰 : ≪爾雅≫ 〈釋草〉 글이다. 郭璞이 "지금의 藾蒿이다. 막 돋아난 것은 먹을 수 있다."라고 하였다. 陸璣는 ≪毛詩草木鳥獸蟲魚疏≫에서 "잎은 靑白色이고 줄기는 젓가락 비슷하며 가볍고 부드럽다. 싹이 자라기 시작할 때는 향기가 나며, 날로 먹을 수도 있고 또 삶아서 먹을 수도 있다."라고 하였는데 이것이다.

鄭玄이 毛亨과 해석을 달리한 것은, ≪爾雅≫에서 "苹은 蓱이다."라고 하였으니 큰 놈이 蘋(개구리밥)이며 水中에서 자라는 풀이고, 〈召南 采蘋〉에서 "개구리밥 뜯으러 남쪽 시냇가로 가네."라고 하였기 때문이다. 사슴이 〈개구리밥을〉 먹을 수 없으므로 모형의 주석을 따르지 않은 것이다.

【疏】傳'筐篚'至'幣帛' ○ 正義曰：序云“以將其厚意”，則將爲行厚意. 此云“行幣帛”與賓，卽主人行厚意於賓之義也.

傳의 〔筐篚〕에서 〔幣帛〕까지

○ 正義曰：序에서 말한 “以將其厚意”는 후의를 표시하고자 하는 것이다. 여기 毛傳에서 “폐백을 담는다.”라고 한 것은 빈객에게 폐백을 주는 것으로 주인이 빈객에게 후의를 표시한다는 뜻이다.

【疏】箋'書曰厥篚玄黃' ○ 正義曰：箋以筐篚得盛幣帛之意也. 今禹貢止有“厥篚玄纁”之文，而鄭禹貢注引胤征曰(篚厥)〔厥篚〕[1]玄黃，則此所引亦爲胤征文，鄭誤也. 當在古文武成篇矣. 鄭不見古文，而引張霸尙書[2]，故不同耳.

1) (篚厥)〔厥篚〕：저본의 교감기에 따라 '厥篚'로 번역하였다.

2) 張霸尙書：前漢의 경학자인 張霸가 전했다는 ≪尙書≫를 말한다.

箋의 〔書曰厥篚玄黃〕

○ 正義曰：鄭箋에서는 광주리에 폐백을 담는다는 뜻으로 여겼다. 현재 〈禹貢〉에는 “검붉은 비단을 광주리에 담는다.〔厥篚玄纁〕”라는 글이 있고, 정현이 〈우공〉을 주석하면서 〈胤征〉을 인용하여 “채색한 비단을 광주리에 담는다.〔厥篚玄黃〕”라고 하였으니, 여기에서 인용한 것은 역시 〈윤정〉 글인데 정현의 오류이다. 의당 ≪古文尙書≫ 〈武成〉에 있는 것(篚厥玄黃)으로 해야 한다. 정현은 古文을 보지 못하고서 張霸의 ≪상서≫를 인용하였으므로 같지 않은 것이다.

【疏】傳'周至行道' ○ 正義曰：“王肅述毛云“謂群臣嘉賓也. 夫飮食以享之，(琴)〔瑟〕[1]笙以樂之，幣帛以將之，則能好愛我. 好愛我，則示我以至美之道矣.”

1) (琴)〔瑟〕：저본의 교감기에 따라 '瑟'로 번역하였다.

傳의 〔周至行道.〕

○ 正義曰：王肅이 毛亨의 해석에 대해 자신의 뜻을 서술하기를 “群臣과 嘉賓을 말한다. 음식과 술을 대접하고 비파와 생황을 연주하고 幣帛을 주면 나를 좋아하게 할 수 있으니, 나를 좋아하면 나에게 지극히 아름다운 도를 보여주는 것이다.”라고 하였다.

【疏】箋'示當'至'是用' ○ 正義曰：中庸云“治國其如示諸掌.” 注云“示讀如[1]'寘之河干'

之寘. 寘, 置也." 是示, 寘聲相近, 故誤爲示也. 言以德善我者, 謂賢人有德. 以德能輔君, 使之遷善. 是以德施善於我, 我則置之於周之列位. 言己維賢是用, 不間其親疏. 朝無不賢之臣, 故所饗燕而樂之也. 易傳者, 以其上下皆曰嘉賓, 此獨言人, 明有異也. 又大東, 卷耳竝有周行之文, 皆爲周之列位, 此不得異. 且下云 "視民不恌", 乃作視字, 此則爲示, 明其不同. 古者寘, 示同讀, 故改從寘也. 且此篇聖君賢臣講道之樂, 觀其垂法, 道教弘深, 非直燕曰詁言而已. 明是據今嘉賓, 本其賢德, 由其先有善德, 置之於官. 緣此皆賢, 所以燕饗. 此章本其賢, 二章言其法, 上下相副, 於義爲長, 故易傳也.

1) 讀如 : '讀若'으로도 쓰니 '~와 같이 읽는다.'는 뜻이다. 音이 같을 경우에 사용하는 假借를 뜻한다.

箋의 〔示當〕에서 〔是用〕까지

○ 正義曰 : ≪中庸≫에서 "나라를 다스리는 것은 손바닥 위에 올려두는 것과 같다." 라고 하였다. 鄭玄의 주에 "示는 〈衛風 伐檀〉의 '河水 물가에 둔다.〔寘之河干〕'의 寘와 같이 읽어야 한다. 寘는 '두다〔置〕'이다."라고 하였다. '示(shì)'와 '寘(zhì)'의 소리가 서로 近似하므로 잘못해서 示가 된 것이다. 덕으로 나에게 잘 대해주는 자라고 말한 것은 덕행이 있는 현인이 덕행으로 군주를 보좌하여 군주를 좋은 길로 이끄는 것을 이른다. 이 때문에 은덕으로 나에게 좋은 일을 베풀기 때문에 나는 그를 周나라의 관직에 두는 것이다. 말하자면 자신이 현자를 등용하여 親疏를 따지지 않으니, 조정의 신하는 모두 현자이므로 잔치를 베풀어서 즐겁게하는 것이다.

鄭玄이 毛亨과 달리 주석한 것은 上下에는 모두 '嘉賓'이라 하였고 여기서는 유독 '人'이라고 하여 차이를 분명히 하였기 때문이다. 또 〈小雅 大東〉·〈周南 卷耳〉에는 모두 周行이라는 글이 있는데 모두 주나라의 관직이며 여기와 다르지 않다.

또 바로 아래 經文에서 "백성에게 후덕함을 보여준다.〔視民不恌〕"라고 하여 '視'자를 썼는데, 이것은 보여준다는 '示'의 뜻과 같지 않음을 분명히 한 것이다. 옛날에는 寘와 示의 음이 같으므로 寘로 바꾸어 따르는 것이다. 또 이 篇(〈鹿鳴〉)에서 聖君과 賢臣이 道의 즐거움을 講說하였는데, 그들이 남긴 법도를 관찰하니 도의 가르침이 넓고도 깊어 단지 燕禮로 해석할 것이 아니다. 지금의 嘉賓에 근거한 것은 賢德에 뿌리를 둔 것이며, 먼저 善德이 있었기 때문에 관직에 둔 것이 분명하다. 모두 현자이기 때문에 宴饗을 베푼 것이다. 이 장(1장)은 賢德에 근본하였고 2장은 법도를 말하였다. 상하가 서로 부응하며 의미상 좋기 때문에 모형의 주석을 바꾼 것이다.

呦呦鹿鳴이여 **食野之蒿**로다

매에매에 사슴이 울며
들판의 쑥을 먹네

蒿

【傳】 蒿는 菣也라 ○ 蒿는 呼毛反이라 菣은 去刃反이니 字又作蘻이며 同이라 本或作牡菣이니 牡는 衍字耳라

蒿는 菣(긴 쑥의 일종)이다.

○ 蒿는 呼와 毛의 반절이다. 菣은 去와 刃의 반절이며, 글자는 蘻로도 쓰는데 음의가 같다. 판본에 따라 혹 牡菣로도 되어 있는데, 牡는 衍字이다.

我有嘉賓하니 **德音孔昭**하여
視民不恌니 **君子是則**(칙)**是傚**로다

나에게 귀한 손님이 있어
德音이 매우 밝고
백성에게 후덕함을 보여주니
군자가 이를 본받고 이를 따르네

【傳】 恌는 愉也라 是則是傚는 言可法傚也라

恌는 경박함이다. '是則是傚'는 본받을 수 있다는 것이다.

【箋】 箋云 德音은 先王道德之教也라 孔은 甚이요 昭은 明也라 視는 古示字也라 飮酒之禮는 於旅也語라 嘉賓之語는 先王德教甚明하고 可以示天下之民하여 使之不愉於禮義라 是乃君子所法傚니 言其賢也라 ○ 視는 音示라 恌는 他彫反이라 傚는 胡教反이라 愉는 他侯反이나 又音逾라

箋云：德音은 先王이 남긴 道德의 가르침이다. 孔은 매우, 昭는 밝음이다. 視는 示

의 古字이다. 飮酒의 禮는 서로 술잔을 주고 받으면서 대화를 나누는 것이다. 嘉賓이 하는 말은 先王이 남긴 가르침이 매우 분명하므로 천하의 백성에게 보여, 백성이 禮義를 무시하지 않고 따르도록 하는 것이다. 이것이 곧 군자가 본받아야 하는 것이니 그들의 현명함을 말한 것이다.

○ 視는 音이 示이다. 恌는 他와 彫의 반절이다. 傚는 胡와 教의 반절이다. 愉는 他와 侯의 반절이며 또 음이 逾이다.

我有旨酒하니 嘉賓式燕以敖로다

나에게 맛있는 술이 있으니
귀한 손님에게 잔치 베풀어 즐기도록 하네

【傳】敖는 遊也라

敖는 놀면서 즐기는 것이다.

【疏】'我有'至'以敖' ○ 正義曰：言文王有酒殽, 以召臣下. 臣下既來, 我有嘉賓, 既共燕樂. 至於旅酬之時, 語先王道德之音甚明. 以此嘉賓所語示民, 民皆象之, 不愉薄於禮義. 又此賓之德音. 不但可示民而已, 是乃君子於是法則之, 於是仿傚之. 嘉賓之賢如是, 故我有旨美之酒, 與此嘉賓用之, 燕飮以敖遊也.

經의 〔我有〕에서 〔以敖〕까지

○ 正義曰：말하자면 文王이 안주와 술을 마련하여 신하를 부른 것이다. 신하가 왔는데 나에게 嘉賓이 있어 모두 燕禮를 베풀고 즐거워하였다. 여러 사람들이 술잔을 나눌 때 先王이 남긴 道德의 가르침을 말하는 것이 매우 분명하다. 이것은 가빈이 백성을 가르치고 인도하자 백성들이 모두 본받고, 백성이 禮義를 무시하지 않고 따르니 또 이 가빈의 가르침이다. 단지 백성을 인도하는 것뿐만이 아니라 이것은 곧 군자가 법도로 삼고 따르는 것이다. 가빈의 현명함이 이와 같으므로 내가 맛있는 술이 있어 이 가빈과 함께 마시고 잔치를 열어서 즐기는 것이다.

【疏】傳'蒿鼓' ○ 正義曰：釋草文. 孫炎[1]曰 "荊楚之間謂蒿爲鼓." 郭璞曰 "今人呼(爲)[2]青蒿, 香中炙啖者爲鼓." 陸璣云 "蒿, 青蒿也. 荊・豫之間, 汝南・汝陰皆云鼓也." 本或云 "牡蔜"者, '牡'衍字. 牡蔜乃是蔚, 非蒿也. 與蓼莪傳[3]相涉而誤耳.

1) 孫炎 : 三國時代 魏나라 학자로 자는 叔然이다. 저서로 ≪禮記注≫, ≪國語注≫, ≪爾雅注≫가 있는데, 대부분 전하지 않고 ≪玉函山房輯佚書≫에 일부 남아 있다.

2) (爲) : 저본의 교감기에 따라 衍文으로 처리하였다.

3) 蓼莪傳 : 〈小雅 蓼莪〉의 毛傳을 말한다. "蓼蓼者莪 匪莪伊蔚"에서 毛傳은 "蔚은 牡蔜이다."라고 하였다.

傳의 〔蒿 蔜〕

○ 正義曰 : ≪爾雅≫ 〈釋草〉의 글이다. 孫炎은 "荊・楚 사이에서는 蒿를 蔜으로 여긴다."라고 하였다. 郭璞은 "지금 사람은 青蒿라 부르며 향기가 있어 구워서 먹는 것이 蔜이다."라고 하였다. 陸璣는 ≪毛詩草木鳥獸蟲魚疏≫에서 "蒿는 青蒿이다. 荊州・豫州 지역과 汝南・汝陰 지역에서는 모두 蔜이라 부른다."라고 하였다. 판본에 따라 혹 "牡蔜"으로 된 것도 있는데 '牡'자는 衍文이다. 牡蔜은 蔚이지 蒿가 아니다. 〈小雅 蓼莪〉의 毛傳과 관련이 있지만 〈설명이〉 잘못되었다.

【疏】箋'視古'至'甚明' ○ 正義曰 : 古之字以目示物, 以物示人, 同作視字. 後世而作字異, 目視物(與)〔爲〕[1]示傍見, 示人物作單示字, 由是經・傳之中視與示字多相雜亂. 此云 "視民不恌", 謂以先王之德音示下民, 當作小[2]示字, 而作視字, 是其與古今字異義殊. 故鄭辨之"視, 古示字也." 言古作示字, 正作此視, 辨古字之異於今也. 禮記云 "幼子常視無誑." 注云 "視, 今之示字也." 言古視字之義, 正與今之示字同. 言今之字異於古也. 士昏禮曰 "視諸衿鞶."[3] 注云 "示之以衿鞶者, 皆託戒使識之也. 視乃正字, 今文作示, 俗誤行之." 言 "示之以衿鞶", 亦宜作示, 而古文儀禮作視字, 於今文視作示字. 鄭以見示字合於今世示人物之字, 恐人以爲示是視非, 故辨之云 "視乃正字, 而今文視作示者, 俗所誤行." 俗以見今世示人物爲此示字, 因改視爲示, 而非古之正文, 故云誤也. "飲酒之禮, 於旅也語"者, 鄉射記曰 "古者於旅也語." 注云 "言禮成樂備, 乃可以言語先王禮樂之道. 疾今人慢於禮樂之盛, 言語無節." 是飲酒之禮, 至旅酬之禮而語先王之道也. 言嘉賓於旅之節, 語先王之德教甚明, 可以示天下之民, 使不愉薄禮義. 愉音臾. 說文(酬)〔訓〕[4]爲薄也. 昭十年左傳引此詩, 服虔亦云 "示民不愉薄", 是也. 定本作(愉者)〔偷若〕[5]然. 鄉飲酒禮注皆云 "嘉賓既來, 示我以善道, 又樂嘉賓有孔昭之明德, 可則傚也." 以德音自賓之明德, 非先王之德教. 及示我善道, 不與上箋同者, 以注禮時, 未爲詩箋, 故同舊說, 以周行爲至道. 至注詩後, 更爲別解其"德音孔昭." 據此, 論燕宜爲旅時語古也, 故爲先王道德之音. 其賓能語先王之德音, 卽是賓有孔昭之明德. 何者. 非孔昭之明德者, 不能語先王德敎, 使之甚明也.

1) (與)〔爲〕: 저본의 교감기에 따라 '爲'로 번역하였다.
2) 小 : 저본에는 교감기가 없으나, 문맥에 의거하여 衍文으로 처리하였다.
3) 視諸衿鞶 : 衿은 작은 띠, 鞶은 작은 주머니이다. ≪儀禮≫ 〈士昏禮〉에 부모가 딸을 시집보낼 적에 작은 띠와 작은 주머니를 허리에 채워주면서 "시부모님의 말씀을 공경히 듣고 받들어 행하며, 밤낮으로 허물이 없도록 하면서, 이 작은 띠와 작은 주머니를 돌아보고 항상 기억하라.〔敬恭聽宗爾父母之言 夙夜無愆 視諸衿鞶〕"라고 하였다.
4) (酬)〔訓〕: 저본의 교감기에 따라 '訓'으로 번역하였다.
5) (愉者)〔偸若〕: 저본의 교감기에 따라 '偸若'으로 번역하였다.

箋의 〔視古〕에서 〔甚明〕까지

○ 正義曰 : 古字는 눈으로 사물을 보거나 사물이 사람을 보거나 〈구분 없이〉 모두 '視'자를 사용하였다. 후세에 글자를 달리하여 썼는데 눈으로 사물을 볼 때는 示 옆에 見이 있는 '視'로 하고, 人物을 볼 때는 단독으로 '示'자를 사용하였다. 이 때문에 經과 傳에서 視와 示가 많이 뒤섞여 어지럽게 되었다.

여기에서 "백성에게 후덕함을 보여준다.〔視民不恌〕"라고 하였다. 생각건대 先王의 좋은 말을 백성에게 보여준다면 의당 示자가 되어야 하는데 視자를 쓴 것은 古今에 글자가 다르고 뜻이 달라서이다. 그러므로 鄭玄이 변별하기를 "視는 示의 古字이다."라고 하였다. 말하자면 옛날에는 示자로 사용한 것이 바로 여기의 視이며, 古字는 지금과 다르다는 것을 변별한 것이다. ≪禮記≫ 〈曲禮 上〉에서 "어린이에게는 항상 속이지 않는 것을 보여준다.〔幼子常視無誑〕"라고 하였는데, 정현의 주에 "視는 지금의 示자이다."라고 하였다. 말하자면 옛날의 視자의 뜻은 바로 지금의 示자과 같다는 것이며, 지금의 글자는 옛날과 다르다는 것이다. ≪儀禮≫ 〈士昏禮〉에 "이 작은 띠와 작은 주머니를 보아라.〔視諸衿鞶〕"라고 하였으며, 정현의 주에 "작은 띠와 작은 주머니를 보여준 것은 모두 〈시집가는 딸이 이것으로〉 경계하는 뜻을 의탁하여 깨닫도록 한 것이다. 視가 正字인데 今文에는 示로 되어 있으니, 세상에서 잘못 사용하고 있다. 말하자면 "작은 띠와 작은 주머니를 보여주다.〔示之以衿鞶〕"에서는 또한 示가 되어야 하지만 古文으로 된 ≪의례≫에는 視로 되어 있고, 今文에는 視가 示로 되어 있다. 정현은 示字를 今世의 人物에게 보여준다는 글자로 쓸 경우에는 示가 적합하다고 보았는데, 사람들이 示가 옳고 視가 틀렸다고 할 것 같아서 논변하기를 "視가 正字인데 今文에서 視를 示로 쓰고 있으니 세상에서 잘못하여 사용하고 있다."라고 한 것이다. 세속에서는 요즈음 '사람에게 보여준다.〔示人物〕'고 할 때 示를 사용하는 것을 보고서 視를 示로 고쳤는데, 옛날의 正文이 아니므로 정현이 잘못이라고 한 것이다.

"飮酒의 禮는 서로 술잔을 주고받으면서 대화를 나누는 것이다."라고 한 것은 ≪의례≫ 〈鄕射禮〉에 "옛날에 술잔을 주고받으면서 대화를 하였다.〔古者於旅也語〕"는 글이 있어서이다.

鄭玄의 주에 "禮가 이루어지고 樂이 준비되면 先王이 남긴 禮樂의 道를 말할 수 있다. 요즘 사람들이 성대한 예악을 태만히 하고 言語에 절도가 없는 것을 미워한 것이다."라고 하였다. 음주의 예는 여러 사람이 술잔을 주고받으면서 선왕의 도를 말하는 것이다. 嘉賓이 술잔을 주고받으면서 선왕이 남긴 가르침이 매우 분명하다고 말하므로, 이러한 것을 천하의 백성에게 보여 그들이 禮義를 무시하지 않고 따르도록 하는 것이다. 愉의 음은 臾이다. ≪說文解字≫에서 "愉의 뜻은 薄이다."라고 하였다.

≪春秋左氏傳≫ 昭公 10년에 〈鹿鳴〉의 "가르침이 매우 밝아 백성에게 후덕함을 보여주다.〔德音孔昭 視民不恌〕"라는 구절을 인용하였고, 服虔 또한 "백성에게 후덕함을 보여주었다.〔示民不愉薄〕"라고 하였는데 이것이다. ≪五經定本≫에는 "경박한 듯하다〔偸若然〕"라고 되어 있다. ≪의례≫ 〈鄕飮酒禮〉의 정현 주에는 모두 "嘉賓이 와서 나에게 좋은 도리를 가르쳐주었다. 가빈이 가지고 있는 매우 밝은 明德을 본받을 수 있음을 즐거워하였다."라고 하였다.

德音은 본래 嘉賓의 明德이지 先王의 德敎가 아니다. 나에게 善道를 보여주었다는 것(示我周行)에 이르러서도 위의 箋과 같지 않은 것은 정현이 ≪의례≫를 주석할 때에는 ≪詩經≫ 주석을 하지 않았으므로 舊說(毛傳)과 같이 周行을 至道라고 하였고, ≪시경≫ 주석을 한 이후에는 다시 "덕음이 매우 밝다.〔德音孔昭〕"를 달리 해석하였다. 이러한 일에 근거하자면 燕禮에서는 의당 여러 사람이 술을 주고받을 때 옛 일을 말하였다고 논할 수 있으므로 선왕이 남긴 도덕의 가르침이 되는 것이다. 가빈이 선왕의 덕음을 말할 수 있는 것은 실로 가빈이 매우 밝은 명덕을 가지고 있기 때문이다. 무엇 때문인가. 매우 밝은 명덕이 아니면 선왕의 덕교를 말할 수 없고 매우 분명하게 할 수가 없기 때문이다.

呦呦鹿鳴이여 **食野之芩**이로다

매에매에 사슴이 울며
들판의 풀을 먹네

【傳】 芩은 草也라 ○ 芩은 其今反이라 說文云蒿也하니라 又其炎反이라

芩은 풀이다.

○ 芩은 其와 今의 반절이다. ≪說文解字≫에서는 "'蒿(쑥의 일종)'이다."라고 하였다. 또 其와 炎의 반절이다.

我有嘉賓하여 **鼓瑟鼓琴**이로다
鼓瑟鼓琴이여 **和樂且湛**이로다

내게 귀한 손님이 있어
비파를 뜯고 거문고를 뜯네
비파를 뜯고 거문고를 뜯음이여
화락하고 편안하다

【傳】 湛은 樂之久라 ○ 和樂은 音洛이니 注下皆同이라 湛은 都南反이니 字又作耽이라

湛은 안락함이 오래가는 것이다.

○ 和樂의 樂은 음이 洛이며, 注 아래도 모두 같다. 湛은 都와 南의 반절이며, 글자가 耽으로 된 것도 있다.

我有旨酒하여 **以燕樂嘉賓之心**이로다

나에게 맛있는 술이 있으니
귀한 손님의 마음을 안락하게 하도다

【傳】 燕은 安也라 夫不能致其樂이면 則不能得其志하고 不能得其志면 則嘉賓不能竭其力이라
○ 夫不는 音符라

燕은 편안함이다. 마음의 안정을 이루지 못하면 뜻을 펼칠 수 없고, 뜻을 펼칠 수 없으면 귀한 손님도 자신의 능력을 다 발휘하지 못한다.

○ 夫不의 不은 音이 符이다.

【疏】傳'芩 草' ○ 正義曰：陸璣云 "莖如釵股, 葉如竹, 蔓生澤中下地鹹處. 爲草貞實, 牛馬亦喜食之."

傳의 〔芩 草〕

○ 正義曰：陸璣의 ≪毛詩草木鳥獸蟲魚疏≫에서 "줄기는 구부정한 비녀와 비슷하고, 잎은 대나무와 비슷하고, 못 아래 염분이 있는 곳에서 蔓生한다. 풀에 열매가 열리면 牛馬 또한 즐겨 먹는다."라고 하였다.

鹿鳴三章이니 章八句라

〈鹿鳴〉은 3章이니 章마다 8句이다.

四牡(사모)

【序】四牡는 勞使臣之來也라 有功而見知則說(열)矣라

四牡는 使臣이 옴을 위로한 시이다. 공로가 있어 인정을 받으면 기뻐하게 된다.

【箋】文王爲西伯之時에 三分天下有其二하여 以服事殷이라 使臣以王事往來於其職하고 於其來也에 陳其功苦하니 以歌樂之라 ○ 四牡는 茂後反이라 勞는 力報反이니 篇末注同이라 使는 所吏反이니 注皆同이라 說은 音悅이라 樂은 音洛이라

文王이 西伯이 되었을 때 천하를 三分하여 그 둘을 가졌으면서도 殷나라를 섬겼다. 使臣이 王事로 자신의 직무를 수행하느라 왕래하였고, 임무를 마치고 돌아와 공로를 보고하자 노래를 부르고 즐거워하였다.

○ 四牡의 牡는 茂와 後의 반절이다. 勞는 力과 報의 반절이며, 시 끝의 注도 같다. 使는 所와 吏의 반절이며, 注에서도 같다. 說은 음이 悅이다. 樂은 음이 洛이다.

【疏】'四牡'(三章 章五句)至'說矣' ○ 正義曰：作四牡詩者, 謂文王爲西伯之時, 令其臣以王事出使於其所職之國, 事畢來歸, 而王勞來之也. 言凡臣之出使, 唯恐其君不知己功耳. 今臣使反, 有功, 而爲王所見知, 則其臣忻悅矣. 故文王所述其功苦以勞之, 而悅其心焉. 此經五章, 皆勞辭也. 其有功見知, 則悅矣, 總述勞意, 於經無所當也.

序의 〔四牡〕에서 〔說矣〕까지

○ 正義曰：〈四牡〉를 지은 작자는 文王이 西伯이 되었을 때 신하에게 명령을 내려 國事로 자신이 담당하는 나라에 사신으로 가라고 하였으며, 임무를 마치고 돌아오자 문왕이 그들이 옴을 위로한 것이라고 여긴 것이다. 말하자면 사신의 임무를 가진 신하는 오직 임금이 자신의 공로를 모를까 염려한다. 지금 사신이 돌아와 공로가 있고 왕의 인정을 받자 사신이 기뻐한 것이다. 그러므로 문왕이 사신의 공로를 記述하여 위로하고 그의 마음을 기쁘게 하였다. 이 시는 5章이며 모두 위로의 말이다. 공로가 있어 인정을 받으니 기쁘지만, 위로의 뜻을 총체적으로 기술하였으므로 經文에는 해당하는 내용이 없다.

四牡騑騑하니 **周道倭遲**로다

네 필의 말이 쉬지 않고 달려가니
周나라 수도로 가는 길이 아득히 멀도다

【傳】騑騑은 行不止之貌요 周道는 岐周之道也라 倭遲는 歷遠之貌라 文王率諸侯撫叛國하고 而朝聘乎紂라 故周公作樂하고 以歌文王之道하여 爲後世法이라 ○ 騑는 芳非反이라 倭는 本又作委요 於危反이라 遲는 韓詩作倭夷니라 朝는 直遙反이라

騑騑는 달리면서 쉬지 않는 모습이고, 周道는 岐周로 가는 도로이다. 倭遲는 먼 곳으로 가는 모습이다. 文王이 諸侯를 거느리고 배반한 나라를 慰撫하여 紂에게 朝聘을 했기 때문에, 周公이 음악을 만들어 문왕의 道를 노래하자 후세의 법도가 되었다.

○ 騑는 芳과 非의 반절이다. 倭는 판본에 따라 또 委로 되어 있으며, 於와 危의 반절이다. 遲는 ≪韓詩外傳≫에 倭夷로 되어 있다. 朝는 直과 遙의 반절이다.

豈不懷歸리오마는 **王事靡盬**[1)]라 **我心傷悲**호라

1) 王事靡盬 : '盬'의 해석에 따라 두 가지로 나뉜다. 盬를 毛傳처럼 '不堅固'로 보면 "王事를 굳건히 하지 않을 수 없다."는 뜻이 되며, 淸나라 훈고학자 王引之(1766~1834)의 견해처럼 '止息'으로 보면 "王事 때문에 쉴 수가 없다."는 뜻이 된다. '王事'는 '國事'이니, 他國에 가서 사신 임무를 수행하는 것을 말한다. 타국에 사신 임무를 수행하러 가므로 바빠서 쉴 수가 없다는 의미이다. 여기에서는 毛傳의 견해를 따랐다.

어찌 돌아가고 싶은 마음을 품지 않으리오
王事를 견고하게 해야 하므로
내 마음 서글프다네

【傳】 盬는 **不堅固也**라 **思歸者**는 **私恩也**요 **靡盬者**는 **公義也**요 **傷悲者**는 **情思也**라 (箋云)[1)] **無私恩**이면 **非孝子也**요 **無公義**면 **非忠臣也**라 **君子不以私害公**하고 **不以家事辭王事**라 ○ 盬는 **音古**라 **思**는 **息嗣反**이라

1) (箋云) : 저본의 교감기에 따라 衍文으로 처리하였다.

盬는 견고하지 못한 것이다. 돌아감을 생각하는 것은 사적인 은혜고, 나라 일을 견고하게 하지 않을 수 없는 것은 공적인 의리이며, 마음이 슬픈 것은 心情이다. 사적인 은혜가 없으면 효자가 아니고 공적인 의리가 없으면 충신이 아니다. 군자는 사적인 일로 공적인 일을 해치지지 않고 집안일로 王事를 거부하지 않는다.

○ 盬는 음이 古이다. 思는 息과 嗣의 반절이다.

【疏】 **'四牡'至'傷悲' ○ 正義曰 : 此使臣旣還, 文王勞之, 言 "汝使臣, 本乘四牡之馬, 騑騑然行而不止. 在於岐周之道, 倭遲然歷此長遠之路, 甚疲勞矣." 使臣當爾之時, 其言曰 "我豈不思歸乎. 以王家之事無不堅固, 我當從役以堅固之, 故義不得廢. 我心念思父母而傷悲." 言我知汝之如是也.**

經의 〔四牡〕에서 〔傷悲〕까지

○ 正義曰 : 사신이 돌아오자 文王이 위로하면서 말하기를 "너희 사신은 본래 네 필의 말을 타고 가서 힘차게 달리며 쉬지 않는다. 周나라 수도로 가는 길이 아득히 멀지만 이 먼 길을 지나가야 했으니 매우 피로할 것이다."라고 하였다. 사신이 당시에 말

하기를 "내가 어찌 돌아가고 싶은 생각이 없겠는가. 國事는 견고해야 하니 내가 의당 사신의 임무를 수행하여 견고하게 해야 하므로 의리상 그만두지 못한 것이다. 내 마음이 부모를 그리워하고 있으므로 슬프다."라고 하였다. 말하자면 내가 너를 알고 있는 것이 이와 같다는 것이다.

【疏】 傳'騑騑'至'世法' ○ 正義曰：以此勞使臣之辭, 明愍其勞苦. 故以騑騑爲行不止之貌. 少儀曰 "車馬之容, 騑騑翼翼." 雖行不止, 不廢其容騑騑也. 又二章傳曰 "嘽嘽, 喘息之貌." 卒章傳曰 "駸駸, 驟貌." 皆稱其疲苦以勞之, 故傳曰 "馬勞則喘息", 是也. 知周道爲岐周之道者, 以時未稱王, 仍在於岐故也. 又解文王所以使臣者, 文王率諸侯撫叛國, 而使之朝聘於紂, 是故使臣於諸侯也. 言使臣於諸侯者, 正所以率撫之也. 左傳曰 "文王率殷之叛國以事紂." 是率諸侯使朝聘之事也. 文王率諸侯使朝聘耳, 非謂令此使臣自聘紂. 或以經云王事, 謂此使臣聘紂而反. 知不然者, 以此經・序, 無聘紂之事. 傳言 "率諸侯朝聘於紂", 不言自遣人聘也. 若其自遣人聘, 安得連朝言之. 豈勞使臣之聘, 而言身自朝也. 又序下箋云 "使臣以王事往來於其職." 是使臣行於所職之國, 非適天子之都也. 言王事者, 以行役使出, 是王者常事, 卽非適王畿也, 故鴇羽, 杕杜皆言 "王事靡盬", 非聘天子之事, 不得以王事之文便謂天子矣. 言周公作樂, 歌文王之道, 爲後世法者, 謂今鄕飮酒, 燕禮皆歌鹿鳴, 四牡, 皇皇者華. 此禮是周公所制法, 後世常歌, 是爲歌文王之道爲後世法. 定本云作樂以文王之道, 無周公歌三字. 然鹿鳴, 皇皇者華皆歌之, 獨於此言者, 擧中以明上下.

傳의 〔騑騑〕에서 〔世法〕까지

○ 正義曰 : 이것은 使臣을 위로한 말로써 그들의 노고를 안타깝게 여긴 것이 분명하다. 그러므로 騑騑를 달리면서 쉬지 않는 모습이라고 한 것이다. ≪禮記≫ 〈少儀〉에서 "車馬의 모습이 힘차게 달리면서 나는 듯하다."라고 하였으니, 가면서 중지하지 않으며 힘차게 달리는 그 모습을 포기하지 않는 것이다. 또 2장의 毛傳에서 "嘽嘽은 숨을 헐떡거리는 모습이다."라고 하였고, 卒章의 毛傳에서 "駸駸은 힘차게 달려가는 모습이다."라고 하였으니, 모두 피로한 것을 칭하면서도 위로한 것이다. 그러므로 毛傳에서 "말이 피로하면 숨을 헐떡거린다."라고 하였으니 이것이다.

周道가 岐周로 가는 도로임을 알 수 있는 것은 당시에는 周나라가 稱王하지 않았고 여전히 岐周에 있었기 때문이다. 또 文王이 사신을 보낸 것을 알 수 있는 것은 문왕이 제후를 거느리고 배반한 나라를 慰撫하여 그들로 하여금 紂에게 朝聘을 하도록 하였으니 이런 까닭에 제후에게 사신을 보낸 것이다. 말하자면 제후에게 사신을 보낸 것은 참으로 그들을 통솔하고 위무하고자 했기 때문이다. ≪春秋左氏傳≫ 襄公 4년에 "문왕이 殷나라를 배반한 나라를 통솔하여 紂를 섬겼다."라고 하였는데, 이것이 제후를 통솔하여 조빙을 시킨 일이다. 문왕이 제후를 통솔하여 조빙을 시켰을 뿐이지, 사신들로 하여금 직접 紂에게 조빙하도록 하였음을 말하는 것은 아니다. 혹자는 經文에 王事라고 한 것을 사신이 紂에게 조빙하러 갔다가 돌아온 것을 뜻한다고 하지만, 그렇지 않음을 알 수 있는 것은 〈四牡〉 經文과 序에는 紂에게 조빙갔다는 사건이 없기 때문이다. 毛傳에서 "문왕이 제후를 통솔하여 紂에 조빙토록 했다."라고 하였지, 직접 사람을 보내어서 조빙토록 했다고는 말하지 않았다. 만약 자신이 직접 사람을 조빙하도록 보냈다면 어찌 연속해서 조빙이라고 말을 하겠으며, 어찌 조빙하러 간 사신을 위로한 것이라면 자신이 직접 조빙하러 갔다고 말할 수 있겠는가. 序 아래의 鄭箋에서 "使臣이 王事로 자신의 직무를 수행하느라 왕래하였다."라고 하였는데, 이것은 사신이 자신이 담당한 나라에 가는 것이지 천자의 수도에 가는 것이 아니다. 말하자면 王事는 사신의 임무로 나가는 것이며 王者의 일반적인 일이고 王畿에 가는 것이 아니다. 그러므로 〈唐風 鴇羽〉·〈小雅 杕杜〉에 모두 "왕사를 견고하게 해야 한다.〔王事靡盬〕"라고 하였지만 천자에게 조빙하러 가는 일이 아니었으니, 王事라는 글이 곧 천자를 뜻하는 것이 될 수 없다는 것이다.

周公이 음악을 만들어 문왕의 道를 노래하여 후세의 법도가 되었다고 말한 것은, 지금의 鄕飮酒·燕禮에 모두 〈鹿鳴〉·〈四牡〉·〈皇皇者華〉를 부르는 것을 뜻한다. 이 禮는 주공이 제정한 법도로 후대에 항상 노래를 불렀으며, 문왕의 도를 노래하는 것이 후세의 법이 되었다는 것이다. ≪五經定本≫에는 "문왕의 도로 음악을 만들었다.〔作樂以文王之道〕"라고 되어 있고, "周公歌" 3자가 없다. 그리고 〈녹명〉·〈황황자화〉를 모두 노래하였다는 사실을 유독 여기 〈사모〉에서 말한 것은 가운데를 거론하여 위아래를 분명히 한 것이다.

【疏】 傳'思歸'至'王事' ○正義曰：傳以靡盬爲公義，故以思歸爲私恩．以我心傷悲出自其情，故曰情思．情思卽私恩，主謂念憶父母．下章云"不遑啓處，將父母"，是也．箋以傳言未備，故讚之云"無私恩，非孝子．無公義，非忠臣．"故鄭鄕飮酒燕禮注皆云"采其勤苦王事, 念將父母, 懷歸傷悲, 忠孝之至." 是也. 思歸而不歸者, 以君子不以私害公. 故又引公羊傳"不以家事辭王事"以證之焉. 集注[1]及定本皆無箋云兩字. 又定本(思)〔私〕[2]恩作(私)〔思〕[3]恩.

1) 集注 : 南朝시대 梁나라 학자인 崔靈恩의 ≪毛詩集注≫를 말한다.
2) (思)〔私〕: 저본의 교감기에 따라 '私'로 번역하였다.
3) (私)〔思〕: 저본의 교감기에 따라 '思'로 번역하였다.

傳의 〔思歸〕에서 〔王事〕까지

○ 正義曰 : 毛傳에서 "나라 일을 견고하게 하지 않을 수 없는 것이 공적인 의리〔公義〕이다."라고 하였으므로, 돌아감을 생각하는 것을 사적인 은혜〔私恩〕라고 하였다. 마음이 슬픈 것은 그 감정에서 나오므로 情思라고 한 것이다. 情思는 사적인 은혜이며 주로 부모를 그리워하는 것을 뜻한다. 아래 章에서 "편안히 머물러 부모를 모실 겨를이 없다."라고 하였으니 이것이다. 鄭箋은 毛傳의 주석이 미비하다고 여겨 "사적인 은혜가 없으면 효자가 아니고, 공적인 의리가 없으면 충신이 아니다."라고 분명하게 밝혔다〔讚〕. 그러므로 ≪儀禮≫ 〈鄕飮酒〉와 〈燕禮〉의 鄭玄 주에 "〈四牡〉는 '王事에 애쓰고 있지만 부모를 모실 것을 생각하고, 돌아갈 마음을 품고 있어 슬프니 忠孝의 지극함이다.'는 이러한 내용을 모은 것이다."라고 하였으니 이것이다. 돌아가고 싶어도 돌아가지 못한다는 것은 군자는 사적인 일로 공적인 일을 해치지 않기 때문이다. 그러므로 또 ≪春秋公羊傳≫ 哀公 3년 "집안일로 王事를 거부하지 않는다."를 인용하여 증명하였다. ≪毛詩集注≫와 ≪五經定本≫에는 모두 '箋云' 2자가 없다. 또 ≪오경정본≫에는 '私恩'이 '思恩'으로 되어 있다.

四牡騑騑하니 嘽嘽(탄탄)駱馬로다

네 필의 말이 쉬지 않고 달려가니
숨을 헐떡거리는 검은 갈기의 白馬로다

【傳】 嘽嘽은 喘息之貌니 馬勞則喘息이라 白馬黑鬣曰駱이라 ○ 嘽은 他丹反이라 駱은 音洛이라 喘은 川兗反이라 鬣은 本又作鬛이니 歷輒反이요 本又作髦이며 音毛라

嘽嘽은 숨을 헐떡거리는 모습이니, 말이 피로하면 숨을 헐떡거린다. 검은 갈기의 白馬를 駱馬라고 한다.

○ 嘽은 他와 丹의 반절이다. 駱은 음이 洛이다. 喘은 川과 兗의 반절이다. 鬣은 판본에 따라 또 騷으로 되어 있으며 歷과 輒의 반절이고, 판본에 따라 또 髦로 되어 있으며 음은 毛이다.

豈不懷歸리오마는 王事靡鹽라 不遑啓處호라

어찌 돌아가고 싶은 마음을 품지 않으리오
王事를 견고하게 해야 하므로
편안히 머무를 겨를이 없다네

【傳】遑은 暇요 啓는 跪요 處는 居也라 臣受命이면 舍幣于禰乃行이라 ○ 跪는 求毁反이니 郭은 巨几反이요 沈은 堪彼反이라 舍는 音釋이라 禰는 乃禮反이라

遑은 겨를, 啓는 무릎을 꿇어앉음, 處는 거처함이다. 신하가 명을 받으면 아버지 사당에 폐백을 올리고 떠난다.

○ 跪는 求와 毁의 반절이니, 郭璞은 巨와 几의 반절이라 하였고, 沈旋은 堪와 彼의 반절이라 하였다. 舍는 음이 釋이다. 禰는 乃와 禮의 반절이다.

【疏】傳'臣受'至'乃行' ○ 正義曰：案聘禮云 "命使者, 使者辭, 君不許, 乃退. 厥明, 賓朝服, 釋幣于禰." 注云 "告爲君使也." 又曰 "釋幣于行, 遂受命, 遂行." 注引曲禮曰 "凡爲君使, 已受命, 君言不宿於家." 是臣出使, 舍幣乃行之事也. 如聘禮旣釋幣於禰, 於行乃云遂受命, 在釋幣之後. 此云 "臣受命, 舍幣於禰", 似受命在釋幣前者. 此云 "受命", 謂聘禮"命使者, 使者辭. 君不許." 受此被遣將使之命, 其事在釋幣前也. 聘禮又云 "遂受命"者, 謂受君言語聘彼之意, 與此臣受命者別也. 引此者, 證"不遑啓處", 言臣受命卽行, 是不遑啓處也.

傳의 〔臣受〕에서 〔乃行〕까지

○ 正義曰：살펴보건대 ≪儀禮≫ 〈聘禮〉에 "사신으로 가라고 명하면 사신의 명을 받은 자는 사양한다. 임금이 허락하지 않으면 물러난다. 다음날 賓(使臣에 임명된 자를 높여 부르는 말)이 朝服을 입고 아버지 사당에 폐백을 올린다."라고 하였다. 鄭玄의 주에 "임금의 사신으로 통고한 것이다."라고 하였다. 또 "떠날 때에 폐백을 올리며 마침내

명을 받으면 즉시 출발한다."라고 하였다. 정현이 ≪禮記≫ 〈曲禮〉의 "임금을 위해 사신이 된 자가 명령을 받으면 임금의 말을 집에 묵혀두지 않는다."는 글을 인용하여 주석하였다. 이것은 신하가 사신으로 나가면 폐백을 올리고 곧 떠난다는 일이다.

예컨대 〈빙례〉에서는 아버지 사당에 폐백을 올리며 떠날 때에 계속해서 명을 받았다고 하였으니 폐백을 올린 다음이다. 毛傳에서는 "신하가 명을 받으면 아버지 사당에 폐백을 올린다."라고 하였는데, 명을 받은 것이 폐백을 올리기 전에 있었던 것 같다. 毛傳에서 "명을 받았다."라고 한 것은 〈빙례〉의 "사신으로 가라고 명하면 사신의 명을 받은 자는 사양한다. 임금이 허락하지 않는다."는 것을 이르니, 사신으로 가는 명을 받은 그 일은 폐백을 올리기 전이다. 〈빙례〉에서 또 "마침내 명을 받았다."라고 한 것은 임금의 명령을 받고서 저쪽에 조빙하러 간다는 의미를 뜻하는 것이니, 毛傳의 명을 받았다는 것과 별개의 일이다. 毛傳을 인용한 것은 "편안히 머무를 겨를이 없다."는 것을 증명하는 것인데, 말하자면 신하가 명을 받으면 즉시 떠나니 이것이 "편안히 머무를 겨를이 없다."는 것이다.

翩翩者鵻여 **載飛載下**하여 **集于苞栩**로다

휠휠 나는 비둘기여
날기도 하고 내려오기도 하면서
무성한 도토리나무에 모였네

鵻

【傳】 鵻는 夫不(부)也라

鵻는 '夫不(새 이름)'이다.

【箋】 箋云 夫不는 鳥之慤謹者니 人皆愛之라 可以不勞인댄 猶則飛則下하여 止於栩木이라 喩人雖無事나 其可獲安乎아 感厲之라 ○ 翩은 音篇이라 鵻는 音隹니 本又作隹라 栩는 況甫反이라 夫는 方於反이요 字又作鳺니 同이라 不는 方浮反이요 又如字이며 字又作鳩이요 同이라 草木疏云 夫不는 一名浮鳩라 慤은 起角反이라

箋云 : 夫不는 성실하고 신중한 새라서 사람들이 모두 사랑한다. 힘들게 날지 않아도 되는데 오히려 날아다니기도 하고 내려앉기도 하면서 도토리나무에 머문다. '사람이 설사 일이 없어도 편안하게 지낼 수 있겠는가'라는 것을 비유하였다. 〈夫不의 모습

을 통해〉 사람을 감동시키고 격려한 것이다.

○ 翩은 音이 篇이다. 鵻은 음이 隹인데, 다른 판본에 또 隹로 되어 있다. 栩는 況과 甫의 반절이다. 夫는 方과 於의 반절이며 글자를 鳺로도 쓰는데 음의가 같다. 不는 方과 浮의 반절이며 또 如字이며, 글자를 鳩로도 쓰는데 음의가 같다. 陸璣의 ≪毛詩草木鳥獸蟲魚疏≫에 "夫不는 일명 浮鳩이다."라고 하였다. 慤은 起와 角의 반절이다.

王事靡盬라 不遑將父호라

王事를 견고하게 해야 하므로
아버지를 봉양할 겨를이 없구나

【傳】將은 養也라 ○ 養은 以尙反이요 下注同이며 一音如字라

將은 奉養함이다.

○ 養은 以와 尙의 반절이며 아래의 注에서도 같으며, 一音은 如字이다.

【疏】'翩翩'至'將父' ○ 正義曰：文王以使臣勞苦, 因勸厲之. 言翩翩然者, 鵻之鳥也. 此鳥其性慤謹, 人皆愛之. 可以不勞, 猶則飛而後則下, 始得集于苞栩之木. 言先飛而後獲所集, 以喩人亦當先勞而後得所安. 汝使臣雖則勞苦, 得奉使成功, 名揚身達, 亦先勞而後息, 寧可辭乎. 汝從勞役, 其言曰"王家之事, 無不堅固, 我堅固王事, 所以不暇在家, 以養父母."

經의 〔翩翩〕에서 〔將父〕까지

○ 正義曰：文王은 使臣의 노고를 생각하여 그들을 격려하였다. 훨훨 난다고 한 것은 비둘기이다. 비둘기의 본바탕은 성실하고 신중하여 사람들이 모두 사랑한다. 힘들게 날지 않아도 되는데 오히려 날아다니기도 하고 내려앉기도 하면서 비로소 도토리나무에 머문다. 말하자면 먼저 날아다닌 후에 머물 곳을 찾는데, 비유하자면 사람이 고생을 먼저 한 다음에 편안한 곳을 찾는 것과 같다. 너희 사신들이 설사 고생하더라도 사신의 임무를 수행하면서 공적을 이루어 명예를 드날리고 영달하는 것도 역시 고생을 먼저 한 후에 휴식을 취하는 것이니, 어찌 사양할 수 있겠는가. 너희 사신들은 힘들게 일을 하면서 아마도 "王家의 일은 견고하지 않으면 안 되므로 내가 王事를 견고히 하고자 한다. 이런 까닭에 집에 머물면서 부모를 봉양할 겨를이 없다."라고 말할

수 있을 것이다.

【疏】 傳'鵻 夫不' ○ 正義曰：釋鳥云 "鵻其, 夫不." 舍人[1]曰 "鵻, (名其)〔一名〕[2]夫不." 李巡[3]曰 "夫不, 一名鵻. 今楚鳩也." 某氏[4]引春秋云 "'祝鳩氏, 司徒.' '祝鳩, 鵻, 夫不, (者)〔孝〕[5], 故爲司徒.'" 郭璞曰 "今(鵓)〔鵻〕[6]鳩也."

1) 舍人：漢 武帝 때의 학자로 ≪爾雅注≫를 지었다고 전한다. 健爲郡文學을 지내어 健爲舍人이라고도 한다.
2) (名其)〔一名〕：저본의 교감기에 따라 '一名'으로 번역하였다.
3) 李巡：後漢의 학자이다. 저서로 ≪爾雅注≫가 있다고 전하며, 일부가 ≪玉函山房輯佚書≫에 있다.
4) 某氏：≪春秋左氏傳注疏≫ 권48에 '樊光'이라고 하였다. 後漢의 학자이며, 저서로 ≪爾雅注≫가 있다고 전하며, 일부가 ≪玉函山房輯佚書≫에 있다.
5) (者)〔孝〕：저본의 교감기에 따라 '孝'로 번역하였다.
6) (鵓)〔鵻〕：저본의 교감기에 따라 '鵻'로 번역하였다.

傳의 〔鵻 夫不〕

○ 正義曰：≪爾雅≫ 〈釋鳥〉에서 "鵻其는 夫不(비둘기)이다."라고 하였다. 舍人은 "鵻는 일명 부부이다."라고 하였고, 李巡은 "夫不는 일명 鵻로 지금의 楚鳩이다."라고 하였다. 某氏(樊光)는 ≪春秋左氏傳≫ 昭公 17년의 "祝鳩氏는 司徒이다."를 인용하여, "祝鳩는 鵻이며 夫不이다. 성품이 효성스러워 司徒가 되었다."라고 하였다. 郭璞은 "지금의 鵻鳩이다."라고 하였다.

【疏】 箋'夫不'至'栩木' ○ 正義曰：言愨謹者, 卽宜不勞是也, 故人愛之. 言可以不勞者, 以惡鳥勞苦, 固是其常. 愨謹之鳥, 宜不爲勞, 尙則飛而乃有所集, 是無不勞而安者. 故曰 "人雖無事, 其可獲安乎" 鳥飛, 自然之性, 言勞者, 喩取一邊耳.

箋의 〔夫不〕에서 〔栩木〕까지

○ 正義曰：비둘기가 성실하고 신중하다고 한 것은 의당 날아다니는 것을 수고롭게 여기지 않기 때문이니, 그러므로 사람들이 사랑하는 것이다. 비둘기가 힘들게 움직이지 않아도 된다고 하는 것은 惡鳥는 힘들게 나는 것이 참으로 일반적인 일이기 때문이다. 성실하고 신중한 새는 수고롭게 날아다녀서는 안 되는데 여전히 날아다니고 내려앉기도 하니, 이것이 수고로우면서도 편안하다는 것이다. 그러므로 鄭箋에서 "사람

이 설사 일이 없어도 편안함을 얻을 수 있겠는가."라고 하였다. 새가 날아다니는 것은 자연적인 본성인데, 수고롭다고 말한 것은 한 가지 면을 취하여 비유한 것이다.

翩翩者鵻여 **載飛載止**하여 **集于苞杞**로다

휠휠 나는 비둘기여
날기도 하고 머물기도 하면서
무성한 구기자나무에 모였네

【傳】 杞는 枸檵也라 ○ 杞는 音起라 枸는 音苟니 本亦作苟며 同이라 檵는 音計라

杞는 구기자나무이다.

○ 杞는 음이 起이다. 枸는 音이 苟이며, 판본에 따라 苟로도 되어 있으며 음의가 같다. 檵는 音이 計이다.

王事靡盬라 **不遑將母**호라

王事를 견고하게 해야 하므로
어머니를 봉양할 겨를이 없구나

駕彼四駱하여 **載驟駸駸**하니

저 네 마리 駱馬에 올라타
힘차게 달려가네

【傳】 駸駸은 驟貌라 ○ 驟는 助救反이니 又仕救反이라 駸은 楚金反이니 字林[1]云 馬行疾也니 七林反이라

1) 字林 : 文字書이다. ≪隋書≫ 〈經籍志〉에 의하면 晉나라의 呂忱이 지었으며 모두 7권이라고 하였다. ≪說文解字≫ 다음으로 중국 문자학에 영향을 미친 책으로 알려져 있다.

駸駸은 힘차게 달려가는 모습이다.

○ 驟는 助와 救의 반절이며, 또 仕와 救의 반절이다. 駸은 楚와 金의 반절이며, ≪字林≫에는 "말이 빠르게 달리는 것이니, 七과 林의 반절이다."라고 하였다.

豈不懷歸리오 **是用作歌**하여 **將母來諗**하노라

어찌 돌아가고 싶은 마음을 품지 않으리오

이 때문에 노래를 지어

어머니를 봉양할 것을 알리노라

【傳】 諗은 **念也**라 **父兼尊親之道**요 **母至親而尊不至**라

諗은 생각함이다. 아버지에게는 존경과 친애의 도리를 겸하고, 어머니에게는 친애하는 마음으로 다가가지만 존경하는 마음은 이르지 않는다.

【箋】 **箋云** 諗은 **告也**라 **君勞使臣**에 **述(時)〔序〕**[1]**其情**이라 **女曰 我豈不思歸乎**리오 **誠思歸也**라 **故作此詩之歌**하여 **以養父母之志**로 **來告於君也**라 **人之思**는 **恒思親者**니 **再言將母**는 **亦其情〔至〕**[2]**也**라 ○ 諗은 **音審**이라

1) (時)〔序〕: 저본의 교감기에 따라 '序'로 번역하였다.

2) 〔至〕: 저본에는 없으나, 漢文大系本 ≪毛詩≫에 따라 '至'를 보충하였다.

箋云 : 諗은 '알리다'이다. 임금이 사신을 위로하면서 자신의 心情을 서술하였다. 너희 사신은 "내가 어찌 돌아가고 싶은 생각이 없겠는가. 진실로 돌아갈 것을 생각한다. 그러므로 이 시를 지어 노래 부르며 모친을 봉양하는 뜻으로 임금에게 알린다."라고 할 것이다. 사람의 생각은 항상 어버이를 그리워하는 것이니, '將母'를 두 번 말한 것은 역시 그 마음이 지극한 것이다.

○ 諗은 음이 審이다.

【疏】 '豈不'至'來諗' ○ 毛以爲"汝使臣在塗之時, 其情皆曰'我豈不思歸乎.' 我由汝誠有思歸, 是用作此詩之歌以勞汝. 知汝以養母之志而來." 念猶言念來養母. 故王述曰 "是用作歌以勞汝, 乃來念養母也." ○ 鄭以箋備.

經의 〔豈不〕에서 〔來諗〕까지

○ 正義曰 : 毛亨은 "너희 사신들이 길에 있을 때, 그 마음은 모두 '우리들이 어찌 돌아가고 싶은 생각이 없겠는가.'라고 하였다. 나는 너희 사신들이 참으로 돌아가고 싶은 생각이 있음을 알기 때문에 이런 시를 짓고 노래를 불러 너희들을 위로한다. 너희

들이 모친을 봉양할 뜻이 있어 온 것을 알고 있다."라고 하였다. 念은 모친을 그리워한다고 말하는 것과 같다. 그러므로 임금이 서술하기를 "이런 까닭에 노래를 지어 너희들을 위로하고 모친을 봉양할 것을 알린다."라고 하였다.

○ 鄭玄의 鄭箋에 상세하다.

【疏】傳'諗念'至'不至' ○ 正義曰："諗，念"，釋言文. 孝經曰 "資於事父以事君而敬同. 資於事父以事母而愛同. 兼之者父也." 敬爲尊，愛爲親，是父兼尊親之道. 又曰 "母取其愛." 表記曰 "母親而不尊." 是母至親而尊不至也. 稱此者，解再言將母意. 以父雖至親，猶兼至尊，則恩不至，故表記曰 "父尊而不親." 母以尊少則恩意偏多，故再言之.

傳의 〔諗念〕에서 〔不至〕까지

○ 正義曰："諗은 念이다."라고 한 것은 ≪爾雅≫〈釋言〉글이다. ≪孝經≫에 "아버지를 섬기는 마음에서 취하여 임금을 섬기니 공경은 같은 것이다. 아버지를 섬기는 마음에서 취하여 어머니를 섬기니 사랑은 같은 것이다. 두 가지를 겸한 사람은 아버지이다."라고 하였다. 敬은 尊이고, 愛는 親이니, 이것이 아버지가 尊敬과 親愛의 도리를 겸하였다는 것이다. 또 ≪효경≫에 "어머니는 그 친애함을 취한다."라고 하였고, ≪禮記≫〈表記〉에 "어머니를 친애하지만 존경하지 않는다."라고 하였다. 이것이 어머니에게는 親愛하는 마음으로 다가가지만 尊敬하는 마음은 이르지 않는다는 것이다. 이렇게 말하는 것은 '將母'를 두 차례 언급한 의도를 풀이하고자 하기 때문이다. 아버지를 매우 친애하고 또 매우 존경하지만 은혜는 지극하지 않으므로 〈표기〉에서 "아버지를 존경하지만 친애하지 않는다."라고 하였다. 어머니를 존경하는 것이 적지만 恩情이 유독 많으므로 두 차례 언급한 것이다.

【疏】箋'諗告'至'其情' ○ 正義曰：左傳"辛伯諗周桓公"，是以言告周桓公，故知諗爲告也. 言 "故作此詩之歌，以養母之志，來告於君"者，言使臣勞苦思親，謂君不知，欲陳此言來告君，使知也. 實欲陳言云是用作此詩之歌者，以此實意所欲. 言君勞而述之，後遂爲歌，據今詩歌以本之，故謂其所欲言爲作歌也. 凡詩述序人言以爲歌詩，本其言皆曰歌. 下云 "歌采薇以遣之"，此序箋云 "陳其功苦，以歌樂之"，皆當時直言，非歌也. 後爲詩(人)〔入〕[1]歌，故云歌耳. 又申傳尊親之意. 言 "人之思，恒思親"者，母之慈恩實親多於父. 文王述使臣之意，再言將母，亦其臣情之所欲，故再言之也. 易傳[2]者，首章云"豈不懷歸, 王事靡盬, 我心傷悲", 文連我心, 是述使臣之辭矣. 類此而推, 則"是用作歌, 將母來諗", 亦序使臣之意. 旣序使臣之意, 明"是用作歌", 爲使臣作此詩之歌. 其"來諗", 不得不爲告也, 猶君子作歌, 維以告哀. 是作歌所以來告, 不得爲念也. 然臣有勞苦, 患上不知, 今君勞使臣, 言汝曰 "豈不思歸, 作歌來告." 是明已知其功, 探情以勞之, 所以爲悅. 序曰 "有功而見知則悅矣", 此之謂也.

1) (人)〔入〕: 저본의 교감기에 따라 '入'으로 번역하였다.
2) 易傳 : 鄭玄이 毛亨과 달리 해석했다는 뜻이다. 모형은 周公이 시를 지었다고 하였으며, 정현은 使臣이 시를 지었다고 하였다.

箋의 〔諗告〕에서 〔其情〕까지

○ 正義曰 : ≪春秋左氏傳≫ 閔公 2년에 "辛伯이 周 桓公에게 권고하였다."라고 하였다. 이것은 주 환공에게 하소연한 것이므로 諗이 告(권고, 호소)라는 뜻임을 알 수 있다. "그러므로 이 시를 지어 노래 부르며 모친을 봉양하는 뜻으로 임금에게 알린다."라고 한 것은, 使臣이 고생하고 있으면서 어버이를 그리워하지만 임금이 알아주지 못한다고 생각하여 이런 말을 진달해서 임금에게 아뢰고 임금이 알게끔 하자는 것이다. 참으로 〈四牡〉를 지어 노래로 부르고 싶다고 아뢰고자 하는 것이, 바라고자 하는 진실한 의도이기 때문이다. 말하자면 임금이 사신을 위로하고 그들의 마음을 서술하여 나중에 드디어 노래로 만든다는 것이지만, 지금의 詩歌에 근거를 두고 근원을 추구하니 사신이 하고자 하는 말이 노래로 되었다는 것이다.

일반적으로 詩는 언어로 표현하여 詩歌가 되는데, 그 언어에 근본을 두는 것을 모두 歌라고 한다. 아래 〈采微〉 序에서 "〈采薇〉를 불러 병사들을 보내도록 했다."라고 하였고, 〈四牡〉 序의 鄭箋에서 "공로를 보고하자 노래를 부르고 음악을 연주하였다."라고 하였으니, 모두 당시의 直言이고 노래가 아니다. 후대에 詩가 되고 노래로 편입되었으므로 노래라고 말하는 것 뿐이다. 또 毛傳의 尊과 親의 의미를 부연설명하면서 "사람의 생각은 항상 어버이를 그리워하는 것이다."라고 말한 것은 모친의 은혜와 친애가 부친보다 뛰어나기 때문이다. 文王이 사신들의 뜻을 서술하고자 '將母'를 두 번 언급하였고, 또한 사신들의 마음이 바라는 것이므로 두 번 언급하였다. 鄭玄이 毛亨과 달리 주석을 한 것은, 1장의 "어찌 돌아가고 싶은 마음을 품지 않으리오. 王事를 견고하게 해야 하는지라, 내 마음 서글프다네."에서 문장이 我心과 이어지는데 이것은 사신의 언사를 서술한 것이다. 유추해보면 "이 때문에 노래를 지어 어머니를 봉양할 것을 알린다."라고 한 것도 역시 사신의 뜻을 서술한 것이다. 사신의 뜻을 서술하였으니 "이 때문에 노래를 짓는다."는 것은 사신이 이 시를 짓고 노래를 부른 것이 분명하다. "來諗"은 알리지 않을 수 없다는 것으로 군자가 노래를 지어 슬픔을 알리는 것과 같다. 이런 까닭에 노래를 지어 알리니 諗이 생각한다는 뜻이 될 수 없는 것이다. 그렇지만 사신은 고생해도 임금이 알아주지 못할까 염려한다. 지금 임금은 사신을 위로하면서 사신에게 말하기를 "어찌 돌아갈 것을 생각하지 않은가. 노래를 지어 알리라."라고 하였다. 이것은 분명히 임금이 사신의 공로를 알고 사신의 마음을 헤아려 위로하였으므로 이런 까닭에 기뻐하는 것이다. 序에서 "공로가 있어 인정을 받으면 기뻐하게 된다."라고 한 것이, 바로 이것이다.

四牡五章이니 **章五句**라

〈四牡〉는 5章이니 章마다 8句이다.

皇皇者華(황황자화)

【序】皇皇者華는 **君遣使臣也**라 **送之以禮樂**하여 **言遠而有光華也**라

〈皇皇者華〉는 군주가 사신을 보내는 것을 읊은 시이다. 禮樂으로 전송하여 멀리 나가면서도 명성〔光華〕이 있어야 한다고 말한 것이다.

【傳】言〔忠〕[1]**臣出使**에 **能揚君之美**하여 **延其譽於四方**하면 **則爲不辱命也**라 ○ **使**는 **所吏反**이니 **注下竝同**이라 **不辱命**은 **一本作不辱君命**이라

1) 〔忠〕: 저본에는 없으나, 漢文大系本 ≪毛詩≫에 따라 '忠'을 보충하였다.

忠臣이 사신으로 나가 임금의 미덕을 널리 알리고 사방에 명성을 드날리면 임금의 命을 욕되게 하지 않았다고 말할 수 있다.

○ 使는 所와 吏의 반절이며 注 아래도 모두 같다. '不辱命'은 다른 판본에는 '不辱君命'으로 되어 있다.

【疏】'皇皇者華'(五章 章四句)至'光華' ○ 正義曰：作皇皇者華詩者, 言君遣使臣也. 君遣使臣之時, 送之以禮樂, 教以若將不及, 驅馳而行於忠信之人, 咨訪於五善[1]. 言臣出使, 當揚君之美, 使遠而有光華焉. 送之以禮樂, 卽首章下二句盡卒章是也. 此謙虛訪善, 直爲禮耳. 而幷言樂者, 以禮樂相將, 旣能有禮敏達, 則能心和樂易, 故兼言焉. 言遠而有光華, 卽首章上二句是也. 經・序倒者, 經以君遣使臣, 主勑使有光華. 所以得光華者, 當驅馳訪善, 故爲此次也. 序以君本送之以禮樂, 欲使之遠有光華, 爲文之勢, 故與經不同也. 知遠而有光華, 亦是君所戒辭者, 以首曰皇皇者華, 而云君遣使臣, 則知此辭亦君所勑遣也. 且一篇之詩, 獨二句非君遣之辭, 於文不體也. 文王之臣, 非不能奉命有光華, 但此聖君之詩, 垂示典法, 君能戒遣使臣, 所以臣無辱命. 主美君遣, 明是君之所勑, 非說臣之自能矣.

1) 五善 : 五善은 다섯 가지 선한 일로 咨, 詢, 度, 諏, 謀를 말한다. ≪春秋左氏傳≫ 襄公 4년에 다음과 같은 기사가 있다. 魯나라 대부 穆叔이 晉나라로 가자 진나라 임금이 후하게 대접하니, 목숙이 다음과 같은 말을 하였다.
"신이 듣건대 선인에게 묻는 것을 咨라 하고, 친족의 의리를 묻는 것을 詢이라 하고, 예의를 묻는 것을 度이라 하고, 정사를 묻는 것을 諏라 하고, 환난에 대해 묻는 것을 謀라 한다고 하였습니다. 신이 다섯 가지 선한 일을 얻었으니 어찌 감히 거듭 절하며 감사하지 않을 수 있습니까.〔臣聞之 訪問於善爲咨 咨親爲詢 咨禮爲度 咨事爲諏 咨難爲謀 臣獲五善 敢不重拜〕"

序의 〔皇皇者華〕에서 〔心矣〕까지

○ 正義曰 : 〈皇皇者華〉를 지은 것은 군주가 使臣을 보낸 것을 말하는 것이다. 군주가 사신을 보낼 때에 禮樂으로 전송하고, 무엇인가 부족함이 있는 듯이 해야 한다고 가르치고, 말을 타고 忠信한 사람에게 가서 五善을 자문하라는 것이다. 신하가 사신으로 나가면 의당 군주의 미덕을 널리 알려야 하니, 사신으로 멀리 가지만 명성이 있어야 함을 말한 것이다. 禮樂으로 전송한다는 것은 1장의 아래 2句와 마지막 5장 모두가 이것이다. 이것은 善人을 겸허하게 방문하는 것으로 단지 禮일 뿐인데 樂이라고 겸하여 말한 것은, 禮와 樂은 함께 하는 것으로 예를 민첩하게 실행해야 마음이 화락하고 평온하게 되므로 예와 악을 겸하여 말한 것이다. 멀리 있으면서도 명성이 있어야 한다고 말하는 것은 1장의 2句가 이것이다. 經文과 序의 순서가 뒤바뀐 것은 경문은 군주가 사신을 파견할 적에 사신을 위로하여 명예가 있어야 한다는 것을 위주로 하였는데, 명예를 얻기 위해서는 의당 말을 타고 善人을 방문해야 하므로 다음 차례에 둔

것이다. 序에서는 군주가 본래 예악으로 전송하면서 그로 하여금 먼 곳에서도 명예가 있도록 하였으니 문장의 형세가 경문과 같지 않다. 멀리 있으면서도 명예가 있어야 함을 알아야 한다는 것도 역시 군주가 훈계한 말이다. 1장에서 "아름답게 빛나는 꽃이여"라고 한 것은 군주가 사신을 파견함을 말하는 것이니, 이 말 또한 군주가 사신을 신칙하면서 보낸 것임을 알 수 있다. 또 이 한 편의 시에도 유독 2旬만이 군주가 보낸 말이 아니니 문장으로 체제를 갖추지 못한 것이다. 文王의 신하는 명을 받았으므로 명예를 가지지 않을 수 없으며, 참으로 이것은 聖君의 시이므로 법도로 남길 수 있다. 군주가 사신을 파견하면서 경계하므로 이런 까닭에 신하는 군주의 명을 욕되게 하지 않는다. 군주의 파견을 미화하는 것이 주된 일이니 이것은 군주가 신하를 신칙함을 밝힌 것이지, 신하가 스스로의 능함을 설명한 것이 아니다.

皇皇者華여 **于彼原隰**이로다

아름답게 빛나는 꽃이여
저 언덕과 습지에 피었도다

【傳】 皇皇은 猶煌煌也라 高平曰原이요 下濕曰隰이라 忠臣奉使에 能光君命하여 無遠無近은 如華不以高下易其色이라

皇皇은 '아름답게 빛나다'와 같다. 높고 평평한 곳을 原, 낮고 습한 곳을 隰이라 한다. 충신이 使臣으로 나가면서 임금의 명을 빛내고 먼 곳과 가까운 곳을 따지지 않는 것은 꽃이 높고 낮은 곳에 따라 그 모습을 바꾸지 않는 것과 같다.

【箋】 箋云 無遠無近은 維所之則然이라 ○ 煌은 音皇이요 又音晃이라

箋云 : 먼 곳과 가까운 곳을 따지지 않는 것은 가는 곳마다 모두 그렇다는 것이다.
○ 煌은 음이 皇이고, 또 음이 晃이다.

駪駪征夫여 **每懷靡及**이로다

힘차게 달려가는 사신이여
신실한 마음을 가졌어도 미치지 못할 것이로다

【傳】 駪駪은 衆多之貌라 征夫는 行人也라 每는 雖요 懷는 和也라

駪駪은 '많은 사람들의 모습'이다. 征夫는 '使臣'이다. 每는 '비록'이다. 懷는 '신실한 마음'이다.

【箋】 箋云 春秋外傳曰 懷(私)〔和〕[1]爲每懷也라 和當爲私라 衆行夫既受君命이면 當速行이로대 每人懷其私相稽留면 則於事將無所及이라 ○ 駪은 所巾反이라

1) (私)〔和〕 : 저본의 교감기에 따라 '和'로 번역하였다. 아래도 같다.

箋云 : ≪國語≫ 〈魯語 下〉에 "懷和가 每懷이다."라고 하였으니, 〈毛傳의〉 和는 私가 되어야 한다. 使臣들이 임금의 명을 받고나면 의당 신속히 출발해야 하는데, 제각각 사심을 품고 지체하면 일에 미치지 못하는 것이다.

○ 駪은 所와 巾의 반절이다.

【疏】 '皇皇'至'靡及' ○ 正義曰 : 此述文王勑使臣之辭. 言煌煌然而光明者, 是草木之華. 於彼原之與隰, 皆煌煌而光明, 不以高下而易其色也. 以言臣之出使, 當光顯其君, 常不辱命. 於彼遐之與邇, 皆使光揚, 不以遠近而易其志也. 汝駪駪衆多之行夫, 受命當速行. 每人懷其私, 以相稽留, 則於事無所及矣. 既不稽留, 恐無所及, 故當速行, 驅馳訪善也.

經의 〔皇皇〕에서 〔靡及〕까지

○ 正義曰 : 여기서는 文王이 사신을 신칙하는 말을 서술한 것이다. 환하게 빛이 나는 것은 바로 초목의 꽃이니, 여기 언덕과 습지에 모두 환하게 빛나며 높고 낮음에 따라 그 모습을 바꾸지 않는다. 이것은 신하가 사신으로 나가서는 의당 군주의 덕을 빛내고 항상 군주의 명을 욕되게 하지 않아야 함을 말한 것이다. 저기 멀고 가까운 곳에서는 모두 군주의 덕을 드러내고, 가깝고 멀다고 해서 자신의 의지를 바꾸지 않는다. 너희 힘차게 달려가는 많은 사신은 명을 받으면 속히 출발해야 한다. 사람이 사심을 품고 서로 미적거리면 일에 미치지 못한다. 미적거리지 않았는데도 미치지 못할까 염려된다면 의당 속히 출발을 해서 말을 힘차게 몰고 善人을 방문해야 한다.

【疏】 傳'皇皇猶煌煌' ○ 正義曰 : 東門之楊曰 "明星煌煌", 此猶彼也. 以華色煌煌爲宜, 故猶之.

傳의〔皇皇猶煌煌〕

○ 正義曰：〈陳風 東門之楊〉에 "샛별이 반짝반짝 빛난다.〔明星煌煌〕"라고 하였는데, 여기 〈皇皇者華〉의 '皇皇'과 〈진풍 동문지양〉의 '煌煌'이 같은 것이다. 꽃빛이 반짝반짝 빛나는 것이 합당하므로 같다고 한 것이다.

【疏】 傳'每雖 懷和' ○ 正義曰：本皆如此. 此既以 "每爲雖, 懷爲和", 而章傳云 "雖有中和, 當自謂無所及." 王肅以爲, 下傳所言, 覆說此也, 故述毛云 "使臣之行, 必有上介. 衆介雖多, 內懷中和之道, 猶自以無所及, 是以驅馳而咨諏之."

傳의〔每雖 懷和〕

○ 正義曰：본래 모두 이와 같다. 여기 毛傳에서는 "每를 雖, 懷를 和라 하였는데 아래 5장의 모전에서는 "中和를 가졌더라도 의당 스스로 미치지 못한 것 같다고 해야 한다."라고 하였다. 王肅은 아래 모전에서 말한 것은 여기에서 말한 것을 번복해서 설명한 것이라고 하면서 모전의 뜻을 서술하기를 "사신의 행차에는 반드시 上使가 있다. 기타 사신들이 설사 많다고 하더라도 속으로 忠信의 道를 품으면서도 오히려 자신은 미칠 수 없을 것 같다고 여긴다. 이런 까닭에 말을 몰고 〈善人에게 가서〉 자문한다."라고 하였다.

【疏】 箋'春秋'至'所及' ○ 正義曰：鄭之此說, 亦述毛也, 但其意與王肅異耳. 案魯語穆叔云 "皇皇者華, 君教使臣曰'每懷靡及.' 臣聞之曰'懷和爲每懷.'" 是外傳以爲懷和, 故鄭引其文, 因正其誤, 云 "和當爲私. 爲和誤也." 鄭必當爲私者, 晉語姜氏勸重耳之辭曰 "'駪駪征夫, 每懷靡及.' 夙夜征行, 不遑啓處, 猶懼不及. 況其縱欲懷安, 將何及乎. 西方之書有之云'懷與安, 實病大事.' 鄭詩曰'仲可懷也.' 鄭詩之旨, 吾從之矣." 觀此晉語之文及鄭詩之意, 皆以懷爲私懷之義, 明魯語所〔云〕[1], 亦當爲懷私, 不得爲和也. 鄭所以引外傳而破之者, 以毛傳云 "懷, 和", 是用外傳爲義, 故引而破之, 言毛氏亦爲私也. 如鄭此意, 則傳本無"每雖"二字. 若每爲雖, 縱使變和爲私, 亦不得與毛同也. 此既改傳和當爲私, 下復解傳中和爲忠信, 爲之終始立說, 明其不異毛也. 蓋鄭所據者, 本無"每雖", 後人以下傳有"雖有中和"之言, 下篇"每有良朋"之下有"每雖"之訓, 因而加之也. 定本亦有"每雖." 又傳以駪駪爲衆多, 征夫爲行人. 故箋申之言 "衆行夫既受命, 當須速行. 若每人各懷其私意, 以相稽留, 則於事將無所及." 言其將廢失君命, 後於事機也. 此實使臣, 謂之行夫者, 猶春秋以使者爲行人也. 君遣使一人而已, 而云衆行夫者, 使與上介・衆介總戒勑之, 非一, 故言衆也. 案聘禮謂使者受命於君, 唯上介立於其左接聞命, 衆介則不與. 此得總勑之者, 彼受命者, 所聘之意, 或國之密事, 唯使與上介受之, 故衆介不與聞命. 至君遣使臣, 臨塗戒勑, 雖衆介亦在也. 如是, 則烝民亦云 "征夫捷捷, 每懷靡及", 箋爲仲山甫戒之, 與此不同者, 彼非君遣使臣之歌, 述美仲山甫之德. 觀其文勢, 故與此異耳.

1) 〔云〕: 저본의 교감기에 따라 '云'을 보충하였다.

箋의 〔春秋〕에서 〔所及〕까지

○ 正義曰 : 정현의 이 說은 역시 毛亨의 뜻을 서술한 것이니, 다만 그 뜻이 왕숙과는 다를 뿐이다. 살펴보건대 ≪國語≫ 〈魯語 下〉에 魯나라 대부 穆叔이 "〈皇皇者華〉는 임금이 사신에게 말한 것으로 '사심을 품으면 미칠 수 없다.'고 하였습니다. 신은 '懷和가 每懷이다.'라고 들었습니다."라고 하였다. 이것이 ≪국어≫ 〈노어 하〉에서 '懷和'를 말한 것인데 정현이 그 글을 인용하여 오류를 바로잡고자 말하기를 "和는 私가 되어야 한다. 和로 하는 것은 오류이다."라고 하였다. 정현이 반드시 私가 되어야 한다고 한 것은, ≪국어≫ 〈晉語 4〉에 姜氏가 重耳를 권면하는 말에 "'힘차게 달려가는 사신이여, 사심을 품는다면 미치지 못할 것이로다.〔駪駪征夫 每懷靡及〕'라고 하였습니다. 밤낮으로 길을 가도 편안히 머무를 여가가 없어서 오히려 미치지 못할까 걱정됩니다. 하물며 방종하며 편안함을 생각한다면 어찌 미칠 수 있겠습니다. 周나라의 책에 '사심과 안락함은 실로 大事를 해친다.'고 하였고, 〈鄭風 將仲子〉에 '際仲이 그립다.〔仲可懷也〕'고 하였으니 〈정풍 장중자〉의 뜻을 나는 따를 것입니다."라고 한 것에서 懷를 私心으로 풀이하였기 때문이다. ≪국어≫ 〈진어 4〉의 글과 〈정풍 장중자〉의 뜻을 보면 모두 懷를 私懷의 뜻으로 여겼으며, ≪국어≫ 〈노어 하〉에서 운운한 것도 역시 사심을 품은 것이 분명하여 和가 될 수 없다. 정현이 ≪국어≫를 인용하여 논파하고자 한 것은 모전의 "懷은 和이다"였다. 이런 까닭에 ≪국어≫에 나오는 뜻을 인용하여 논파하였는데, 말하자면 毛亨 역시 懷를 私로 여긴 것이다. 정현의 생각대로라면 모전에는 본래 "每, 雖" 2자가 없다. 만약 每가 雖가 되고, 和가 변해 私가 되었더라도 역시 모전과 같게 될 수는 없다. 여기에서는 모전의 和를 私로 고쳐야 된다고 하였고, 아래에서는 다시 모전의 中和를 忠信으로 풀이하여 시종일관 자신의 학설을 세우면서도 모전과는 다르지 않다는 것을 분명히 하였다. 대개 정현이 근거한 것에는 본래 "每, 雖"가 없는

데, 후대 사람이 아래 모전의 "雖有中和"라는 말과 다음 편 〈常棣〉의 "每有良朋" 아래 〈정현이 주석을 한〉 "每, 雖"라는 해석에 근거하여 추가한 것이다. ≪五經定本≫에도 역시 "每, 雖"가 있고, 또 모전에 "駪駪은 많은 사람들의 모습이고, 征夫는 使臣이다." 라고 하였으므로, 鄭箋에서 거듭 말하기를 "여러 使臣이 임금의 명을 받고나면 의당 신속히 출발해야 한다. 만약 제각각 사적인 생각을 품고서 서로 지체하면 사신 임무를 제때에 미치지 못한다."라고 하였다. 군주의 명을 무시하는 것도 일을 처리한 후라고 말하는 것이다. 여기서 참으로 사신을 行夫라고 하는 것은 ≪春秋≫에서 사신을 行人이라고 하는 것과 같다. 군주는 사신을 한 명 보낼 뿐인데 여러 명의 사신이라고 말한 것은 사신은 上使와 기타 사신을 총괄해서 신칙해야 하니, 한 명이 아니므로 여러 명이라고 한 것이다.

살펴보건대 ≪儀禮≫ 〈聘禮〉에는 사신이 군주에게 명을 받을 때 오직 上使가 군주의 좌측에 서서 명을 받고 다른 여러 사신은 참여를 하지 않는다고 하였다. 여기서 총괄해서 신칙한다는 것은 저 명을 받은 사람이 聘問한다는 뜻이며, 혹은 나라의 비밀스런 일에는 오직 상사가 명을 받으므로 다른 사신들은 명을 받는 데 참여하지 않는다. 군주가 사신을 파견할 때는 길에서 훈계하고 신칙하며 설사 다른 여러 사신이 있어도 마찬가지이다. 이와 같다면 〈大雅 烝民〉에서 "사신들 민첩하고 민첩하다. 사심을 품는다면 미치지 못할 것이다.〔征夫捷捷 每懷靡及〕"라고 하였는데, 鄭箋에서는 仲山甫가 훈계했다고 하였다. 여기와 같지 않는 것은 〈대아 증민〉이 군주가 사신을 보낼 때 부르는 노래가 아니고, 중산보의 덕행을 찬미하고 서술한 시이기 때문이다. 문장의 형세를 보면 여기와는 다르다.

我馬維駒[1)]니 **六轡如濡**로다

1) 駒 : 우리나라에서는 망아지라고 번역하지만 여기서는 六尺의 건장한 말을 가리킨다. 驕라고도 한다.

나의 말은 여섯 척 되는 건장한 말이니
여섯 고삐가 선명하고 광택이 난다

【箋】 箋云 如濡는 言鮮澤也라 ○ 駒는 音俱니 本亦作驕라 濡는 如朱反이라

箋云 : 如濡는 선명하고 광택이 나는 것을 말한다.

○ 駒은 음이 俱이니, 다른 판본에는 또 驕로 되어 있다. 濡는 如와 朱의 반절이다.

載馳載驅하여 **周爰咨諏**(추)하놋다

신속히 말을 몰아

충성스럽고 신실한 賢人을 찾아 좋은 방도를 구하도다

【傳】 忠信爲周요 訪問於善爲咨요 咨事爲諏라

忠信을 周, 善人을 찾아서 묻는 것을 咨, 일에 대해 묻는 것을 諏라고 한다.

【箋】 箋云 爰은 於也라 大夫出使에 馳驅而行하고 見忠信之賢人이면 則於(是)〔之〕[1]訪問하여 求善道也라 ○ 咨는 本亦作諮이라 諏는 子須反이니 爾雅云 謀也며 說文聚謀也니라

1) (是)〔之〕: 저본의 교감기에 따라 '之'로 번역하였다.

箋云 : 爰은 於이다. 大夫가 사신으로 나갈 때에 신속히 말을 몰아 달려가서, 충성스럽고 신실한 현인을 만나면 찾아가 묻고 좋은 방도를 구한다.

○ 咨는 다른 판본에는 또 諮로 되어 있다. 諏는 子와 須의 반절이니 ≪爾雅≫에는 "도모하다"라고 하였고, ≪說文解字≫에는 "여럿이 모여 도모하다."라고 하였다.

【疏】 '我馬'至'咨諏' ○ 正義曰 : 此文王敎使臣曰 "我使臣出使, 所乘之馬, 維是駒矣, 所御六轡, 如汚物之被洗濯濡濕, 甚鮮澤矣. 汝當乘是車飾, 自謂無及, 則驅馳速行, 求忠信之賢人, 咨訪其諏事焉."

經의 〔我馬〕에서 〔咨諏〕까지

○ 正義曰 : 이것은 文王이 使臣들을 가르치면서 말한 것이니, 그 내용은 다음과 같다. "나의 사신이 사신 임무를 하러 나갈 때 타는 말은 6척의 건장한 말이고, 쥐고 있는 여섯 고삐는 汚物을 세탁한 듯하여 대단히 선명하고 광택이 난다. 너희 사신들은 타는 수레를 장식하면서도 스스로 미칠 수 없다고 한다. 말을 몰고 속히 가서 충성스럽고 진실한 賢人을 구하고, 그를 방문하여 일에 대해 좋은 방도를 물어보아야 한다."

【疏】 傳'忠信'至'爲諏' ○ 正義曰 : 三章傳云 "咨事之難易(이)爲謀." 四章傳曰 "咨禮義所

宜爲度(탁).” 卒章傳曰 “親戚之謀爲詢.” 此皆出於(外傳)〔左傳〕[1]也. 左傳曰 “訪問於善爲咨.” 杜預曰 “問善道也.” “咨親爲詢”, 杜預曰 “問親戚之義也.” “咨禮爲度”, 杜預曰 “問禮宜也.” “咨事爲諏”, 杜預曰 “問政事也.” “咨難爲謀”, 杜預曰 “問患難也.” 唯‘難’一事, 杜爲‘患難’, 毛爲‘難易’, 不同. 然患難之事, 亦須訪其難易, 理亦不異. 餘皆與傳同. 毛據彼傳, 因以義增而明之. 其“忠信爲周”一句, 魯語文也. 魯語無“訪問於善”一句. 又云 “咨才爲諏, 咨事爲謀”, 與左傳異. 韋昭以爲字誤, 改從左傳, 曰 “才當爲事.” 又曰 “事當爲難.” 是也. 餘與左傳同. 此四者, 諏・謀・度・詢俱訪於周, 而必爲此次者, 以咨是訪名. 所訪者事, 故先咨諏, 事有難易, 故次咨謀, 旣有難易, 當訪禮法所宜, 故次咨度, 所宜之內, 當有親疏, 故次咨詢. 因此附會其文爲先後耳.

1) (外傳)〔左傳〕: 저본에는 ‘外傳’으로 되어 있으나, ‘左傳’의 誤字로 여겨진다. ≪國語≫ 〈魯語 下〉에도 비슷한 내용의 글이 있으나, ≪春秋左氏傳≫ 襄公 4년의 글로 보아야 한다.

傳의 〔忠信〕에서 〔爲諏〕까지

○ 正義曰 : 3장의 毛亨 傳에 “일의 難易를 묻는 것을 謀라고 한다.”라고 하였고, 4장의 모형 전에 “禮義의 합당함을 묻는 것을 度이라고 한다.”라고 하였고, 졸장(5장)의 毛亨 傳에 “친척의 일을 도모하는 것을 詢이라 한다.”라고 하였다. 이것 모두가 ≪春秋左氏傳≫에 나온다. ≪춘추좌씨전≫(襄公 4년)에 “善人에게 묻는 것이 咨이다.”라고 하였는데 杜預는 “善道를 묻는 것이다.”라고 하였다. ≪춘추좌씨전≫에 “친척의 일을 묻는 것이 詢이다.”라고 하였는데, 두예는 “친척의 의리를 묻는 것이다.”라고 하였다. ≪춘추좌씨전≫에 “禮를 묻는 것이 度이다.”라고 하였는데, 두예는 “禮의 합당함을 묻는 것이다.”라고 하였다. ≪춘추좌씨전≫에 “政事를 묻는 것이 諏이다.”라고 하였는데, 두예는 “政事를 묻는 것이다.”라고 하였다. ≪춘추좌씨전≫에 “難을 묻는 것이 謀이다.”라고 하였는데, 두예는 “患難을 묻는 것이다.”라고 하였다. 단지 ‘難’ 한 가지 일에 대해서 두예는 ‘患難’, 毛亨은 ‘難易’라고 하여 〈견해가〉 같지 않다. 그렇지만 患難의 일 또한 그 難易를 모름지기 물어야 하므로 이치상 또한 다르지 않다. 나머지는 모두 ≪춘추좌씨전≫의 내용과 같다. 모형이 ≪춘추좌씨전≫을 근거로 하면서 의미를 보태고 분명히 한 것이다. “忠信이 周이다.”라는 한 구절은 ≪國語≫(〈魯語 下〉)의 글이다.

≪국어≫에는 “善人에게 묻는다.〔訪問於善〕”라는 한 구절이 없다. 또 ≪국어≫에 “재주 있는 사람에게 묻는 것이 諏, 정사를 묻는 것이 謀이다.〔咨才爲諏 咨事爲謀〕”라고 하

였는데 ≪춘추좌씨전≫의 글과 다르다. 韋昭는 글자가 잘못되었다고 여겨 ≪춘추좌씨전≫의 글을 따라 고치기를 "才는 事가 되어야 한다."라고 하였고, 또 "事는 難이 되어야 한다."라고 하였는데 이것이다. 나머지는 ≪춘추좌씨전≫의 글과 같다. 이 네 가지인 諏・謀・度・詢를 모두 구비해서 忠信한 사람에게 물어야 할 때는 반드시 순서가 있어야 하므로 咨를 묻는다는 이름으로 하였다. 물어보는 것이 政事이므로 咨諏를 앞에 두었고, 정사에는 난이가 있으므로 咨謀를 다음에 두었고, 난이가 있으면 의당 적합한 예법을 물어야 하므로 다음에 咨度을 두었고, 합당한 안에서도 의당 親疏가 있으므로 다음에 咨詢을 두었다. 그러므로 經文을 견강부회하여 선후로 삼은 것뿐이다.

我馬維騏니 **六轡如絲**로다

나의 말은 검푸른 말이니
여섯 고삐가 균형이 잡히고 질기다네

【傳】 言調忍也라 ○ 騏는 音其라 忍은 音刃이라

균형이 잡히고 질긴 것을 말한다.
○ 騏는 음이 其이다. 忍은 음이 刃이다.

載馳載驅하여 **周爰咨謀**하놋다

신속히 말을 몰아
충성스럽고 신실한 현인을 찾아서 좋은 방도를 구하도다

【傳】 咨事之難易(이)爲謀라 ○ 易는 以豉反이라

일의 難易를 묻는 것을 謀라고 한다.
○ 易는 以와 豉의 반절이다.

我馬維駱이니 **六轡沃若**이로다 **載馳載驅**하여 **周爰咨度**(탁)하놋다

나의 말은 검은 갈기의 흰 말이니
여섯 고삐가 선명하고 광택이 난다네

신속히 말을 몰아
충성스럽고 신실한 현인을 찾아서 좋은 방도를 구하도다

【傳】 咨禮義所宜爲度라 ○ 沃은 烏毒反이라 沈은 又於縛反이라 度은 待洛反이요 注同이라

禮義의 합당함을 묻는 것을 度이라고 한다.

○ 沃은 烏와 毒의 반절이다. 沈旋은 또 於와 縛의 반절이라 하였다. 度은 待와 洛의 반절이며 注에서도 같다.

我馬維駰이니 六轡既均이로다

나의 말은 검은 털에 흰 털이 섞인 말이니
여섯 고삐가 균형이 잡혔네

【傳】 陰白雜毛曰駰이라 均은 調也라 ○ 駰은 音因이라

연한 검은색 털과 흰색 털이 섞인 말을 駰이라 한다. 均은 調이다.

○ 駰은 음이 因이다.

載馳載驅하여 周爰咨詢하놋다

신속히 말을 몰아
충성스럽고 신실한 현인을 찾아서 좋은 방도를 구하도다

【傳】 親戚之謀爲詢이라 兼此五者하고 雖有中和라도 當自謂無所及이니 成於六德也라

친척의 일을 도모하는 것을 詢이라 한다. 이 다섯 가지를 겸하고 中和를 가졌더라도 의당 스스로 미치지 못한 것 같다고 해야 六德(周・咨・諏・謀・度・詢)을 완성한다.

【箋】 箋云 中和謂忠信也라 五者는 咨也요 諏也요 謀也요 度也요 詢也라 雖得此於忠信之賢人이라도 猶當云己將無所及於事하고 則成六德이라 言愼其事라 ○ 詢은 音荀이라 諮親爲詢이라

箋云 : 中和는 忠信을 말한다. 다섯 가지는 咨・諏・謀・度・詢이다. 충성스럽고 신

실한 賢人을 얻었다 하더라도 오히려 자신은 일에 미치지 못하는 것 같다고 해야 六德을 완성한다. 일을 신중히 해야 함을 말한 것이다.

○ 詢은 음이 荀이다. 친척의 情誼를 물어보는 것이 詢이다.

【疏】 傳'兼此'至'六德' ○ 正義曰：左傳云 "臣獲五善." 是也. 魯語曰 "重之以六德." 是傳之所據.

傳의 〔兼此〕에서 〔六德〕까지

○ 正義曰：≪春秋左氏傳≫ 襄公 4년에 "臣이 五善(咨・詢・度・諏・謀)을 획득했다."라고 하였는데, 이것이다. ≪國語≫ 〈魯語 下〉에 "六德을 거듭 주었다."라고 하였는데, 이것은 ≪춘추좌씨전≫의 글에 근거한 것이다.

【疏】 箋'中和'至'其事' ○ 正義曰：此箋以毛傳不明, 贊成其說. 經云周, 傳言中和, 中和, 周之訓也. 諏・謀・度, 皆咨周而得之, 則周之中和爲己之有. 故言 "雖有中和, 當自謂無所及者, 卽上"每懷靡及", 是也. 以君勑使臣云 "若每人懷私, 則於事無所及", 故當自謂無所及也. 以此篇終, 故傳於是結之. 然而外傳云 "忠信爲周", 不言中和, 故鄭申言之. 傳云中和, 正謂忠信也. 然則毛傳不言忠信, 而云中和者, 中庸曰 "喜怒哀樂之未發謂之中, 發而皆中節謂之和", 則中和者, 秉心塞淵, 出言允當之謂也. 然於文, 中心爲忠, 人言爲信, 是忠信・中和, 事理相類, 故毛以忠信爲中和. 鄭據成文, 轉之爲忠信也. 知五者, 咨也, 諏也, 謀也, 度也, 詢也者, 以左傳穆叔先解此五事, 乃曰 "臣獲五善", 故知此爲五者也. 言雖得此於忠信之人者, 皆於周咨焉, 故云得之. 咨出於己, 非出於彼. 同云得者, 由遇彼賢, 所以得訪, 故亦爲得之於忠信也. 雖得此五者, "猶當云已無所及於事, 則成六德." 言愼其事也. 韋昭云 "六德, 謂諏也, 謀也, 度也, 詢也, 咨也, 周也." 案周者, 彼賢之質, 不當以周備數也. 傳云 "自謂無所及成於六德", 箋申傳說, 言 "猶當云已將無所及於事, 則成六德." 然則箋・傳之意, 以"自謂無所及於事", 是謙虛謹愼, 以之爲一, 通彼五者爲六德, 不與韋昭同也. 鄭之此說, 讚成毛義. 故鄭志"張逸[1]問'此箋云「中和謂忠信.」「每懷靡及」, 箋云「懷和爲每懷, 和當爲私.」而此言忠信, 愚意似乖也.' 答曰'非也. 此周之忠信也. 已有五德, 復問忠信之賢人.'" 問意以傳言 "雖有中和, 自謂無所及", 謂出於"每懷靡及"而來. 箋(以)〔已〕[2]破和爲私, 則無復有中和之事. 今又言中和, 故怪而問之, 鄭答曰 "非也." 謂此中和非上每懷也,此自是周忠信也. 言中和者, 義出於周, 不出於每懷也. 由此言之, 則張逸亦不知箋轉和以申毛意, 謂鄭破和而非傳, 故有此問. 鄭答曰 "非", 是鄭不易毛也. 但毛傳質略, 事之久遠, 未知鄭之此說上當毛意以否, 要以觀其答意及箋意必當然也. 王肅以毛傳云 "雖有中和"者, 卽上"每, 雖. 懷, 和", 是也. 孫毓[3]亦以爲然. 故其評曰 "按此篇毛傳上下, 說自相申成. 下章傳云'雖有中和, 當自謂無所及', 卽是上章謂'每懷靡及','每, 雖. 懷, 和'之義也. 箋旣易之於前, 爲說於下云'中和謂忠信.' 自是周之訓也, 何得以釋中和乎. 上下錯戾, 不可得通, 傳義爲長. 遍檢書傳, 不見訓懷爲和. 假使訓懷爲和, 中字猶無所出. 外傳言懷者, 上下文勢, 皆作私懷之義, 則鄭氏之言實有所據. 而今詩本[4]皆有'每, 雖', 則王肅之說又非無理. 鄭・王竝是大儒, 俱云述傳, 未知誰得其旨, 故兼載申說之焉."

1) 張逸 : 鄭玄의 제자인데 자세한 행적은 미상이다. ≪鄭志≫는 정현의 손자 鄭小同이 정현과 그 문인들의 문답을 기록한 책이다. 이 책에 정현과 장일이 문답한 내용이 실려 있다.
2) (以)〔已〕: 저본의 교감기에 따라 '已'로 번역하였다.
3) 孫毓 : 晉나라의 학자이며, 자는 休朗이다. 저서로 ≪毛詩異同評≫이 있다. 鄭玄과 王肅의 주석 同異에 대해 논평하였다.
4) 詩本 : ≪詩經≫과 관련된 주석서로 보이나, 未詳이다.

箋의 〔中和〕에서 〔其事〕까지

○ 正義曰 : 여기의 鄭箋은 毛傳이 분명하지 못하다고 여기면서도 그의 설에 찬성한 것이다. 經文의 '周'를 毛傳에서는 '中和'라고 하였으니, 中和는 周의 해석이다. 諏・謀・度은 忠信한 사람〔周〕에게 물어본 후에야 얻는 것이니 충신한 사람의 中和를 자신의 것으로 만들어야 한다. 그러므로 〈5장의 모전에서〉 "중화를 가졌더라도 의당 스스로 미치지 못한 것 같다고 해야 한다."라고 한 것은 윗 장(1장)의 "신실한 마음을 가졌어도 미치지 못할 것이로다.〔每懷靡及〕"라는 것이 이것이다.

군주가 사신에게 신칙하기를 "사람마다 신실한 마음을 품었다고 하더라도 일에는 미치지 못할 것이다."라고 하였으므로, 의당 스스로 미치지 못할 것 같다고 한 것이다. 이 편의 마지막이므로 모전에서 이렇게 결론을 지었으나, ≪國語≫ 〈魯語 下〉에서 "忠信이 周이다.〔忠信爲周〕"라고 하였지 중화라고 말하지 않았으므로 鄭玄이 거듭 〈중화는 충신이라고〉 말한 것이다. 모전에서 말하는 중화는 바로 충신을 이른다. 그렇다면 모전에서 충신을 말하지 않고 중화를 말한 것은 ≪中庸≫ 1장에서 "희노애락의 감정이 발동하지 않은 것을 中이라 하고, 발동하여 모두 절도에 맞는 것을 和라고 한다."라고 하였기 때문이다. 중화라는 것은 마음가짐이 성실하고 심원하며 입에서 나오는 말은 참으로 합당한 것을 말한다. 그리고 문자로 따지더라도 中心이 忠이고 人言이 信이다. 이것이 충신과 중화는 이치상 서로 같은 부류이므로 모형은 충신을 중화라고 여긴 것이다. 정현은 〈모형의 말에〉 근거하여 문장을 만들고 중화를 충신이란 말로 옮겼다. 다섯 가지가 咨·諏·謀·度·詢임을 알 수 있는 것은 ≪春秋左氏傳≫ 〈襄公 4년에 魯나라 대부〉 穆叔이 앞서 이 五事를 풀이하면서 말하기를 "신이 五善(咨·諏·謀·度·詢)을 얻었다."라고 하였으므로 이것이 다섯 가지임을 알 수 있다. 말하자면 충신한 사람을 얻었다고 하더라도 모두 충신한 사람에게 자문을 해야지 얻었다고 말할 수 있는 것이다. 자문하는 것은 나에게서 나오는 것이지 저쪽에서 나오는 것이 아니다. 똑같이 얻었다고 말한 것은 저 현자를 만났기 때문에 방문할 수 있으므로 또한 충신한 사람을 얻을 수 있는 것이다.

이 다섯 가지를 얻었다고 하더라도 "오히려 자신은 일에 미치지 못하는 것 같다고 해야 六德을 완성할 수 있다."라고 한 것은 말하자면 그 일을 신중히 여긴 것이다. 韋昭는 "六德은 諏·謀·度·詢·咨·周이다."라고 하였다. 살펴보건대 周라는 것은 저 현명한 품성을 가진 사람이지 숫자만 채우는 그런 사람이 아니다. 모전에 "스스로 미치지 못한 것 같다고 해야 六德(周·咨·諏·謀·度·詢)을 완성한다."라고 하였으며, 鄭箋은 모전의 말을 거듭 풀이하면서 말하기를 "오히려 자신은 일에 미치지 못하는 것 같다고 해야 六德을 완성한다."라고 하였다. 그렇다면 정전과 모전의 뜻은 "스스로 일에 미치지 못하는 것 같다고 여겨야 한다."는 것이니, 이것은 겸허하고 근신하는 것이다. 이것을 통일된 것으로 삼았으니 저 五者를 六德으로 연결시킨 위소의 뜻과 같지 않다. 정현의 이 설은 모형의 뜻을 찬성하는 것이다. 그러므로 ≪鄭志≫에서 "張逸이 묻기를 '여기의 鄭箋에는 「중화는 충신이다.」고 하였다. '每懷靡及'에 대해서는 鄭箋은 「懷和가 每懷이다. 和는 私가 되어야 한다.」고 하였고, 여기서는 충신이라고 하였으니, 나의 생각에 괴리가 생기는 듯하다.'고 하였다. 정현이 답하기를 '아니다. 이것은 周를 忠信으로 한 것이다. 자기에게 五德이 있으니 다시 忠信한 賢人에게 물은 것이다.' 하였다."라고 하였다. 질문한 뜻에 대하여 毛傳에서는 "중화를 가졌더라도 의당 스스로 미치지 못한 것 같다고 해야 한다."라고 하였는데, 생각하건대 每懷靡及에서 나온 것이다. 鄭箋은 이미 和를 私로 논파하였으니 다시 중화라는 일이 없다. 지금 또 중화를 말하였으므로 괴이하게 여겨 질문하자, 정현이 "아니다."라고 하였는데, 이것은 중화가 위의 每懷가 아니며 바로 본래 周가 忠信이라는 것이다. 중화를 말할 때는 의미가 周에서 나왔고 每懷에서 나오지 않았다. 이러한 것을 근거로 말하자면 張逸 역시 鄭箋에서 和를 전환하여 毛亨의 뜻으로 거듭 밝힌 것을 모르고, 정현이 和를 논파하여 모전을 비판한 것으로 여겨 이런 질문이 있게 된 것이다. 정현이 "아니다"라고 대답하였더라도 이것은 정현이 모형의 뜻을 바꾼 것은 아니다. 다만 모전은 내용이 질박하고 간략하며 주석의 변천사도 오래되었으므로 정현의 이 설이 모형의 뜻과 일치하는지의 여부는 모르겠지만 요컨대 정현이 장일에게 대답한 뜻과 鄭箋의 의미를 살펴보면 필연적으로 당연한 것이다. 王肅은 모전에서 "雖有中和"라고 한 것에 대하여 위의 "每는 雖이다. 懷는 和이다."라고 하였는데, 바로 이것이다.

孫毓 또한 그렇다고 여겼으므로 논평하기를 "살펴보건대 이 편의 毛傳 상하는 서로 중복되어 성립되었음을 설명하고 있다. 5장의 毛傳에 '中和를 가졌더라도 의당 스스로 미치지 못한 것 같다고 해야 한다.'고 하였는데, 즉 1장 '每懷靡及'의 '每는 雖이다. 懷는 和이다'라는 뜻을 말한 것이다. 鄭箋은 〈1장에서 '和當爲私'라고 한〉 앞의 주석을 바꾸어, 아래(5장)에서 '中和가 忠信이다.'고 하였다. 본래 周의 해석인데 어떻게 中和를 풀이할 수 있겠는가. 위의 주석과 아래 주석이 어긋나 통할 수 없으니, 毛傳의 뜻이 뛰어나다. 서책과 주석을 두루 검사해도 懷를 和로 풀이한 것을 보지 못하였다. 가령 懷를 和로 풀이하더라도, 中자는 여전히 나올 근거가 없다. ≪國語≫(〈魯語 下〉)에서 懷를 말한 것은 상하의 문장 형세가 모두 私懷를 만들었다는 뜻이니 정현의 말도 실로 근거가 있다. 그렇지만 지금 ≪시경≫과 관련된 주석서에는 모두 '每는 雖이다.'라고 되어 있다. 왕숙의 설도 이치가 없는 것은 아니다. 정현・왕숙이 모두 대학자이면서 모두 주석을 하였으니 누가 올바른 뜻을 얻었는지 모르겠다. 그러므로 겸해서 싣고 거듭 설명한다."라고 하였다.

皇皇者華五章이니 章四句라

〈皇皇者華〉는 5章이니 章마다 4句이다.

常棣(상체)

【序】常棣는 **燕兄弟也**니 **閔管・蔡之失道**라 **故作常棣焉**이라

〈常棣〉는 형제에게 燕禮를 열어주고 읊은 시이다. 管叔・蔡叔이 道를 잃었음을 마음 아파하였으므로 〈상체〉를 지은 것이다.

【箋】周公弔二叔之不咸[1]하고 **而使兄弟之恩疏**하니 **召公爲作此詩**하여 **而歌之以親之**라 ○ **常棣**는 **大計反**이요 **字林大內反**이라 **召**는 **上照反**이라 **爲作**은 **于僞反**이라

1) 周公弔二叔之不咸 : ≪春秋左氏傳≫ 僖公 24년에 보인다.

周公이 동생인 管叔・蔡叔이 〈형제와〉 화목하게 지내지 못하고 형제와 소원하게 지내는 것을 마음 아파하자, 召公이 그를 위해 이 시를 짓고 노래를 부르면서 친하게 지내도록 하였다.

○ 常棣의 棣는 大와 計의 반절이며, ≪字林≫에는 大와 內의 반절이라 하였다. 召는 上과 照의 반절이다. 爲作의 爲는 于와 僞의 반절이다.

【疏】'常棣'(八章 章四句)至'棣焉' ○ 正義曰：作常棣詩者, 言燕兄弟也. 謂(主)〔王〕[1]**者以兄弟至親, 宜加恩惠, 以時燕而樂之, 周公述其事, 而作此詩焉. 兄弟者, 共父之親, 推而廣之, 同姓宗族皆是也. 故經云"兄弟旣具, 和樂且孺." 則遠及九族宗親, 非獨燕同懷兄弟也. 序又說所以作此燕兄弟之詩者, 周公閔傷管叔・蔡叔失兄弟相承順之道, 不能和睦, 以亂王室, 至於被誅, 使已兄弟之恩疏, 恐天下見在上旣然, 皆疏兄弟. 故作此常棣之詩, 言兄弟不可不親, 以敦天下之俗焉. 此序序其由管・蔡而作詩意, 直言兄弟至親, 須加燕飫, 以示王者之法, 不論管・蔡之事, 以管・蔡已缺, 不須論之, 且所以爲隱也. 此經八章, 上四(句)〔章〕**[2]**言兄弟光顯, 急難相須. 五章言安寧之日, 始求朋友, 以明兄弟之重, 至此上論兄弟由親, 所以燕之. 六章始說燕飫, 卽充此云燕兄弟也. 燕・飫禮**[3]**異, 飫以非常事, 燕主歡心, 故言燕以兼飫. 卒章言室家相宜, 由於燕好, 取其首尾相成也.**

1) (主)〔王〕: 저본에는 '主'로 되어 있으나, 문맥에 의거하여 '王'으로 번역하였다.
2) (句)〔章〕: 저본의 교감기에 따라 '章'으로 번역하였다.

3) 飫禮 : 毛亨은 '집안에서 여는 사적인 宴會'라고 하였으며, 鄭玄은 '일상적이지 않은 국가에 중대한 일이 있을 때 거행하는 禮'라고 하였다.

序의 〔常棣〕에서 〔棣焉〕까지

○ 正義曰 : 〈常棣〉를 지은 것은, 말하자면 형제에게 燕禮를 열어준 것이다. 생각하건대 君王이 가장 가까운 친척인 형제에게 恩惠를 더 베풀어야 하고 때때로 연례를 열어 즐겁게 지내야 하므로 周公이 그 일을 서술하여 이 시를 지은 것이다. 형제는 아버지를 함께하는 骨肉이니 확대해서 넓히면 同姓의 宗族이 모두 그렇다. 그러므로 經文(6章)에서 "형제가 모두 있어야 화락하고 또 친근하게 지낸다."라고 하였으니, 멀리 九族의 宗親까지 미치는 것이지 비단 같은 형제에게만 연례를 열어주는 것이 아니다.

序에서 또 형제에게 연례를 열어주고 시를 지었다고 설명한 것은, 주공이 管叔・蔡叔이 형제간에 서로 받들고 순종하는 도리를 상실하여 화목하게 지내지 못하고 왕실을 혼란케 하여 처형되었으며 형제의 은혜가 멀어지게 된 것을 슬퍼하고, 천하 사람들이 윗자리에 있는 사람들이 그렇게 하는 것을 보고서 모두 형제를 소원히 여길까 염려하였기 때문이다. 그러므로 이 〈상체〉를 지어서 형제는 친애하지 않아서는 안 됨을 말하여 천하의 풍속을 돈독히 한 것이다.

序에서 관숙・채숙을 주벌한 이유와 시를 지은 뜻을 서술하여 가장 가까운 친척인 형제에게는 모름지기 燕禮・飫禮를 열어 군왕의 법도를 보여야 함을 솔직히 말하면서도 관숙・채숙의 사건을 거론하지 않은 것은, 관숙・채숙이 이미 무너져 거론할 필요가 없고 또 그들의 죄를 감춰주고자 하였기 때문이다.

이 시는 8장이니 위의 4장은 형제의 榮華와 위급하고 어려울 때 서로 도와주는 것을 말하였다. 5장은 편안한 날에는 붕우를 구하면서 형제가 소중함을 분명히 하였으며, 여기에 이르러 형제는 친애함에서 시작되므로 연례를 베푼 것이다. 6장에서 처음으로 연례・어례를 처음으로 설명하였는데, 여기에서 충족하였으므로 형제에게 연례를 베푼다고 말한 것이다. 연례와 어례는 다르니 어례는 일상적이지 않은 일에 열며, 연례는 환심을 사는 것이 주된 목적이므로 연례는 어례를 겸한다고 말한 것이다. 卒章인 8장에서 가정이 화목한 것도 연례에서 즐겁게 지냈기 때문임을 말하였으니, 首尾가 완성되었음을 취한 것이다.

【疏】箋'周公'至'親之' ○ 正義曰 : 此解所以作常棣之意. 咸, 和也. 言周公閔傷此管蔡二叔之不和睦, 而流言作亂, 用兵誅之, 致令兄弟之恩疏, 恐其天下見其如此, 亦疏兄弟, 故作此詩, 以燕兄弟取其相親也. 此常棣是取兄弟相親之詩. 至厲王之時, 棄其宗族, 又使兄弟之恩疏. 召穆公爲是之故, 又重述此詩, 而歌以親之. 外傳云 "周文公之詩曰'兄弟鬩於牆, 外禦其侮.'", 則此詩自是成王之時, 周公所作, 以親兄弟也. 但召穆公[1]見厲王之時, 兄弟恩疏, 重歌此周公所作之詩以親之耳. 故鄭答趙商云 "凡賦詩者, 或造篇, 或誦古." 所云誦古, 指此召穆公所作誦古之篇, 非造之也. 此自周公之事, 鄭輒言召穆公事, 因左氏所論而引之也. 左傳曰 "王怒, 將以狄伐鄭. 富辰諫曰 '不可. 臣聞大上以德撫民, 其次親親, 以相及也. 昔周公弔二叔之不咸, 故封建親戚, 以藩屛周. 召穆公思周德之不類, 故糾合宗族於成周而作詩, 曰常棣之華, 鄂不韡韡, 凡今之人, 莫如兄弟. 周之有懿德如是, 猶曰莫如兄弟, 故封建之. 其懷柔天下也, 猶懼有外侮. 捍禦侮莫如親親, 故以親屛周. 召穆公亦云'" 是"周公弔二叔之不咸", 召公作詩之事也. 檢左傳止言 "周公弔二叔之不咸, 而封建親戚", 不言爲恩疏作常棣. 下云 "召穆公思周德之不類, 糾合宗族於成周而作常棣." 則周公本作常棣, 亦爲糾合宗族可知. 但傳文欲詳之於後, 故於封建之下, 不言周公作常棣耳, 末言 "召穆公亦云", 明本常棣是周公之辭. 故杜預云 "周公作詩, 召公歌之, 故言亦云", 是也. 此序言 "閔管・蔡之失道", 左傳言 "弔二叔之不咸", 言雖異, 其意同. 弔, 傷也. 二叔卽管・蔡也. 不咸卽失道也. 實是一事, 故鄭引之. 先儒說左傳者, 鄭衆・賈逵以二叔爲管・蔡, 馬融以爲夏・殷之叔世. 故鄭志"張逸問'此箋云周仲文以左氏論之, 三辟之興, 皆在叔世, 謂三代之末, 卽二叔宜爲夏・殷末也.' 答曰'此注左氏者亦云管・蔡耳. 又此序子夏所爲, 親受聖人, 足自明矣.'" 問者以昭六年左傳曰 "'夏有亂政而作禹刑, 商有亂政而作湯刑, 周有亂政而作九刑. 三辟之興, 皆叔世也.' 彼叔世者, 謂三代之末世也, 則言二叔者, 亦宜爲夏・殷之末世. 故言有周仲文, 蓋漢世儒者也, 以爲二叔宜爲夏・〔殷〕[2]之末, 不得爲管・蔡, 故問之." 鄭答注左氏者, 亦云管・蔡, 謂鄭・賈之說也. 又左傳論"周公弔二叔之不咸, 而作常棣", 此序言 "閔管・蔡之失道, 故作常棣之意", 則此云管・蔡, 卽傳(言)[3]云二叔可知. 故云 "此序子夏所作, 親受聖人, 自足明矣."

1) 召穆公 : 召公의 후손으로 이름은 虎이다. 周 宣王 때에 淮夷의 난을 토벌한 공로가 있다. 〈大雅 江漢〉에 "소호가 엎드려 절하고 천자의 만년을 빌었다.〔虎拜稽首 天子萬年〕"라는 구절이 있는데, 虎가 바로 召穆公이며 시의 작자이기도 하다.

2) 〔殷〕: 저본의 교감기에 따라 '殷'을 보충하였다.

3) (言) : 저본에는 '言'이 있으나, 교감기에 따라 衍文으로 처리하였다.

箋의 〔周公〕에서 〔親之〕까지

○ 正義曰 : 이것은 〈常棣〉를 지은 의미를 풀이한 것이다. 咸은 '화목함'이다. 말하자면 周公이 管叔·蔡叔인 二叔이 형제들과 화목하게 지내지 못함에 상심하였다. 그리고 이들이 유언비어를 퍼뜨려 반란을 일으키자 군사를 동원하여 주벌하니 형제간의 은혜가 소원하게 되었고, 천하가 이러한 일을 보고 또한 형제를 멀리할까 염려되어 이 시를 짓고 형제에게 연례를 베풀면서 서로 친애하자는 뜻을 취한 것이다. 〈상체〉는 형제간에 서로 친애하는 뜻을 취한 시이다. 厲王의 시대가 되어서는 종족을 버리고 또 형제간의 은혜가 멀어지자 召穆公이 이런 까닭에 이 시를 거듭 찬술하여 노래를 부르고 친애하였다. ≪國語≫(〈周語 中〉)에 "周 文公(周公)의 시에서 '형제가 담 안에서 싸우나 외부에서 오는 수모는 함께 막는다.'고 했다."라고 하였으니, 이 시는 본래 成王 때에 주공이 지어서 형제를 친애한 것이다. 다만 소목공이 여왕의 시대에 형제간의 은혜가 소원한 것을 보고서 주공이 지은 시를 거듭 노래하여 친애하였을 뿐이다. 그러므로 ≪鄭志≫에서 鄭玄이 제자인 趙商에게 답하면서 이르기를 "대체로 시를 짓는 사람은 시편을 짓기도 하고 옛 시편을 읽기도 한다.〔凡賦詩者 或造篇 或誦古〕"라고 하였는데, '誦古'는 소목공이 옛 시편을 읽기 위해 만든 것을 가리키는 것이지 지은 것이 아니다. 이는 주공의 일에서 정현이 소목공의 일을 말하였고 ≪春秋左氏傳≫에서 논한 것을 따라서 인용한 것이다.

≪춘추좌씨전≫(僖公 24년)에 "왕이 노하여 狄軍을 거느리고 鄭나라를 정벌하려고 하였다. 富辰이 간언하기를 '불가합니다. 신이 듣건대 최상의 방법은 덕으로 백성을 위무하는 것이요, 그 다음은 친족을 친애하여 소원한 사람에게 미치는 것입니다. 옛날에 주공이 관숙·채숙이 형제와 화목하게 지내지 못했던 것을 가슴 아파하였습니다. 그러므로 친척에게 벼슬을 주어 한 지역을 다스리게 하여 주나라 왕실의 울타리로 삼았습니다. 소목공은 주나라의 덕이 善하지 못함을 상심하여 成周에 宗族을 모아놓고 다음과 같은 시를 지었습니다. 「아가위 꽃이여, 꽃받침이 환하게 빛나는구나. 대체로 요즈음 사람들은 형제만한 이가 없다.」 주나라의 아름다운 덕이 이와 같은데도 오히려 형제만한 사람이 없다고 하여 한 지역을 주어 다스리게 하였습니다. 주공이 천하를 회유하면서도 오히려 외부에서 오는 능욕이 있을까 염려하였습니다. 능욕을 막는 데는 친족을 친애하는 것이 가장 좋으므로 친족을 주나라의 울타리가 되도록 하

였습니다. 소목공 역시 주공의 시를 노래로 불렀습니다.' 하였다."라고 하였다. 이것이 "주공이 관숙·채숙이 형제와 화목하게 지내지 못했던 것을 가슴 아파하였다."라고 한 것이며, 召公이 시를 지은 일이다.

≪춘추좌씨전≫을 살펴보면 "주공이 관숙·채숙이 형제와 화목하게 지내지 못했던 것을 가슴 아파하여 친척에게 벼슬을 주어 한 지역을 다스리게 하였다."라고 말하는데 그쳤지, 형제간에 은혜가 소원하여 〈상체〉를 지었다고는 말하지 않았다. 아래에서 "소목공은 주나라의 덕이 善하지 못함을 상심하여 成周에 종족을 모아놓고 〈상체〉를 지었다."라고 하였으니 주공이 본래 〈상체〉를 짓고 또한 종족을 규합하였음을 알 수 있다. 다만 ≪춘추좌씨전≫을 나중에 상세히 고찰해야 하겠지만 '封建'이란 글 아래에 주공이 〈상체〉를 지었다는 말을 하지 않았고, 끝부분에 "소목공이 또한 노래로 불렀다.〔召穆公亦云〕"라고 하였으므로 〈상체〉는 본래 주공의 글이 분명하다. 그러므로 杜預가 "주공이 시를 짓고 소공이 노래를 불렀으므로 '亦云'이라고 말한 것이다."라고 하였으니 이것이다.

序에서 "관숙·채숙이 도를 잃었음을 민망히 여겼다."라고 하였으며, ≪춘추좌씨전≫에서 "관숙·채숙이 형제와 화목하게 지내지 못했다."라고 하였는데, 말은 다르지만 의미는 같다. 弔는 '상심하다'이다. 二叔은 관숙·채숙이다. 不咸은 '도를 잃은 것'이다. 실로 동일한 일이므로 정현이 인용한 것이다. ≪춘추좌씨전≫을 해설한 선배 학자 가운데 鄭衆과 賈逵는 二叔을 관숙·채숙이라고 여겼으며, 馬融은 夏·殷의 叔世(末世과 같음)로 여겼다. 그러므로 ≪鄭志≫에 "張逸이 묻기를 '이 箋에서 周仲文이 左丘明의 ≪춘추좌씨전≫을 논하면서 夏·殷·周 세 나라의 형법이 제정된 것은 모두 말세에 있었으므로 三代의 末期라고 하니 二叔은 夏·殷의 末世입니다.'라고 하였다. 정현이 답하기를 '좌구명의 ≪춘추좌씨전≫에 주석을 한 사람도 역시 관숙·채숙이라고 했다. 또 〈상체〉의 序는 子夏가 지은 것이다. 직접 성인에게 가르침을 받았으니 증명하기에 충분하다.' 고 했다."라고 하였다.

질문하는 사람이 ≪춘추좌씨전≫ 昭公 6년의 기사를 가지고 말하기를 "'夏나라의 정치가 어지러워지자 禹의 형법이 제정되었고, 商나라의 정치가 어지러워지자 湯의 형법이 제정되었으며, 周나라의 정치가 어지러워지자 아홉 가지 형벌이 제정되었다. 이들 세 나라의 형법이 제정된 것은 모두 〈도의가 무너진〉 말세 때의 일이었다.'라고 하였다. 저 叔世라는 것은 夏·殷·周의 末世이고, 二叔이라고 하는 것도 역시 하·은의 말세를 말하는 것이다. 그러므로 周仲文이란 사람은 漢代의 儒者인데, 二叔은 당연히 하・은의 말세이며 관숙・채숙이 될 수 없다고 하였다. 그러므로 질문을 한다."라고 하였다. 정현이 "左丘明의 ≪춘추좌씨전≫에 주석을 한 사람도 역시 관숙・채숙이라고 했다."라고 대답한 것은 鄭衆과 賈逵의 설이다.

또 ≪춘추좌씨전≫에는 "주공이 二叔과 사이좋게 지내지 못하자 상심하여 〈상체〉를 지었다."라고 하였고, 여기 序에서는 "관숙・채숙이 도를 잃은 것을 마음 아파하였으므로 〈상체〉를 지을 뜻을 세웠다."라고 하였다. 여기에서 말하는 관숙・채숙은 ≪춘추좌씨전≫에서 말하는 二叔임을 알 수 있다. 그러므로 "이 〈상체〉의 序는 자하가 지은 것이다. 직접 성인에게 가르침을 받았으니 증명하기에 충분하다."라고 말을 하는 것이다.

常棣之華여 鄂不韡韡(위위)아

아가위 꽃이여
꽃받침이 환하게 빛나는구나

常棣

【傳】 興也라 常棣는 棣也라 鄂猶鄂鄂然이니 言外發也라 韡韡은 光明也라

興이다. 常棣는 棣이다. 鄂은 꽃이 피어나는 모습으로, 말하자면 밖으로 드러나는 것이다. 韡韡은 밝게 빛남이다.

【箋】 箋云 承華者曰鄂이라 不當作(拊)〔柎〕[1)]니 柎는 鄂足也라 鄂足得華之光明이면 則韡韡然盛이라 興者는 喩弟以敬事兄하고 兄以榮覆弟하여 恩義之顯이 亦韡韡然이라 古聲不柎同[2)]이라 ○ 鄂은 五各反이라 不는 毛如字요 鄭改作柎며 方於反이라 韡는 韋鬼反이라 常棣棣也라 本或作常棣移라 音은 以支反이고 又是兮反이라 按爾雅云 唐棣는 移요 常棣는 棣라 作移者非라 不・柎에 不音은 如字며 又芳浮反이니 二聲相近也라 柎亦作跗이니 前注同이라 一云不니 亦方於反이라

1) (拊)〔柎〕: 저본에는 '拊'로 되어 있으나, 段玉裁의 ≪說文解字注≫ 木部 柎字(6篇 上-54)에 의거하여 '柎'로 번역하였다. 이하도 모두 같다.
2) 古聲不柎同 : '不'는 '柎'의 假借로 쓰인다는 뜻이다.

箋云 : 꽃을 받들고 있는 것을 '鄂(꽃받침)'이라 한다. 不는 柎가 되어야 하니, 柎는 꽃받침 다리이다. 꽃받침 다리가 꽃의 환한 빛을 가지면 활짝 펴진다. 興이라고 한 것은 아우는 형을 공경하며 섬기고 형은 아우를 보살펴주어 恩義가 드러나는 것이 역시 환하게 꽃이 핀 것과 같음을 비유한 것이다. 不・柎의 古聲이 같다.

○ 鄂은 五와 各의 반절이다. 不에 대해 毛亨은 如字, 鄭玄은 고쳐서 柎라고 하였는데, 方과 於의 반절이다. 韡은 韋와 鬼의 반절이다. "常棣는 棣이다."라는 것은 다른 판본에는 혹 "常棣는 移이다."라고 하였으며, 음은 以와 支의 반절, 또는 是와 兮의 반절이라 하였다. 살펴보건대 ≪爾雅≫에 "唐棣는 移이다. 常棣는 棣이다."라고 하였으니, 移라고 한 것은 잘못이다. 不・柎에서 不의 음은 如字이며, 또 芳과 浮의 반절이니, 不・柎의 聲符가 서로 가깝다. 柎는 또 跗로도 쓰는데 앞의 注와 같다. 일설에는 不라고 하는데 역시 方과 於의 반절이다.

凡今之人은 莫如兄弟라

대체로 요즈음 사람들은
형제만한 이가 없느니라

【傳】 聞常棣之言爲今也라

요즈음은 아가위 꽃과 꽃받침에 대한 說을 들었다.

【箋】 箋云 聞常棣之言은 始聞常棣華鄂之說也라 如此면 則人之恩親이 無如兄弟之最厚라

箋云 : '聞常棣之言'은 아가위 꽃과 꽃받침에 대한 說을 비로소 들었다는 것이다. 이와 같으면 사람의 은혜와 친애함은 형제가 가장 두텁다는 것이다.

【疏】 '常棣'至'兄弟' ○ 毛以爲"常棣之木, 華鄂鄂然外發之時, 豈不韡韡而光明乎. 以衆華俱發, 實韡韡而光明, 以興兄弟衆多而相和睦, 豈不强盛而有光暉乎. 言兄弟和睦, 實强盛而有光暉也. 兄弟和睦, 則强盛如是, 然則凡今時天下之人, 欲致此韡韡之盛, 莫如兄弟之相親. 言兄弟相親, 則致榮顯也." ○ 鄭以爲"華下有鄂, 鄂下有柎. 言常棣之華與鄂柎韡韡然甚光明也. 由華以覆鄂, 鄂以承華, 華鄂相承覆. 故得韡韡然而光明也. 華鄂相覆而光明, 猶兄弟相順而榮顯. 然則凡今時之人, 恩親無如兄弟之最厚也."

經의 〔常棣〕에서 〔兄弟〕까지

○ 毛亨은 "아가위나무는 꽃이 환하게 바깥으로 필 때 어찌 선명하게 빛이 나지 않겠는가. 많은 꽃이 모두 필 때 실로 선명하게 빛이 나는데, 이것으로 형제가 많고 서로 화목하게 지내면 强盛하고 눈부시게 빛난다는 것을 비유한 것이다. 형제가 화목하고 참으로 강성하며 눈부시게 빛난다는 것을 말한 것이다. 형제가 화목하면 이처럼 강성하다. 그런즉 요즈음 천하의 사람들이 환하게 꽃을 피우고자 하는 것은 형제간의 친애가 가장 으뜸이라고 하는 것이다. 말하자면 형제가 서로 친애하면 영화를 이룸을 말하는 것이다."라고 여긴 것이다.

○ 鄭玄은 "꽃 아래 꽃받침〔鄂〕이 있고, 꽃받침 아래 꽃받침 다리〔柎〕가 있다. 말하자면 아가위 꽃과 꽃받침・꽃받침 다리가 환하게 매우 빛이 나는 것이다. 꽃이 꽃받침을 덮고, 꽃받침이 꽃을 받들어 꽃과 꽃받침이 서로 받들고 덮어주는 형세이다. 그러므로 환하게 빛이 날 수 있는 것이다. 꽃과 꽃받침이 서로 보호하면서 빛이 나는 것은 형제가 서로 순종하면서 영화롭게 지내는 것과 같은 것이다. 그렇다면 지금 시대 사람의 은혜와 친애는 형제가 가장 두텁다는 것이다."라고 여긴 것이다.

【疏】 傳'常棣'至'光明' ○ 正義曰："常棣，棣"，釋木文也. 舍人曰 "常棣，一名棣." 郭璞曰 "今關西有棣樹，子如櫻桃，可食." 是也. (與此)〔此與〕[1]唐棣異木，故爾雅別釋[2]. 鄂猶鄂鄂者，以華之狀宜言鄂鄂，故重言之. 言外發也，謂華聚而發於外也. 韡韡，華之貌. 華非一色，故云光明. 靜女云 "彤管有煒"，文與彤連，故云 "煒，赤貌". 王述之曰 "不韡韡，言韡韡也. 以興兄弟能內睦外禦，則强盛而有光耀，若常棣之華發也."

1) (與此)〔此與〕: 저본의 교감기에 따라 '此與'로 번역하였다.

2) 爾雅別釋 : ≪爾雅≫ 〈釋木〉에서 "唐棣，栘"라고 하였다.

傳의 〔常棣〕에서 〔兄弟〕까지

○ 正義曰 : "常棣는 아가위나무〔棣〕이다."라고 한 것은 ≪爾雅≫ 〈釋木〉의 글이다. 舍人은 "常棣는 일명 棣이다."라고 하였고, 郭璞은 "지금 關西에 棣樹가 있는데 열매는 櫻桃 같고 먹을 수 있다."라고 하였는데 이것이다. 常棣는 唐棣와 다른 나무이다. 그러므로 ≪爾雅≫에서 따로 번역하였다. 鄂을 꽃이 피어나는 모습이라고 한 것은 꽃이 환하게 피어나는 모습을 말하는 것이므로 鄂鄂이라고 重言한 것이다. 말하자면 밖으로 드러난 것이니, 꽃이 군집해 있다가 바깥으로 활짝 핀 것이다. 韡韡는 꽃 모양이다. 꽃은 한

가지 색이 아니므로 '빛나고 밝다〔光明〕'라고 하였다. 〈邶風 靜女〉에 "붉은 붓대가 붉은 모습으로 환하게 빛난다.〔彤管有煒〕"라고 하였는데, 드러나는 문양과 붉은색이 연결되므로 "煒는 붉은 모습이다."라고 하였다. 王肅이 서술하기를 "不韡韡는 환하게 핀 것을 말한 것이다. 이것은 형제가 안으로는 화목하고 밖으로는 모욕을 막는 것을 비유한 것이다. 강성하면서도 영예로운 것이 아가위꽃이 핀 것과 같다는 것이다."라고 하였다.

【疏】 箋'承華'至'柎同' ○ 正義曰：以鄂文承華下，故爲承華曰鄂也．又古聲不・柎同．不在鄂下，宜爲鄂足，故知當作柎，柎爲鄂足也．以鄂足比於弟，華比於兄．鄂旣承華，文與柎連，則鄂・柎同比弟也．言鄂足得華之光明，是弟得兄榮也．又曰 "恩義之顯，亦韡韡然"，則兄亦得弟之助．兄弟之相佐，猶華・鄂之相承覆也．易傳者，以華之外發，取衆多爲義，未若取相承覆爲喩，辭理切近，故不從毛也．

箋의 〔承華〕에서 〔柎同〕까지

○ 正義曰：꽃받침 무늬가 꽃 아래를 받들고 있으므로 꽃을 받드는 것을 꽃받침〔鄂〕이라고 한다. 또 不・柎의 古聲은 같다. 不(꽃받침 다리)가 꽃받침 아래에 있으므로 당연히 꽃받침 다리〔鄂足〕가 되며, 그러므로 柎가 되어야 함을 아니 柎는 꽃받침 다리이다. 꽃받침 다리로 아우를 비유하고 꽃으로 형을 비유한다. 꽃받침이 꽃을 받들며, 무늬가 꽃받침 다리와 연결되었으니 꽃받침과 꽃받침 다리는 아우를 비유한다. 말하자면 꽃받침 다리가 꽃의 밝은 빛을 받으면 이것은 아우가 형의 영광을 받는 것이다. 또 "恩義가 드러나는 것이 역시 환하게 꽃이 핀 것이다."라고 말한 것은 형이 또한 아우의 조력을 얻은 것을 비유한 것이다. 형제가 서로 도와주는 것은 꽃과 꽃받침이 서로 받들고 덮어주는 것과 같다. 鄭玄이 毛亨과 달리 해석한 것은, 모형은 꽃이 피어 밖으로 드러나는 것으로 형제가 많다는 뜻을 취하였지만, 서로 받들고 덮어준다고 한 비유보다 못하기 때문이다. 문장과 이치가 절실하고 타당하여 毛傳을 따르지 않은 것이다.

【疏】 傳'聞常棣之言爲今' ○ 正義曰：傳以凡今者，多對古之稱，故辨之．旣聞常棣之說，則知兄弟宜相親．故以"聞常棣之言爲今"，謂從今以去，宜相親也．王述之曰 "管・蔡之事(以次)〔已缺〕[1]，而爲常棣之歌爲來今．" 是也．

1) (以次)〔已缺〕：저본의 교감기에 따라 '已缺'로 번역하였다.

傳의 〔聞常棣之言爲今〕

○ 正義曰 : 註釋에서 '대체로 지금〔凡今〕'이라고 하는 것은 대다수가 '과거에 호응한다.〔對古〕'는 명칭이므로 논변한 것이다. 常棣의 설을 들은 후에 형제는 의당 서로 친애함을 알았다. 그러므로 毛傳에서 "요즈음은 아가위 꽃과 꽃받침에 대한 說을 들었다."라고 하였으니, 이것은 앞으로 형제가 의당 서로 친애해야 한다는 것을 말한다. 王肅이 서술하기를 "관숙・채숙의 사건이 이미 끝났으므로 〈상체〉의 노래를 부르는 것이 오늘까지 이어졌다."라고 하였으니, 이것이다.

死喪之威에 兄弟孔懷하며

목숨을 잃는 두려운 일에
형제가 매우 걱정하며

【傳】威는 畏요 懷는 思也라

威는 '두려워하다'이다. 懷는 '생각하다'이다.

【箋】箋云 死喪可畏怖之事는 維兄弟之親이 甚相思念이라 ○ 怖는 普布反이라

箋云 : 죽음과 같이 두려워 할 만한 일에는 오직 형제의 親愛만이 서로를 깊이 생각한다. ○ 怖는 普와 布의 반절이다.

原隰裒矣에 兄弟求矣하나니라

언덕과 습지에 쌓인 시신을
형제가 찾아 나서느니라

【傳】裒는 聚也요 求矣는 言求兄弟也라

裒는 '모여 있다'는 것이요, 求矣는 '형제를 구함'을 말한다.

【箋】箋云 原也隰也는 以相與聚居之故로 故能定高下之名이니 猶兄弟相求라 故能立榮顯之名이라 ○ 裒는 薄侯反이라

箋云 : 언덕과 습지는 오래도록 서로 모여서 거주한 곳이므로 높고 낮은 곳의 명칭

을 정할 수 있으니, 형제가 서로 구원하여 입신출세의 명성을 세우는 것과 같다.

○ 裒는 薄와 侯의 반절이다.

【疏】'死喪'至'求矣' ○ 正義曰：言兄弟人恩至厚. 有死喪可畏怖之事, 維兄弟之親, 甚相思念, 餘人則不能也. 兄弟相念如是, 則當求以相(耽)〔助〕[1], 不得疏也. 原與隰同聚矣, 猶兄弟相求矣. 原・隰以聚居之故, 故能定高下之名, 兄弟以相求之故, 故能立榮顯之譽. 所以相半矣.

1) (耽)〔助〕: 저본의 교감기에 따라 '助'로 번역하였다.

經의 〔死喪〕에서 〔求矣〕까지

○ 正義曰：형제의 은혜가 지극히 두터움을 말한 것이다. 죽음은 두려운 일이기에 오직 형제의 친애만이 깊이 서로 생각하고 타인은 불가능하다. 형제가 서로 생각하는 것이 이와 같으니 당연히 구원하여 서로 상조하면서 소원히 지내지 않는다. 들판과 습지에 함께 모여 있는 것은 형제가 서로 구원하는 것과 같다. 들판과 습지는 모여서 거주하는 곳이므로 높고 낮은 곳의 명칭을 정할 수 있는데 형제가 서로 구원하여 입신출세의 명성을 세우는 것과 같다. 이런 까닭에 상반되는 것이다.

脊令在原하니 兄弟急難이로다

할미새가 언덕에 있으니
형제가 위급한 상황을 서로 구제하도다

脊令

【傳】 脊令은 雝渠也라 飛則鳴하고 行則搖하여 不能自舍耳라 急難은 言兄弟之相救於急難이라

脊令은 雝渠(할미새)이다. 날 때는 울고 움직일 때는 몸을 흔들어 스스로 그칠 수 없다. 急難은 형제가 위급한 처지에 서로 구제함을 말한다.

【箋】 箋云 雝渠는 水鳥니 而今在原하여 失其常處라 則飛則鳴하여 求其類는 天性也니 猶兄弟之於急難이라 ○ 脊은 井益反이며 亦作鵖이요 又作鶺이니 皆同이라 令은 音零이요 本亦作鴒이니 同이라 難은 如字요 又乃旦反이니 注同이라 搖는 音遙라 又餘照反이라 處는 昌慮反이라

箋云 : 鶺鴒는 水鳥이니 지금 언덕에 있어 일정한 거처를 잃었다. 날 때는 울면서 동료를 찾는 것은 천성인데 형제가 위급한 처지에 있는 것과 같다.

○ 脊은 井과 益의 반절이며, 鵖으로도 쓰며 鶺으로도 쓰는데 모두 음의가 같다. 令의 음은 零이고, 판본에 따라 혹 鴒으로도 쓰는데 음의가 같다. 難은 如字이고 또 乃와 旦의 반절이니 注에서도 같다. 搖는 음이 遙이고, 또 餘와 照의 반절이다. 處는 昌과 慮의 반절이다.

每有良朋이나 況也永歎이니라

비록 좋은 벗이 있으나
이에 길이 탄식할 뿐이니라

【傳】 況은 茲요 永은 長也라

況은 '이에'이고, 永은 '길다'이다.

【箋】 箋云 每(有)[1]는 雖也요 良은 善也라 當急難之時하여 雖有善同門來나 茲對之長歎而已라 ○ 況은 或作兄이나 非也라 嘆은 吐丹反이요 又吐旦反이니 以協上韻이라

1) (有) : 저본의 교감기에 따라 衍文으로 처리하였다.

箋云 : 每는 비록이고, 良은 좋음이다. 위급한 곤란을 당했을 때에 비록 좋은 친구가 온다고 하더라도 이에 그를 대함에 길이 탄식할 뿐이다.

○ 況은 혹 兄으로도 쓰는데 잘못이다. 嘆은 吐와 丹의 반절이고, 또 吐와 旦의 반절이니, 上韻에 맞춘 것이다.

【疏】 '脊令'至'永歎' ○ 正義曰 : 脊令者, 水鳥, 當居於水, 今乃在於高原之上, 失其常處. 以喩人當居平安之世, 今在於急難之中, 亦失其常處也. 然脊令旣失其常處, 飛則鳴, 行則搖, 不能自舍, 此則天之性. 以喩兄弟旣在急難而相救, 亦不能自舍, 亦天之性. 於此急難之時, 雖有善同門來, 茲對(也)〔之〕[1]唯長歎而已, 不能相救. 言朋友之情甚, 而不如兄弟, 是宜相親也.

1) (也)〔之〕 : 저본의 교감기에 따라 '之'로 번역하였다.

經의 〔脊令〕에서 〔永歎〕까지

○ 正義曰：脊令(할미새)은 물새로 물에서 살아야 하는데 지금 높은 언덕 위에 있어 일정한 거처를 잃었다. 이것은 사람이라면 평안한 세상에서 살아야 하는데 지금은 위급한 곤란 중에 있어서 역시 일정한 거처를 잃은 것을 비유하였다. 그리고 할미새는 일정한 거처를 잃고 나면 날 때는 울고 움직일 때는 몸을 흔들어 스스로 그칠 수 없는데, 이것은 天性이다. 이것은 형제가 위급한 곤란에 있을 때는 서로 구원하며 또한 스스로 그칠 수 없는 것이 또한 천성이라는 것을 비유한 것이다. 위급한 곤란에 비록 좋은 친구가 온다고 하더라도 이에 그를 대함에 길이 탄식할 뿐인데, 구원하지 못하기 때문이다. 친구의 우정이 대단하더라도 형제만은 못하니 이것이 형제는 의당 서로 친애한다는 것이다.

【疏】傳'脊令'至'急難' ○ 正義曰："脊令, 雝渠", 釋鳥文也. 郭璞曰 "雀屬也." 陸璣云 "大如鷃雀. 長脚, 長尾, 尖喙, 背上青灰色, 腹下白, 頸下黑, 如連錢. 故杜陽人謂之連錢"是也. 小宛篇曰 "題彼脊令, 載飛載鳴", 是脊令飛則鳴也. 脊令既失其常處, 飛則鳴, 行則搖動其身, 不能自舍. 以喻兄弟相救於急難, 亦不能自舍. 然而此經直云 '在原'與'急難', 何知不正以在原喻在急難而已, 而必知急難謂救於急難者, 正以上章'孔懷', 下章'禦侮', 是相助之事. 以此類之, 故知爲相救於急難也. 但脊令不能自舍之貌猶可言, 故云飛則鳴, 行則搖. 兄弟相救之貌不可言, 故直云相救耳.

傳의 〔脊令〕에서 〔急難〕까지

○ 正義曰："脊令은 雝渠이다"는 ≪爾雅≫ 〈釋鳥〉의 글이다. 郭璞은 "참새 종류이다."라고 하였다. 陸璣는 ≪毛詩草木鳥獸蟲魚疏≫에서 "크기는 메추라기만하다. 긴 다리, 긴 꼬리, 뾰족한 부리에 등 위는 青灰色이고, 배 아래는 흰색, 목 아래는 검은데 동전을 연이은 듯하다. 그러므로 杜陽 사람들은 連錢이라고 부른다."라고 하였는데, 이것이다. 〈小雅 小宛〉에 "저 할미새를 보니, 날면서 운다.〔題彼脊令 載飛載鳴〕"라고 하였으니, 이것이 할미새가 날면서 운다는 것이다. 할미새가 일정한 거처를 잃고 나서 날 때는 울고 움직일 때는 그 몸을 흔들면서 스스로 그치지 못한다. 이것은 형제가 위급한 곤란에 있을 때는 서로 구원하며 또한 스스로 그칠 수 없다는 것을 비유한 것이다. 그리고 經文에서 곧장 '在原'과 '急難'을 말하였는데 참으로 '在原'이 '急難'을 비유하고 있는 것을 알 수 있지 않겠는가. 그리고 '急難'이 '急難을 구원한다'는 뜻이라는 것을 알 수 있는 것은, 바로 2章의 '孔懷'와 4장의 '禦侮'가 相助하는 일이니, 이런 일을 가지고 유추하면 〈'急難'이〉 急難을

구원한다는 뜻임을 알 수 있다. 다만 할미새는 스스로 그칠 수 없는 모습을 말로 표현할 수 있으므로 '날 때는 울고 움직일 때는 몸을 흔든다'고 하였고, 형제가 서로 구원하는 모습을 말로 표현할 수 없으므로 단지 '서로 구원한다'라고 말하였을 뿐이다.

兄弟鬩(혁)**于牆**이나 **外禦其務**니라

형제가 담 안에서 싸우나
외부에서 오는 수모는 함께 막느니라

【傳】 鬩은 很也라

鬩은 '싸우다'이다.

【箋】 箋云 禦는 禁이요 務는 侮也라 兄弟雖內鬩이나 而外禦侮也라 ○ 鬩은 許歷反이라 牆은 本或作廧이니 在良反이라 禦는 魚呂反이라 務는 如字니 爾雅云 侮也니라 讀者又音侮이니 此從左傳及外傳之文이라 很은 日懇反이라

箋云 : 禦는 '막다'이고, 務는 '모욕'이다. 형제가 집안에서 싸우더라도 외부에서 오는 수모는 함께 막는다.

○ 鬩은 許와 歷의 반절이다. 牆은 판본에 따라 혹 廧으로 되어 있으며, 在와 良의 반절이다. 禦는 魚와 呂의 반절이다. 務는 如字인데 《爾雅》 〈釋言〉에서 "侮이다."라고 하였다. 읽기를 또 음이 侮라 하였는데, 이것은 《春秋左氏傳》과 《國語》의 글을 따른 이다. 很은 日과 懇의 반절이다.

每有良朋이나 **烝也無戎**이니라

설사 좋은 벗이 있더라도
오래도록 나를 도와준 적이 없느니라

【傳】 烝은 塡이요 戎은 相也라

烝은 '오래되다'이고, 戎은 '돕다'이다.

【箋】 箋云 當急難之時에 雖有善同門來나 久也猶無相助己者라 古聲塡寘塵同이라 ○ 烝은 之承反이라 塡은 依字音田이요 與寘同이며 又依古聲音塵이라 塵은 久也라 故箋申之云 古聲塡寘塵同이니라 相은 如字이요 又息亮反이니 下同이라

箋云 : 위급한 때를 당하여 설사 좋은 친구가 오더라도 오래도록 자기를 도와주는 자는 여전히 없다. 塡·寘·塵의 古聲은 같다.

○ 烝은 之와 承의 반절이다. 塡은 글자의 본래 뜻에 따르면 음이 田이고, 寘과 같으며, 또 古聲에 따라 음이 塵이다. 塵은 久이다. 그러므로 鄭箋에서 거듭 "塡·寘·塵의 古聲은 같다."라고 하였다. 相은 如字이고, 또 息과 亮의 반절이니, 아래도 같다.

【疏】 '兄弟'至'無戎' ○ 正義曰 : 兄弟之親, 不能相遠. 言兄弟或有自不相得, 可鬩很於牆內, 若有他人來侵侮之, 則同心合意, 外禦他人之侵侮. 於此他人侵侮之時, 雖有善同門來見之, 雖久也, 終無相助之事, 唯兄弟相助耳. 言兄弟之恩, 過於朋友也. 云良朋者, 以大名言之, 其實同志之友. 故下章曰 "不如友也." 論語云 "有朋自遠方來", 亦其(朋者)〔同志〕[1)]也. 散文朋·友通也. 定本經御作禦, 訓爲禁, 集注亦然. 俗本以傳(禦爲御)〔爲御禦〕[2)]. 爾雅無訓. 疑俗本誤也.

1) (朋者)〔同志〕: 저본의 교감기에 따라 '同志'로 번역하였다.
2) (禦爲御)〔爲御禦〕: 저본의 교감기에 따라 '爲御禦'로 번역하였다.

經의 〔兄弟〕에서 〔無戎〕까지

○ 正義曰 : 친애하는 형제는 멀리할 수 없다. 말하자면 형제가 혹 사이가 좋지 않아 집안에서 싸울 수 있지만, 만약 타인이 침해하여 업신여기면 마음과 뜻을 합쳐 외부에서 온 타인의 침입과 모욕을 막는다. 타인이 침해하여 업신여겼을 때는 설사 좋은 친구가 와서 보고 사귄 지가 오래되었다고 하더라도 끝내 도와주는 일이 없고 오직 형제만이 도와줄 뿐이다. 말하자면 형제의 은혜는 친구보다 낫다는 것이다. '良朋'이라고 말한 것은 고상한 명칭으로 말한 것이고 사실은 뜻을 같이하는 친구이다. 그러므로 5장에 "친구만도 못하다."라고 하였고, ≪論語≫ 〈學而〉에 "벗이 먼 곳에서 온다."라고 하였는데 역시 뜻을 같이하는 친구이다. 朋과 友는 단독으로 쓰이더라도 뜻이 통한다. ≪五經定本≫과 經文에는 御가 禦로 되어 있으며 '막는다〔禁〕'라고 풀이하였고, ≪毛詩集注≫ 역시 그러하다. 俗本에는 傳에 따라 御를 禦라고 하였다. ≪爾雅≫에는 풀이가 없다. 俗本이 잘못된 듯하다.

【疏】傳'鬩很' ○ 正義曰：很者，忿爭之名．故曲禮曰 "很毋求勝"，是也．

傳의 〔鬩很〕

○ 正義曰 : 很은 분노하고 싸운다는 명칭이다. 그러므로 ≪禮記≫ 〈曲禮 上〉에 "분노하고 싸울 때 이기고자 하지 말라."라고 하였는데 이것이다.

喪亂既平하여 **既安且寧**하면 **雖有兄弟**나 **不如友生**이로다

난리가 평정되어
안정되고 편안해지면
비록 형제가 있다고 하더라도
친구만 못하도다

【傳】兄弟尙恩怡怡然이요 朋友以義切切然이라

형제는 은혜가 소중하니 즐겁고, 친구는 의리로 서로 勸勉한다.

【箋】箋云 平猶正也라 安寧之時에 以禮義相琢磨면 則友生急이라 ○ 切切然은 定本作 切切偲偲然이니라 琢은 陟角反이라

箋云 : 平은 '正(평정되다)'과 같다. 평안할 때에 禮義로 서로 절차탁마하면 친구를 소중히 여기는 것이다.

○ 切切然은 ≪五經定本≫에 "切切偲偲然"으로 되어 있다. 琢은 陟와 角의 반절이다.

【疏】傳'兄弟'至'切切然' ○ 正義曰：室家安寧，身無急難，則當與朋友交，切磋琢磨，學問修飾，以立身成名．兄弟之多則尙恩，其聚集則熙熙然，不能相勵以道．朋友之交則以義，其聚集切切節節然相勸，競以道德相勉勵以立身．使其日有所得，故兄弟不如友生也．切切節節者，相切磋勉勵之貌．論語云 "朋友切切偲偲，兄弟怡怡．" 注云 "切切，勸競貌．怡怡，謙順貌．" 此熙熙當彼怡怡，節節當彼偲偲也．定本熙熙作怡怡，節節作偲偲．依論語則俗本誤．

傳의 〔兄弟〕에서 〔切切然〕까지

○ 正義曰 : 가정이 안정되고 편안하며 몸에 위급한 곤란이 없으면 친구와 사귀면서

절차탁마하여 공부를 하고 수양을 하며 출세해서 명성을 이룬다. 형제가 많으면 은혜가 소중하여 모일 때는 즐거우나 서로를 道로써 격려하지 않는다. 붕우의 사귐은 의리로 하며 모일 때는 간절히 충고하면서 서로 권면하며 도덕으로 경쟁하고 서로 권면하면서 세상에 몸을 세운다. 나날이 얻는 것이 있으므로 형제는 친구보다 못하게 되는 것이다. '切切節節'이라는 것은 서로 절차탁마하면서 권면하는 모습이다. ≪論語≫ 〈子路〉에 "친구 간에는 간절하고 자상히 권면하며 형제간에는 화락하여야 한다."라고 하였는데, 注에 "切切는 권면하는 모습이고, 怡怡는 겸손하고 공손한 모습이다."라고 하였다. 여기의 熙熙는 저기의 怡怡이고, 여기의 節節은 저기의 偲偲이다. ≪五經定本≫에는 熙熙가 怡怡로, 節節이 偲偲로 되어 있다. ≪논어≫를 따른 것인데 俗本이 잘못되었다.

儐爾籩豆하여 飮酒之飫라도

이처럼 진수성찬을 차려놓고
술을 실컷 마시더라도

【傳】 儐은 陳이요 飫는 私也라 不脫屨升堂謂之飫라

儐은 '진열하다'이고, 飫는 '사적인 연회'이다. 신을 벗지 않고 대청에 오르는 것을 飫라고 한다.

【箋】 箋云 私者는 圖非常之事니 若議大疑於堂엔 則有飫禮焉이라 聽朝爲公이라 ○ 儐은 賓胤反이라 飫은 於慮反이라 朝는 直遙反이라

箋云 : 私는 일상적이지 않은 일을 도모하는 것이니, 대청에서 크게 의심나는 일을 논의할 때는 飫禮가 있는 것과 같다. 조정의 정무를 보는 것은 공적인 일이다.
○ 儐은 賓과 胤의 반절이다. 飫는 於와 慮의 반절이다. 朝는 直과 遙의 반절이다.

兄弟旣具라야 和樂且孺니라

형제가 모두 있어야
화락하고 또 친근하게 지내느니라

【傳】九族會曰和라 孺는 屬也니 王與親戚燕則尙毛라

九族이 모인 것을 和라 한다. 孺는 親屬이다. 왕과 친척이 燕禮를 열 때는 노인을 존중한다.

【箋】箋云 九族은 從己上至高祖하고 下及玄孫之親也라 屬者는 以昭穆相次序라 ○ 樂은 音洛이니 下皆同이라 孺는 本亦作孺(유)니 如具反이라

箋云 : 九族은 자기로부터 위로 高祖에 이르고 아래로 현손에 이르는 친족이다. 屬은 昭穆으로 순서를 정하는 것이다. ○ 樂은 음이 洛이니 아래도 모두 같다. 孺는 다른 판본에 孺로 되어 있으니, 如과 具의 반절이다.

九族親睦圖

【疏】'儐爾'至'且孺' ○ 正義曰 : 上章已來, 說兄弟宜相親, 故此章言王者親宗族也. 王有大疑非常之事, 與宗族私議而圖之, 其時則陳列爾王之籩豆, 爲飮酒之飫禮, 以聚兄弟宗族爲好焉. 爲此飫及燕禮之時, 兄弟旣已具集矣, 九族會聚, 和而甚忻樂, 且復骨肉相親屬也. 言由王親宗族, 故宗族亦自相親也.

經의 〔儐爾〕에서 〔且孺〕까지

○ 正義曰 : 앞의 여러 장에서는 형제가 서로 친애해야 함을 설명하였으므로 여기 6장에서는 왕과 가까운 宗族을 말하였다. 크게 의심나고 일상적이지 않은 일이 있으면 종족과 사적으로 논의하면서 계획을 세우는데, 그때에 너희 왕의 籩豆를 진열하여 술 마시는 飫禮를 베풀어 형제와 종족을 모아서 우호를 다진다. 飫禮와 燕禮를 베풀 때에 형제는 이미 모두 모여 있고, 九族도 회합하여 화락하면서 매우 즐거워하며, 또 骨肉 간에 서로 친족임을 회복한다. 왕이 종족과 친하게 지내므로 종족 또한 서로 친하게 되는 것을 말한다.

【疏】傳'飫私'至'之飫' ○ 正義曰："飫, 私", 釋言文. 孫炎曰 "飫非公朝, 私(飫)[1]飮酒也." 周語有"王公立飫", 又曰 "立成禮烝而已." 飫旣爲私, 不在公朝, 在露門內也, 酒肉所陳, 不宜在庭, 則在堂矣. 燕禮云 "皆脫屨乃升堂." 少儀云 "堂上無跣, 燕則有之." 是燕由坐而脫屨, 明飫立則不脫矣. 故云 "不脫屨升堂謂之飫."

1) (飫) : 저본에는 '飫'가 있으나, 저본의 교감기에 따라 衍文으로 처리하였다.

傳의 〔飫私〕에서 〔之飫〕까지

○ 正義曰："飫는 私(사적인 연회)이다."는 ≪爾雅≫ 〈釋言〉의 글이다. 孫炎은 "飫는 대궐이 아니라 사적으로 술을 마시는 것이다."라고 하였다. ≪國語≫ 〈周語 中〉에 "천자와 제후가 서서 飫禮를 시행한다."라고 하였고, 또 "서서 어례에 사용할 犧牲을 도마에 올릴 뿐이다."라고 하였다. 어례는 사적인 일이라서 대궐에서 하지 않고 露門(路門) 안에서 하니, 酒肉이 진열되는 곳은 조정이 아니라 대청에 있어야 한다. ≪儀禮≫ 〈燕禮〉에 "모두 신을 벗고 대청에 오른다."라고 하였고, ≪禮記≫ 〈少儀〉에 "대청에서는 신을 벗지 않고 燕禮에는 신을 벗는 경우가 있다."라고 하였다. 연례는 앉아서 하며 신을 벗고, 어례는 서서 하며 신을 벗지 않는 것이 분명하다. 그러므로 毛傳에서 "신을 벗지 않고 대청에 오르는 것을 飫라고 한다."라고 하였다.

【疏】箋'私者'至'爲公' ○ 正義曰：此解飫爲私之意也. 以私在露寢堂上, 故謂之私. 若聽朝則爲公事, 對公故言私也. 知飫禮爲圖非常・議大疑者, 以周語云 "王公之有飫禮, 將以講事成禮, 建大德, 昭大物." 言講事・昭物, 是有所謀矣. 明圖非常・議大疑而爲飫禮也. 周語曰 "王公立飫則有房烝, 親戚燕饗則有殽烝." 又曰 "飫以顯物, 燕以合好." 則飫・燕禮異. 序曰 "燕兄弟." 此陳飫者, 圖非常, 議大疑, 乃有飫禮, 則飫大於燕. 燕亦是王於族親之禮, 故陳之示親親也. 飫禮議其大疑, 則婦人不與. 立以成禮, 則不必和樂. 下章云 "妻子合好", 此傳曰 "王與族人燕則尙毛." 以此詩飫・燕雜陳, 故下箋云 "王與族人燕, 則宗婦內宗之屬, 亦從后於房中."是此章之中兼燕禮矣. 上二句爲飫, 下二句爲燕. 飫陳籩豆, 燕言兄弟, 互以相兼也.

箋의 〔私者〕에서 〔爲公〕까지

○ 正義曰：여기서는 飫를 私라는 뜻으로 번역하였다. 사사로이 露寢이나 堂上에 있는 것을 私라고 한다. 조정의 공무를 보는 것은 公事이며, 公事에 상대한 것이므로 私라고 한다.

飫禮가 일상적이지 않은 일을 도모하거나 크게 의심나는 것을 논의하는 일임을 알 수 있는 것은, ≪國語≫ 〈魯語 中〉에 "천자와 제후가 어례를 행하는 것은 軍國의 일을 논의하고 제도를 이루며, 큰 덕을 세우고 큰 政令을 밝게 선포하려는 것이다."라고 하였기 때문이다. 말하자면 군국의 일을 논의하거나 정령을 선포할 때 도모하는 일이 있는 것이니, 일상적이지 않은 일을 도모하거나 크게 의심나는 일을 논의할 때 어례를 행하는 것이 분명하다. ≪국어≫ 〈노어 중〉에 "천자와 제후가 서서 어례를 할 때는 房烝(犧牲의 반을 올리는 일)이 있고, 친척 간의 燕饗에는 殽烝(살과 뼈가 붙어 있는 희생을 올리는 일)이 있다."라고 하였다. ≪국어≫ 〈노어 중〉에 또 말하기를 "어례로 장중한 예를 드러내며, 연례로 友好를 함께한다."라고 하였으니 어례와 연례는 다르다. 序에서 "형제에게 연례를 열어준다."라고 하였다. 여기서 어례를 진술하는 것은 일상적이지 않은 일을 도모하거나 크게 의심나는 일을 논의할 때는 어례를 시행함이 있다는 것이니 어례는 연례보다 중대하다. 연례 또한 왕이 族親에게 대하는 예이므로 〈연례를 행하여〉 친족 간에 친하게 지내는 뜻을 보여주는 것이다. 어례는 크게 의심나는 일을 논의하므로 婦人은 참여하지 않는다. 서서 어례를 행하므로 화목하거나 즐거울 필요가 없다. 아래(7장)에서 "처자와 잘 화합한다."라고 하였고, 이곳 毛傳에서는 "왕과 친족 연례를 열 때는 노인을 존중한다."라고 하였다. 이 詩에서는 어례와 연례를 섞어서 진술하였으므로 아래(7장)의 鄭箋에서 "왕과 친족이 연례를 베풀면 宗婦와 內宗 등이 역시 闈房에서 后妃를 따른다."라고 하였다. 이 장에서는 연례를 겸한 것이다. 위의 2구는 어례, 아래 2구는 연례이다. 어례에는 籩豆를 진설하고 연례에는 형제를 말하면서 상호 겸하는 것이다.

【疏】傳'孺屬'至'尙毛' ○ 正義曰："孺, 屬", 釋言文. 李巡曰"孺, 骨肉相親屬也." 中庸曰"燕毛以所序齒." 文王世子曰"公與族人燕則以齒, 而孝悌之道達矣." 王與宗族之人燕, 以毛髮年齒爲次第也. 司儀曰"王燕則諸侯毛." 亦謂同姓諸侯也. 故彼注云"謂以髮鬢爲坐. 朝事尊尊尙爵, 燕則親親尙齒." 云親親, 是燕同姓, 明矣.

傳의 〔孺屬〕에서 〔尙毛〕까지

○ 正義曰："孺는 親屬이다."는 ≪爾雅≫ 〈釋言〉의 글이다. 李巡이 말하기를 "孺는 骨肉 간에 상호 친속이다."라고 하였다. ≪中庸≫(19장)에 "燕禮에 머리털 색깔대로 앉는 것은 나이에 따라 차례를 정하는 것이다."라고 하였다. ≪禮記≫ 〈文王世子〉에 "公과 친족이 연례를 할 때에는 나이대로 앉아서 孝悌의 도리를 깨우친다."라고 하였다. 왕과

종족이 연례를 할 때에는 머리털 색깔과 나이에 따라 차례를 정한다. ≪周禮≫ 〈秋官 司儀〉에 "왕이 연례를 베풀 때에 제후들은 나이대로 앉는다."라고 하였는데 역시 同姓 제후를 말한다. 그러므로 鄭玄 注에 "머리털과 수염 색깔대로 앉는다. 조정의 일에는 존귀한 사람을 존중하므로 관작이 높은 사람을 우대하고, 연례에는 친족과 친하게 지내야 하므로 나이가 많은 사람을 우대한다."라고 하였다. 친족과 친하게 지낸다고 한 것은 동성에게 연례를 베푸는 것이 분명하다.

妻子好合이 如鼓瑟琴이라도

처자와 잘 화합하는 것이
거문고와 비파를 타는 듯 하더라도

【箋】 箋云 好合은 (至)〔志〕[1)]意合也라 合者는 如鼓瑟琴之聲相應和也라 王與族人燕이면 則宗婦內宗之屬이 亦從后於房中이라 ○ 好는 呼報反이라 應對之應이라 和는 胡臥反이라

1) (至)〔志〕: 저본의 교감기에 따라 '志'로 번역하였다.

箋云 : 好合은 뜻이 합함이다. 合은 거문고와 비파 소리가 서로 상응하여 和音을 이루는 것과 같다. 왕과 친족이 연례를 베풀면 宗婦와 內從 등이 역시 閨房에서 后妃를 따른다.

○ 好는 呼와 報의 반절이다. 相應의 應은 '應對하다'의 應이다. 和는 胡과 臥의 반절이다.

兄弟旣翕이라야 和樂且湛이니라

형제가 화합하고 나서야
화락하고도 즐거우리라

【傳】 翕은 合也라 ○ 翕은 許急反이라 湛은 答南反이니 又作耽이며 韓詩云 樂之甚也라

翕은 '화합'이다.

○ 翕은 許와 急의 반절이다. 湛은 答과 南의 반절이며, 또 耽으로 되어 있으니, ≪韓詩外傳≫에 "즐거움이 매우 심한 것이다."라고 하였다.

【疏】'妻子'至'且湛' ○ 正義曰：上章竝陳飫・燕之禮, 此又論內外之歡也. 王與族人燕於堂上, 則后與宗婦燕於房中. 王之族人見王燕其宗族, 知王親之, 皆傚王親親, 與其妻子自相和好. 志意合和, 如鼓瑟琴相應和. 於時兄弟既會聚矣, 其族人非直內和妻子, 又九族和好, 忻樂而且湛, 又以盡歡也.

經의 〔妻子〕에서 〔且湛〕까지

○ 正義曰 : 윗장(6장)에서 飫禮와 燕禮를 아울러 진술하였는데, 여기서 또 부부의 즐거움을 논한 것이다. 왕과 친족이 堂上에서 연례를 열면 왕후와 宗婦는 규방에서 연례를 연다. 왕의 친족이 왕이 宗族에게 연례를 베풀어주는 것을 보고서 왕이 그들을 친애하는 것을 알고, 모두 왕이 가까운 사람을 친애하는 것을 본받아 자신의 처자와 화목하게 지낸다. 마음이 합하고 화목하니 마치 거문고와 비파가 호응하여 조화를 이루는 것 같다. 이때에 형제가 모이고 친족은 단지 처자와 화목하게 지낼 뿐만 아니라 또 九族과도 화목하게 지내며 화락하고도 즐거우니 또 기쁨을 마음껏 누리는 것이다.

【疏】箋'王與'至'房中' ○ 正義曰：此解天子自燕宗族兄弟, 所以得致妻子好合之意. 以其王與族人燕, 則宗婦・內宗之屬, 亦從后於房中而燕, 故有妻子也. 宗婦者, 謂同宗卿大夫之妻也. 內宗者, 同宗之內, 女嫁於卿大夫者. 春秋莊二十四年, "夫人姜氏入. 大夫宗婦覿, 用幣." 謂之宗婦, 明是宗族之婦也. 故賈・杜皆云 "宗婦, 同姓大夫之婦." 襄二年傳曰 "葬齊姜. 齊侯使諸姜・宗婦來會葬." 諸姜, 謂齊同姓之女. 宗婦, 謂齊同姓之婦. 是同姓大夫之婦名爲宗婦也. 周禮春官序官云 "內宗, 凡內女之有爵者." 注云 "內女, 王同姓之女. 謂之內宗, 有爵, 其嫁於大夫及士者." 是王同姓之女, 名爲內宗也. 天子燕宗族之禮亡, 所以知王與族人燕, 則宗婦・內宗從后者. 湛露曰 "厭厭夜飮, 不醉無歸." 傳曰 "夜飮, 私燕也. 宗子將有事, 族人(者)〔皆〕[1]入侍. 不醉而出, 是不親也. 醉而不出, 是渫宗也." 箋云 "天子燕諸侯之禮亡, 此假宗子與族人燕爲說耳." 然則天子燕同姓諸侯之禮, 猶宗子燕族人, 則天子燕宗族兄弟爲朝廷臣者, 如宗子於族人可知. 案特牲饋食禮祭末乃曰 "徹庶羞, 設於西序下." 注云 "爲將餕去之. 庶羞主爲尸, 非神饌也." 尙書傳[2]曰 "宗室有事, 族人皆侍終(曰)〔日〕.[3] 大宗已侍於賓, 奠然後燕私. 燕私者, 何也. 已而與族人飮也. 此徹庶羞置西序下者, 爲將以燕飮與. 然則自尸祝至於兄弟之庶羞, 宗子與族人燕飮於堂. 內賓宗婦之庶羞, 主婦以燕飮於房也." 鄭以彼特牲是宗子之祭禮, 族人及族婦皆助. 故經云 "宗婦執兩籩, 宗婦贊豆."

是宗婦及族人，俱助宗子之祭．及至末，族人旣爲宗子所燕，明宗婦亦主婦燕之可知也．且上文庶羞尸祝兄弟之等，男子有庶羞，宗婦及內賓婦人亦有庶羞．今直云“徹庶羞”，明二者俱徹，二者，俱燕也．故云“祝至於兄弟之庶羞，宗子以與族人燕飮於堂．內賓宗婦之庶羞，主婦以與燕飮於房中也．”曲禮曰“男女不雜坐．”謂男子在堂上，女子在房．故族人在堂，(室)〔宗〕[4]婦在房也．宗婦得與於燕，明內宗亦與其中，可知宗子之禮旣然．故知天子燕族人之禮亦然．故云“王與族人燕，則宗婦・內宗之屬，亦從后於房中．”此證妻子止當言宗婦，竝言內宗者，內宗，宗婦之類，因言之．此后燕及妻而連言子者，此說族人室家和好，其子長者從王在堂，孩稚或從母亦在，兼言焉．

1) (者)〔皆〕: 저본의 교감기에 따라 '皆'로 번역하였다.
2) 尙書傳 : ≪儀禮注疏≫에서 尙書傳에 나오는 글이라면서 인용하였는데, 실제로는 ≪尙書大傳≫을 가리킨다.
3) (曰)〔日〕: 저본의 교감기에 따라 '日'로 번역하였다.
4) (室)〔宗〕: 저본의 교감기에 따라 '宗'으로 번역하였다.

箋의 〔王與〕에서 〔房中〕까지

○ 正義曰 : 여기서는 천자가 직접 宗族과 형제에게 燕禮를 열어주는 것이 처자와 사이좋게 지낼 수 있는 방법이라는 뜻을 풀이한 것이다. 왕과 족인이 연례를 열어주면 宗婦・內宗 같은 친속이 또한 閨中에서 후비를 따라 연례를 가지므로 처자와 〈화합함이〉 있는 것이다. 宗婦는 同姓 卿大夫의 처를 말한다. 內宗은 同姓인데 他姓 卿大夫에게 시집간 사람을 말한다. ≪春秋左氏傳≫ 莊公 24년에 "夫人 姜氏가 魯나라에 돌아왔다. 大夫와 宗婦가 강씨를 뵐 적에 폐백을 사용하였다."라고 하였는데, 宗婦라고 한 것은 宗族의 부인이 분명하다. 그러므로 賈逵・杜預가 "宗婦는 同姓大夫의 부인이다."라고 하였다. ≪춘추좌씨전≫ 襄公 2년에 "齊姜을 장사 지냈다. 齊侯가 諸姜・宗婦를 魯나라로 보내어 장례에 참석토록 하였다."라고 하였다. 諸姜은 齊나라와 동성인 사람의 딸이다. 宗婦는 齊나라와 동성인 사람의 부인이다. 동성대부의 부인을 宗婦라 한다. ≪周禮≫ 〈春官 序官〉에 "內宗은 작위가 있는 內女이다."라고 하였는데, 鄭玄의 주에 "內女는 왕과 동성인 여자이다. 內宗이라 한 것은 작위가 있으며 大夫와 士에게 시집을 간 것이다."라고 하였다. 왕과 동성인 여자를 內宗이라 한다. 천자가 종족에게 연례를 베푸는 예가 사라졌으며, 이런 까닭에 왕과 친족이 연례를 열 때 宗婦・內宗이 왕후를 따라다니는 것을 알았다. 〈小雅 湛露〉에 "밤새도록 편안히 마시며 취하지 않으면 돌아가지 않는다.〔厭厭夜飮 不醉無歸〕"라고 하였다. 毛傳에 "夜飮은 사적으로 연례를

여는 것이다. 嫡長子가 연례를 열자 친족이 모두 入侍하였다. 친족이 취하지 않고 나가면 이것은 적장자가 친족과 친하게 지내지 않는다는 것이고, 취하고 나가지 않으면 이것은 친족이 적장자를 업신여기는 것이다."라고 하였다. 鄭箋에 "천자가 제후에게 연례를 베풀어주는 예가 없어지자, 적장자가 친족에게 연례를 베풀어주는 것을 빌려와 설명한 것이다."라고 하였다. 그렇다면 천자가 동성제후에게 연례를 베푸는 예는 적장자가 친족에게 연례를 베푸는 것과 같으니, 천자가 宗族兄弟로서 조정의 신하된 자에게 연례를 베푸는 것은 적장자가 친족에게 대하는 것과 같음을 알 수 있다.

살펴보건대 《儀禮》 〈特牲饋食禮〉에서 제사를 마치고 말하기를 "각종 祭需를 거두어들이고 서쪽 담장 아래에 다시 진설한다."라고 하였다. 鄭玄 주에 "남아 있는 음식을 거두어들이는 것이다. 각종 제수는 주로 尸童을 위한 것이고 신에게 올리는 음식이 아니다."라고 하였다. 《尙書大傳》에 "宗室에 일이 있으면 친족 모두가 入侍하여 종일토록 있게 된다. 大宗이 빈객을 접대하고 음식을 올린 후에는 燕私를 한다. 燕私란 무엇인가? 〈접대를〉 마치고나서 친족과 술을 마시는 것이다. 각종 제수를 거두어들이고 서쪽 담장 아래 다시 진설한다고 하는 것은 장차 연례에서 술을 마시려고 하는 것이다. 그렇다면 尸祝에서부터 형제의 각종 제수에 이르기까지 적장자와 친족이 堂上에서 모여 연례를 열고 술을 마시는 것이다. 內賓宗婦의 각종 제수로 主婦들은 규방에서 연례를 열고 술을 마시는 것이다."라고 하였다.

정현은 저 〈특생궤사례〉의 문장을 적장자가 祭禮를 할 때 친족과 친족 부인이 모두 돕는 것으로 이해하였다. 그러므로 〈특생궤사례〉 經文에 "宗婦가 대추가 담긴 籩·밤이 담긴 籩을 잡고, 宗婦가 豆를 헌상한다."라고 하였는데, 이것은 宗婦와 친족 모두가 적장자를 돕는 제사이다. 제사가 끝날 무렵이 되어 친족이 적장자에 의해 燕禮 대접을 받으니, 宗婦 또한 主婦에게 연례로 대접한다는 것을 분명히 알 수 있다. 또 윗글에서 尸祝과 형제에게 각종 제수를 올린다고 하였으니 남자는 각종 제수가 있고 宗婦와 內賓婦人 역시 각종 제수가 있다. 지금 바로 "각종 제수를 거두어들인다."라고 하였다면 두 가지를 모두 철거하는 것이 분명하니, 두 가지는 모두 연례에 사용하는 것이다. 그러므로 "尸祝에서부터 형제의 각종 제수에 이르기까지 적장자와 친족이 堂上에서 모여 연례를 열고 술을 마신다. 內賓宗婦의 각종 제수로 主婦들은 규방에서 연례를 열고 술을 마신다."라고 한 것이다. 《禮記》 〈曲禮 上〉에 "男女는 함께 앉지 않는다."라고 하였는데, 남자는 堂上에 여자는 규방에 있는 것을 말한다. 그러므로 친족이 당상에 있고 宗婦가 규방에 있는 것이다. 宗婦가 연례에 참여할 수 있는 것은 분명히 內宗 역시 그 속에 함께하는 것이니 적장자의 예가 또한 그러하다는 것을 알 수 있다. 그러므로 천자가 친족에게 베푸는 연례의 예도 또한 그러함을 알 수 있다. 그러므로 鄭箋에서 "왕과 친족이 연례를 베풀면 宗婦와 內宗 등이 역시 闈房에서 后妃를 따른다."라고 한 것이다.

이상으로 妻子는 단지 宗婦에 해당된다고 말한 것임을 증명하였고, 아울러 內宗을 말한 것은 內宗이 宗婦와 같은 부류이므로 말한 것이다. 后妃가 주최하는 연례가 妻에게 미치고 子까지 이어서 말한 것은, 친족의 집안이 화목하면 장자가 왕을 따라 당상에 있으며 어린아이들도 역시 어머니를 따라 역시 있으므로 겸하여 말한 것임을 설명하고자 했기 때문이다.

宜爾(家室)〔室家〕[1]하며 樂爾妻帑(노)를

1) (家室)〔室家〕: 저본에는 '家室'로 되어 있으나, ≪詩傳諺解≫에 의거하여 '室家'로 바로잡았다.

이처럼 집안을 화목하게 하며
이처럼 처자식을 즐겁게 하는 것을

【傳】 帑는 子也라

帑는 '자식'이다.

【箋】 箋云 族人和면 則得保樂其家中之大小라 ○ 帑는 依字니 吐蕩反이라 經典通爲妻孥字니 今讀音孥也라

箋云 : 친족이 화목하면 그 집안의 크고 작은 일을 보존하고 즐길 수 있다.

○ 帑은 글자 본래 뜻에 따르면 吐와 蕩의 반절이며, 經典에서는 妻孥의 孥자로 통용해서 사용하며 지금의 讀音은 孥이다.

是究是圖면 亶其然乎인저

이러한 일을 궁구하고 도모하면
진실로 그렇게 될 것이니라

【傳】 究는 深이라 圖는 謀라 亶은 信也라

究는 '탐구하다'이다. 圖는 '도모하다'이다. 亶은 '진실로'이다.

【箋】箋云 女深謀之면 信其如是라 ○ 亶은 都但反이라

箋云 : 네가 깊이 도모하면 진실로 이와 같이 될 것이다.

○ 亶은 都와 但의 반절이다.

【疏】'宜爾'至'然乎' ○ 正義曰 : 王親宗族而與之燕, 族人化王, 莫不和睦, 則宗族同心, 人無侵侮, 然後宜汝之室家, 保樂汝之妻子矣. 若族人不和, 忿鬩自起, 外見侵侮, 內不相救, 則不能保其大小, 家室危焉. 汝於是深思之, 於是善謀之, 信其然者否乎. 旣宗族須和若是, 不可不親焉, 王所以燕之也.

經의 〔宜爾〕에서 〔然乎〕까지

○ 正義曰 : 왕이 종족을 친애하여 燕禮를 베풀고 族人은 왕을 교화시켜서 화목하지 않음이 없으면 종족이 마음을 같이 하여 사람마다 침해하거나 업신여기지 않게 되니, 그런 뒤에야 너의 집안이 화목하고 너의 처자를 보호하며 즐겁게 지낼 수 있다. 만약 친족이 화목하지 못하여 싸움이 일어나서, 밖에서는 침해와 수모를 받고 안에서는 구원하지 못하면 대소 가문을 보호하지 못하면 집안이 위험하게 된다. 네가 이에 심사숙고하고 잘 도모하면 참으로 그렇게 되지 않겠는가. 종족이 화목하게 지내는 것이 이와 같다면 친애하지 않을 수 없으니 왕이 이런 까닭에 연례를 여는 것이다.

【疏】傳'孥 子' ○ 正義曰 : 上云 "妻子好合", 子卽此帑也. 左傳曰 "秦伯歸其帑", 書曰 "予則帑戮汝", 皆是子也.

傳의 〔孥 子〕

○ 正義曰 : 위에서 "妻子와 잘 화합한다."라고 하였는데, '子'는 곧 여기의 '帑'이다. ≪春秋左氏傳≫(文公 13년)에 "秦伯이 〈晉나라 대부인 士會의〉 처자식을 돌려보내주었다.〔秦伯歸其帑〕"라고 하였으며, ≪書經≫(〈夏書 甘誓〉)에 "내가 너의 처자식까지 죽인다.〔予則帑戮汝〕"라고 하였는데, 帑는 모두 자식이다.

常棣八章이니 章四句라

〈常棣〉는 8章이니 章마다 4句이다.

毛詩注疏 卷第九(九之三)

毛詩小雅 鄭氏箋 孔穎達疏

伐木(벌목)

【序】伐木은 **燕朋友故舊也**라 **自天子至于庶人**이 **未有不須友以成者**라 **親親以睦**하고 **友賢不棄**하고 **不遺故舊**면 **則民德歸厚矣**라

〈伐木〉은 朋友나 故舊에게 燕禮를 베푼 것을 읊은 시이다. 天子에서 庶人에 이르기까지 친구를 사귀지 않고 어떤 일을 이루는 사람은 없다. 친척을 친애하여 화목하게 지내고 어진 이를 벗 삼아 버리지 않고 옛 친구를 버리지 않는다면 백성의 德이 돈후한 곳으로 돌아갈 것이다.

【疏】'伐木'(六章 章六句)至'厚矣' ○ 正義曰：作伐木詩者, 燕朋友・故舊也. 又言所燕之由, "自天子至於庶人, 未有不須友以成者." 王者旣能內親其親, 以使和睦, 又能外友其賢而不棄, 不遺忘久故之恩舊而燕樂之. 以此化民於上, 民則效之於下, 則民德皆歸於惇厚不澆薄矣. 朋是同門之稱, 友爲同志之名, 故舊卽昔之朋友也. 然則朋友新故通名, 故舊唯施久遠. 此云朋友可以兼故舊, 而竝言之者, 此說文王新故皆燕, 故異其文. 友賢不棄, 燕朋友也. 不遺故舊, 是燕故舊也. 舊則不可更釋, 新交則非賢不友, 故變朋友云友賢也. 燕故舊, 卽二章・卒章上二句是也. 燕朋友, 卽二章諸父・諸舅, 卒章"兄弟無遠" 是也. 經・序倒者, 經以主美文王不遺故舊爲重, 故先言之, 而後言父舅. 〔父舅〕[1]先兄弟, 見父舅亦有故舊也. 序以經雖主燕故舊, 而故舊亦朋友, 故先言朋友, 以見總名, 而又別言故舊, 以明其爲二事. "天子至於庶人, 未有不須友以成"者, 卽序首章之事, 因文王求友而廣言貴賤也. 經以由須朋友而燕之, 故先論求友之由. 序則以詩本主燕, 所以倒也. 二章, 卒章所陳, 皆爲燕食, 說王不得不召父舅, 又於兄弟陳王之恩, 皆是燕朋友・故舊也. 經兼陳食禮, 而序不言, 亦擧其歡心, 足以兼之. 其親親以下, 因說王者立法, 且明次篇之義. "親親以睦", 指上常棣燕兄弟也. "友賢不棄,不遺故舊", 卽此篇是也. 常棣雖周公作, 旣內之於治內之篇. 故爲此次以示法, 是(此)〔比〕[2]篇皆有義意.

1)〔父舅〕: 저본의 교감기에 따라 '父舅'를 보충하였다.
2) (此)〔比〕: 저본의 교감기에 따라 '比'로 번역하였다.

序의 〔伐木〕에서 〔厚矣〕까지

○ 正義曰 : 〈伐木〉을 지은 것은 朋友와 故舊에게 燕禮를 베풀기 위해서이다. 또 연례를 베푼 이유를 〈序에서〉 "天子에서 庶人에 이르기까지 친구를 사귀지 않고 어떤 일을 이루는 사람은 없다."라고 말하였다. 王이 안으로 그 친족을 친애하여 화목하게 지내고, 또 밖으로는 賢者를 친구로 삼아 버리지 않으며, 오래된 친구의 은혜를 잊지 않고 즐거워한다. 이러한 것으로 위에서 백성을 교화하면 백성은 아래에서 본받아 백성의 德이 돈후한 곳으로 돌아가고 야박하지 않게 된다.

'朋'은 同門의 칭호이고 '友'는 同志의 명칭이며, '故舊'는 옛날의 朋友이다. 그렇다면 朋友은 현재의 친구와 과거의 친구를 관통하는 명칭이고, 故舊는 오직 오래된 친구에게만 해당된다. 여기에서 朋友는 故舊를 겸할 수 있다고 하면서 〈두 가지를〉 언급한 것은, 文王이 현재와 과거의 친구 모두에게 연례를 베풀어주는 것을 설명한 것이니, 그러므로 그 글자를 달리한 것이다. 현자를 친구로 삼아 버리지 않으니 붕우에게 연례를 베풀어주며, 고구를 버리지 않으니 이것은 고구에게 연례를 베풀어주는 것이다. 오래된 친구는 다시 버릴 수 없으며, 새로운 사귐은 현자가 아니면 친구로 삼지 않으므로 붕우를 바꾸어 友賢이라고 한 것이다. 고구에게 연례를 베푸는 것은 2장·卒章(3장)의 上二句가 이것이다. 붕우에게 연례를 베풀어 주는 것은 2장의 諸父·諸舅와 졸장의 "형제들이 촌수에 관계없이 모두 왔다.〔兄弟無遠〕"라고 한 것이 이것이다.

經文(시의 본문)과 序에서 전하는 내용이 顚倒된 것은, 경문에서는 문왕이 故舊를 버리지 않은 것을 소중히 여겨서 미화하는 것을 주안점으로 하여 먼저 고구를 언급하고 나중에 諸父·諸舅를 말한 것이니, 제부·제구를 형제보다 우선한 것은 제부·제구 가운데 또한 고구가 있음을 드러낸 것이다.

序에서는 생각하기를, 경문이 비록 고구에게 연례를 베푸는 것을 위주로 하였지만 고구 역시 붕우이므로 먼저 붕우를 언급함으로써 총체적인 명칭이란 의미로 나타내었다. 그리고 또 고구를 따로 말하여 붕우와 고구가 두 가지 일임을 분명히 하였다. "천자에서 서인에 이르기까지 친구를 사귀지 않고 어떤 일을 이루는 사람은 없다."라고 한 것은 序에서 말하고자 하는 首章의 일이며, 문왕이 벗을 구하는 것을 바탕으로 해서 貴賤까지 광범위하게 말하였다.

경문은 붕우를 사귀는 것을 시작으로 연례를 베풀었으므로 먼저 붕우를 구하는 이유를 거론하였고, 序는 시의 근본이 연례가 주된 것이라고 하였다. 이런 까닭에 경문과 序에서 전하는 내용이 전도된 것이다.

2장과 卒章에서 서술하는 것은 모두 燕禮와 食禮인데, 왕이 諸父·諸舅를 초대하지 않을 수 없고, 또 형제에 대해서는 왕의 은혜를 진술하고, 모두 朋友와 故舊에게 연례를 베풀어야 한다고 설명한 것이다. 경문은 食禮를 겸하여 서술하였으나 序는 말하지 않고 또한 歡心을 거론하였으니 겸하기에 충분하다. 친족을 친애한다는 아래로는 왕이 법을 세우는 이유를 설명하고 또 시의 차례를 정한 뜻을 분명히 하였다. "친척을 친애하여 화목하게 지내다."는 것은 위의 〈常棣〉에서 형제에게 연례를 베푼다는 것을 가리킨 것이다. "어진 이를 벗 삼아 버리지 않고 옛 친구를 버리지 않는다."라고 한 것이 곧 바로 〈伐木〉이다. 〈상체〉는 周公의 작품이기는 하지만 집안을 다스리는 詩篇에 넣었다. 그러므로 다음에는 법도를 보여주는 시를 두었으니, 이처럼 篇의 순서를 배열한 것이 모두 뜻이 있다.

伐木丁丁이어늘 鳥鳴嚶嚶(앵앵)하나니

나무 베는 소리 쩡쩡 울려 퍼지고
새는 앵앵거리면서 우나니

【傳】 興也라 丁丁은 伐木聲也라 嚶嚶은 驚懼也라

興이다. 丁丁은 '나무를 베는 소리'이다. 嚶은 '놀라고 두려워함'이다.

【箋】 箋云 丁丁과 嚶嚶은 相切直也라 言昔日未居位하여 在農之時에 與友生於山巖하며 伐木爲勤苦之事에도 猶以道德相切正也라 嚶嚶은 兩鳥聲也라 其鳴之志는 似於有友道然이라 故連言之라 ○ 丁丁은 陟耕反이라 嚶은 於耕反이라

箋云 : 丁丁과 嚶嚶은 절차탁마하여 서로를 바로잡아주는 것이다. 말하자면 예전에 관직에 있지 못하여 농사를 짓고 있을 때 험준한 산속에서 친구와 더불어 나무를 베는 수고로운 일을 하여도 오히려 道와 德을 기르는 마음으로 서로 절차탁마하였다. 嚶

嚶은 두 마리 새 소리다. 우는 뜻이 友道가 있는 것과 비슷하므로 〈伐木과 鳥鳴을〉 연결시켜 말한 것이다.

○ 丁은 陟과 耕의 반절이다. 嚶은 於와 耕의 반절이다.

出自幽谷하여 遷于喬木하놋다

깊은 골짜기에서 나와
높은 나무 위로 올라가는구나

【傳】 幽는 深이요 喬는 高也라

幽는 '깊다'이고, 喬는 '높다'이다.

【箋】 箋云 遷은 徙也라 謂鄉時之鳥가 出從深谷하여 今移處高木이라 ○ 喬는 其驕反이라 鄉은 本又作曏同이요 許亮反이라

箋云 : 遷은 다른 곳으로 가는 것이다. 예전 어느 때의 새가 깊은 골짜기에서 나와 지금 높은 나무로 옮겨가서 사는 것을 말한다.

○ 喬는 其와 驕의 반절이다. 鄉은 판본에 따라 曏으로도 쓰는데 音義가 같으며, 許와 亮의 반절이다.

嚶其鳴矣여 求其友聲이로다

앵앵거리면서 우는 소리
그 벗을 찾는 소리라네

【傳】 君子雖遷於高位라도 不可以忘其朋友니라

군자가 높은 자리로 옮겨가더라도 친구를 잊을 수 없다는 것이다.

【箋】 箋云 嚶其鳴矣는 遷處高木者요 求其友聲은 求其尙在深谷者니 其相得이면 則復鳴嚶嚶然이라 ○ 復는 扶又反이라

箋云 : '嚶其鳴矣'는 높은 나무로 올라가는 것이고, '求其友聲'은 여전히 깊은 골짜기

에 사는 친구를 찾는 것이니 서로 의기투합하면 다시 앵앵거리면서 운다.

○ 復는 扶와 又의 반절이다.

相彼鳥矣하니 猶求友聲이온 矧伊人矣은 不求友生가

저 새를 보니
오히려 벗을 구하는 소리를 내는데
하물며 사람이
벗을 찾지 않는단 말인가

【傳】矧은 況也라

矧은 '하물며'이다.

【箋】箋云 相은 視也라 鳥尙知居高木하여 呼其友로대 況是人乎가 可不求之아 ○ 相은 息亮反이라 矧은 尸忍反이라

箋云 : 相은 '보다'이다. 새도 오히려 높은 나무에 거처하면서 친구를 부를 줄 알고 있는데 하물며 사람이 벗을 구하지 않을 수 있겠는가.

○ 相은 息과 亮의 반절이다. 矧은 尸와 忍의 반절이다.

神之聽之하여 終和且平이니라

신령이 들었으니
화목하고 평온하게 되리라

【箋】箋云 以可否相增減曰和요 平은 齊等也라 此言心誠求之면 神若聽之어든 使得如志니 則友終相與和而齊功也라

箋云 : 좋은 일을 보태고 나쁜 일을 줄이는 것을 和라고 한다. 平은 동등함이다. 이것은 말하자면 마음으로 진실하게 구하고자 해서 신령이 만약 듣게 된다면 뜻대로 될 것이니 친구도 끝내 서로 교유하면서 화목하게 지내고 한 마음으로 협력하게 된다는 것이다.

【疏】'伐木'至'且平' ○ 毛以爲"有人伐木於山阪之中, 丁丁然爲聲. 鳥聞之, 嚶然而驚懼. 以興朋友二人相切磋, 設言辭以規其友, 切切節節然, 其友聞之, 亦自勉勵, 猶鳥聞伐木之聲然也. 鳥既驚懼乃飛出, 從深谷之中, 遷於高木之上, 以喩朋友既自勉勵, 乃得遷升於高位之上. 鳥既遷高木之上, 又嚶然其爲鳴矣, 作求其友之聲. 以喩君子雖遷高位, 而亦求其故友. 所以求之者, 視彼鳥之無知, 猶尙作求其友之聲, 況人之有知矣, 焉得不求其友生乎. 君子爲此而求友也. 既居高位, 而不忘故友, 若神明之所聽祐之, 則朋友終久必志意和且功業平." 鄭以爲"此章遠本文王幼少之時結友之事. 言文王昔日未居位之時, 與友生伐木於山阪, 丁丁然爲聲也. 於時雖處勤勞, 猶以道德相切直. 時有兩鳥在傍, 嚶然而鳴. 此鳥之鳴, 似朋友之相切, 故連言之. 此鳥乃出從深谷之中, 遷於高木之上, 又復嚶嚶然爲其鳴矣, 作求其友之聲. 然視彼鳥矣, 猶作其求友之聲, 況是人何得不求其友生乎. 故文王所以求友生也." 大意與毛同, 唯不興爲異耳."

經의 〔伐木〕에서 〔且平〕까지

○ 毛亨은 "어떤 사람이 산비탈에서 나무를 베고 있는데 쩡쩡하면서 소리가 나니, 새가 듣고 지저귀면서 놀란다. 이것은 朋友 두 사람이 서로 절차탁마함을 비유한 것〔興〕이다. 말을 만들어 그 벗을 권면하는 것이 몹시 간절하니 그 벗이 듣고서 스스로 애써 노력하는 것이 나무를 베는 소리를 듣는 것과 같다. 새가 놀라서 곧 날아가는데 깊은 계곡에서 높은 나무로 올라가니, 이것은 벗이 스스로 애써 노력하면서 높은 지위로 옮겨 올라간 것을 비유하였다. 새가 높은 나무 위로 옮겨간 다음에 또 지저귀면서 울어 그 동료를 찾는 소리를 내니, 이것은 군자가 비록 높은 직위로 옮겼어도 역시 옛 친구를 찾는다는 것을 비유하였다. 친구를 찾는다는 것은 저 무지한 새를 보면 오히려 동료를 찾는 소리를 내는데 하물며 지각이 있는 인간이 어떻게 그 벗을 찾지 않을 수 있겠는가. 군자가 이 때문에 벗을 찾는 것이다. 높은 지위에 있어도 옛 친구를 잊지 않아서 神明이 듣고 도와준다면 벗은 끝내 오래도록 마음이 평화롭고 공적을 이룰 것이다."라고 여긴 것이다.

鄭玄은 "이 章은 文王이 유소년 때 맺은 친구의 일에 근본한 것이다. 말하자면 문왕이 예전에 왕위에 있지 않았을 때 친구와 함께 산비탈에서 나무를 베었는데 쩡쩡하면서 소리가 났다. 이때는 고단한 처지에 있어도 오히려 도와주어 道와 德을 기르는 마음으로 서로 절차탁마하였다. 당시에 옆에 있던 새 두 마리가 앵앵거리면서 울었는데, 이 새가 우는 것이 마치 붕우가 절차탁마하는 듯하여 연결시켜 말한 것이다. 이

새는 깊은 계곡에서 나와 높은 나무 위로 옮겨가 또 다시 앵앵거리면서 소리를 지르니 동료를 찾는 소리이다. 저 새를 보니 오히려 동료를 찾는 소리를 내는데 하물며 사람이 어찌 벗을 찾지 않을 수 있겠는가. 그러므로 문왕이 벗을 찾은 것이다."라고 여긴 것이다. 전체적인 뜻은 毛亨과 같고, 단지 興이라고 하지 않은 것이 다를 뿐이다.

【疏】傳'丁丁'至'驚懼' ○ 正義曰：此丁丁文連伐木, 故知伐木聲. 下云"出自幽谷, 遷於喬木", 則木是其鳥驚懼而飛遷矣. 故知嚶然驚懼. 言此鳥爲驚懼而鳴耳, 嚶嚶非驚懼之聲也. 故下云"嚶其鳴矣", 不復驚懼, 鳴亦嚶, 是也. 然釋訓云"丁丁嚶嚶, 相切直也." (傳)〔彼〕[1]意以此伐木鳥鳴, 喩相切直之事. 今傳解詩經之文耳, 爾雅徑訓興喩之義. 釋訓云"顒顒卬卬, 君之德也. 藹藹萋萋, 臣盡力也." 皆徑釋其義, 不釋詩文. 王肅亦云"鳥聞伐本, 驚而相命嚶嚶然. 故曰'丁丁・嚶嚶, 相切直'. 以興朋友切切節節, 其言得傳旨也." 言相切直者, 謂切磋相正直也.

1) (傳)〔彼〕: 저본의 교감기에 따라 '彼'로 번역하였다.

傳의 〔丁丁〕에서 〔驚懼〕까지

○ **正義曰**：여기에서는 '丁丁'이란 글이 바로 앞의 '伐木'과 이어지므로 나무를 베는 소리임을 알 수 있다. 아래 "出自幽谷 遷於喬木"이라고 한 것은 그 나무에 새가 놀라서 날아 옮긴다는 것이다. 그러므로 앵앵거리면서 놀라고 두려워했다는 것을 알 수 있다. 말하자면 이 새가 놀라고 두려워서 우는 것이지, 嚶嚶은 놀라고 두려워서 지르는 소리가 아니다. 그러므로 아래 글에 "嚶其鳴矣"라고 하면서 더 이상 놀라고 두려워하지 않았으니, 우는 것이 곧 앵앵이라는 것이 이것이다. ≪爾雅≫ 〈釋訓〉에 "丁丁嚶嚶은 절차탁마하여 서로 바로잡아주는 것이다."라고 하였으니, 저 글의 뜻은 나무를 베는 소리와 새 소리로 절차탁마하여 서로 바로잡아주는 것을 비유한 것이다. 지금 毛傳은 이 시의 본문만 해석할 뿐이지만 ≪이아≫ 〈석훈〉은 곧 興喩〔비유〕라는 뜻으로 곧장 번역하였다. ≪이아≫ 〈석훈〉에 "顒顒卬卬은 군주의 덕이다. 藹藹萋萋는 신하가 능력을 다 바침이다."라고 하였으니, 모두 본래의 의미를 곧장 풀이한 것이지 詩文을 풀이한 것이 아니다. 王肅 또한 말하기를 "새가 나무 베는 소리를 듣고 놀라서 동료에게 앵앵거린다. 그러므로 ≪이아≫ 〈석훈〉에서 '丁丁과 嚶嚶은 절차탁마하여 서로 바로잡아주는 것이다.'라고 하였다. 이것은 붕우가 절차탁마하는 것을 비유한 것으로, 그 말은 毛傳의 취지를 터득한 것이다."라고 하였다. '相切直'은 절차탁마하면서 서로 바로

잡아주는 것이다.

【疏】箋'丁丁'至'連言之' ○ 正義曰：箋全引釋訓之文, (具)〔其〕[1]解丁丁嚶嚶之義與傳同也. 故下卽云"嚶嚶兩鳥聲", 丁丁亦是伐木聲也. 故郭璞曰"丁丁, 斫木聲, 嚶嚶, 兩鳥鳴." 但正伐木·鳥鳴時, 有此相切直之義, 故總言丁丁嚶嚶爲相切直. 言未居位, 謂未居諸侯之位, 在於農畝時. 山巖者, 以下云"伐木于阪", 故知山傍巖崖之處. 故云山巖也. 箋必以爲文王身與友生伐木者, 以爾雅云"丁丁嚶嚶, 相切直". 自此以下, 陳鳥鳴求友, 無相切直之義, 則伐木之時相切直也. 而下二章釃(시)酒文連伐木, 是酒爲伐木而設, 卽伐木之人是朋友矣. 朋友旣親伐木, 明文王與之俱行, 故知親在農. 禮記注"士之子食祿不免農", 則大夫以上子免農矣. 時文王爲諸侯世子而在農者. 案史記周本紀, (大王)〔太王〕[2]曰"我世當有興者, 其在昌乎." 則文王在太王之時, 年已長大, 是諸侯世子之子耳. 太王初遷於岐, 民稀國小. 地又隘險而多樹木, 或當親自伐木, 所以勸率下民, 不可以禮論也. 言嚶嚶兩鳥者, 以相切直. 若一鳥, 不得有相切. 故郭璞曰"嚶嚶, 兩鳥鳴, 以喩朋友切磋相正." 是以義勢便爲兩鳥, 其實一鳥之鳴亦嚶嚶也. 故知"嚶其鳴矣", 是一鳥也. 又解鳥鳴與伐木文連之意, 以文王相切直之時, 此兩鳥共鳴, 亦似朋友之相切磋. 及其遷處高木, 嚶鳴相求, 又似朋友之相求. 故下觀之以爲喩, 此鳴之志, 似於有朋友之道, 故連言之. 葛覃因以黃鳥爲興[3], 亦此類也.

1) (具)〔其〕: 저본의 교감기에 따라 '其'로 바로잡았다.
2) (大王)〔太王〕: 저본에는 '大王'으로 되어 있으나, 아래에 文王의 祖父인 古公亶父 太王을 가리키며 아래 문장에도 '太王'이라 되어 있으므로 이에 의거하여 바로잡았다.
3) 黃鳥爲興 : 〈周南 葛覃〉에 "황조가 난다〔黃鳥于飛〕"라는 말이 있으며, 毛亨은 이 시를 興이라고 하였다.

箋의 〔丁丁〕에서 〔連言之〕까지

○ 正義曰：鄭箋은 ≪爾雅≫ 〈釋訓〉의 글을 온전히 인용하였는데 丁丁과 嚶嚶의 의미를 풀이한 것이 毛傳과 동일하다. 그러므로 아래에서 "嚶嚶兩鳥聲"이라고 하였는데, 丁丁 역시 나무를 베는 소리이다. 그러므로 郭璞은 〈≪이아≫ 〈석훈〉에서〉 "丁丁은 나무를 베는 소리이다. 嚶嚶은 두 마리 새 소리이다."라고 하였다. 다만 참으로 나무를 베거나 새가 울 때에 이런 절차탁마의 뜻이 있으므로 '丁丁'과 '嚶嚶'으로 서로 절차탁마하는 뜻을 통틀어 말한 것이다. '未居位'는 제후의 지위에 있지 않고 농사를 짓고 있을 때에

있던 일을 말한다. '山巖'이란 것은 아래에서 "伐木於阪"이라고 하였으므로 산 주위의 절벽임을 알 수 있다. 그러므로 '山巖'이라고 한 것이다. 鄭箋에서 반드시 文王이 직접 친구들과 나무를 베던 때라고 여긴 것은 ≪이아≫ 〈석훈〉에서 "丁丁嚶嚶은 절차탁마하는 것이라고 하였기 때문이다. 이 아래에서는 새가 울면서 친구를 찾지만 서로 절차탁마하는 뜻이 없음을 서술하였는데, 나무를 베는 시기가 서로 절차탁마하는 것이다.

아래 2장에서는 '釃酒'라는 글이 '伐木'과 연결된다. 술은 나무를 벨 때 마련하는 것이므로 곧 나무를 벨 때의 朋友이다. 붕우가 직접 나무를 베면 문왕이 그와 동행하였음이 분명하므로 〈문왕이〉 직접 시골에 있던 때임을 알 수 있다. ≪禮記≫ 〈內則〉의 鄭玄 주에 "士의 자식이 벌어들이는 수입으로는 농사를 면하지 못한다."라고 하였으니 大夫 이상의 자식이 농사를 면하는 것이다. 당시 문왕은 제후의 세자로 시골에 있었다. 살펴보건대 ≪史記≫ 〈周本紀〉에 太王이 "우리 시대에 흥기할 사람은 아마도 昌(文王)일 것이다."라고 하였다. 문왕이 조부인 태왕이 살아 있을 때에 이미 장성한 나이였으나 제후국 世子의 아들일 뿐이었다. 태왕이 岐山으로 처음 이주하였을 때 백성의 숫자도 얼마 되지 않고 나라도 작았다. 땅은 또 협소하고 험하며 수목이 많아 간혹 직접 나무를 베어야 했으니 이런 상황에 백성을 통솔해야 했으므로 禮를 논할 수 없었다. "嚶嚶兩鳥"라고 말한 것은 서로 절차탁마하는 것이며, 새가 한 마리라면 절차탁마하지 못하므로 곽박이 "嚶嚶은 두 마리 새가 우는 소리로 이것은 붕우가 절차탁마하면서 서로 바로잡아 주는 것을 비유한다."라고 하였다. 이런 까닭에 뜻으로는 곧 두 마리이지만 사실 한 마리 새의 울음 또한 앵앵이다. 그러므로 "嚶其鳴矣"는 바로 새 한 마리임을 알 수 있다. 또 '鳥鳴'과 '伐木'이란 글을 연결시킨 뜻을 풀이하였는데, 이것은 문왕이 절차탁마하고 있을 때 새 두 마리가 함께 우는 것은 또한 붕우가 서로 절차탁마하고 있는 것과 비슷하다는 것이다. 높은 나무에 올라가 앵앵거리면서 동료를 찾는 것은 또 붕우가 서로를 찾는 것과 비슷하다. 그러므로 백성들이 보고 비유라고 여겼으니, 이는 새가 우는 뜻이 붕우의 道가 있는 것과 비슷하므로 연결시켜 말한 것이다. 〈周南 葛覃〉에서 黃鳥를 興이라고 하였는데, 역시 이와 같은 종류이다.

伐木許許(호호)어늘 **釃酒有藇**(서)로다

어기영차 나무를 베니
거른 술이 맛있기도 하다

【傳】許許는 (柹)〔柿(폐)〕[1]貌라 以筐曰釃요 以藪[2]曰湑라 藇는 美貌라

1) (柹)〔柿(폐)〕 : 저본의 교감기에 따라 '柿'로 번역하였다.

2) 藪 : 술을 거르는 풀인데, 일반적으로 苞茅(띠풀)이라고 한다.

許許는 노동을 하면서 함께 소리를 지르는 모습이다. 광주리로 술을 거르는 것을 釃, 띠풀로 술을 거르는 것을 湑라고 한다. 藇는 맛있음이다.

【箋】箋云 此言(許)〔前〕[1]者伐木許許之人이 今則有酒而釃之니 本其故也라 ○ 許를 沈呼古反이라 釃를 徐所宜反이요 又所餘反이며 葛洪은 所寄反이라 謂以筐漉酒라 漉은 音鹿이라 藇은 音敍요 又羊汝反이라 柿는 孚廢反이요 又側几反이라 藪는 素口反이라 湑는 思敍反이라

1) (許)〔前〕 : 저본의 교감기에 따라 '前'으로 번역하였다.

箋云 : 이것은 전에는 어기영차하면서 나무를 베던 사람이 지금은 술을 거르는 것을 말한 것이니, 과거의 일에 근원을 둔 것이다.

○ 許를 沈旋은 呼와 古의 반절이라 하였다. 釃를 徐邈은 所와 宜의 반절 또는 所와 餘의 반절이라 하였고, 葛洪은 所와 寄의 반절이라 하였는데, 광주리로 술을 거르는 것이다. 漉은 음이 鹿이다. 藇는 음이 敍이며 또 羊과 汝의 반절이다. 柿는 孚와 廢의 반절, 또 側과 几의 반절이다. 藪는 素와 口의 반절이다. 湑는 思와 敍의 반절이다.

既有肥羜(저)하여 以速諸父하니

살진 어린 양이 있어
諸父를 부르니

【傳】羜는 未成羊也라 天子謂同姓諸侯와 諸侯謂同姓大夫에 皆曰父요 異姓則稱舅라 國君友其賢臣하고 大夫士友其宗族之仁者라

羜는 '어린 羊'이다. 天子가 同姓 諸侯를 말할 때, 제후가 동성 大夫를 말할 때에 모두 '父'라 하고, 異姓 제후나 대부를 말할 때는 '舅'라 칭한다. 國君이 賢臣과 친구로 지내고, 大夫와 士는 宗族 중에서 어진 사람과 친구로 지낸다.

【箋】箋云 速은 召也라 有酒有羜니 今以召族(之)〔人〕[1]飲酒라 ○ 羜는 直呂反이라

1) (之)〔人〕: 저본의 교감기에 따라 '人'으로 번역하였다.

箋云 : 速은 '부르다'이다. 술과 어린 양이 있으므로 지금 親族을 불러 술을 대접하는 것이다.

○ 羜는 直과 呂의 반절이다.

寧適不來언정 微我弗顧니라

차라리 오지 않을지언정

내가 돌보지 않은 것은 아니니라

【傳】 微는 無也라

微는 '없다'이다.

【箋】 箋云 寧召之하여 適自不來라도 無使言我不顧念也라

箋云 : 정성껏 불러서 마침 일이 있어 오지 않을지라도 내가 돌보지 않았다는 말이 있어서는 안 된다는 것이다.

於(오)粲洒埽요 陳饋八簋(궤)[1]하노라

1) 八簋(궤) : 8개의 簋로, 옛날 제사와 잔치 때 음식을 담는 圓筒으로 된 그릇이다. 天子에게 음식을 차릴 때에는 으레 8개를 사용하였다.

아, 깨끗이 청소하고

八簋에 음식을 진열하노라

【傳】 粲은 鮮明貌라 圓曰簋니 天子八簋라

粲은 '선명한 모습'이다. 둥근 그릇을 簋라 하니, 천자는 簋 8개를 사용한다.

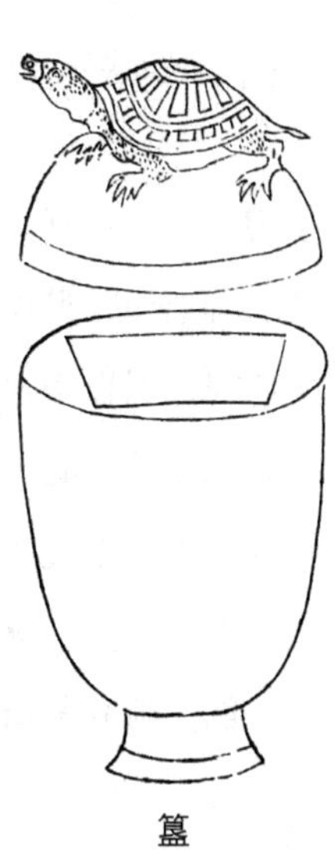
簋

【箋】 箋云 粲然已灑攢矣에 陳其黍稷矣하니 謂爲食(사)禮라 ○ 於는 如字니 舊音은 烏라 粲은

釆旦反이라 洒는 所懈反이니 徐所寄反이라 掃는 素報反이라 饋는 其位反이라 簋는 居偉反이라 灑는 所蟹反이요 又所懈反이라 攅은 本又作反拚이요 甫問反이라 食는 音嗣라

箋云 : 깨끗이 청소를 하고 난 다음에 黍稷을 진설하니, 이를 일러 食禮를 거행한다고 하는 것이다.

○ 於는 如字이며 舊音은 烏이다. 粲은 釆와 旦의 반절이다. 洒는 所와 懈의 반절인데, 徐邈은 所와 寄의 반절이라 하였다. 掃는 素와 報의 반절이다. 饋는 其와 位의 반절이다. 簋는 居와 偉의 반절이다. 灑는 所와 蟹의 반절이며, 또 所와 懈의 반절이다. 攅는 판본에 따라 拚으로 되어 있으며 甫와 問의 반절이다. 食는 음이 嗣이다.

旣有肥牡하여 以速諸舅하니 寧適不來언정 微我有咎니라

살진 숫짐승을 마련하여
諸舅를 부르니
차라리 오지 않을지언정
내가 과오가 있는 것이 아니니라

【傳】咎는 過也라

咎는 '과오'이다.

【疏】'伐木'至'有咎' ○ 毛以爲"伐木其柹許許然, 故鳥驚而飛去, 以喩朋友之相勵, 故德進而業脩也. 此所與切磋之故舊, 今以筐釃其酒, 有藇然而美, 與之燕飮焉. 王非直燕其故舊, 又旣有肥羜之羊, 以召朋友・諸父而燕之. 俱有羊酒, 各擧其一也. 王意又殷勤諸父兄弟, 必盡召之. 王言曰'寧召之, 適自不來, 則已無得不召之, 使言我不顧念之而懷怨也.' 於是粲然洒掃其室庭, 陳飮食之饋, 黍稷之等有八簋也. 旣有肥羜之牡, 以召諸舅而食之. 寧召之, 適自不來則止, 無使懷怨, 令我有咎過焉. 言王厚其朋友・故舊, 爲設燕食兼有焉." ○ 鄭以"嚮時與文王伐木許許之人, 文王有酒而飮之, 本其昔日之事也." 餘同.

經의 〔伐木〕에서 〔有咎〕까지

○ 毛亨은 "어기영차 힘을 쓰면서 나무를 베므로 새가 놀라서 날아가는데, 이것으로

붕우가 서로 격려하여 德을 진전시키고 학업을 수행하는 것을 비유하였다. 여기에서 함께 절차탁마하는 옛 친구를 위해 지금 광주리에 술을 거르니 향기롭고 맛이 있어 그와 함께 즐겁게 마신다. 왕이 단지 옛 친구에게 연례를 베푸는 것이 아니라, 또 살이 포동포동한 새끼 양이 있어 朋友와 同姓 諸侯를 불러 연례를 연 것이니, 모두 양고기와 술이 있으며 각각 하나를 들고 있다. 왕은 내심 또 동성 제후 형제를 은근하게 여겨서 모두 부르고 싶은 것이다. 그래서 왕은 '정성껏 불렀는데도 마침 오지 않았지만 내가 부르지 않을 수는 없다. 내가 돌보지 않았다고 하면서 나를 원망하는 마음을 품을 것이다.'라고 말하였다. 이에 깨끗이 집안을 청소하고 음식을 차리니 黍稷 등의 음식이 여덟 그릇이다. 살진 새끼 양이 있은 뒤에는 異姓 諸侯를 불러 접대하였다. 정성껏 불렀는데 마침 일이 있어 오지 않으면 그만이지 나를 원망하거나 나에게 허물이 있다고 해서는 안 된다. 말하자면 왕이 붕우와 옛 친구를 후하게 대접하면서 燕禮와 食禮를 함께 베푼 것이다."라고 여긴 것이다.

○ 鄭玄은 "예전에 文王과 함께 어기영차하면서 나무를 베던 친구들에게 문왕이 술을 마련해서 마시도록 하였는데 그 옛날의 일에 근거한 것이다."라고 여긴 것이다. 나머지는 毛亨의 뜻과 같다.

【疏】 傳'許許'至'曰湑' ○ 正義曰：以許許非聲(之)〔非〕[1]狀, 故爲柹貌. 上言丁丁之聲, 下言於阪之處, 互以相通, 明在阪伐之爲聲而有柹也. 以筐曰釃, 以藪曰湑者, 筐, 竹器也. 藪, 草也. 漉酒者或用筐, 或用草, 於今猶然. 毛氏蓋相傳爲說, 因釃言湑, 逆解下文. 用草者, 用茅也. 傳僖四年左傳曰 "爾貢苞茅不入, 王祭不供, 無以縮酒." 是也.

1) (之)〔非〕: 저본의 교감기에 따라 '非'로 번역하였다.

傳의 〔許許〕에서 〔曰湑〕까지

○ 正義曰 : 許許는 소리도 아니고 상황도 아니므로 柹貌라고 하였다. 위에서 丁丁이란 소리를 말하고 아래에서 산비탈〔阪〕이 있는 곳을 말하여 상호 통하니, 분명히 산비탈에서 나무 베는 소리가 있는 것이고 어기영차 힘쓰는 소리〔柹〕가 있는 것이다. 광주리로 술을 거르면 '釃'라 하고, 띠풀로 술을 거르면 '湑'라고 하는 것은 광주리는 竹器이고 띠풀은 풀이기 때문이다. 술을 거르는 것은 혹은 광주리를 사용하고 혹은 풀을 사용하는데 지금도 여전히 그러하다. 毛亨은 대개 전해오는 것으로 說을 만들었으니, '釃'에 근거하여 '湑'를 말하며 아래 經文에서 나오는 글자(湑)를 미리 풀이하였다. 풀

을 사용한다는 것은 茅(띠풀)를 사용하는 것이다. ≪春秋左氏傳≫ 僖公 4년에 "너희가 공물로 보내야 할 띠풀〔苞茅〕이 들어오지 않아서 왕의 제사를 올리지 못하고 술을 거르지도 못하였다."라고 하였는데 이것이다.

【疏】傳'羜未'至'仁者' ○ 正義曰：釋畜云 "未成羊曰羜." 郭璞曰 "今俗呼五月羔爲羜", 是也. 傳以經稱諸父舅, 序云 "燕朋友故舊", 則此父舅是文王之朋友也. 禮, 天子謂同姓諸侯, 諸侯謂同姓大夫, 皆曰父. 異姓則稱舅. 故曰 "諸父・諸舅"也. 禮記注云 "稱之以父與舅, 親親之辭也." 覲禮說天子呼諸侯之義, 曰 "同姓大國則曰伯父, 其異姓則曰伯舅, 同姓小國則曰叔父, 異姓則曰叔舅." 是天子稱諸侯也. 左傳隱公謂臧僖伯曰 "叔父有憾於寡人." 鄭厲公謂原繁曰 "願與伯父圖之." 禮記衛孔悝之鼎銘云 "公曰叔舅." 是諸侯稱大夫父舅之文也. 諸侯則國有大小之殊, 大夫唯以長幼爲異. 故服虔左傳注云 "諸侯稱同姓大夫, 長曰伯父, 少曰叔父." 是也. 然則諸侯謂異姓大夫長者亦當爲伯舅, 但經傳無其事耳. 公羊傳曰 "王者之後稱公, 大國稱侯, 皆千乘. 小國稱伯・子・男." 左傳曰 "在禮, 卿不會公・侯, 會伯・子・男可也." 分五等爲二節, 皆以公・侯爲上等, 伯・子・男爲下等, 明大邦謂公・侯, 小邦謂伯・子・男. 其稱牧・伯則異. 曲禮曰 "五官[1]之長曰伯, 是職方. 天子同姓謂之伯父, 異姓謂之伯舅." 東西二伯. 又曰 "九州之長, 入天子之國曰牧, 天子同姓謂之叔父, 異姓謂之叔舅." (禮記)[2]注云 "牧尊於大國之君, 而謂之叔父, 避二伯也, 亦以此爲尊. 禮或損之而益, 謂此類也." 言由避二伯, 故稱叔. 因以別異大邦之君, 亦以損其稱而更益其尊, 故云 "損之而益"也. 齊太公爲王官之伯, 左傳云 "王使劉定公賜齊侯, 命曰'昔伯舅太公(佐)〔右〕[3]我先王.'" 是稱太公爲伯舅也. 及齊桓公興霸功, 王又以二伯之禮命之. 僖九年傳曰王使宰孔賜齊侯胙, 曰 "使孔賜伯舅胙." 是也. 周公亦是分陝之伯,[4] 而魯頌云 "王曰叔父"者, 以其實成王叔父, 以本親言之也. 其晉文公亦有霸功, 而王策命辭云 "王曰叔父"者. 齊桓・晉文, 雖俱有霸功, 天子賜命, 皆本其祖. 太公受二伯命, 故還以二伯之禮賜桓公. 唐叔本受州牧之命, 故還以州牧之禮命文公, 故唐叔・文公但稱叔父. 左傳周景王謂籍談曰 "叔父唐叔." 是唐叔亦受州牧之禮而稱叔父也. 僖二十四年傳"王出適鄭, 使來告難, 曰'敢告叔父.'" 謂魯爲叔父. 成二年傳王告鞏朔曰 "今叔父克遂有功於齊." 謂晉爲叔父也. 昭七年, 王使追命衛襄公, 曰 "叔父陟恪, 在我先王之左右." 是謂衛爲叔父也. 是晉與魯·衛, 王皆呼之爲叔父. 昭九年"王使詹桓伯辭於晉, 曰'伯父惠公歸自秦.'" 又謂晉侯爲伯父. 由此觀之, 魯·衛爲大國而稱叔父, 晉國之中, 伯·叔俱稱. 不同者, 以魯雖周公之後, 周公位冢宰東伯, 而周公(之國, 故擊繫)〔不之國, 故繫〕[5]伯禽. 左傳曰"燮父·禽父·王孫牟竝事康王", 三國俱以令德作王卿, 明兼州牧矣. 燮父, 唐叔之子. 王孫牟, 康叔之子. 康叔稱叔父, 是爲州牧. 尙書酒誥命康叔之辭曰 "明大命於妹邦." 鄭云 "康叔爲連屬之監." 則康叔後或爲州牧. 燮父·王孫牟或各繼其父爲州牧也. 伯禽作費誓專征徐戎, 爲方伯. 可知三國竝爲大國, 王室之親, 又皆二伯之後, 尊而異之, 所以皆稱叔父焉. 晉又稱伯父者, 以晉旣大國, 世作盟主, 故變稱伯父耳. 尙書文侯之命 "王曰, 父(羲)〔義〕[6]和." 平王得文侯夾輔, 周之勳, 尤親之, 而直稱父也. 天子稱朝廷公卿則無文. 蓋有爵者, 自依諸侯之例, 無爵者, 亦應以此長幼稱伯父·叔父. 大夫以下位卑, 其稱父舅以否, 無文以明之. 此傳以及下經父舅兼有, 解天子所呼父舅之文. 以諸侯於大夫, 猶天子於諸侯, 同有父舅之名, 故連釋之焉. 旣此篇燕朋友而呼父舅, 是父舅爲天子朋友, 事自明矣. 因天子有交友之義已釋, 諸侯亦有父舅. 故亦因解國君友其賢臣, 竝及大夫友其宗族之仁者. 云仁賢者, 明尊卑之交, 非賢不友故也. 定本無宗字.

1) 五官 : 司徒·司馬·司空·司士·司寇를 가리킨다.
2) (禮記) : 저본의 교감기에 따라 衍文으로 처리하였다.
3) (佐)〔右〕: 저본의 교감기에 따라 '右'로 번역하였다.
4) 分陝之伯 : 分陝은 지방을 다스리는 장관, 혹은 장수를 가리키는 말이다. 周나라 초기에 周公 旦과 召公 奭이 陝을 기준으로 각각 동쪽과 서쪽 지방을 다스렸던 고사에서 유래한 것이다.
5) (之國 故擊繫)〔不之國 故繫〕: 저본의 교감기에 따라 '之國 故擊繫'을 '不之國 故繫'으로 번역하였다.
6) (羲)〔義〕: 저본의 교감기에 따라 '義'로 번역하였다.

傳의 〔羜未〕에서 〔仁者〕까지

○ **正義曰** : ≪爾雅≫ 〈釋畜〉에 "어린 양을 羜라고 한다."라고 하였는데, 郭璞이 "지금 속세에서 5개월 된 양을 羜라고 한다."라고 한 것이 이것이다. 毛傳은 經文에서 諸父·諸舅라 칭한 것을 가지고 序에서 "**燕朋友故舊**"라고 하였으니, 여기에서 父舅는 文王의 朋友이다. ≪禮記≫에는 天子가 同姓 諸侯를 부르거나 諸侯가 同姓 大夫를 부를

때 모두 父라고 하고, 異姓이면 舅라고 부른다. 그러므로 "諸父와 諸舅이다."라는 것이다. ≪예기≫(〈曲禮 下〉)의 鄭玄 주에 "父와 舅라고 칭하는 것은 친족을 친애하는 말이다."라고 하였다. ≪儀禮≫ 〈覲禮〉에서 천자가 제후를 부르는 뜻을 설명하기를 "동성으로 大國이면 伯父, 이성이면 伯舅, 동성으로 小國이면 叔父, 이성이면 叔舅라고 부른다."라고 하였는데, 이것은 천자가 제후를 부르는 호칭이다. ≪春秋左氏傳≫ 隱公 5년에 은공이 臧僖伯에게 이르기를 "叔父가 과인에게 유감이 있다."라고 하였으며, 莊公 14년에 鄭 厲公이 原繁에게 이르기를 "伯父와 함께 도모하기를 원합니다."라고 하였고, ≪예기≫ 〈祭統〉에 衛나라 孔悝의 鼎銘에 이르기를 "公이 叔舅라고 했다."라고 하였는데, 이것은 제후가 대부인 父舅를 칭하는 글이다. 제후는 나라의 규모가 크고 작은 차이가 있고, 대부는 오직 長幼를 차이로 한다. 그러므로 ≪춘추좌씨전≫ 服虔 주에 "제후가 동성 대부를 칭할 때 연장자는 伯父, 연소자는 叔父라고 한다."라고 하였는데, 이것이다. 그렇다면 제후가 이성 대부인 연장자에게도 역시 伯舅라고 불러야 하지만 다만 경전에는 그런 일이 없을 뿐이다.

≪春秋公羊傳≫(은공 5년)에 "왕의 후계자를 公이라 칭하고, 大國은 侯라고 칭하는데 모두 千乘이며, 小國은 伯·子·男이라고 칭한다."라고 하였다. ≪춘추좌씨전≫(僖公 29년)에 "예법에 卿은 公·侯와 회합하지 못하고, 伯·子·男과 회합하는 것이 옳다."라고 하였다. 다섯 등급의 계급을 나누어 두 등급으로 만들었으니, 모두 公·侯가 上等이고 伯·子·男이 下等이다. 큰 나라는 公·侯라 부르고 작은 나라는 伯·子·男이라고 부르는 것이 분명하다. 牧·伯이라고 칭하는 것과는 다르다. ≪예기≫(〈곡례 하〉)에 "五官의 수장을 伯이라 하는데 지역을 담당하는 직책이다. 천자는 동성을 伯父라고 부르며, 이성을 伯舅라고 부른다."라고 하였다. 東西로 伯이 둘이다. 또 〈≪예기≫ 〈곡례 하〉에〉 "九州의 수장이 천자의 나라에 들어오면 牧이라 하니, 천자와 동성이면 叔父라 부르고 이성이면 叔舅라 부른다."라고 하였다. 정현 주에 "牧은 대국의 군주보다 존귀하므로 叔父라고 부르는데 二伯을 피하고자 함이며 또한 이로써 존귀함으로 여긴다. 禮에는 〈정해진 격식을 고의로〉 낮춤으로써 〈존귀함을〉 보태주기도 하는데 이러한 부류를 말한다."라고 하였다. 말하자면 二伯을 피하고자 하므로 叔이라고 칭한다는 것이다. 大邦의 군주와 차이를 짓고자 하므로 또한 그 칭호를 덜어서 그 존귀함을 더욱 더하므로 "損之而益"이라고 하는 것이다.

齊 太公이 중앙 조정 관리의 伯이 되었을 때 ≪춘추좌씨전≫(襄公 14년)에 "周나라

왕이 劉定公을 보내어 齊侯에게 은총을 내리며 명하기를 '옛날에 伯舅(姜太公)가 우리 先王을 도왔다.'고 했다."라고 하였는데, 이것은 강태공을 伯舅라고 칭한 것이다. 齊 桓公이 覇者의 공적을 세우며 興起하자 왕이 또 二伯의 禮를 명하였다. ≪춘추좌씨전≫ 僖公 9년에 周나라 왕이 宰孔을 보내어 제사 지낸 고기를 齊侯에게 하사하면서 말하기를 "宰孔을 보내어 伯舅에게 제사 지낸 고기를 하사하였다.〔使孔賜伯舅胙〕"라고 하였는데 이것이다. 周公 또한 지방을 다스리는 伯인데 〈魯頌 閟宮〉에서 "왕이 叔父라고 불렀다.〔王曰叔父〕"라고 한 것은 사실 成王의 叔父이므로 本親으로 말한 것이다. 晉 文公 또한 패자의 공적이 있었는데 왕이 策命하는 글에서 이르기를 "王曰叔父"라고 한 것은, 제 환공・진 문공이 모두 패자의 공적이 있지만 천자가 명을 내린 것은 모두 그들의 조상에 근본을 두었기 때문이다. 강태공이 二伯의 명을 받았으므로 도로 二伯之禮로써 제 환공에게 하사한 것이고, 唐叔이 본래 州牧의 명을 받았으므로 도로 州牧之禮로써 진 문공에게 명하였으니 그러므로 당숙과 진 문공을 단지 叔父라고 칭한 것이다. ≪춘추좌씨전≫(昭公 4년)에 周 景王이 籍談에게 이르기를 "叔父인 唐叔이다."라고 하였는데, 唐叔 또한 州牧之禮를 받았으므로 叔父라고 칭한 것이다.

≪춘추좌씨전≫ 희공 24년에 "왕이 도성을 떠나 鄭나라로 갔다. 사신이 와서 난리가 났음을 고하면서 '감히 叔父에게 고합니다.'라고 하였다."라고 한 것은 魯나라를 叔父로 삼은 것을 말한다. ≪춘추좌씨전≫ 成公 2년에 왕이 鞏朔에게 고하기를 "지금 叔父가 齊나라에서 功을 이루었다."라고 한 것은 晉나라를 叔父로 삼은 것을 말한다. ≪춘추좌씨전≫ 소공 7년에 왕이 사망한 衛 襄公에게 追命하면서 말하기를 "叔父가 하늘로 올라가서 나의 先王의 좌우에 있을 것이다."라고 한 것은 衛나라를 叔父로 삼은 것을 말한다. 이것은 晉・魯・衛나라를 周나라 왕이 모두 叔父라고 부른 것이다. ≪춘추좌씨전≫ 소공 9년에 "주나라 왕이 詹桓伯을 사신으로 보내어 晉나라를 책망하기를 '伯父인 惠公이 秦나라에서 돌아왔다.'"라고 한 것은, 또 晉侯를 伯父라고 삼은 것을 말한다. 이러한 사실로 본다면 魯나라와 衛나라는 大國이므로 叔父라 칭하였고 晉나라는 伯父와 叔父로 모두 칭하였다. 〈호칭이〉 같지 않은 것은 魯나라가 비록 周公의 후예이기는 하지만 주공의 지위는 冢宰인 東伯이며 주공은 〈봉지인〉 노나라에 가지 않았으므로 아들 伯禽을 계승하였기 때문이다.

≪춘추좌씨전≫(소공 12년)에 "燮父, 禽父(周公의 아들 伯禽), 王孫牟이 모두 康王을 섬겼다."라고 하였는데 세 사람은 모두 뛰어난 덕행으로 왕의 卿士가 되었으니 州牧을

겸한 것이 분명하다. 燮父는 晉 唐叔의 아들이고, 王孫牟는 衛 康叔의 아들(康伯)이다. 康叔이 叔父라 칭하였으니 이것이 州牧이 되었다는 것이다. ≪尙書≫ 〈周書 酒誥〉에 강숙에게 명한 말에 이르기를 "妹邦(殷나라 수도)에 大命을 밝힌다.〔明大命於妹邦〕."라고 하였는데, 정현이 "강숙이 連屬之監(州牧)이다."라고 하였으니 강숙이 나중에 州牧이 된 것이다. 섭보・왕손모는 각각 자기의 아버지를 계승하여 州牧이 되었고, 백금은 ≪상서≫ 〈주서 費誓〉를 짓고 전적으로 徐戎을 정벌하여 方伯이 되었으니, 三國(晉・魯・衛)은 모두 大國이고 왕실과 친척이며 또 모두 二伯의 후손이므로 그들을 우대하고 다르게 대우하여 이런 까닭에 모두 叔父라고 칭하였다. 晉나라를 또 伯父라고 칭하는 것은 晉나라가 大國인데다가 대대로 盟主가 되었으므로 伯父라고 바꾸어 칭하기 때문이다. ≪상서≫ 〈주서 文侯之命〉에 "왕이 말하였다. 父인 義和여!"라고 하였으니, 平王이 晉 文侯의 도움을 얻어 주나라의 勳戚과 더욱 가까이 지냈으므로 곧장 '父'라고 칭한 것이다.

천자가 조정의 公卿을 칭하는 호칭에 대해서는 글이 없다. 대개 爵位가 있는 사람은 본래 제후의 사례에 따르고, 작위가 없는 사람은 아마도 長幼에 따라서 伯父・叔父라고 칭하였을 것이다. 대부 이하는 지위가 낮으므로 父舅라고 칭하였는지의 여부는 증명할 글이 없다. 毛傳과 아래 經文에서 父舅를 겸해져 있으므로 천자가 부르는 父舅의 글로 풀이한 것이다. 제후와 대부의 관계는 천자가 제후에 대한 관계와 같으므로 동일하게 父舅라는 명칭을 가진다. 그러므로 이어서 번역하였다. 이 시에서는 붕우에게 연례를 열면서 父舅라고 불렀으니, 이 父舅는 천자의 붕우가 되는 것이 자명한 일이다. 천자가 交友의 뜻을 가지고 있다고 이미 풀이하였으므로 제후 역시 父舅를 가진다. 그러므로 國君이 賢臣과 친구로 지낸다고 풀이한 것에 따라 대부도 宗族 중에서 어진 사람과 친구로 지낸다는 것에 함께 미친 것이다. '仁賢'이라고 말한 것은 尊卑의 사귐을 분명히 밝힌 것이니 현자가 아니면 벗하지 않기 때문이다. ≪五經定本≫에는 〈宗族의〉 '宗'자가 없다.

【疏】 箋'有酒'至'飮酒' ○ 正義曰：此"有酒有羜, 召族人飮之", 蓋是燕禮, 非饗也. 何者. 聘禮注云 "饗謂亨大牢以飮賓也." 今此唯肥羜而已, 是非饗禮明矣. 今燕禮者, 是諸侯燕其群臣及賓客之禮. (禮記)〔儀禮〕[1]云 "其牲狗", 不用羊豕. 此云有"肥羜"者, 天子之禮, 異於諸侯也. 宣十六年左傳曰 "王饗有體薦, 燕有折俎[2]. 公當饗, 卿當燕. 王室之禮." 是天子燕・饗之禮, 異於諸侯, 牲亦不同也.

1) (禮記)〔儀禮〕: 저본에는 '禮記'로 되어 있으나, ≪儀禮≫ 〈燕禮〉에 나오는 글이므로 '儀禮'로 바로잡았다.

2) 王饗有體薦 燕有折俎 : '體薦'은 犧牲의 절반을 도마에 올리는 것이고, '折俎'는 희생을 삶아서 뼈가 붙은 채로 도마에 올리는 것을 말한다.

箋의 〔有酒〕에서 〔飮酒〕까지

○ 正義曰 : 鄭箋에서 "술과 어린 양이 있으므로 親族을 불러 대접하는 것이다."라고 하였는데 이것은 燕禮이지 饗禮가 아니다. 무엇 때문인가. ≪儀禮≫ 〈聘禮〉의 鄭玄 注에 "향례는 大牢(소・양・돼지)를 올리고 빈객에게 술을 대접한다."라고 하였는데, 지금 여기에는 오직 살찐 어린 양 뿐이니 이것은 향례가 아님이 분명하다. 지금의 연례는 제후가 群臣 및 賓客에게 연회를 베푸는 예이다. ≪의례≫ 〈燕禮〉에 "犧牲은 개이다."라고 하였으며 양・돼지를 사용하지 않았다. 經文에서 '肥羜'라고 한 것은 천자의 예가 제후와 다르기 때문이다. ≪春秋左氏傳≫ 宣公 16년에 "왕이 향례를 베풀 때는 體薦이 있고 연례에는 折俎가 있다. 제후에게는 향례를 베풀고, 諸侯의 卿에게는 연례를 베푸는 것이 王室의 예이다."라고 하였다. 천자가 연례・향례를 베푸는 예는 제후와 다르고 犧牲 역시 다르다.

【疏】 箋'陳其'至'食禮' ○ 正義曰 : 儀禮, 特牲, 少牢, 聘禮, 公食之等, 皆以簋盛黍稷, 則八簋是黍稷之器也. 故云 "陳其黍稷謂爲食禮." 案周官掌客職, 五等諸侯簋皆十二. 又公食大夫禮, 上大夫(六)〔八〕[1]簋. 此天子云八簋者, 據待族人設食之禮. 其掌客所云, 謂飧饔餼之大禮. 公食大夫是諸侯食大夫之禮. 若曰食, 特牲者二簋, 少牢者四簋. 故玉藻云 "少牢五俎四簋." 然則大牢者六簋. 上肥羜・釃酒爲燕禮. 此是食禮, 互陳之也. 知是食禮者, 燕禮主於飮酒, 無飯食, 則此簋盛黍稷, 是食禮可知. 周禮地官舂人云 "凡饗供食米." 則饗禮有黍稷矣. 但饗主於飮, 不主於食. 此經不言酒殽, 獨陳八簋. 假令與上釃酒竝爲一事, 亦不得爲饗禮. 何者. 饗亨太牢以飮賓, 不得用未成羊羜也. 但於"肥羜"之下, 旣言 "以速諸父", 又別言 "於粲洒埽・以速諸舅", 明二者又爲一禮. 上句爲燕, 下句爲食. 燕言諸父, 食言諸舅, 互文以相通也. 推此明以兼有饗矣, 但文不見饗耳.

1) (六)〔八〕: 저본의 교감기에 따라 '八'로 번역하였다.

箋의 〔陳其〕에서 〔食禮〕까지

○ 正義曰 : ≪儀禮≫의 〈特牲饋食禮〉·〈少牢饋食禮〉·〈聘禮〉·〈公食大夫禮〉 등에는 모두 簋에 黍稷을 담는다고 하였으니 八簋는 黍稷을 담는 그릇이다. 그러므로 "黍稷을 진설하는 것을 食禮라고 한다."라고 하였다. 살펴보건대 ≪周禮≫ 〈秋官 周官 掌客職〉에 다섯 등급 諸侯의 簋는 모두 12개이라고 하였고, ≪의례≫ 〈공사대부례〉에 上大夫는 八簋이라고 하였다. 여기서 천자는 '八簋'라는 것은 친족을 접대하면서 음식을 차리는 예에 근거한 것이다. ≪주례≫ 〈장객직〉에서 빈객에게 식사를 대접하는 성대한 禮라고 하였고, ≪의례≫ 〈공사대부례〉에서 제후가 대부에게 식사를 대접하는 예라고 하였다. 食과 犧牲은 二簋, 少牢(양·돼지)는 四簋이다. 그러므로 ≪禮記≫ 〈玉藻〉에 "少牢에는 五俎와 四簋를 진설한다."라고 하였으니, 그렇다면 大牢는 六簋이다. 살찐 어린 양과 거른 술을 올리는 것이 燕禮이다. 여기서는 食禮인데 상호 진설하는 것이다. 식례라는 것을 알 수 있는 것은, 연례는 술을 마시는 것을 위주로 하며 밥을 먹는 것이 없으니 여기서는 簋에 서직을 담았으므로 식례임을 알 수 있다. ≪주례≫ 〈地官 舂人〉에 "饗禮에는 먹을 쌀을 제공한다."라고 하였으니, 향례에는 黍稷이 있다. 다만 향례는 마시는 것을 위주로 하고 먹는 것을 위주로 하지 않는다. 시 본문에서는 酒殽를 말하지 않고 유독 八簋를 진술하였다. 가령 위의 '釃酒'와 더불어 모두 한 가지 일이라면 또한 향례가 되지 못한다. 무엇 때문인가? 향례는 太牢(소·양·돼지)를 접대하면서 빈객에게 술을 제공하지만 자라지 않은 새끼 양을 사용할 수 없기 때문이다. 다만 '肥羜' 아래에 '以速諸父'를 말하였고, 또 따로 '於粲洒埽'와 '以速諸舅'를 말하였으니 두 가지가 또 하나의 예가 되는 것은 분명하다. 上句는 연례, 下句는 사례이다. 연례에서는 諸父를 말하였고 식례에서는 諸舅를 말하였는데, 서로 바꾸어도 글 뜻이 통한다. 이것을 미루어 보면 분명히 향례를 겸하여 가지고 있는데 다만 문장에서는 향례를 드러내지 않았을 뿐이다.

伐木于阪이어늘 釃酒有衍이로다

산비탈에서 나무를 베거늘
거른 술이 많기도 하다

【傳】 衍은 美貌라

衍은 아름다운 모습이다.

【箋】 箋云 此言伐木于阪이니 亦本之也라

箋云 : 이것은 산비탈에서 나무를 베는 일을 말한 것인데 역시 옛날 일에 근원을 둔 것이다.

籩豆有踐하니 兄弟無遠이로다

籩豆를 차려놓으니
형제들이 촌수에 관계없이 모두 왔다네

【箋】 箋云 踐은 陳列貌라 兄弟는 父之黨과 母之黨이라

箋云 : 踐은 진열한 모습이다. 형제는 親家와 外家이다.

民之失德은 乾餱[1]以愆이니

1) 乾餱 : 乾糧이라고도 하며, 일상적으로 먹는 평범한 음식을 말한다.

사람들이 덕망을 잃는 것은
마른 밥 때문에 허물이 생기는 것이니

【傳】 餱는 食(사)也라

餱는 '밥'이다.

【箋】 箋云 失德은 謂見謗訕也라 民尙以乾餱之食으로 獲愆過於人이어늘 況天子之饌이 反可以恨兄弟乎아 故不當遠之라 ○ 餱는 音侯라 爾雅云 餥·餱는 食也라 愆은 起虔反이라 訕은 於諫反이라 饌은 士戀反이라 遠은 于萬反이요 亦如字라

箋云 : 失德은 비방을 받는 것을 말한다. 백성들이 오히려 평범한 음식으로 남에게 허물을 얻는데, 하물며 천자의 음식이 도리어 형제들의 마음을 안타깝게 할 수 있겠는가. 그러므로 그들을 멀리하는 것은 합당하지 않다는 것이다.

○ 餱는 음이 侯이다. ≪爾雅≫ 〈釋言〉에 "餥와 餱는 밥이다."라고 하였다. 愆은 起와 虔의 반절이다. 訕은 於와 諫의 반절이다. 饌은 士와 戀의 반절이다. 遠은 于와 萬의 반절이며 또 如字이다.

有酒湑我며 無酒酤我며

술이 있으면 내가 거를 것이며
술이 없으면 내가 술을 사오며

【傳】 湑는 莤(숙)之也라 酤는 一宿酒[1)]也라

1) 一宿酒 : 술을 빚은 다음날 새벽닭이 울 때에 다 익는다고 하여 鷄鳴酒라고도 한다.

湑는 술을 거르는 것이다. 酤는 '一宿酒'이다.

【箋】 箋云 酤는 買也라 此族人陳王之恩也라 王有酒則泲莤之하고 王無酒酤買之하야 要欲厚於族人이라 ○ 湑는 本又作醑니 思敍反이라 酤는 毛音戶니 說文同이요 鄭音顧니 又音沽라 莤은 所六反이니 與左傳縮酒同이요 義謂以茅泲之而去其糟也라 字從艸라 泲는 子禮反이라

箋云 : 酤는 술을 사오는 것이다. 이는 친족이 왕의 은혜를 진술한 것이다. 왕이 술이 있으면 술을 거르고 술이 없으면 술을 사와서 친족을 후하게 대접하고자 하는 것이다.

○ 湑는 판본에 따라 醑로도 되어 있으니, 思와 敍의 반절이다. 酤는 毛亨은 음이 戶라 하였는데 ≪說文解字≫와 같고, 鄭玄은 음이 顧, 또는 沽라 하였다. 莤은 所와 六의 반절이며 ≪春秋左氏傳≫에서는 縮酒와 같다고 하였으니, 뜻은 띠풀로 술을 걸러 찌꺼기를 제거하는 것이고, 글자는 艸를 따랐다. 泲는 子와 禮의 반절이다.

坎坎鼓我며 蹲蹲舞我하니

북을 둥둥 나를 위해 울리며
덩실덩실 나를 위해 춤을 추니

【傳】 蹲蹲은 舞貌라

蹲蹲은 춤을 추는 모습이다.

【箋】 箋云 爲我擊鼓坎坎然하고 爲我興舞蹲蹲然하니 謂以樂樂己라 ○ 坎은 如字라 說文作竷(감)이요 音同이며 云舞曲也라 蹲은 七旬反이니 本或作墫이며 同이라 爾雅云喜也요 說文云

士舞也니 從士하고 尊이라 爲는 于僞反이니 下同이라 樂樂은 上은 音嶽이요 下는 音洛이라

箋云 : 나를 위해 둥둥 북을 치고 나를 위해 덩실덩실 춤을 추니 음악으로 나를 즐겁게 함을 말한다.

○ 坎은 如字이다. ≪說文解字≫에 竷으로 되어 있으며 음은 같고 "舞曲이다"라고 하였다. 蹲은 七와 旬의 반절이니 판본에 따라 혹 墫으로 되어 있으며 음의가 같다. ≪爾雅≫ 〈釋言〉에 "기쁘다"라고 하였으며, ≪설문해자≫에 "士舞이다. 士의 의미를 따르고 尊이 聲符이다."라고 하였다. 爲는 于와 僞의 반절이며 아래도 같다. 樂樂에서 위의 음은 嶽, 아래의 음은 洛이다.

迨我暇矣하여 飮此湑矣로리라

내 한가한 때를 만나서
이 거른 술을 마시리라

【箋】箋云 迨는 及也라 此又述王意也라 王曰及我今之閒暇에 共飮此湑酒라 欲其無不醉之意라 ○ 迨는 音待라 閒은 音閑이라

箋云 : 迨는 미침이다. 이것은 또한 왕의 마음을 서술한 것이다. 왕이 말하기를 "내가 이제 한가하니 이 거른 술을 함께 마시자."라고 하였으니 취하고 싶다는 마음을 드러낸 것이다.

○ 迨는 음이 待이다. 閒은 음이 閑이다.

【疏】'伐木'至'湑矣' ○ 毛以爲"伐木於阪以驚鳥, 喻朋友切磋以成道也. 由朋友相成如此, 故今以筐釃其酒, 衍然而美以燕之. 旣有酒矣, 又籩豆有踐然行列而陳之矣. 兄弟親戚, 無有疏遠, 皆使召之而與之燕也. 王又自言己不可不召族人之意. 下民之失德, 見謗訕者, 以何故乎. 正由乾餱之食, 不分於人, 以獲愆過. 乾餱之食, 尙以獲愆, 況天子之饌, 可不召親戚, 令之恨乎. 故盡召而燕之. 族人陳王之恩, 言王有酒則湑泲之以飮我, 王無酒則卒造一宿之酤酒以與我, 於時坎坎然擊鼓以娛我, 蹲蹲然興舞以樂我, 是王恩甚厚矣. 王又謂族人曰'汝族人今日正及我閒暇矣, 共汝飮此湑酒矣.' 言己卒有閒暇而爲此飮, 其意欲令族人(以)〔無〕[1]不醉. 是王之恩厚也." ○ 鄭以"伐木於阪, 亦本之, 酤買爲異." 餘同.

1) (以)〔無〕: 저본의 교감기에 따라 '無'로 번역하였다.

經의 〔伐木〕에서 〔湑矣〕까지

○ 毛亨은 "산비탈에서 나무를 베니 새가 놀란다는 것으로 朋友가 절차탁마하여 友道를 완성하는 것을 비유하였다. 붕우가 서로 완성함이 이와 같으므로 지금 광주리에 술을 거르니 술이 넘실거리고 맛이 있어 燕禮를 연다. 술이 있는 데다가 또 籩豆가 질서정연하게 진열되어 있다. 兄弟와 親戚은 촌수가 가깝고 멀고 상관없이 모두 불러서 그들과 더불어 연례를 연다. 왕이 또 자신은 친족을 부르지 않을 수 없다는 뜻을 직접 말한다. 백성들이 덕을 잃고 비방을 받는 것은 무엇 때문인가. 바로 평범한 음식을 남에게 나누어주지 않고 과오를 저지르기 때문이다. 평범한 음식으로도 오히려 과오를 저지르건마는 하물며 천자의 盛饌에 친척을 부르지 않아서 그들을 한스럽게 할 수 있겠는가. 그러므로 모두 불러 연례를 여는 것이다. 친족이 왕의 은덕을 진술하였는데, 왕이 술이 있으면 술을 걸러 우리에게 마시도록 하고 왕이 술이 없으면 一宿酒를 급히 제조하여 우리에게 주니, 이때 둥둥 북을 치면서 우리 왕을 기쁘게 하고 너울너울 춤을 추면서 우리 왕을 즐겁게 하니 이것이 왕의 은덕이 매우 후함을 말하는 것이다. 왕이 또 친족에게 이르기를 '너희 친족은 오늘 참으로 내가 한가할 때 왔으니 너희들과 함께 이 거른 술을 마신다.'고 하였다. 말하자면 자신이 갑자기 한가하게 술을 마시면 그 뜻이 친족들이 취하도록 하는 것이니 이것이 왕의 은혜가 두텁다는 것이다."라고 여긴 것이다.

○ 鄭玄은 "산비탈에서 나무를 베는 일은 역시 옛날 일에 근원을 둔 것이지만, 술이 없으면 술을 사온다고 한 것이 다르다."라고 여긴 것이며, 나머지는 〈毛亨의 뜻과〉 같다.

【疏】 箋'兄弟父'至'母之黨' ○ 正義曰 : 以上言諸父爲父黨, 則諸舅爲母黨. 此言兄弟, 〔摠上〕[1]父舅二文. 故知父黨・母黨也. 禮有同姓・異姓・庶姓. 同姓, (摠上)[2]王之同宗, 是父之黨也. 異姓, 王舅之親. 庶姓, 與王無親者. 天子於諸侯非同姓, 皆曰舅, 不由有親無親, 則舅文又以兼庶姓矣. 其中容有舅甥之親, 故通言母之黨也. 父黨・母黨得同曰兄弟者, 兄弟是相親之辭, 因推而廣之, 異姓亦得言之. 故釋親云 "父之黨爲宗族, 母與妻之黨爲兄弟." 是母黨爲兄弟之文也. 此不言妻黨者, 以舅是母黨之稱. 故特言母耳, 其實妻黨亦曰兄弟. 釋親又曰 "妻之父爲婚兄弟, 壻之父爲姻兄弟."是也.

兄弟必兼言母黨者, 以甥舅之親與同姓等. 故頍弁諸公刺王不能燕樂同姓, 而經曰 "豈伊異人, 兄弟甥舅."是也. 若然, 兄弟摠辭, 而下箋獨言 "族人陳王之恩"者, 以兄弟雖父黨, 兼言母黨, 而父黨爲正, 故下特云族人也. 此燕朋友・故舊, 非燕族人. 據族人爲朋友者, 互說耳. 擧族可以兼異姓及庶姓矣.

1) 〔摠上〕: 저본의 교감기에 따라 '摠上'을 보충하였다.
2) (摠上): 저본의 교감기에 따라 衍文으로 처리하였다.

箋의 〔兄弟父〕에서 〔母之黨〕까지

○ 正義曰: 위에서 '諸父'는 아버지 친족인 父黨이라 말하였기 때문에 '諸舅'는 어머니 친족인 母黨이다. 여기서 兄弟라고 말하는 것은 위의 父舅 두 글자를 총괄하는 것이니, 그러므로 부당・모당임을 알 수 있다. 禮에는 同姓・異姓・庶姓이 있다. 동성은 王과 同姓으로 親家이고, 이성은 왕의 外家이며, 서성은 王과 친족 관계가 없다. 천자는 동성이 아닌 제후를 모두 舅라고 부르고 친족 관계가 있든 없든 따지지 않으니 舅라는 글자는 또 서성을 포함한다. 그 중에 舅甥의 친족이 있으면 통틀어서 외가라고 한다. 부당・모당 모두 형제라고 말을 할 수 있는 것은, 형제는 서로 친애한다는 말이라 미루어 넓히면 이성도 또한 형제라고 말할 수 있는 것이다. 그러므로 ≪爾雅≫ 〈釋親〉에 "부당을 宗族, 母와 妻黨을 형제라고 한다."라고 하였으니, 이것이 모당이 형제가 된다는 글이다. 여기서 처당을 언급하지 않은 것은 舅가 모당의 칭호이기 때문이다. 그러므로 특별히 母를 말한 것이며 사실은 처당도 역시 형제라고 한다. 〈석친〉에 또 "처의 아버지를 婚兄弟, 사위의 아버지를 姻兄弟라고 한다."라고 하였는데 이것이다. 형제가 반드시 모당을 겸하여 말한 것은 甥舅之親이 동성과 동등하기 때문이다. 그러므로 〈小雅 頍弁〉에서 왕이 동성에게 연회를 열어 즐겁게 해주지 못한 것을 諸公이 풍자하였으니, 經文에 "어찌 다른 사람이리오, 형제와 甥舅로다."라고 한 것이 이것이다. 그렇다면 형제는 총괄적으로 말한 것인데 아래 鄭箋에서 유독 "친족이 왕의 은혜를 진술한 것이다."라고 한 것은 형제가 비록 부당이기는 하지만 모당도 겸해서 말하였고, 부당이 正統이므로 아래에서 특별히 친족이라고 하였기 때문이다. 여기서는 朋友와 故舊에게 연례를 베푸는 것이지 친족에게 연례를 베푸는 것이 아니다. 친족에 근거해서 붕우라고 한 것은 상호 연관지어 설명하는 것이다. 모든 친족은 이성과 서성을 겸할 수 있다.

【疏】箋'反可以恨兄弟乎' ○ 正義曰：定〔本〕[1]恨作限, 恐非也.

1)〔本〕: 저본의 교감기에 따라 '本'을 보충하였다.

箋의 〔反可以恨兄弟乎〕

○ 正義曰：≪五經定本≫에는 '恨'이 '限'으로 되어 있는데, 잘못인 듯하다.

【疏】傳'酤一宿酒' ○ 正義曰：毛以爲"言無酒, 明是卒爲之. 故云一宿酒, 蓋於時有之." 箋以"經・傳無名一宿酒爲酤者. 旣有一宿之酒, 不得謂之無酒. 論語云'酤酒市脯不食.' 是古買酒爲酤酒." 故易之爲"酤, 買"也.

傳의 〔酤一宿酒〕

○ 正義曰：毛亨은 "술이 없으면 급히라도 만들었음이 분명하다. 그러므로 一宿酒라고 불렀으니, 대개 당시에는 이러한 것이 있던 듯하다."라고 여긴 것이다.

鄭箋은 "경전과 주석에 一宿酒라는 명칭을 가진 술을 '酤'라고 하지 않았다. 一宿酒가 있다면 술이 없다고 해서는 안 된다. ≪論語≫ 〈鄕黨〉에 '〈시장에서〉 사온 술과 육포를 먹지 않는다.'고 하였다. 이것은 옛날에 술을 사오는 것을 酤酒라고 여긴 것이다. 그러므로 毛亨의 주석을 바꾸어 '酤는 술을 사오는 것이다.'라고 하였다."라고 여긴 것이다.

【疏】箋'爲我'至'樂已' ○ 正義曰：兄弟陳王之厚已, 使人爲之鼓舞. 言爲我者, 以樂由已而故作也. 禮記"天子食三老五更[1]於大學, 冕而摠干, 親在舞位." 知此非王自舞者, 食三老五更, 重禮示敬, 故王親舞之. 此與故舊燕樂, 不當王親舞也. 若言王身親舞, 豈亦親擊鼓乎. 以此知使人爲之.

1) 三老五更 : 나라의 元老를 말한다. 周나라 王이 늙어서 벼슬에서 물러난 신하를 父兄의 禮로 대접하던 일로써 三德인 正直・剛克・柔克과 五事인 貌・言・視・聽・思를 겸비한 늙은이란 뜻이다.

箋의 〔爲我〕에서 〔樂已〕까지

○ 正義曰：형제가 왕이 자신들을 후하게 대우해준 것을 진술하면서 사람들을 시켜 왕을 위해 춤을 추도록 하였다. 말하자면 '爲我'라는 것은 음악이 왕 때문에 일부러 만들어졌다는 것이다. ≪禮記≫ 〈祭義〉에 "天子가 太學에서 나라의 원로에게 음식 대접을 하고, 면류관을 쓰고 방패를 잡고서 직접 춤추는 자리에 있다."라고 하였다. 이것

은 왕이 직접 춤을 추는 것이 아님을 알 수 있으나, 나라의 원로에게 음식 대접을 하는 것은 예를 중요시 여기고 공경심을 보이는 것이므로 왕이 직접 춤을 추었다고 하는 것이다. 이것은 故舊에게 연례를 베풀면서 즐거워하는 것이지 왕이 직접 춤을 추는 것이 아니다. 만약 왕이 직접 춤을 춘다면 어찌 직접 북을 치겠는가. 이러한 사실에 근거한다면 사람을 시켜 그렇게 한 것임을 알 수 있다.

伐木六章이니 **章六句**[1)]라

1) 六章 章六句 : 一說에는 三章 章十二句라고 하였는데, 孔穎達의 견해도 이와 같다.

〈伐木〉은 6章이니 章마다 6句이다.

天保(천보)

【序】天保는 **下報上也**라 **君能下下**하여 **以成其政**이면 **臣能歸美**하여 **以報其上焉**이라

〈天保〉는 아랫사람이 윗사람에게 보답한 詩이다. 군주가 아랫사람에게 겸손히 자신을 낮추어 그 정치를 이루면, 신하는 아름다움을 군주에게 돌려 그 윗사람에게 보답하는 것이다.

【傳】下下는 **謂鹿鳴至伐木**이 **皆君所以下臣也**라 **臣亦宜歸美於王**하여 **以崇君之尊而福祿之**하여 **以答其歌**라 ○ **下下**는 **俱戶嫁反**이라 **注下及下臣**도 **同**이라

下下는 〈鹿鳴〉에서 〈伐木〉까지 모두 군주가 신하에게 자신을 낮추어 대접하는 것을 이른다. 신하가 또한 당연하게 왕에게 아름다움을 돌려 군주의 존귀함을 숭상하고 군주를 복되게 하여 그 노래에 보답한다.

○ 下下는 모두 戶와 嫁의 반절이다. 注의 '下' 및 下臣의 '下'도 동일하다.

【疏】'天保(六章 章六句)'至'上焉' ○ 正義曰 : 作天保詩者, 言下報上也. 謂臣下作詩, 歌君之美, 言天保神祐, 福祿所鍾, 君雖實然, 由臣所詠, 是臣下歸美以報其上, 序又申之, 言君能下其臣下, 燕饗遺勞, 謂鹿鳴至伐木之歌. 以成其國之政教, 故臣亦宜歸美於君, 作天保之歌, 以報答其上焉. 然詩者, 志也, 各自吟詠. 六篇之作, 非是一人而已. 此爲答上篇之歌者. 但聖人示法, 義取相成. (此)〔比〕[1]鹿鳴至伐木於前, 此篇繼之於後以著義, 非此故答上篇也. 何則. 上五篇非一人所作, 又作彼者不與此計議, 何相報之有. 鄭云亦宜者, 示法耳, 非故報也. 此篇六章, 皆言王受多福, 是歸美之事.

1) (此)〔比〕: 저본의 교감기에 따라 '比'로 번역하였다.

序의 〔天保〕에서 〔上焉〕까지

○ 正義曰 : 〈天保〉를 지은 시인은 아랫사람이 윗사람에게 보답함을 말한 것이다. 신하가 시를 지어 군주의 미덕을 노래 부른 것을 뜻하는데, 말하자면 하늘이 보호하고 신이 도와 복록이 모여드는 것은 군주가 실로 그렇다고 하더라도 신하가 노래를 했기 때문이니, 이것은 신하가 아름다움을 군주에게 돌리고 그 윗사람에게 보답한 것이다. 序에서도 또 거듭 언급하였으니, 말하자면 군주가 신하에게 자신을 낮추고 燕禮와 饗禮를 열어 위로한 시로는 〈鹿鳴〉에서 〈伐木〉까지의 시이다. 이러한 시들로 나라의 政教를 완성하였으므로 신하 또한 군주에게 아름다움을 돌려 〈천보〉를 지어 윗사람에게 보답한 것이다. 그렇지만 詩란 자신의 뜻을 언어로 표현한 것으로 각각 스스로 읊은 것이다. 6편의 시는 한 사람이 지은 것이 아니다. 〈천보〉는 윗 편의 시들에 대한 答歌이다. 다만 聖人이 法道를 보여줄 때는 義理를 취하여 상호 완성한다. 〈녹명〉에서 〈벌목〉까지의 시를 앞에 배열하고, 〈천보〉를 뒤에 이어서 의리를 드러낸 것이니, 이것은 고의로 윗 편의 시들에 대해 답한 것이 아니다. 어떻게 알 수 있는가. 위의 시 5편은 한 사람이 지은 것이 아니며, 또 저쪽에서 지은 것은 이쪽에서 계산하여 논의할 것이 아니니 무엇으로 보답을 하겠는가. 정현이 "또한 마땅하다."라고 한 것은 법도를 보여준 것이지 고의로 보답했다는 것이 아니다. 〈천보〉 6장은 모두 왕이 많은 복을 받는 것은 바로 〈신하가 왕에게〉 아름다움을 돌리는 일 때문임을 말한 것이다.

天保定爾가 **亦孔之固**샷다

하늘이 너를 안정토록 함이
또한 매우 견고하도다

【傳】 固는 堅也라

固는 '견고하다'이다.

【箋】 箋云 保는 安이요 爾는 女也요 女는 王也라 天之安定女가 亦甚堅固라

箋云 : 保는 '안정하다'이고, 爾는 '너'이며, 너는 '왕'이다. 하늘이 너를 안정토록 함이 역시 매우 견고하다는 것이다.

俾爾單厚시니 何福不除리오

하늘이 너를 진실로 후하게 하니
어떤 福인들 열리지 않으리오

【傳】 俾는 使라 單은 信也요 或曰 單은 厚也라 除는 開也라

俾는 '하여금'이다. 單은 '진실로'이고, 혹은 單을 '두텁다'라고 한다. 除는 '열다'이다.

【箋】 箋云 單은 盡也라 天使女盡厚天下之民이면 何福而不開리오 皆開出以予之리라 ○ 俾는 必以反이라 單은 毛都但反이요 鄭音丹이라 除는 治慮反[1]이니 注同이라

1) 除 治慮反 : 去聲으로 읽으라는 뜻이다. 淸나라 경학가 馬瑞辰(1782~1853)은 ≪毛詩傳箋通釋≫에서 '주다'는 뜻의 '予'로 보았다.

箋云 : 單은 '다하다'이다. 하늘이 너로 하여금 천하의 백성들을 모두 후하게 하였으니 어떤 복인들 열리지 않겠는가. 모두 열어서 복을 준다는 것이다.

○ 俾는 必과 以의 반절이다. 單은 毛亨은 都와 但의 반절, 鄭玄은 음이 丹이라고 하였다. 除는 治와 慮의 반절이며, 注에서도 같다.

俾爾多益이라 以莫不庶로다

너에게 많은 도움을 주는지라
풍족하지 않음이 없도다

【傳】 庶는 衆也라

庶는 '많다'이다.

【箋】箋云 莫은 無也라 使女每物益多하니 以是故無不衆也라

箋云 : 莫은 '없다'이다. 너로 하여금 모든 물건을 더욱 많게 하니 이 때문에 많지 않음이 없다.

【疏】'天保'至'不庶' ○毛於單字自作兩解, 以爲"作者見時人物得所, 生業日隆, 歌而稱之, 以告王言"天之安定汝王位, 亦甚堅固矣." 何者. 天使汝誠信愛厚天下臣民, 卽知何等福不開出與之. 天又使汝天下每物, 皆多有所益, 以是之故, 物無不衆多也. 每物衆多, 是安定汝王位甚堅固也." 毛又云 "單, 厚"者, 天使汝以厚德厚天下耳. ○鄭以爲"盡厚天下"爲異, 餘同. 言 "亦孔之固", 亦, 語辭, 猶不亦宜乎.

經의 〔天保〕에서 〔不庶〕까지

○毛亨은 單자를 스스로 두 가지로 풀이하였으며, "詩人은 당시 사람들이 생활 터전을 얻고 生業이 날로 융성해진 것을 보고 노래를 부르며 칭송하여 왕에게 아뢰기를 '하늘이 그대 왕의 지위를 안정케 하였으며 또한 매우 견고하다.'고 한 것이다. 무엇 때문인가. 하늘이 왕으로 하여금 천하의 臣民을 진실로 사랑하도록 한 것이니, 이러한 많은 복을 열어서 신민과 함께 해야 함을 아는 것이다. 하늘이 또 왕을 시켜 천하 만물 모두 이익을 많이 받도록 하였으니, 이런 까닭에 만물이 풍부하게 된 것이다. 만물이 풍부하니 이것이 바로 너의 왕위를 안정시키고 매우 견고하게 만드는 것이다."라고 여긴 것이다. 모형이 또 "單은 두터움이다."라고 풀이한 것은 하늘이 그대 왕으로 하여금 덕행을 후하게 베풀고 천하 백성을 후대하라고 한 것이다.

○鄭玄은 "천하의 백성을 모두 후하게 한다."라고 한 것이 모형의 해석과 다르고 나머지는 같다. "亦孔之固"에서 亦은 어조사이며 '또한 마땅하지 않은가.〔不亦宜乎〕'의 〈亦 용례와〉 같다.

【疏】箋'(云)〔天〕[1]使'至'予之' ○正義曰 : 此章言福, 謂王得福也. 下章乃言臣民受天祿耳. 王能愛厚下民, 德當天意, 然後天降之福. 但王能布德, 亦天爲之. 故云 "天使汝盡厚天下之民, 何福而不開." 言何, 廣辭, 故云 "皆開出予之." 言開者, 若有閉藏畜積, 今開出之. 然此云 "開出予之", 據天授與王, 下言 "受天百祿", 據臣受天祿, 亦相通也.

1) (云)〔天〕 : 저본의 교감기에 따라 '天'으로 번역하였다.

箋의 〔天使〕에서 〔予之〕까지

○ 正義曰 : 이 章에서는 福을 말하였는데 왕이 복을 받은 것을 뜻한다. 아래 장에서는 臣民이 하늘의 복록을 받은 것이다. 왕이 백성을 사랑하고 은덕이 하늘의 뜻과 들어맞은 연후에 하늘이 복을 내린다. 단지 왕이 은덕을 베푸는 것도 또한 하늘이 행하는 것이다. 그러므로 鄭箋에서 "하늘이 너로 하여금 천하의 백성들을 모두 후하게 하였으니 어떤 복인들 열리지 않겠는가.〔天使汝盡厚天下之民 何福而不開〕"라고 한 것이다. '何'라고 말한 것은 넓힐 수 있다는 말이므로 "모두 열어서 〈복을〉 준다는 것이다.〔皆開出予之〕"라고 한 것이다. '開'라고 말한 것은 만약 감추어서 축적한 것이 있으면 지금 연다는 것이므로 鄭箋에서 "開出予之"라고 한 것이다. 하늘이 왕에게 수여한 것에 근거하여 아래(2장)에서 "하늘의 복록을 받았다."라고 하였으며, 신하가 하늘의 복록을 받은 것에 근거하더라도 역시 서로 통한다.

天保定爾하사 **俾爾戩**(전)**穀**이샷다
罄無不宜하여 **受天百祿**이어시늘

하늘이 너를 안정토록 하시어
너의 모든 일을 좋게 여기도다
하는 일마다 모두 합당하여
하늘의 복록을 받았다네

【傳】 戩은 福이요 穀은 祿이요 罄은 盡也라

戩은 '복'이고, 穀은 '祿'이며, 罄은 '다함'이다.

【箋】 箋云 天使女所福祿之人하니 謂群臣也라 其擧事盡得其宜하여 受天之多祿이라 ○ 戩은 子淺反이라

箋云 : 하늘이 너로 하여금 복록을 받는 사람으로 만드니 群臣을 가리킨다. 하는 일마다 모두 합당하여 하늘의 많은 복을 받는다.

○ 戩은 子와 淺의 반절이다.

降爾遐福하사대 **維日不足**이삿다

너에게 많은 복을 내리지만
시일이 부족한 듯이 하였다

【箋】 箋云 遐는 遠也라 天又下予女以廣遠之福하여 使天下溥蒙之하되 汲汲然如日且不足也라 ○ 汲은 己及反이라

箋云 : 遐는 '멀다'이다. 하늘이 또한 너에게 廣大한 복을 주어 천하의 모든 사람이 두루 혜택을 받을 수 있도록 하되 다급함이 마치 시일이 부족한 듯이 하였다.

○ 汲은 己와 及의 반절이다.

【疏】 '天保'至'不足' ○ 正義曰 : 言天安定汝之王位. 故使汝所福祿之人, 朝廷群臣等, 盡無有不宜, 其擧事, 皆得其所, 而受天百祿. 群臣之外, 天又下與汝廣遠之福及天下之民. 汲汲而欲下之, 維恐日日不足. 言天之使汝臣民俱受天福, 是安定汝也. 群臣受王爵位, 故謂群臣爲汝所授福祿之人.

經의 〔天保〕에서 〔不足〕까지

○ 正義曰 : 하늘이 너의 王位를 안정시켰으므로 너를 통해 복록을 받은 조정의 群臣들은 모두 합당하지 않음이 없으며, 그들이 거행하는 일 모두 제자리를 찾았으므로 하늘의 많은 복록을 받는다. 군신 이외에 하늘이 또 너에게 내린 광대한 복을 천하의 백성에게 준다. 다급한 듯이 내려주면서 시일이 부족한 듯이 염려한다. 말하자면 하늘이 너를 통해 臣民 모두가 天福을 받도록 하는 것이니 이것이 너를 안정시키는 것이다. 군신이 왕이 내린 爵位를 받았으므로, 군신이 너를 통해 복록을 받은 사람이라고 일컫는 것이다.

天保定爾하사 **以莫不興**이라

하늘이 너를 안정토록 하시어
흥성하지 않음이 없는지라

【箋】 箋云 興은 盛也라 無不盛者는 使萬物皆盛하여 草木暢茂하고 禽獸碩大라

箋云：興은 '왕성하다'이다. 無不盛은 만물이 모두 왕성하여 초목이 울창하고 禽獸가 잘 자란다는 것이다.

如山如阜하며 如岡如陵하며

산과 같고 언덕과 같으며
산등성이 같고 구릉과 같으며

【傳】言廣厚也라 高平曰陸이요 大(陵)〔陸〕[1]曰阜요 大阜曰陵이라

1) (陵)〔陸〕：저본의 교감기에 따라 '陸'으로 번역하였다.

廣大하고 深厚함을 말하는 것이다. 높고 평평함을 陸, 큰 陸을 阜, 큰 阜를 陵이라고 한다.

【箋】箋云 此言其福祿委積高大也라

箋云：이것은 그 복록이 쌓인 것이 高大함을 말한 것이다.

如川之方至하여 以莫不增이라

강물이 막 흘러오는 것과 같아
불어나지 않음이 없도다

【箋】箋云 川之方至는 謂其水縱長之時也에 萬物之收皆增多也라 ○ 縱은 足用反이라 長은 張丈反이라

箋云：'川之方至'는 강물이 종횡으로 넘쳐흘러가는 때에 만물을 수확함이 모두 증대한 것을 말한다.
○ 縱은 足과 用의 반절이다. 長은 張과 丈의 반절이다.

【疏】傳'高平'至'曰陵' ○ 正義曰：釋地文. 李巡曰 "高平謂土地豐正名爲陸. 土地獨高大名曰阜, 最大名爲陵."

傳의 〔高平〕에서 〔曰陵〕까지

○ 正義曰 : ≪爾雅≫ 〈釋地〉의 글이다. 李巡은 "高平이란 토지가 넓고 반듯한 것인데 陸이라 부르고, 토지가 유독 높고 큰 것을 阜라 부르고, 가장 큰 것을 陵이라 부른다."라고 하였다.

【疏】 箋'此言'至'高大' ○ 正義曰 : 言所委聚·所累積而高大也. 地官遺人注云 "少曰委, 多曰積." (積)〔異〕[1]者, 以遺人[2](當)〔掌〕[3]米粟者有限. 言三十里有委, 五十里有積[4]. 對例故爲少多耳, 此則無例也.

1) (積)〔異〕 : 저본의 교감기에 따라 '異'로 번역하였다.
2) 遺人 : 周나라 시대에 물자와 손님 접대를 담당하는 관원으로 地官에 속한다.
3) (當)〔掌〕 : 저본의 교감기에 따라 '掌'으로 번역하였다.
4) 三十里有委 五十里有積 : ≪周禮≫ 〈地官 大司徒〉에 보이는데 내용상 다소 차이가 있다. ≪周禮注疏≫에는 "凡國野之道 十里有廬 廬有飮食 三十里有宿 宿有路室 路室有委 五十里有候館 候館有積"라고 되어 있다.

箋의 〔此言〕에서 〔高大〕까지

○ 正義曰 : 말하자면 모이고 쌓인 것이 높고 크다는 것이다. ≪周禮≫ 〈地官 遺人〉注에 "물자를 소규모로 쌓은 것을 委, 대규모로 쌓은 것을 積이라고 한다."라고 하였다. 다른 것은 遺人이 米粟을 관장하는 것에 제한이 있다. 말하자면 30리에 委가 있고, 50리에 積이 있다. 사례에 따라서 적고 많은 것이 있는데, 여기에는 사례가 없다.

吉蠲爲饎하여 是用孝享하여

길일을 잡아 정결히 술과 음식을 마련해
이것을 효성 가득한 마음으로 올리고

【傳】 吉은 善이요 蠲은 絜也라 饎는 酒食也요 享은 獻也라

吉은 '좋음'이다. 蠲은 '정결함'이다. 饎는 '술과 음식'이고, 享은 '바침'이다.

【箋】 箋云 謂將祭祀也라 ○ 蠲은 古玄反이요 舊音은 堅이라 饎는 尺志反이라 享은 許丈反이라

箋云 : 제사를 지내려는 것을 말한다.

○ 蠲은 古와 玄의 반절이며, 舊音은 堅이다. 饎는 尺과 志의 반절이다. 享은 許와

丈의 반절이다.

禴祠烝嘗을 于公先王하시니

여름제사 봄제사 겨울제사 가을제사를

先公과 先王에게 올리니

【傳】春曰祠이요 夏曰禴이요 秋曰嘗이요 冬曰烝이라 公은 事也라

봄제사를 祠, 여름제사를 禴, 가을제사를 嘗, 겨울제사를 烝이라고 한다. 公은 '事'이다.

【箋】箋云 公은 先公이니 謂后稷至諸盩[1]이라 ○ 禴은 本又作礿이요 餘若反이라 祠는 嗣絲反이라 烝은 之丞反이라 盩는 直留反이요 周大王父名이라

1) 諸盩：太王 古公亶父의 아버지인 組紺을 말한다. 주 왕실 계보는 다음과 같다.
稷－不窋－鞠－公劉－慶節－皇僕－差昭－毁兪－公非－高圉－亞圉－公叔(諸盩, 組紺)－太王－季歷－文王－武王－成王

箋云：公은 '先公'으로 后稷에서 諸盩까지를 말한다.

○ 禴은 판본에 따라 또 礿로도 쓰며, 餘와 若의 반절이다. 祠는 嗣와 絲의 반절이다. 烝은 之와 丞의 반절이다. 盩는 直과 留의 반절이며 周나라 太王의 아버지 이름이다.

君曰卜爾하사대 萬壽無疆이샷다

신령이 된 先君께서 너에게 보답하기를

만수무강하라 하신다

【傳】君은 先君也라 尸는 所以象神이라 卜은 予也라

君은 先君이다. 尸童은 神을 형상화한 것이다. 卜은 '주다'이다.

【箋】箋云 君曰卜爾者는 尸嘏主人에 傳神辭也라 ○ 疆은 居良反이라 嘏는 古雅反이라 傳은 直專反이라

箋云 : "君曰卜爾"라는 것은 시동이 제사를 주관하는 주인에게 축복을 할 때 神의 말을 전하는 것이다.

○ 疆은 居와 良의 반절이다. 嘏는 古와 雅의 반절이다. 傳은 直과 專의 반절이다.

【疏】'吉蠲'至'無疆' ○ 毛以"王旣爲天安定民事已成, 乃善絜爲酒食之饎, 是用致孝敬之心而獻之. 所獻者, 將以爲禴·祠·烝·嘗之祭, 往事其先王. 由王齊敬絜誠, 神歆降福先君之尸, 嘏予主人曰'予爾萬年之壽, 無有疆畔境界.' 言民神相悅, 所以能受多福也." ○ 鄭以"公爲先公." 言爲此禴·祠·烝·嘗之祭於先公·先王之廟也. 餘同.

經의 〔吉蠲〕에서 〔無疆〕까지

○ 毛亨은 "왕이 하늘을 대신해서 나라를 안정시키고 國政도 이미 안정되어 정결하게 酒食을 마련하니, 이것은 효성하고 경건한 마음을 바치는 것이다. 바친다는 것은 禴·祠·烝·嘗의 제사이며 先王을 모시는 것이다. 왕이 재계하고 정결하여 성실한 마음을 올리니 神이 흠향하며 先君의 尸童에게 복을 내리고, 主人에게 축복의 말을 내리기를 '내가 너에게 만 년의 목숨을 주고 국경의 경계를 없도록 하겠다.'고 하였다. 말하자면 臣民과 神이 모두 기뻐하며 많은 복을 받았다는 것이다."라고 여긴 것이다.

○ 鄭玄은 "公은 先公이다."라고 하였다. 말하자면 先公·先王의 廟에 禴·祠·烝·嘗의 제사를 올리는 것이다. 나머지는 모형의 뜻과 같다.

【疏】箋'謂將祭祀' ○ 正義曰 : 以下文始云禴·祠·烝·嘗, 故知將祭祀, 致其意.

箋의 〔謂將祭祀〕

○ 正義曰 : 아래의 문장에서 비로소 禴·祠·烝·嘗이라고 말하였으므로 제사를 지낼 때 정성을 바치는 것을 알 수 있다.

【疏】傳'春曰'至'曰烝' ○ 正義曰 : 釋天文. (孫炎)〔郭璞〕[1]曰 "祠之言食(사). 礿, 新菜可汋. 嘗, 嘗新穀. 烝, 進品物也." 若以四時當云祠·禴·嘗·烝, 詩以便文, 故不依先後, 此皆周禮文. 自殷以上則禴·禘·嘗·烝, 王制文也. 至周公則去夏禘之名, 以春禴當之, 更名春曰祠. 故禘祫志[2]云 "王制記先王之法度, 宗廟之祭, '春曰禴, 夏曰禘, 秋曰嘗, 冬曰烝.' 祫爲大祭, 於夏, 於秋, 於冬. 周公制禮, 乃改夏爲禴, 禘又爲大祭." 祭義注云 "周以禘爲殷祭, 更名春曰祠." 是祠·禴·嘗·烝之名, 周公制禮之所改也.

若然, 〔詩小雅云 "禴祠烝嘗, 于公先王", 此〕[3]文王之詩, 所以已得有制禮所改之名者, 然王者因革, 與世而遷. 事雖制禮大定, 要(以)〔亦〕[4]所改有漸. 易曰 "不如西隣之禴祭." 鄭注爲夏祭之名, 則文王時已改. 言周公者, 據制禮大定言之耳. "公, 事", 釋詁文.

1) (孫炎)〔郭璞〕: ≪爾雅注疏≫에 의거하여 '郭璞'으로 번역하였다.
2) 禘祫志 : 鄭玄이 지은 ≪魯禮禘祫志≫이다. 禘祫은 제왕이 조상에게 올리는 큰 제사를 말한다.
3) 〔詩小雅云 禴祠烝嘗 于公先王 此〕: 저본에는 없으나, 宋나라 邢昺의 ≪爾雅疏≫에 의거하여 보충하였다.
4) (以)〔亦〕: 저본의 교감기에 따라 '亦'으로 번역하였다.

傳의 〔春曰〕에서 〔曰烝〕까지

○ 正義曰 : ≪爾雅≫ 〈釋天〉 글이다. 郭璞이 "祠라는 말은 食(밥)이다. 礿은 신선한 채소를 삶을 수 있다는 뜻의 汋이다. 嘗은 햇곡식을 맛보는 것이다. 烝은 각종 음식을 올리는 것이다."라고 하였다.

만약 사계절의 순서대로 한다면 의당 祠(봄제사)・禴(여름제사)・嘗(가을제사)・烝(겨울제사)이 되어야 하지만 詩는 문장을 임의대로 할 수 있으므로 선후에 의거하지 않았으니 이 모두가 ≪周禮≫ 〈春官 大宗伯〉의 글이다. 殷나라 이상은 禴・禘・嘗・烝으로 되어 있는데 ≪禮記≫ 〈王制〉 글이다. 周公에 이르러 夏禘라는 명칭을 없애고 春禴으로 처리하였다가 다시 春祠로 변경하였다. 그러므로 ≪禘祫志≫에 "≪예기≫ 〈왕제〉에서 先王의 법도를 기록하였으며 宗廟의 제사에 대하여 '봄제사를 禴, 여름제사를 禘, 가을제사를 嘗, 겨울제사를 烝이라고 한다.'고 하였다. 祫은 大祭이며, 여름, 가을, 겨울에 지낸다. 周公이 예를 제정하면서 여름제사를 禴이라고 하였으며 禘도 또한 大祭이다."라고 하였다. ≪예기≫ 〈祭義〉 注에 "周나라는 禘제사를 殷나라 제사로 보고 명칭을 바꾸어 봄제사를 祠라고 했다."라고 하였다. 바로 祠・禴・嘗・烝이라는 명칭은 주공이 예를 제정하면서 고친 것이다. 이와 같다면 ≪詩經≫ 〈小雅 天保〉에 "禴・祠・烝・嘗으로 先公과 先王에게 제사지낸다."라고 하였으니 文王의 詩에 이미 예를 제정하여 고친 명칭이 있는 것이다. 그렇지만 王者가 인습하거나 혁신하는 것은 시대와 더불어 변천한다. 國事는 비록 예를 제정하여 크게 안정되었다 하더라도 역시 점차적으로 고쳐가는 것이 필요하다. ≪周易≫ 〈旣濟 九五〉에 "서쪽 이웃의 禴祭보다 못하다."라고 하였으며, 정현의 주에는 여름제사의 명칭이라고 하였으니 그렇다면 문왕 시대에 이미 명칭을 바꾼 것이다. 주공이라고 말한 것은 주공이 예를 제정하고 나라를 크게 안정시킨 것에 근거하여 말하였을 뿐이다. "公은 事이다."는 ≪爾雅≫ 〈釋詁〉의 글이다.

【疏】箋'公先'至'諸盩' ○正義曰：毛以上雖言獻之，未是祭時，故以公爲事. 擧先王，公從可知也. 鄭以孝享以致其意. 文王之祭，實及先公，故以爲先公也. 經於公上不言先者，以先王在公後. 王尙言先，則公爲先可知，故省文以(宛)〔婉〕[1]句也. 先公，謂后稷至諸盩，俗本皆然. 定本云"諸盩至不窋"，疑定本誤. 中庸注云"先公，(祖紺)〔組紺〕[2]以上至后稷也." 司服注云"先公，不窋至諸盩." 天作箋云"諸盩至不窋." 所以同是先公，而注異者，以周之所追太王以下，其太王之前，皆爲先公. 而后稷，周之始祖，其爲先公，書傳分明，故或通數之，或不數之. 此箋"后稷至諸盩"，中庸注"組紺以上至后稷也." 組紺卽諸盩，大王父也. 一上一下，同數后稷也. 司服注"不窋至諸盩"，天作箋"諸盩至不窋"，亦一上一下，不數后稷. 皆取便通，無義例也. 何者. 以此及天作俱爲祭詩，同有先王・先公，義同而注異，無例明矣. 此歌文王之事，又別時祭之名. 文王時，祭所及先公，不過組紺・亞圉・后稷而已. 言"后稷至諸盩"者，傳以公爲事，箋易之爲先公. 因廣擧先公之數，以明易傳之意，不謂時祭盡及先公也.

1) (宛)〔婉〕: 저본의 교감기에 따라 '婉'으로 번역하였다.
2) (祖紺)〔組紺〕: 저본에는 '祖紺'으로 되어 있으나, ≪中庸≫ 鄭玄 注에 의거하여 '組紺'으로 바로잡았다. 太王인 古公亶父의 아버지 組紺을 말한다.

箋의 〔公先〕에서 〔諸盩〕까지

○ 正義曰：毛亨은 위에서 바친다고 말하였으나 제사를 지낼 때가 아니므로 公을 事로 번역하였다. 先王을 거론하면 公도 따라옴을 알 수 있다. 鄭玄은 효성하는 마음으로 제향하며 그 마음을 바친다고 하였다. 文王을 제사 지내는데 참으로 先公까지 미치므로 先公이라고 한 것이다. 經文(詩 本文)에서 公 위에 先을 말하지 않은 것은 先王이란 말이 公자 뒤에 있었기 때문이다. 王을 높여 先이라고 말하였으니 公도 앞에 先이 들어가야 함을 알 수 있다. 그러므로 글을 줄여 완곡한 구절로 만든 것이다. 先公은 后稷에서 諸盩까지를 말하며 俗本에도 모두 그렇다. ≪五經定本≫에는 "諸盩에서 不窋까지이다."라고 하였는데 ≪오경정본≫이 잘못된 듯하다. ≪中庸≫ 鄭玄 注에 "先公은 組紺에서 后稷까지이다."라고 하였고, ≪周禮≫ 〈春官 司服〉의 정현 주에 "先公은 不窋에서 諸盩(組紺)까지이다."라고 하였고, 〈周頌 天作〉의 鄭箋에는 "諸盩에서 不窋까지이

다."라고 하였다. 동일한 先公인데 주석이 다른 까닭은 周나라가 추존한 왕은 太王 이하이므로 太王 이전은 모두 先公이라 하였으며, 后稷은 주나라의 시조이므로 그가 先公이 되어야 하는 문제는 ≪尙書≫와 주석에서도 분명하지 않으므로, 혹은 시조인 后稷을 숫자로 넣고 혹은 숫자에 넣지 않았기 때문이다. 여기 鄭箋에서는 "后稷에서 諸盩까지이다."라고 하였고, ≪중용≫ 주에서는 "組紺에서 后稷까지이다."라고 하였으니 組紺이 바로 諸盩이며 太王의 부친이다. 하나는 위에서 아래로 내려왔으며, 하나는 아래에서 위로 올라갔지만 모두 后稷을 숫자에 포함하였다. ≪주례≫ 〈춘관 사복〉의 정현 주에 "不窋에서 諸盩까지이다."라고 하였고, 〈주송 천작〉의 鄭箋에 "諸盩에서 不窋까지이다."라고 하였다. 하나는 위에서 아래로 내려왔으며, 하나는 아래에서 위로 올라갔지만 后稷을 숫자에 포함하지 않았다. 모두 편리함을 취하였고 體制가 없기 때문이다. 무엇 때문인가? 여기에서 〈천작〉까지는 모두 제사와 관련된 시이며 모두 先王와 先公이 있다. 뜻은 같은데 주석은 다르니 前例가 없는 것이 분명하다. 여기에서 문왕의 政事를 노래하고 또 時祭의 명칭을 구별하였다. 문왕 시대의 제사는 先公까지 미치니 組紺・亞圉・后稷에 불과하다. 鄭箋에서 "后稷에서 諸盩까지이다."라고 한 것을 毛傳에서 "公은 事이다."라고 하였지만 鄭箋은 뜻을 바꾸어 〈公을〉 先公이라 하였다. 이어서 先公의 숫자를 넓혀서 거론하여 모전의 뜻을 바꾼 것을 분명히 하였고, 時祭가 모두 先公에게 미친다고 하지 않았다.

【疏】 傳'先君'至'象神' ○ 正義曰：以經陳祭事, 故君爲先君也. 言曰"卜爾", 是語辭, 故知尸也. 而稱君者, 尸所以象神, 由象先君之神, 傳先君之意以致福. 故箋申之云"君曰卜爾者, 尸嘏主人, 傳神辭也." 卽少牢云"皇尸命工祝, 承致多福無疆於汝孝孫"之等. 是傳神辭, 嘏主人也. "尸, 神象", 郊特牲文.

傳의 〔先君〕에서 〔象神〕까지

○ 正義曰：經文에서 祭事를 진술하였기 때문에 '君'을 先君이라고 하였다. '卜爾'라고 말한 것은 어조사이므로 尸童임을 안다. 그리고 '君'이라고 칭한 것은 시동은 神을 형상화하며, 先君인 神을 형상화하는 것에서 시작하여 先君의 뜻을 전달하여 복을 구하기 때문이다. 그러므로 鄭箋에서 거듭 "君曰卜爾者 尸嘏主人 傳神辭也"라고 하였다. ≪儀禮≫ 〈少牢饋食禮〉에 "존귀한 시동이 祝官에게 명하기를 너희 孝孫에게 끝없는 많은 복을 내린다는 이런 말을 전하도록 해라."라고 하였는데, 이것이 신의 말을 전달해

서 主人에게 복을 내리는 것이다. "시동은 신의 형상이다."라는 것은 ≪禮記≫ 〈郊特牲〉의 글이다.

神之弔矣라 **詒爾多福**이며

神이 와서
너에게 많은 복을 주며

【傳】 弔는 至요 詒는 遺也라

弔는 '이르다'이고, 詒는 '보내다'이다.

【箋】 箋云 神至者는 宗廟致敬에 鬼神著矣니 此之謂也라 ○ 弔는 都歷反이라 詒는 以之反이라 遺는 唯季反이라

箋云 : 神至라는 것은 宗廟에서 경건한 정성을 바칠 때에 귀신이 모습을 드러내는 것인데, 바로 이런 경우를 두고 말하는 것이다.

○ 弔는 都와 歷의 반절이다. 詒는 以와 之의 반절이다. 遺는 唯와 季의 반절이다.

民之質矣라 **日用飮食**이로소니

백성들이 질박하여
날마다 마시고 먹고 할 뿐이니

【傳】 質은 成也라

質은 '이루다'이다.

【箋】 箋云 成은 平也니 民事平이면 以禮飮食하여 相燕樂而已라 ○ 燕樂은 音洛이라

箋云 : 成은 '태평하다'이다. 백성의 일이 태평하면 禮法대로 마시고 먹으며 서로 즐거워할 뿐이다.

○ 燕樂의 樂은 음이 洛이다.

群黎百姓이 **偏爲爾德**이로다

백성과 百官들이
두루 너의 덕을 본받아 실천하도다

【傳】 百姓은 百官族姓也라

百姓은 百官을 지내고 있는 사람들의 姓이다.

【箋】 箋云 黎는 衆也라 群衆百姓이 偏爲女之德은 言則而象之라 ○ 偏은 音遍이라

箋云 : 黎는 '大衆'이다. 백성과 百官이 두루 너의 은덕을 행한다는 것은, 말만 하면 곧 본받는다는 것이다.

○ 偏은 음이 遍이다.

【疏】 '神之'至'爾德' ○ 正義曰 : 此承上厚人事神之後, 反而本之. 言王已致神之來至矣, 遺汝王以多福, 又使民之事平矣, 日用相與飮食爲樂. 其群衆百姓之臣, 偏皆爲汝之德, 言法效之. 汝旣人定事治, 群下樂德. 是爲天安定王業, 使君聖臣賢, 上下皆善也.

經의 〔神之〕에서 〔爾德〕까지

○ 正義曰 : 여기서는 윗글의 사람을 후하게 하고 귀신을 섬긴다는 말의 뒤를 이어 반복해서 근본으로 돌아간 것이다. 말하자면 왕이 이미 神이 왔다는 것을 전달하니 그대 왕에게 많은 복을 주고, 또 백성들의 일을 태평하게 하니 일상생활에서 서로 마시고 먹는 것을 즐거움으로 삼은 것이다. 백성과 百官이 두루 너의 은덕을 입었으니, 이들이 왕을 본받아야 함을 말하는 것이다. 그대 왕이 이미 백성을 안정시키고 국사를 다스려 群臣은 은덕을 받는 것을 즐거워한다. 이것은 하늘이 王業을 안정시킨 것이며, 군주를 聖人으로 신하를 賢人을 만들어 상하가 모두 善人이 된다는 것이다.

如月之恒하며 **如日之升**하며

달이 떠오르는 듯하며
해가 솟는 듯하며

【傳】 恒은 弦이요 升은 出也라 言俱進也라

恒은 '활시위'이고, 升은 '솟아오르다'이다. 말하자면 모두 나아간다는 것이다.

【箋】 箋云 月上弦而就盈하고 日始出而就明이라 ○ 恒은 本亦作緪이요 同이며 古鄧反이요 沈은 古恒反이라

箋云 : 달이 上弦이 되면 점차 가득차고, 해가 막 솟아오르면 점차 밝아진다.

○ 恒은 판본에 따라 緪으로 되어 있고, 음의가 같으며 古와 鄧의 반절이고, 沈旋은 古와 恒의 반절이라 하였다.

如南山之壽하여 不騫不崩하며

南山의 장수함과 같아
이지러지지 않고 무너지지 않으며

【傳】 騫은 虧也라 ○ 騫은 起虔反이라

騫은 '이지러지다'이다.

○ 騫은 起와 虔의 반절이다.

如松柏之茂하여 無不爾或承이로다

松柏의 무성함과 같아
너를 계승하지 않음이 없도다

【箋】 箋云 或之言[1]有也라 如松柏之枝葉常茂盛하고 青青相承하여 無衰落也라

1) 之言 : 之爲言이라고도 한다. 言語學에서 雙聲 관계일 때 사용하는 말이다. 雙聲은 初聲이 같다는 말이니, 예를 들면 "學이라는 말은 '본받는다'이다.〔學之爲言效也〕, 德이란 말은 '얻다'이다.〔德之爲言得也〕" 등이 있다.

箋云 : 或이라는 말은 '있다'라는 뜻이다. 예를 들면 松柏의 가지와 잎이 항상 무성하고 푸르름이 이어져 쇠락함이 없는 것과 같다는 것이다.

【疏】'如月'至'或承' ○ 正義曰：上章天安王位, 此章說堅固之狀. 言王德位日隆, 有進無退, 如(日)[1]月之上弦稍就盈滿, 如日之〔始〕[2]出稍益明盛. 王旣德位如是, 天定其基業長久, 且又堅固, 如南山之壽, 不騫虧, 不崩壞, 故常得隆盛. 如松柏之木, 枝葉恒茂. 無不於爾有承, 如松柏之葉, 新故相承代, 常無彫落, 猶王子孫世嗣相承, 恒無衰也.

1) (日) : 저본의 교감기에 따라 '日'을 衍文으로 처리하였다.
2) 〔始〕: 저본의 교감기에 따라 '始'를 보충하였다.

經의 〔如月〕에서 〔或承〕까지

○ 正義曰 : 윗 장(5장)에서 하늘이 왕의 자리를 안정시켰고, 이 장(6장)에서는 견고한 상황을 설명한 것이다. 말하자면 왕의 덕과 지위가 나날이 융성해져 나아가는 것은 있지만 물러서는 것은 없는 것이, 마치 상현달이 조금씩 나아가 滿月이 되는 것과 같으며 해가 막 솟아올라 더욱더 환하게 밝아지는 것과 같다. 왕의 덕과 지위가 이와 같으니 하늘이 基業을 장구하게 안정시키고 또 견고하게 하는데, 마치 南山의 장수함과 같아 이지러지지 않고 무너지지 않으므로 항상 隆盛함을 가지고, 마치 소나무・측백나무 같아 가지와 잎이 항상 무성하다. 너를 계승하지 않음이 없는 것은 소나무・측백나무 잎과 같아 새잎과 묵은 잎이 교대로 이어져 항상 시들어 떨어짐이 없으니, 王의 자손이 대대로 왕업을 잇고 계승하여 항상 쇠락함이 없는 같다.

【疏】箋'月上'至'就明' ○ 正義曰：弦有上下, 知上弦者, 以對如日之升, 是益進之義, 故知上弦矣. 日月在朔交會, 俱右行於天, 日遲月疾. 從朔而分, 至三日, 月去日已當(二)〔一〕[1]次, 始死魄[2]而出, 漸漸遠日, 而月光稍長. 八日・九日, 大率月體正半, 昏而中, 似弓之張而弦直, 謂上弦也. 後漸進, 至十五・十六日, 月體滿, 與日正相當, 謂之望, 云體滿而相望也. 從此後漸虧, 至二十三日・二十四日, 亦正半在, 謂之下弦. 於後亦漸虧, 至晦而盡也. 以取漸進之義, 故言上弦, 不云望. 集(本)〔注〕[3], 定本絙字作恒.

1) (二)〔一〕: 저본의 교감기에 따라 '一'로 번역하였다.
2) 始死魄 : 초하루(1일)를 가리킨다.
3) (本)〔注〕: 저본의 교감기에 따라 '注'로 번역하였다.

箋의 〔月上〕에서 〔就明〕까지

○ 正義曰：弦에는 상하가 있는데 上弦임을 알 수 있는 것은 이것이 마치 솟아오르는 해와 대립하는 같아 더욱 나아간다는 뜻이므로 상현임을 알 수 있는 것이다. 해와 달이 그믐에 서로 회합하여 모두 하늘을 우측으로 운행하는데 해는 더디고 달이 빠르다. 그믐을 시작으로 나누어지는데 3일째가 되면 달과 해의 거리가 이미 1次에 해당되어 비로소 달의 밝은 부분이 나오며 점점 해와 멀어지고 달빛이 조금 길어진다. 8, 9일이 되면 대체로 달의 몸체가 반이 되고 초저녁에 하늘 중앙에 나타나며 활을 당겨 시위가 곧은 것과 비슷하므로 상현이라고 하는 것이다. 그런 후에 점점 전진하여 15, 16일이 되면 달의 몸체가 가득 차서 해와 참으로 맞먹을 수 있으므로 보름이라고 하는데 몸체가 가득하고 서로 바라볼 수 있다는 것이다. 이후로부터 점점 이지러져 23, 24일 되면 역시 참으로 반만 있게 되는데 이것을 下弦이라고 한다. 그런 후에 또한 점차 이지러져 그믐이 되어 모습을 감추게 된다. 이것은 점차 진전하는 뜻을 취한 것이므로 상현이라고 하며 보름이라고 하지 않는다. ≪毛詩集注≫와 ≪五經定本≫에는 恒자가 緪자로 되어 있다.

天保六章이니 **章六句**라

〈天保〉는 6章이니 章마다 6句이다.

采薇(채미)

【序】采薇는 **遣戍役**[1]**也**라 **文王之時**에 **西有昆夷之患**하고 **北有玁狁之難**하여 **以天子之命**으로 **命將率遣戍役**하여 **以守衛中國**이라 **故歌采薇以遣之**하고 **出車以勞還**하며 **杕杜以勤歸也**라

1) 戍役：國境을 지키는 일에 종사하는 병사를 말한다.

〈采薇〉는 수자리를 파견할 때 읊은 시이다. 文王 때에 서쪽에 昆夷의 우환이 있었고 북쪽에 玁狁의 변란이 있어서 천자의 명으로 그 휘하를 명하여 장수로 삼고 수자리를 파견해서 중국을 지키고 보호하게 하였다. 그러므로 〈채미〉를 노래하여 수자리를 파견하고 〈出車〉로써 돌아온 장수를 위로하고 〈杕杜〉로써 돌아온 수자리를 위로하였다.

【箋】 文王爲西伯하여 服事殷之時也라 昆夷는 西戎也라 天子는 殷王也라 戍는 守也라 西伯以殷王之命으로 命其屬爲將率이라 將戍役禦西戎及北狄之難할새 歌采薇以遣之라 杕杜勤歸者는 以其勤勞之故로 於其歸에 歌杕杜以休息之라 ○薇音微라 昆은 本又作混이요 古門反이라 玁은 本或作獫이니 獫音險이라 狁音允이니 本亦作允이라 難은 乃旦反이니 注皆同이라 將率은 子亮反이요 下所類反이니 本亦作帥한대 同이라 注及後篇將率皆同이라 勞는 力報反이니 後篇勞還皆同이라 杕는 大計反이라

文王이 西伯이 되어 殷나라를 섬길 때이다. 昆夷는 西戎이다. 天子는 殷나라 왕이다. 戍는 '지키다'이다. 西伯이 殷王의 명으로 휘하의 장수를 임명하였다. 장수가 수자리를 통솔해서 西戎과 北狄의 변란을 방어할 때 〈채미〉를 노래해서 그들을 파견하였다. "〈체두〉로 불러서 돌아온 수자리를 위로하였다."라고 한 것은, 그들이 수고하였기 때문에 그들이 돌아올 때 〈체두〉를 노래해서 쉬게 한 것이다.

○ 薇은 음이 微이다. 昆은 어떤 판본에는 또 混으로 되어 있으며 古와 門의 반절이다. 玁은 어떤 판본에는 또 獫으로 되어 있으며, 獫은 음이 險이다. 狁은 음이 允이며 어떤 판본에는 간혹 允으로 되어 있다. 難은 乃와 旦의 반절이며 注에서도 모두 같다. 將率의 將은 子와 亮의 반절이며, 아래의 率은 所와 類의 반절이며 어떤 판본에는 또한 帥로 되어 있는데 音이 같다. 注와 後篇의 將率도 모두 같다. 勞는 力과 報의 반절이니, 後篇의 "勞還"도 모두 같다. 杕는 大와 計의 반절이다.

【疏】 '采薇'(六章 章(六)〔八〕[1]句)至'勤歸' ○正義曰：作采薇詩者, 遣戍役也. 戍, 守也, 謂遣守衛中國之役人. 文王之時, 西方有昆夷之患, 北方有玁狁之難, 來侵犯中國. 文王乃以天子殷王之命, 命其屬爲將率, 遣屯戍之役人, 北攘玁狁, 西伐西戎, 以防守扞衛中國, 故歌此采薇以遣之. 及其還也, 歌出車以勞將帥之還, 歌杕杜以勤戍役之歸. 是故作此三篇之詩也. 昆夷言患, 玁狁言難, 患難一也, 變其文耳. 患難者, 謂與中國爲難, 非獨周也. 故卽變云守衛中國, 明中國皆被其患, 不獨守衛周國而已. 此與出車五言玁狁, 唯一云西戎, 序先言昆夷者, 以昆夷侵周, 爲患之切, 故先言之. 玁狁大於西戎, 出師主伐玁狁, 故戒敕戍役, 以玁狁爲主, 而略於西戎也. 言命將帥遣戍役者, 將無常人, 臨事命卿士爲之, 故云命也. 其戍役則召民而遣之, 不待加命, 故云遣也. 命將帥所以率戍役, 而序言遣戍役者, 以將帥者與君共同憂務, 其戍役則身處卑賤, 非有憂國之情, 不免君命而行耳. 文王爲(愧)〔恤〕[2]之情深, 殷勤於戍役, 簡略將帥, 故此篇之作, 遣戍役爲主. 上三章, 遣戍役之辭. 四章・五章以論將帥之行, 爲率領戍役而言也. 卒章總序往反. 六章皆爲遣戍役也. 以主遣戍役, 故經先戍役, 後言將帥. 其實將帥尊, 故序先言命將帥, 後言遣戍役. 言歌采薇以遣之者, 正謂述其所遣之辭以作詩, 後(人)〔入〕[3]歌, 因謂本所遣之辭爲歌也. 出車以勞還, 杕杜以勤歸, 不言歌者, 蒙上歌文也. 勤・勞一也. 勞者, 陳其功勞, 勤者, 陳其勤苦, 但變文耳. 還與歸, 一也. 還謂自役而反, 歸據嚮家之辭, 但所從言之異耳. 出車序云勞還帥, 杕杜序云勞還役, 俱言還, 竝云勞, 明還・歸義同, 勤・勞不異也. 此序竝言出車・杕杜者, 以三篇同是一事, 共相首尾. 故因其遣而言其歸, 所以省文也.

1) (六)〔八〕: 저본의 교감기에 따라 '八'로 번역하였다.
2) (愧)〔恤〕: 저본의 교감기에 따라 '恤'로 번역하였다.
3) (人)〔入〕: 저본의 교감기에 따라 '入'으로 번역하였다.

序의 〔采薇〕에서 〔勤歸〕까지

○ 正義曰 : 〈采薇〉 시를 지은 것은 수자리를 파견하기 위한 것이다. 戍는 '지키다〔守〕'의 뜻이니, 中國을 지키고 보호하는 병사를 파견하는 것을 말한다. 文王 때에 서방에 昆夷의 우환이 있었고, 북방에 玁狁의 변란이 있어서 중국을 침범해왔다. 문왕이 이때 天子인 殷王의 명으로 그 휘하를 명하여 장수로 삼고 주둔하여 지키는 병사를 파견해서, 북쪽으로는 험윤을 물리치고 서쪽으로는 西戎을 정벌하여, 중국을 지키고 보호하였다. 그러므로 이 〈채미〉를 노래하여 파견하였다. 그들이 돌아옴에 미쳐서는 〈出車〉를 노래해서 장수가 돌아온 것을 위로하고, 〈杕杜〉를 노래해서 수자리가 돌아온 것을 위로하였다. 이런 까닭으로 이 세 편의 시를 지었다.

곤이에 대해 患이라고 하고 험윤에 대해 難이라고 하였으나, 患과 難은 한가지이니 그 글자만 바꾼 것일 뿐이다. 患難이란 것은 중국의 여러 나라와 함께 환난으로 여기는 것이니, 단지 周나라만 그렇다는 것이 아니다. 그러므로 변란에 대해 "중국을 지키고 보호하게 하였다."라고 하여, 중국이 모두 그 우환을 겪고 있으니 단지 주나라를 수호할 뿐만이 아님을 밝혔다.

이 시와 〈출거〉에서 다섯 번 험윤을 말하고 오직 한 번 서융을 말했는데 序에서 먼저 곤이를 말한 것은, 곤이가 주나라를 침범하는 것이 큰 우환거리가 되었기 때문에 먼저 말한 것이다. 험윤이 서융보다 큰 나라여서, 군대를 보낼 때 험윤을 정벌하는 것을 위주로 했다. 그러므로 국경을 지키는 병사를 경계시킬 때에도 험윤을 위주로 하고 서융에 대해서는 소략하게 언급했다.

"將帥를 임명하고 국경을 지키는 병사를 파견했다."라고 말한 것은 장수의 자리에는 정해진 사람이 없고, 전쟁에 임하여 卿士를 임명해서 장수로 삼기 때문에 '임명한다〔命〕'라고 하였다. 국경을 지킬 병사는 백성을 소집해서 파견하는데, 추가적인 命을 기다릴 필요가 없기 때문에 '보낸다〔遣〕'라고 하였다. 장수를 임명하는 것은 국경을 지킬 병사를 인솔하려는 것인데 序에서 "국경을 지킬 병사를 파견한다."라고 한 것은, 장수로 임명된 자는 그 임금과 더불어 우환과 수고로움을 함께 하는데, 국경을 지키는 병사는 신분이 낮고 천해서 나라를 걱정하는 마음이 있지 않으나 임금의 명을 벗어나지 못해서 행하는 것일 뿐이다. 문왕은 그것을 마음 깊이 불쌍히 여겨 국경을 지키는 병사에게 정성을 다하고, 장수에게 간략하게 대하였다. 그러므로 이 편을 지을 때 국경을 지키는 병사를 파견하는 것을 위주로 하였다.

위의 세 章은 국경에 파견된 병사의 말이다. 4장과 5장은 장수의 行軍을 논하면서, 국경의 병사를 인솔하는 것을 위주로 말한 것이다. 마지막 장은 수자리 갔다가 돌아온 일을 총괄하여 서술하였다. 여섯 章은 모두 국경에 파견된 병사를 위주로 하였다. 국경에 파견된 병사를 위주로 하였기 때문에, 經文에서도 병사를 파견하는 일을 앞에 언급하고 장수를 뒤에 언급하였다. 그러나 실제로는 장수가 존귀하므로 序에서는 장수를 임명한 일을 먼저 말하고, 병사를 파견하는 일을 뒤에 말했다.

"〈采薇〉를 노래해서 그들을 파견하였다.〔歌采薇以遣之〕"라고 말한 것은 바로 그들을 파견할 때의 말을 기술하여 시를 지었다가 후에 노래로 불린 것을 이르니, 이로 인해서 파견할 때의 말에 근본해서 노래를 만들었다고 한 것이다.

"〈出車〉로써 돌아온 장수를 위로하고 〈杕杜〉로써 돌아온 병사를 위로하였다"라고 한 것에서 "노래했다〔歌〕"라고 말하지 않은 것은, 위(歌采薇以遣之)에서 노래했다는 문장을 이어받았기 때문이다. 勤과 勞는 한가지이다. 勞라는 것은 그 功勞를 진술한 것이고 勤이라는 것은 勤苦를 진술한 것인데, 다만 글자를 바꾼 것일 뿐이다. 還과 歸도 한가지이다. 還은 병역에서 돌아온 것을 말하고, 歸는 집으로 향한다는 말에 근거한 것이니 다만 어느 기준을 따라 말하느냐가 다를 뿐이다. 〈출거〉의 序에서는 "돌아온 장수를 위로하였다.〔勞還帥〕"라고 하고, 〈체두〉의 序에서는 "돌아온 병사를 위로하였다.〔勞還役〕"라고 하여, 모두 "돌아왔다〔還〕"라고 하고 아울러 "위로했다〔勞〕"라고 하여, 還과 歸가 뜻이 같고 勤과 勞가 다르지 않다는 것을 밝혔다. 이 序에서 〈출거〉와 〈체두〉를 아울러 말한 이유는 세 편이 모두 하나의 일로 함께 처음과 끝이 되기 때문이다. 그러므로 파견하는 일에 기인해서 돌아온 일을 말하였기 때문에 문장을 생략한 것이다.

【疏】 箋'文王'至'息之' ○ 正義曰：西方曰戎夷，是總名，此序云昆夷之患，出車云薄伐西戎，明其一也，故知昆夷，西戎也. 文王於時事殷王也，若非其屬，無由命之，故知以(文)[1]王之命，命其屬爲將帥，其屬謂南仲. 出車經稱赫赫南仲，玁狁于襄，又曰赫赫南仲，薄伐西戎，則南仲一出，竝禦西戎及北狄之難也. 皇甫謐帝王世紀曰：文王受命，四年周正月丙子(朔)〔朔〕[2]，昆夷氏侵周，一日三至周之東門. 文王閉門脩德而不與戰. 昆夷進來，不與戰，明退卽伐之也. 尙書傳四年伐犬夷，注云"犬夷，昆夷也. 四年伐之，南仲一行，竝平二寇"，下箋云"玁狁大，故以爲始，以爲終." 以書傳不言四年伐玁狁，而言伐犬夷，作者之意偶言耳. 以天子之命命將帥，則伐犬夷者，紂命之矣. 書序云"殷始咎周"，注云"紂聞文王斷虞芮之訟，又三伐皆勝，始畏惡之，拘於羑里." 紂命之使伐，勝而惡之者，紂以戎狄交侵，須加防禦，文王請伐，便卽命之. 但往克敵，功德益高，人望將移，故畏惡之耳. 上三章同遣戍役，以薇爲行期，而言作止・柔止・剛止，三者不同，則行非一輩，故首章箋云：先輩可以行. 言先，對後之辭，則二章爲中輩，三章爲後輩矣. 二章傳曰：柔，始生也. 兵若一輩而遣，則不得剛・柔別章，若異輩而行，不應以三章爲二輩，則毛意柔亦中輩. 言始生者，對剛爲生之久，柔謂初生耳. 若對作止之，柔在作後矣，與鄭脆脕同也. 莊二十九年左傳曰"凡馬，日中而出"，謂春分也. 出車曰"我出我車，于彼牧矣"，"出車，就馬於牧地"，則是春分後也. 中氣[3]所在，雖無常定，大抵在月中旬也. 中旬之後，始出車就馬，則首章二月下旬遣，二章三月上旬遣，三章三月中旬遣矣. 故卒章言昔我往矣，楊柳依依，是爲二月之末・三月之中事也.

1) (文)：저본의 교감기에 따라 '文'을 衍文으로 처리하였다.
2) (朔)〔朔〕：저본의 교감기에 따라 '朔'으로 번역하였다.
3) 中氣：태양력의 24氣를 음력의 12달에 짝지은 것으로, 음력에는 매달 2氣가 해당된다. 그중 달의 초기에 해당하는 것을 節氣라 하고, 중기 이후에 해당하는 것을 中氣라고 한다.

箋의 〔文王〕에서 〔息之〕까지

○ 正義曰：西方을 戎夷라고 말하는 것은 통칭이다. 이 시의 序에서는 "昆夷의 우환

〔昆夷之患〕"이라 하고, 〈出車〉의 經文에서는 "단번에 西戎을 정벌하리라〔薄伐西戎〕"라고 하여 그들이 한가지라는 것을 밝혔다. 그러므로 昆夷가 西戎임을 알 수 있다. 文王이 이때 殷王을 섬겼으니, 만약 그의 휘하가 아니면 임명할 길이 없다. 그러므로 王의 命으로 그 휘하를 임명하여 장수로 삼았는데, 그 휘하의 장수를 南仲이라고 하였음을 알 수 있다. 〈출거〉의 경문에서는 "훌륭한 南仲이여, 玁狁이 제거되었도다"라 하고, 또 "훌륭한 南仲이여, 단번에 西戎을 정벌하리라"라고 하였으니, 남중이 한번 정벌 나가서 서융과 北狄의 변란을 아울러 막은 것이다. 皇甫謐의 ≪帝王世紀≫에서 "文王이 천명을 받은 지 4년 周나라 正月 丙子日 초하루에 昆夷氏가 주나라를 침범하였는데, 하루에 세 번 주나라의 東門에 이르렀다. 문왕이 문을 닫고 德을 닦으면서 더불어 싸우지 않았다."라고 하였는데, 곤이가 쳐들어오면 더불어 싸우지 않았다고 하였으니 물러났을 때는 즉시 그들을 정벌한 것이 분명하다.

≪尙書傳≫에서 "4년에 犬夷를 정벌하였다."라고 하였는데, 注에서 "犬夷는 昆夷이다. 4년에 그들을 정벌하였는데, 南仲이 한번 정벌을 행하여 두 도적을 아울러 정벌하였다."라고 하였다. 아래 〈출거〉의 鄭箋에서 "玁狁이 큰 나라이기 때문에, 험윤으로 시작하고 험윤으로 끝맺은 것이다."라고 하였는데, ≪상서전≫에서 4년에 험윤을 정벌했다고 말하지 않고 견이를 정벌했다고 말한 것은 作者의 의도가 반영된 말일 뿐이다. 천자의 명으로 장수를 임명하였으면, 견이를 정벌하는 것도 紂가 명한 것이다. ≪尙書≫ 〈西伯戡黎〉의 〈書序〉에서 "殷나라가 비로소 周나라를 미워하였다."라고 하였는데, 鄭玄이 注에서 "紂가, 文王이 虞와 芮의 訟事를 판결하고, 또 세 번 정벌해서 모두 이겼다는 것을 듣고 비로소 문왕을 두려워하고 미워해서 羑里에 가두었다."라고 하였다. 紂가 〈문왕에게〉 명해서 정벌하게 했는데 승리했다고 싫어한 것은, 紂는 서융과 북적이 서로 침범해서 방어를 더하려고 하였으나 문왕이 정벌하기를 청해서 즉시 명하였다. 다만 가서 적을 이겨 공덕이 더욱 높아지고 명성이 옮겨가려고 했기 때문에 두려워하고 싫어한 것일 뿐이다.

위의 세 장은 모두 국경을 지키는 병사를 파견한 내용인데, 고사리〔薇〕로써 출행의 기한을 삼아서, "싹이 나다〔作止〕"·"부드럽다〔柔止〕"·"질기다〔剛止〕"라고 말하였다. 이 세 가지가 같지 않으니, 출행하는 군대가 한 무리가 아닌 것이다. 그러므로 첫째 장의 鄭箋에서 "선발대가 출발할 수 있다.〔先輩可以行〕"라고 말하였다. '先'이라고 말한 것은 '後'에 상대되는 말이니, 2장은 중발대가 되고, 3장은 후발대가 될 것이다. 2장의 毛

傳에서 "柔, 始生也."라고 하였는데, 군대가 만약 하나로 무리를 만들어 파견했다면 剛과 柔로 章을 달리할 수 없고, 만약 무리를 달리해서 출행했다면 세 장으로 두 무리를 만들 수 없을 것이니, 毛亨이 柔를 생각한 것도 중발대일 것이다. "처음 생겼다.〔始生〕"라고 말한 것은 剛이 생긴 지 오래된 것이라는 사실에 상대되는 것이니, 柔는 처음으로 생겨난 것을 말할 뿐이다. 만약 "고사리가 싹이 나다〔作止〕"에 대해 상대하려고 했다면 柔는 "나중〔後〕"이라고 쓰는 말에 해당할 것이니, 정현의 箋에서 "부드럽다〔脆脕〕"라고 한 것과 같다. ≪春秋左氏傳≫ 莊公 29년에 "말은 낮과 밤이 중간일 때 목지로 내보낸다."라고 하였는데 그 주에서 "春分을 말한다."라고 하였고, 〈출거〉에서 "殷王께서 내 戎車를 내어, 저 목축지에 두게 하셨네"라고 하였는데 毛傳에서는 "戎車를 내는 것은 목축지에 말을 묶으려고 해서이다."라고 하였으니, 이것은 春分 뒤의 일이다. 中氣가 해당하는 날이 비록 일정하게 정해진 것은 없으나, 대체로 달의 중순에 해당한다. 중순 이후에야 비로소 戎車를 내어 말을 묶으니, 첫째 장에서는 2월 하순에 파견하는 것이고, 둘째 장에서는 3월 상순에 파견하는 것이며, 셋째 장에서는 3월 중순에 파견하는 것이다. 그러므로 마지막 장에서 "옛날에 내가 출정할 때 갯버들이 하늘거렸다."라고 하였으니, 이것은 2월 말에서 3월 중순까지의 일이 된다.

采薇采薇여 薇亦作止로다

고사리를 뜯고 또 뜯음이여
고사리가 또 싹이 났네

薇

【傳】 薇는 菜요 作은 生也라

薇는 '채소'이고, 作은 '싹이 나다'이다.

【箋】 箋云 西伯將遣戍役에 先與之期以采薇之時한대 今薇生矣니 先輩可以行也라 重言采薇者는 丁寧行期也라 ○重은 直用反이라 下重敍同이라

箋云 : 西伯이 국경을 지키는 병사를 파견하려고 할 때 먼저 병사들에게 고사리를 캘 때 파견한다고 기약을 하였는데, 지금 고사리가 싹이 났으니 선발대가 출발할 수 있다고 한 것이다. 采薇를 거듭 말한 것은 출발할 시기를 잊지 않도록 알려준 것이다.

○ 重은 直과 用의 반절이다. 아래의 "重敍"의 重도 같다.

曰歸曰歸여 **歲亦莫止**로다

언제 돌아갈까, 언제 돌아갈까
한 해가 또 저물 때라네

【箋】 箋云 莫은 晚也라 曰女何時歸乎아 亦歲晚之時에 乃得歸也니 又丁寧歸期하여 定其心也라

箋云 : 莫은 '저물다'이다. '너희는 어느 때에 돌아가느냐? 또 한 해가 저물 때 돌아올 수 있을 것이다.'라고 말한 것이니, 또 돌아올 시기를 알려주어 그들의 마음을 안정시킨 것이다.

靡室靡家는 **玁狁之故**며 **不遑啓居**는 **玁狁之故**니라

아내와 남편이 부부의 도가 없게 된 것은
험윤 때문이며
앉아 쉴 겨를이 없는 것도
험윤 때문이네

【傳】 玁狁은 北狄也라

玁狁은 북쪽 오랑캐이다.

【箋】 箋云 北狄은 今匈奴也라 靡는 無요 遑은 暇요 啓는 跪也라 古者師出不踰時라 今薇(菜)[1]生而行하여 歲晚乃得歸라 使女無室家夫婦之道하고 不暇跪居者는 有玁狁之難이라 故曉之也라

1) (菜) : 저본의 교감기에 따라 '菜'를 衍文으로 처리하였다.

箋云 : 北狄은 지금의 匈奴이다. 靡는 '없다'이고, 遑은 '여가'이며, 啓는 '꿇어앉다'이다. 옛날에 군대가 출동할 때는 기한을 넘기지 않았다. 지금 고사리가 싹이 날 때 출발해서 연말이면 돌아올 수 있을 것이다. 너희 將卒이 부부로서 부부의 도리를 하지 못하고 편안히 앉아 쉴 겨를이 없게 한 것은 험윤의 변란이 있기 때문이라고 깨우쳐

준 것이다.

【疏】'采薇'至'之故' ○ 正義曰：文王將以出伐，豫戒戍役期云"采薇之時，兵當出也."王至期時，乃遣戍役，而告之曰"我本期以采薇之時，今薇亦生止"，是本期已至，汝先輩可以行矣. 旣遣其行，告之歸期，"曰何時歸，曰何時歸，必至歲亦(莫)〔暮〕[1]止之時乃得歸."言歸必將晩. 所以使汝無室無家，不得夫婦之道，聚居止者，正由玁狁之故. 又不得閒暇而跪處者，亦由玁狁之故. 序其中情告之，是故使之懷恩而怒寇也.

1) (莫)〔暮〕: 저본의 교감기에 따라 '暮'로 번역하였다.

經의 〔采薇〕에서 〔之故〕까지

○ 正義曰：文王이 정벌하러 보낼 때 미리 국경을 지키는 병사에게 시기를 알려주면서 "고사리를 캘 때, 병사들은 나가야 한다.〔采薇之時 兵當出也〕"라고 하였고, 왕이 기약한 때가 되었을 때 국경을 지키는 병사를 파견하면서 알려주기를 "우리는 본래 고사리를 캘 때로써 기약했는데, 지금 고사리가 또 싹이 났다."라고 하였으니, 이것이 본래 기약한 시기가 이미 되어서 너희 선발대가 갈 수 있을 것이라고 한 것이다. 이윽고 정벌 가는 군대를 파견할 때 돌아올 시기를 알려주면서 "어느 때 돌아갈까? 어느 때 돌아갈까? 반드시 해가 또 질 때에 이르면 곧 돌아갈 수 있을 것이다."라고 하였으니, 돌아올 때는 반드시 한 해가 저물 것임을 말한 것이다. 또 '너희 將卒이 남편과 아내가 없어 부부의 도리를 하지 못하고 모여서 거처하게 하는 까닭은 바로 玁狁의 일 때문이고, 또 여가를 얻어서 앉아 쉴 수 없는 것도 또한 험윤의 일 때문이다.'라고 하였으니, 그 속마음을 펴서 알려줌으로써 그들이 은혜를 품고 외적에게 분노하게 하였다.

【疏】箋'西伯'至'行期' ○ 正義曰：知先與之期者，以此辭遣時之言也. 以薇亦作止，報采薇采薇，是先有此言也，故知先與之期. 重言采薇者，是丁寧行期也. 必先言期者，以道遠敵强，還歸必晩，故豫告行期，令之裝束也. 月令云"仲春之月，無作大事. 孟秋乃命將帥."，不待孟秋而仲春遣兵者，以患難旣逼，不暇待秋故也.

箋의 〔西伯〕에서 〔行期〕까지

○ 正義曰："먼저 병사들과 기약한 것〔先與之期〕"임을 알 수 있는 것은 이 말이 파견할 때의 말이기 때문이다. "고사리가 또 싹이 났다.〔薇亦作止〕"라고 한 것은 "고사리를 뜯고 또 뜯음이여〔采薇采薇〕"라는 말에 대해 보고하는 말이니, 이것이 먼저 이 말이 있

었다는 것이다. 그러므로 먼저 병사들과 기약한 것임을 알 수 있다. "고사리를 캔다〔采薇〕"라고 거듭 말한 것은 출발할 시기를 알려준 것이다. 반드시 먼저 시기를 말하는 것은, 길이 멀고 적이 강해서 되돌아오는 시기가 반드시 늦어질 것이기 때문이다. 그러므로 미리 시기를 말해서 그들이 행장을 꾸릴 수 있게 한 것이다. ≪禮記≫ 〈月令〉에 "仲春의 달에는 전쟁을 일으키지 말고, 초가을에 장수를 임명하라."라고 하였는데, 초가을이 되기를 기다리지 않고 중춘에 군대를 파견하는 것은 환란이 이미 닥쳐와서 가을이 되기를 기다릴 겨를이 없었기 때문이다.

【疏】 箋'莫晚'至'其心' ○ 正義曰：集本·定本暮作莫, 古字通用也. 必告以歲晚之時乃得歸者, 緣行者欲知之. 且古者師出不踰時, 今從仲春涉冬, 若不豫告, 恐一時望還, 故丁寧歸期, 定其心也. 旣師出不踰時, 而文王過之者, 聖人觀敵强弱, 臨事制宜, 撫巡以道, 雖久不困. 高宗之伐鬼方, 周公之征四國, 皆三年乃歸. 文王之於此行, 歲暮始反, 人無怨言, 故載以爲法. (然若)〔若然〕[1], 出車曰春日遲遲, 薄言旋歸, 則此戍役以明年之春始得歸矣. 期云歲暮, 暮實未歸. 文王若實不知, 則無以爲聖, 知而不告, 則無以爲信. 且將帥受命而行, 不容違犯法度, 安得棄君之戒, 致令淹久者? 玁狁·昆夷, 二方大敵, 將使一勞久逸, 暫費永(久)[2]寧. 文王知事未卒平, 役不早反, 故致此遠期, 息彼近望. 歲暮言歸, 已期久矣, 焉可更延期約, 復至後年? 但寇旣未平, 不可守玆小諒, 將帥亦當請命而留, 非是故違期限. 聖人者, 窮理盡神, 顯仁藏用, 若使將來之事, 豫以告人, 則日者卜祝之流, 安得謂之聖也.

1) (然若)〔若然〕: 저본에 교감기에 따라 '若然'으로 번역하였다.
2) (久) : 저본에 교감기에 따라 '久'를 衍文으로 처리하였다.

箋의 〔莫晚〕에서 〔其心〕까지

○ 正義曰：集本과 ≪五經定本≫에는 '暮'가 '莫'로 되어 있는데, 옛 글자는 통용되었다. 반드시 해가 저물 때 돌아올 수 있을 것이라고 알려준 것은 정벌가는 자들이 알고 싶어 했기 때문이다.

또한 옛날에는 군대가 출행할 때 시기를 넘기지 않았는데, 지금 仲春에서 겨울까지 출행하는데 만약 미리 알려주지 않으면 아마도 일시에 돌아오기를 바라기 때문에, 돌아올 시기를 알려주어 그들의 마음을 안정시킨 것이다. 이미 군대가 출행할 때 시기를 넘기지 않았는데 문왕이 그것을 넘긴 것은, 성인이 적의 세기를 관찰하고 전쟁에 임해서 적절하게 조치하고 道로 위로하면 비록 오래되더라도 괴롭지 않기 때문이다. 殷나라 高宗이 鬼方을 정벌하고, 周公이 사방의 나라를 칠 때도 모두 3년이 되어서야 돌아왔다. 文王이 이 출행에 대해 해가 저물어서 비로소 돌아왔음에도 사람들이 원망하는 말이 없었다. 그러므로 기록해서 법으로 삼은 것이다.

만약 그렇다면 〈出車〉에서 "봄날이 따스해지니, 이에 재빨리 돌아왔다 하네"라고 하였으니, 이것은 국경을 지키는 병사가 이듬해 봄에 비로소 돌아올 수 있었던 것이다. 해가 저물 때라고 기약하였으나, 한 해가 저물 때는 실제 돌아오지 못했다. 문왕이 만약 참으로 몰랐다면 성인이라 할 수 없고, 알고도 알려주지 않았다면 信人이라 할 수 없다. 또 將帥가 명을 받고 갔으니 법도를 어기는 것을 용납하지 않을 텐데, 어째서 임금이 경계한 것을 잊어버리고 오래 머물게 할 수 있겠는가? 玁狁과 昆夷가 두 방향의 큰 적이니, 한번 고생해서 오래도록 즐겁고 잠깐을 소비해서 오래도록 평안하게 해야 했고, 문왕은 끝내 다스려질 수 없는 일이고 일찍 돌아올 수 없는 병역임을 알았기 때문에, 이 원대한 기약을 이루기 위해 저들의 가까운 바람을 버린 것이다. 해가 저물었을 때 돌아갈 것이라고 말한다면 이미 시기가 오래된 것인데 어찌 다시 기약한 시기를 연장해서 다시 다음 해까지 미룰 수 있겠는가? 다만 외적이 이미 평정되지 않았으면 이 작은 계획을 고수할 수 없고, 장수도 역시 명을 청해서 머물러야 하니, 이것은 진실로 기한을 어긴 것이 아니다. 성인은 이치를 궁구하고 신묘함을 다하며, 인자함을 드러내고 공적을 숨긴다. 앞으로 닥칠 일을 미리 사람들에게 알려주는 자는 점쟁이·점성술사의 무리이니, 어찌 성인이라고 할 수 있겠는가?

采薇采薇여 薇亦柔止엇다

고사리를 뜯고 또 뜯음이여
고사리가 또 부드럽네

【傳】 柔는 始生也라

柔는 '처음 자라다'이다.

【箋】 箋云 柔는 謂脆脕之時라

箋云 : 柔는 부드러운 풀이 막 생겨날 때를 말한다.

曰歸曰歸여 **心亦憂止**로다

돌아가자, 돌아가자
마음이 또한 근심스럽네

【箋】 箋云 憂止者는 憂其歸期將晚이라

箋云 : 憂止라는 것은 장졸들이 돌아올 시기가 늦어질까 근심하는 것이다.

憂心烈烈하여 **載飢載渴**호라

근심스러운 마음에 애태우니
배고플까 목마를까

【箋】 箋云 烈烈은 憂貌라 則飢則渴은 言其苦也라

箋云 : 烈烈은 '근심하는 모양'이다. 배고프고 목마른 것은 장졸들의 고통을 말하는 것이다.

我戍未定하여 **靡使歸聘**이로다

내가 지키느라 쉴 수 없어
집으로 돌려보내 안부를 묻게 할 수 없네

【傳】 聘은 問也라

聘은 '안부를 묻다'이다.

【箋】 箋云 定은 止也라 我方守於北狄하여 未得止息하니 無所使歸問이라 言所以憂라 ○靡使는 如字니 本又作靡所라

箋云 : 定은 '그치다'이다. '내가 한참 북쪽 오랑캐를 지키고 있어 아직 쉴 수 없으니, 집으로 사람을 보내 안부를 물어볼 수 없다.'라고 한 것이니, 근심하는 이유를 말한 것이다.

○ 靡使의 使는 본래의 글자대로 읽고 해석한다. 어떤 본에는 또 靡所로 되어 있다.

【疏】'采薇'至'歸聘' ○ 正義曰：王遣戍役，戒之云 "我本期以采薇之時遣汝，今薇亦始生柔脆矣，汝中輩可以行矣. '曰歸曰歸'，汝所歸期，會至歲暮，汝心亦憂其晩矣. 然始得歸，汝所以憂心烈烈然者，以道路之中，則有饑，則有渴，勞苦甚矣. 汝又言'我方戍於北狄，未得止定，無人使歸問家安否'，所以憂也." 序其憂勞，亦知其意也.

經의 〔采薇〕에서 〔歸聘〕까지

○ 正義曰 : 왕이 국경을 지키는 병사를 파견하면서 그들을 경계시키기를 "우리는 본래 고사리를 뜯을 때 너희를 파견하기로 기약했는데, 지금 고사리가 또 자라기 시작해서 부드러우니, 너희 중발대가 갈 수 있을 것이다. 〈너희들은〉 '돌아가자, 돌아가자'라고 말하는데, 너희들이 돌아갈 시기이지만 마침 한 해가 저물었으니, 너희들의 마음에 또 그것이 늦어질까 걱정될 것이다. 그러나 이제 돌아갈 수 있으니, 너희들이 근심하는 마음으로 애태우는 것은 돌아가는 도중에 굶주림이 있고 목마름이 있어서 노고가 심할까 하는 것이다. 너희들은 또 '우리가 한참 북쪽 오랑캐를 지키고 있어 아직 쉴 수 없으니, 집으로 돌려보내 안부를 물을 사람이 없다.'라고 말하니, 그 때문에 근심스럽다."라고 말한 것이다. 그 근심과 수고로움을 서술한 것이니, 또한 그 마음을 알 수 있다.

【疏】箋'柔謂'至'脆脕之時' ○ 正義曰：定本作脆腝之時.

箋의 〔柔謂〕에서 〔脆脕之時〕까지

○ 正義曰 : ≪五經定本≫에는 "脆腝之時"라고 되어 있다.

【疏】傳'聘問' ○ 正義曰：聘・問俱是謂問安否之義，散則通，對則別，故緜箋云 "小聘〔曰〕[1]問"，以卿・大夫殊其文，故爲大小耳.[2]

1) 〔曰〕 : 저본의 교감기에 따라 '曰'을 보충하였다.

2) 故緜箋云……故爲大小耳 : 小聘은 제후가 매년 대부를 파견하여 천자를 방문하게 하는 것이다. ≪禮記≫ 〈王制〉에서 "제후는 천자에 대해 매년 한 번 소빙하고, 3년에 한 번 大聘하며, 5년에 한 번 조회가 간다.〔諸侯之於天子也 比年一小聘 三年一大聘 五年一朝〕"라고 하였는데, 鄭玄이 그 注에 "소빙은 大夫를 사신으로 보내는 것이고, 대빙은 卿을 보내는 것이며, 조회는 임금이 직접 가는 것이다.〔小聘 使大夫 大聘 使卿 朝則君自行〕"라고 하였다.

傳의 〔聘問〕

○ 正義曰：聘과 問은 모두 안부를 묻는 뜻이니, 각각 흩어놓으면 서로 통하고, 상대적으로 보면 구별된다. 그러므로 ≪詩經≫ 〈大雅 緜〉의 鄭箋에서 "小聘을 問이라고 한다."라고 하였는데, 卿과 大夫가 그 글자를 달리하기 때문에 大와 小를 썼을 뿐이다.

采薇采薇여 薇亦剛止엇다

고사리를 뜯고 또 뜯음이여
고사리가 또 질겨 졌네

【傳】少而剛也라

어리지만 질기다.

【箋】箋云 剛은 謂少堅忍時라

箋云：剛은 어리지만 질긴 때를 말한다.

曰歸曰歸여 歲亦陽止리로다

돌아가자, 돌아가자
해가 또한 10월이 되었다

【傳】陽은 歷陽月[1)]也라

1) 歷陽月：陽(－)이 들어 있는 달의 변천을 거친다는 뜻이다. 復卦䷗(11월)는 가장 하단이 陽(－)이고，剝卦䷖(9월)는 가장 상단이 陽(－)이다. 즉 11월부터 9월까지 陽(－)의 변천 과정을 겪어왔다는 뜻이다. 陽月은 일반적으로 상하가 모두 陰(--)으로 되어 있는 10월을 말한다.

陽은 '陽이 들어가는 달을 겪었다.'는 것이다.

【箋】箋云 十月爲陽이라 時坤用事하여 嫌於無陽이라 故以名此月爲陽이라

箋云：10월이 陽이 된다. 이때 坤이 작용해서 陽이 없는 것을 꺼렸기 때문에 이 달

을 陽月이라고 이름 지은 것이다.

王事靡盬라 **不遑啓處**하니

王事를 견고하게 해야 하므로

편안히 머무를 겨를이 없으니

【箋】 箋云 盬는 不堅固也라 處猶居也라

箋云 : 盬는 '견고하지 못하다'이다. 處는 居와 같다.

憂心孔疚나 **我行不來**니라

근심스런 마음 깊이 병들었지만

나는 임무 수행하느라 돌아가지 못하느니라

【傳】 疚는 病이요 來는 至也라

疚는 '병'이다. 來는 '이르다'이다.

【箋】 箋云 我는 戍役自我也라 來猶反也니 據家曰來라

箋云 : 我는 수자리를 사는 사람이 스스로를 我라고 한 것이다. 來는 反과 같으니, 집의 입장에서 來라고 한 것이다.

【疏】 傳'陽 曆陽月' ○ 正義曰 : 毛以陽爲十月, 解名爲陽月之意. 以十一月爲始陰消陽息, 復卦用事, 至四月純乾用事, 五月受之以(始)〔後〕[1], 陽消陰息. 至九月而剝, 仍一陽在, 至十月而陽盡爲坤, 則從十一月至九月, 凡十有一月, 已經歷此有陽之月, 而至坤爲十月, 故云曆陽月. 以類上暮止, 則不得曆過十月, 明義爲然.

1) (始)〔後〕: 저본의 교감기에 따라 '後'로 번역하였다.

傳의 〔陽 曆陽月〕

○ 正義曰 : 毛亨은 陽을 10월이라고 여겨, 陽月이라고 이름 지은 뜻을 번역하였다. 11월에 처음으로 陰이 사라지고 陽이 자라나서 復卦가 일을 하고, 4월이 되면 純乾이

일을 하고, 5월에 그것을 받은 이후로 陽이 사라지고 陰이 자라나기 시작한다. 9월이 되면 剝卦가 되어 그대로 하나의 陽이 남아 있는데, 10월이 되면 陽이 다 사라져서 坤卦가 된다. 11월부터 9월까지 모두 11달 동안 이미 이 양이 들어 있는 달을 경험하고 곤괘에 이르면 10월이 되기 때문에, "양이 들어있는 달을 겪었다"라고 말하였다. 위에서 "한 해가 저물다〔暮止〕"라고 말한 것으로 유추하면 10월을 경과할 수 없으니, 모형이 뜻을 밝힌 것이 그러한 것이다.

【疏】 箋'十月'至'爲陽' ○ 正義曰：鄭以傳言涉曆陽月，不據十月，故從爾雅·釋天云十月爲陽. 本所以名十月爲陽者，時純坤用事，而嫌於無陽，故名此月爲陽也. 定本無爲陽二字，直云故以名此月焉. 知爲嫌者，君子愛陽而惡陰，故以陽名之. 實陰(陽)〔月〕[1]而得陽名者，以分陰分陽迭用柔剛，十二月之消息，見其用事耳. 其實陰陽恒有. 詩緯曰"陽生酉仲，陰生戌仲."，是十月中兼有陰陽也. "四月秀葽"，"靡草死"，豈無陰乎? 明陰陽常兼有也. 易·文言曰"陰疑於陽必戰，爲其嫌於無陽，故稱(陽)〔龍〕[2]焉."，鄭云"嫌讀如群公(慊)〔溓〕[3]之(慊)〔溓〕. 古書篆作立心，與水相近，讀者失之，故作溓. 溓，雜也. 陰謂此上六也. 陽謂今消息用事乾也. 上六爲蛇，得乾氣雜似龍." 知此不與彼說同者，彼說坤卦，自以上六爻辰在巳爲義. 已至四月，故消息爲乾，非十月也. 且文言慊於無陽，爲心邊兼，鄭從水邊兼，初無嫌字，知與此異. 孫炎卽是鄭玄之徒，其注爾雅，與郭璞皆云：嫌於無陽，故名之爲陽，是也.

1) (陽)〔月〕: 저본의 교감기에 따라 '月'로 번역하였다.
2) (陽)〔龍〕: 저본의 교감기에 따라 '龍'으로 번역하였다.
3) (慊)〔溓〕: 저본의 교감기에 따라 '溓'으로 번역하였다. 아래도 같다.

箋의 〔十月〕에서 〔爲陽〕까지

○ 正義曰：鄭玄은 毛傳에서 언급한 "曆陽月"을 10월의 근거로 여기지 않았기 때문에, ≪爾雅≫ 〈釋天〉을 따라서 "10월을 陽月이라고 한다.〔十月爲陽〕"라고 하였다. 10월을 陽月이라고 이름 지은 까닭에 근거해서 "이때 純坤이 작용해서 陽이 없는 것을 꺼리기 때문에 이 달을 陽月이라고 이름 지은 것이다."라고 하였는데, ≪五經定本≫에는 "爲陽" 2글자가 없고, 곧바로 "故以名此月焉(그러므로 이것으로 이 달의 이름을 지었다.)"이라고 하였다. 꺼린다는 것임을 알 수 있는 것은 군자는 陽을 좋아하고 陰을 싫어하기 때문이다. 그러므로 陽으로 이름을 지었다.

실제로는 陰月인데 陽으로 이름 지을 수 있는 이유는, 음으로 나누고 양으로 나누어 柔와 剛을 번갈아 써서 12달의 사라지고 자라남에 그것이 작용하고 있음을 보인 것일 뿐이지, 실제로 음양은 항상 있다. ≪詩緯≫에서 "양은 8월에 생겼고, 음은 9월에 생겼다.〔陽生酉仲 陰生戌仲〕"라고 하였으니, 이것이 10월 가운데에는 음와 양이 함께 있는 것이다. ≪詩經≫ 〈豳風 七月〉에 "4월에 요풀이 팬다.〔四月秀葽〕"라 하고 〈≪禮記≫ 〈月令〉에〉 "미초가 죽는다.〔靡草死〕"라고 하였으니, 〈4월에〉 어찌 陰이 없겠는가? 분명히 陰과 陽은 항상 함께 있는 것이다. ≪周易≫ 〈文言〉에 이르기를 "음이 양에게 의심을 받으면 반드시 싸우니, 양이 아니어서 혐의를 두었기 때문이다. 그러므로 龍이라고 부른다."라고 하였는데, 鄭玄은 "'嫌'은 群公溓의 '溓'과 같이 읽는다. 옛날 篆書를 쓸 때 선 心자(忄)를 쓰면 水자와 서로 비슷해서, 읽는 이가 잘못 읽었으므로 溓이라고 썼다. 溓은 '뒤섞이다〔雜〕'이다. 陰은 이 上六을 말하고, 陽은 지금 변화하여 乾에 작용한다. 上六이 蛇가 되는데, 乾을 얻으면 氣가 뒤섞여서 龍처럼 된다."라고 하였다. 정현의 설이 〈문언〉의 설과 같지 않은 까닭은 〈문언〉은 坤卦를 설명하면서 스스로 上六爻가 이때 巳에 있다는 것으로 뜻을 삼았기 때문이다. 이미 4월이 되었기 때문에 사라지고 자라나서 乾이 된 것이지, 十月이 아니다. 또 〈문언〉의 "慊於無陽"은 心변(忄)에 兼자를 썼고 鄭玄은 水변(氵)에 兼자를 따라서 애초에 嫌자가 없으니, 이것과 다르다는 것을 알 수 있다. 孫炎은 곧 정현의 무리여서, 그가 ≪爾雅≫를 주석할 때, 郭璞과 함께 "'陽이 아닌 것에 혐의를 두었기 때문에 陽이라고 이름 지었다.'라고 하였으니, 이것이다."라고 하였다.

彼爾維何오 維常之華로다

저 화려한 꽃은 무엇인가?
아가위 꽃이로다

【傳】 爾는 華盛貌요 常은 常棣也라

爾는 '꽃이 화려한 모양'이다. 常은 '아가위나무'이다.

【箋】 箋云 此言彼爾者는 乃常棣之華로 以興將率車馬服飾之盛이라 ○ 爾는 乃禮反이라 注同이요 說文作薾이라

箋云 : 여기에서 저 화려한 것은 아가위의 꽃이라고 말해서 將帥의 수레와 말, 服飾의 화려함을 비유하였다.

○ 爾는 乃와 禮의 반절이다. 注에서도 같고, ≪說文解字≫에는 薾으로 되어 있다.

彼路斯何오 **君子之車**로다

저 수레는 누구 것인가?
군자의 수레로다

【箋】 箋云 斯는 此也라 君子는 謂將率라

箋云 : 斯는 '이것'이다. 君子는 '장수'를 말한다.

戎車既駕하니 **四牡業業**이로다

戎車에 말을 매고 나니
네 마리 수말이 건장하도다

【傳】 業業然은 壯也라 ○業은 如字라 又魚及反이요 或五盍反이라

業業然은 '건장하다'이다.

○ 業은 본래 글자대로 읽고, 또 魚와 及의 반절이고, 혹 五와 盍의 반절이라고도 한다.

豈敢定居리오 **一月三捷**이로다

어찌 감히 머물러 있으리오
한 달에 세 번 승리하리라

【傳】 捷은 勝也라

捷은 '이기다'이다.

【箋】 箋云 定은 止也라 將率之志는 往至所征之地하여 不敢止而居處自安也라 往則庶乎一月之中에 三有勝功하니 謂侵也요 伐也요 戰也라 ○三은 息暫反이요 又如字라

箋云 : 定은 '머무르다'이다. 장수의 뜻은 정벌할 지역으로 가서 감히 머물러 편안하게 지내지 못하는 것이다. 가서는 한 달에 세 번 승리하는 공적이 있기를 바란 것이니, 침략하고 정벌하고 싸우는 것을 말한다.

○ 三은 息과 暫의 반절이고, 또 글자대로 읽고 쓴다.

【疏】'彼爾'至'三捷' ○ 正義曰 : 戍役之行, 隨從將帥, 故(將帥之車言)〔言將帥之車〕[1]. 彼爾然而盛者, 何木之華乎? 維常棣之華. 以喻彼路車者, 斯何人之車乎? 維君子之車. 常棣之華色美, 以喻君子車飾盛也. 爾是華貌, 路是車名, 貌不可言, 故以車名爲華貌也. 君子旣有此美盛之戎車, 駕之以行. 戎車旣駕矣, 四牡之馬業業然而壯健. 將帥乘此以行, 至於所征之地, 豈敢安定其居乎? 庶幾於一月之中, 三有勝功, 是其所以勞也.

1) (將帥之車言)〔言將帥之車〕: 저본의 교감기에 따라 '言'자를 '將'자 앞으로 옮겨 번역하였다.

經의 〔彼爾〕에서 〔三捷〕까지

○ 正義曰 : 수자리의 행렬은 將帥를 좇아다닌다. 그러므로 장수의 수레를 말하였다. "저 환하게 화려한 것은, 무슨 나무의 꽃인가? 아가위의 꽃이로다"라고 말해서, "저 路車는 어떤 사람의 수레인가? 군자의 수레로다"라고 한 것을 비유하였으니, 아가위꽃의 아름다운 빛깔로 군자 수레의 화려함을 비유한 것이다. 爾는 '꽃의 모양'이고 路는 '수레 이름'이니, 모양은 말로 표현할 수 없기 때문에 수레의 이름으로 화려한 모양을 표현하였다. 군자에게 이미 화려한 戎車가 있어서 말을 매어 가는데, 융거에 말을 매고 나니 네 마리 수마가 씩씩하고 건장하였다. 장수가 이 수레를 타고 가서 정벌 지역에 이르렀으니, 어찌 감히 그 거주지에 안주할 수 있겠는가? 한 달 중에 세 번 승리하기를 바랐으니, 이것이 수고로운 것이다.

【疏】箋'君子謂將率' ○ 正義曰 : 以其乘路車而稱君子, 故知謂將帥. 將帥則命卿, 南仲雖爲元帥, 時未稱王, 無三公, 亦不過命卿也. 卿車得稱路者, 左傳"鄭子蟜卒, 赴于晉, 晉請, 王追賜之以大路以行, 禮也.", 又"叔孫豹聘于王, 王賜之大路.", 是卿車得稱路也, 故鄭箴膏肓云 "卿以上所乘車, 皆曰大路. 詩云'彼路斯何? 君子之車.', 此大夫之車稱路也. 王制'卿爲大夫'." 是鄭以此詩將帥爲文王之命大夫, 故引王制以明之.

箋의 〔君子謂將率〕

○ 正義曰 : 그가 路車를 탔는데 君子라고 불렀기 때문에 "장수를 말한다."라고 했음을 알 수 있다. 장수는 卿을 임명하는데 南仲이 비록 元帥가 되었으나 이때는 아직 文王이 王이라고 칭하지 않아서 三公을 둘 수 없었으니, 남중도 命卿(천자에게 임명된 諸侯의 卿)에 불과하다. 卿의 수레를 〈제후의 수레인〉 路로 칭할 수 있는 것은 ≪春秋左氏傳≫ 襄公 3년에 "鄭나라 子蟜(公孫蠆)가 죽어서 晉나라에 부고하였다. 晉侯가 청하니 周王이 大路를 追賜하여 장례를 거행하게 했는데, 禮에 맞았다."라고 하였고, 또 양공 24년에 "叔孫豹가 王의 조정에 聘問하자, 왕이 그에게 大路를 하사했다."라고 하였으니, 이것이 卿의 수레를 路라고 부를 수 있었던 것이다. 그러므로 鄭玄의 ≪箴膏肓≫에서 이르기를 "卿 이상의 벼슬아치가 타는 수레는 모두 大路라고 한다. ≪詩經≫ 〈小雅 采薇〉에서 '저 路車는 누구 것인가? 군자의 수레로다'라고 하였으니, 이것이 大夫의 수레를 路라고 부른 것이다. ≪禮記≫ 〈王制〉에 '卿이 되어야만 대부의 상례를 쓸 수 있다.'라고 하였다."라고 하였는데, 이 때문에 정현은 이 시의 장수가 문왕이 임명한 대부라고 여겼다. 그러므로 〈왕제〉를 인용하여 분명하게 한 것이다.

【疏】 箋'三有'至'戰也' ○ 正義曰 : 此侵・伐・戰, 三傳[1]之說皆異. 左傳"有鍾鼓曰伐, 無曰侵, 皆陳曰戰.", 穀梁"拘人民・驅牛馬曰侵, 斬樹木・ 壞宮室曰伐.", 公羊稱"觕者侵, 精者伐.", 是也. 周禮・大司馬職曰 "賊賢害(仁)〔民〕[2]則伐之, 負固不服則侵之.", 注引春秋傳曰 "精者曰伐, 又曰'有鍾鼓曰伐', 則伐者, 兵入其境, 鳴鍾鼓以往, 所以聲其罪. 侵者, 兵加其境而已, 用兵淺者." 然則鄭參用三傳之文也. 周禮九伐相對, 故侵爲用兵淺者. 其實侵名但無鍾鼓耳, 雖深入亦謂之侵, 故僖四年, "諸侯侵蔡. 蔡潰, 遂伐楚.", 是深入名侵也. 伐名施於重入境, 雖淺亦名伐, 故經云 "莒人伐我東鄙"及"齊侯伐我北鄙", 才伐界上, 是淺亦稱伐也. 侵・伐則主國之師未起, 直入境而行之. 若主國出而禦之, 則曰戰, 故左傳"皆陳曰戰". 此言 "庶乎一月之中三有勝功者, 謂侵・伐・戰", 於三事之內望有勝功, 非謂三者之中惟有一勝功耳. 此侵・伐・戰用師之大名, 故略擧之, 非如春秋用兵之例, 三者之外, 仍有(故)〔攻〕[3]・取・襲・克・圍・滅・入之名.

1) 三傳 : ≪春秋≫를 풀이한 대표 해설서 3종으로 ≪春秋左氏傳≫・≪春秋公羊傳≫・≪春秋穀梁傳≫을 가리킨다.

2) (仁)〔民〕: 저본의 교감기에 따라 '民'으로 번역하였다.
3) (故)〔攻〕: 저본의 교감기에 따라 '攻'으로 번역하였다.

箋의 〔三有〕에서 〔戰也〕까지

○ 正義曰 : 여기에서 말한 침략〔侵〕·정벌〔伐〕·싸움〔戰〕에 대한 설은 ≪春秋≫ 三傳의 해설이 모두 다르다. ≪春秋左氏傳≫에서는 "戰爭에 종과 북을 울리며 공격하는 것을 伐이라고 하고, 종과 북을 울리지 않으며 공격하는 것을 侵이라고 하며, 모두 陳을 친 뒤에 공격하는 것을 戰이라고 한다."라고 하였고, ≪春秋穀梁傳≫에서는 "백성을 잡고 소와 말을 몰아가는 것을 侵이라고 하고, 나무를 베어 가고 宮室을 무너트리는 것을 伐이라고 한다."라고 하였으며, ≪春秋公羊傳≫에서는 "상대에게 허물이 있어 책임을 물으려 쳐들어하는 것을 侵이라고 하고, 책임을 물어도 복종하지 않아서 깊이 쳐들어가는 것을 伐이라고 한다."라고 한 것이 이것이다.

≪周禮≫ 〈大司馬職〉에서는 "현자를 죽이고 백성을 해치면 정벌하며, 험한 지형을 믿고 복종하지 않으면 침략한다."라고 하였는데, 그 注에서 ≪春秋傳≫을 인용하여 "≪춘추공양전≫에서는 '책임을 물어도 복종하지 않아서 깊이 쳐들어가는 것을 伐이라고 한다.'라고 하였고, 또 ≪춘추좌씨전≫에서는 '종고를 울리며 공격하는 것을 伐이라고 한다.'라고 하였으니, 伐이라는 것은 군대를 이끌고 그 국경을 쳐들어가는 것인데 종고를 울리며 가는 것은 그 죄를 성토하기 위한 것이다. 侵이란 것은 그 국경에 병력을 더할 뿐이어서, 군대를 사용하는 정도가 가벼운 것이다."라고 하였다.

그렇다면 鄭玄은 ≪춘추≫ 三傳의 문장을 참고하여 인용한 것이다. ≪주례≫에서 九伐의 法으로 상대했기 때문에, 侵은 군대를 사용하는 정도가 가벼운 것이라고 하였다. 그러나 실제로 侵이라고 부르는 것은 다만 종고를 울리지 않는 것에서 온 것일 뿐이니, 비록 깊이 쳐들어가도 또한 侵이라고 하였다. 그러므로 ≪춘추≫ 僖公 4년에 "제후들이 蔡나라를 침공하였다. 蔡軍이 흩어져 도망가서, 드디어 楚나라를 伐하였다."라고 하였는데, 이것이 깊이 쳐들어가는 것을 侵이라고 부른 경우이다. 伐이라고 부르는 것은 국경에 거듭 쳐들어가는 경우에 사용하니, 비록 정도가 가벼운 경우에도 伐이라고 부를 수 있다. 그러므로 ≪춘추≫ 經文에서 "莒人이 우리 동쪽 邊邑을 伐하였다."라고 한 것과 "齊侯가 우리 북쪽 변읍을 伐하였다."라고 한 것은 겨우 경계 주변을 伐한 것이다. 이것이 정도가 가벼운 경우에도 伐이라고 부른 경우이다.

侵과 伐은 主國의 군대가 일어나지 않았을 때 곧바로 국경에 쳐들어가 행동하는 것이다. 만약 主國의 군대가 나가서 막으면 戰이라고 말한다. 그러므로 ≪춘추좌씨전≫에서 "모두 진을 친 뒤에 공격하는 것을 戰이라고 한다."라고 하였으니, 여기(鄭箋)에서 "한 달에 세 번은 승리하는 공적이 있기를 바란다는 것은 侵·伐·戰을 말한다."라고 한 것은 이 세 가지 일 중에 승리하는 공적이 있기를 바란 것이지, 세 가지 가운데 오직 하나의 승리하는 공적만 있기를 바란다고 말한 것이 아니다. 이 侵·伐·戰은 군대를 운용하는 큰 명칭이다. 그러므로 대략 거론한 것이니, ≪춘추≫에서 군대를 운용하는 용례와는 같지 않다. 세 가지 외에 攻·取·襲·克·圍·滅·入의 명칭이 있다.

駕彼四牡하니 **四牡騤騤**로다 **君子所依**요 **小人所腓**로다

저 네 마리 수말에 멍에를 매니
네 마리 수말이 강건하도다
군자는 믿고 타는 것이요
소인은 방패막이 되는 것이네

【傳】 騤騤는 强也라 腓는 辟也라

騤騤는 '강건하다'이다. 腓는 '피하다'이다.

【箋】 箋云 腓當作芘라 此言戎車者는 將率之所依乘이요 戍役之所芘倚라

箋云 : 腓는 '芘'로 써야 한다. 여기서 戎車를 말하는 이유는 장수가 의지해서 타는 것이고, 수자리가 방패막이로 삼는 것이기 때문이다.

四牡翼翼하니 **象弭魚服**이로다

네 마리 수말이 질서정연하니
상아 활고자에 물짐승 화살통이로다

【傳】 翼翼은 閑也라 象弭는 弓反末也니 所以解紒也라 魚服은 魚皮也라

翼翼은 '길들여지다'이다. 象弭는 활이 뒤집혔을 때 끄트머리 부분인

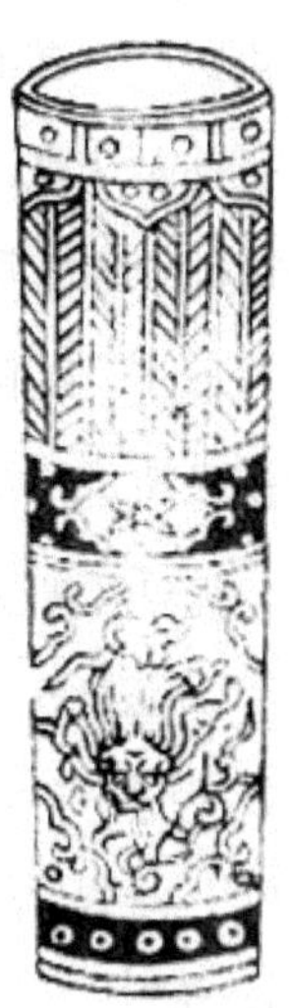
魚服

데, 이것으로 매듭을 푼다. 魚服은 '물짐승의 가죽'이다.

【箋】箋云 弭는 弓反末彆者니 以象骨爲之하여 以助御者解轡紒니 宜滑也라 服은 矢服也라

箋云 : 弭는 활이 뒤집혔을 때 휘어진 끄트머리 부분(활고자)이다. 상아로 만들어서 마부가 고삐 끈을 풀 때 유익하니 마땅히 매끄럽다. 服은 '화살통'이다.

豈不日戒리오 玁狁孔棘이로다

어찌 날마다 경계하지 않으리오
험윤의 난이 매우 급하도다

【箋】箋云 戒는 警敕軍事也라 孔은 甚이요 棘은 急也라 言君子小人이 豈不日相警戒乎아 誠曰相警戒也라 玁狁之難甚急이라하니 豫述其苦以勸之라

箋云 : 戒는 군대 일로 경계하고 타이르는 것이다. 孔은 '매우'이고, 棘은 '급하다'이다. '군자와 소인이 어찌 날마다 서로 경계하지 않겠는가'라고 말하는 것은 진실로 서로 경계해야 한다고 말한 것이다. 玁狁의 난이 매우 급박하다고 하니 미리 그 수고로움을 서술해서 권면한 것이다.

【疏】'駕彼'至'孔棘' ○毛以爲"王遣戍役, 言其所從將帥, 駕彼四牡之馬以行, 其四牡之馬騤騤然甚壯健, 故將帥君子之所依乘, 戍役小人之所避患. 言小人倚此將帥戰車, 以避前敵來戰之患也. 往至所征之地, 則又習戰備. 其兵車所駕四牡之馬翼翼然閑習, 其弓則以象骨爲之弭, 其矢則以魚皮爲服. 軍旣閑習, 器械又備, 於時君子小人豈不日相警戒乎? 誠相警戒. 以玁狁之難甚急, 是故汝等勞苦, 豫述以勸之." ○鄭唯以戎車, 戍役之所庇倚爲異. 餘同.

經의 〔駕彼〕에서 〔孔棘〕까지

○正義曰 : 毛亨은 "왕이 수자리를 파견하는 것이니, 말하자면 그들이 따르는 장수는 저 네 마리의 수말에 수레를 매고 가는데 네 마리 수말이 씩씩해서 매우 건장하였다. 그러므로 장수인 군자가 믿고 타는 것이고, 수자리 사는 소인이 걱정에서 벗어나는 것이다. 말하자면 병졸이 이 장수의 戰車에 의지해서, 적의 선봉 부대가 와서 싸우

는 걱정에서 벗어나는 것이다. 정벌한 지역으로 갔으면 또 전쟁 대비를 잘해야 한다. 그 兵車에 매는 네 마리의 수마는 질서정연하게 잘 길들어졌고, 그의 활에는 상아로 만든 활고자를 쓰고, 그 화살에는 물짐승 가죽으로 만든 화살통을 쓴다. 군대가 잘 대비되어 있고 병기가 또 갖춰져 있으니, 이때 君子인 장수와 小人인 병졸이 어찌 날마다 서로 경계하지 않겠는가? 진실로 서로 경계하여 玁狁의 변란을 매우 위급하게 여겼다. 이런 까닭으로 너희들의 노고를 미리 기술하여 권면한 것이다."라고 여겼다.

○ 정현은 오직 '戎車는 수자리가 의탁하는 것'이라고 여긴 것이 다르다. 나머지는 같다.

【疏】傳'腓 辟' ○ 正義曰：傳文質略. 王述之云：所以避患也. 鄭以君子所依, 依戎車也, 小人所腓, 亦當腓戎車, 安得更有避患義, 故易之爲庇. 言戍役之所庇倚, 謂依廕也. 文七年左傳云 "公(室)〔族〕[1]者, 公室之所庇廕", 是也.

1) (室)〔族〕: 저본의 교감기에 따라 '族'으로 번역하였다.

傳의 〔腓 辟〕

○ 正義曰：毛傳의 문장은 질박하고 간략하다. 王述之는 "걱정에서 벗어나는 것이다."라고 하였다. 鄭玄은 "'君子所依'는 戎車를 의지하는 것이니, '小人所腓'도 마땅히 융거를 의탁함〔腓〕이 되어야 한다. 어찌 다시 근심을 피하는 뜻이 있을 수 있겠는가?"라고 생각했다. 그러므로 〈'腓'자를〉 '庇'자로 바꾸었다. 말하자면 수자리가 의탁하는 것은 기대어 보호받는다는 것을 말한다. ≪春秋左氏傳≫ 文公 7년에 "公族은 公室이 의탁하는 자들이다."라고 한 것이 이것이다.

【疏】傳'象弭'至'魚皮' ○ 正義曰：釋器云 "弓有緣者, 謂之弓", 孫炎曰 "緣, 謂繳束而漆之." 又曰 "無緣者, 謂之弭.", 孫炎曰 "不以繳束, 骨飾兩頭者也." 然則弭者, 弓稍之名, 以象骨爲之. 是弓之末弭, 弛之則反曲, 故云 "象弭, 爲弓反末也". 繩索有結, 用以解之, 故曰 "所以解紒也." 紒與結義同. 魚服, 以魚皮爲矢服, 故云 "魚服, 魚皮." 左傳曰 "歸夫人魚軒.", 服虔云 "魚, 獸名, 則魚皮又可以飾車也.", 陸璣疏曰 "魚服, 魚獸之皮也. 魚獸似猪, 東海有之. 其皮背上班文, 腹下純青, 今以爲(可)[1]弓鞬步叉者也. 其皮雖乾燥, 以爲弓鞬矢服, 經年, 海水潮及天將雨, 其毛皆起, 水潮還及天晴, 其毛復如故, 雖在數千里外, 可以知海水之潮, 自相感也."

1) (可) : 저본의 교감기에 따라 '可'를 삭제하였다.

傳의 〔象弭〕에서 〔魚皮〕까지

○ 正義曰 : ≪爾雅≫ 〈釋器〉에서 "활에 緣이 있는 것을 弓이라고 한다."라고 하였는데, 孫炎은 "緣은 끈으로 묶고 옻칠하는 부분을 말한다."라고 하였고, 또 〈석기〉에서 "緣이 없는 부분을 弭(활고자)라고 한다."라고 하였는데, 손염은 "끈으로 묶지 않고 뼈를 가지고 양쪽 머리를 장식하는 부분이다."라고 하였다. 그렇다면 弭라는 것은 弓 끄트머리의 명칭이고, 상아로 만든 것이다. 이것이 활의 활고자이니, 그것을 풀면 반대로 휘어진다. 그러므로 "상아 활고자는 활이 뒤집혔을 때 끄트머리 부분이 된다."라고 하였다. 끈에 매듭이 있으면 그것을 사용해서 풀기 때문에 "매듭을 푸는 것이다."라고 하였다. 紒와 結은 뜻이 같다.

魚服은 물짐승의 가죽으로 만든 화살통이다. 그러므로 "魚服은 물짐승의 가죽이다."라고 하였다. ≪春秋左氏傳≫에 "부인에게는 魚軒을 보냈다.〔歸夫人魚軒〕"라고 하였는데, 服虔이 "魚는 짐승의 이름이니, 魚皮도 수레를 장식할 수 있다."라고 하였다. 陸璣의 ≪毛詩草木鳥獸蟲魚疏≫에서는 "魚服은 물짐승의 가죽이다. 물짐승은 猪와 비슷하며, 東海에 있다. 그 가죽은 등 위는 얼룩무늬이고 배 아래는 순청색이다. 지금 이것으로 활주머니〔弓鞬〕와 화살통〔步叉〕을 만든다. 그 가죽은 비록 건조해서 활주머니와 화살통을 만들더라도, 세월이 지나 바닷물이 밀려오거나 하늘에서 비가 내리려고 하면 그 털이 모두 일어나고, 바닷물이 들어가거나 하늘이 개면 그 털이 다시 그전처럼 된다. 그래서 비록 수천 리 밖에 있더라고 바닷물의 움직임을 알 수 있으니, 절로 서로 감응하기 때문이다."라고 하였다.

【疏】箋'弭弓'至'矢服' ○ 正義曰 : 此申說傳義也. 說文云 "彆, 方結反, (云)[1]弓戾也." 言象弭, 謂弓反末彆戾之處, 以象骨爲之也. 傳云 "解紒", 不知解何繩之紒, 故申之"助御者解轡紒"也. 兵車三人同載, 左人持弓, 中人御車, 各專其事. 尙書"左不攻於左, 汝不能恭命", 御非其馬之正, 汝不恭命. 是職司別矣. 而言助御解轡紒者, 御人自當佩角, 不專待射者解結. 弭之用骨, 自是弓之所宜, 亦不爲解轡而設. 但巧者作器, 因物取用, 以弓必須滑, 故用(滑象)〔象骨〕[2]. 若轡或有紒, 可以助解之耳, 非專爲代御者解紒設此象弭也. 夏官・司弓人職曰 "仲秋獻矢服." 注云 "服, 盛矢器也, 以獸皮爲之." 是矢器謂之服也.

1) (云) : 저본의 교감기에 따라 '云'을 삭제하였다.
2) (滑象)〔象骨〕: 저본의 교감기에 따라 '象骨'로 번역하였다.

箋의 〔弭弓〕에서 〔矢服〕까지

○ 正義曰 : 여기에서는 毛傳의 뜻을 거듭 설명한 것이다. ≪說文解字≫에 "彆은 方과 結의 반절이니, 활에서 휘어진 부분이다."라고 하였다. 말하자면 象弭는 활이 뒤집혔을 때 끄트머리가 휘어진 곳인데 상아로 만든다는 것이다. 毛傳에서는 "매듭을 푼다."라고 했는데, 어떤 줄의 매듭을 푸는지 알 수 없다. 그러므로 그것을 자세히 풀이해서 "마부가 고삐 끈을 풀 때 유익하다."라고 하였다.

兵車에는 세 사람이 함께 타는데 왼쪽 사람이 활을 잡고, 가운데 사람이 수레를 모니 각자 그 일을 전담한다. ≪尙書≫에서 "左가 左를 다스리지 않으면 네가 명령을 공손히 받드는 것이 아니며, 마부인 御가 그 말을 바르게 몰지 않으면 네가 명령을 공손히 받드는 것이 아니다."라고 하였으니, 이것이 담당하는 업무가 다른 것이다. 그런데 마부가 고삐 끈을 풀 때 유익하다고 한 것은 마부가 직접 각궁을 차고 있는 것이니, 오로지 궁수가 매듭을 풀어주기를 기다리지 않는다. 활고자에 상아를 쓰는 것이 본래 활에 적합하기 때문인데, 또 고삐가 풀리지 않을 때를 대비한 것이다. 다만 공교로운 것은 기구를 만들 때 사물에 따라서 용도를 선택하는데, 弓은 반드시 매끄럽게 만들 필요가 있다. 그러므로 상아를 사용하는 것이다. 예컨대 고삐가 매듭이 졌을 때 그것을 푸는 데 도움이 될 뿐이지, 전적으로 마부가 고삐 매듭 푸는 것을 대신 처리하기 위해서 이 상아 활고자를 설치하는 것이 아니다. ≪周禮≫ 〈夏官 司弓人職〉에서 "仲秋에 화살주머니를 바친다."라고 하였는데, 注에서 "服은 화살을 담는 기물이다. 짐승의 가죽으로 만든다."라고 하였으니, 이것이 화살을 담는 기물을 服이라고 한 것이다.

昔我往矣에 楊柳依依러니 今我來思엔 雨雪霏霏로다

옛날에 내가 출정할 때
갯버들이 하늘거렸는데
지금 내가 돌아올 때는
눈이 펄펄 내리는구나

【傳】 楊柳는 蒲柳也라 霏霏는 甚也라

楊柳는 '갯버들'이다. 霏霏는 '심하다'이다.

【箋】箋云 我來戍止라가 而謂始反時也라 上三章은 言戍役하고 次二章은 言將率之行이라 故此章은 重序其往反之時하여 極言其苦以說(열)之라

箋云 : 내가 와서 변경을 지키며 머물고 있다가, 비로소 돌아갈 때를 말하는 것이다. 위의 세 장은 변경을 지키는 수자리를 말하였고, 다음 두 장은 장수의 행차를 말하였다. 그러므로 이 장에서는 왕래할 때를 거듭 서술하여, 그 고통을 다 말해서 〈돌아가는 그들을〉 기쁘게 하는 것이다.

行道遲遲하여 載渴載飢호라

갈 길이 멀고도 멀어
목마르고 배가 고프구나

【傳】遲遲는 長遠也라

遲遲는 '길고 멀다'의 뜻이다.

【箋】箋云 行反在於道路에 猶飢渴이니 言至苦也라

箋云 : 행차가 되돌아올 때도 도로에서 여전히 굶주리고 목마르다는 것이니, 매우 고생함을 말한 것이다.

我心傷悲어늘 莫知我哀하나니다

내 마음 아프고 애달파도
내 슬픔 알아주지 않는구나

【傳】君子能盡人之情이라 故人忘其死니라

군자는 사람의 마음을 모두 헤아릴 수 있으므로 사람들이 자신의 죽음을 잊는다.

【疏】'昔我'至'我哀' ○正義曰 : 此遣戍役, 豫敍得還之日, 摠述往反之辭. 汝戍守役等,至歲暮還反之時，當云昔出家往矣之時，楊柳依依然．今我來思事得還返，又遇雨雪霏霏然．旣許歲晚而歸，故豫言來將遇雨雪也．於時行在長遠之道遲遲然，則〔有〕[1]渴，則有饑，得不云我心甚傷悲矣，莫有知我之哀者，述其勞苦，言己知其情，所以悅之，使民忘其勞也．

1)〔有〕: 저본의 교감기에 따라 '有'를 보충하였다.

經의 〔昔我〕에서 〔我哀〕까지

○ 正義曰 : 이 章은 수자리를 파견할 때 돌아올 수 있는 시기를 미리 서술하며, 왕복하는 일을 총괄적으로 기술한 내용이다. 너희 수자리 사는 병졸 등은 한 해가 저물어 되돌아올 때에 이르러, 마땅히 "예전에 집을 나서 정벌 갈 때 버드나무가 하늘거렸는데, 이제 내가 와서 되돌아갈 것을 생각해보니 또 눈이 펄펄 내리는 시기를 만날 것이다."라고 할 것이다. 이것은 이미 한 해가 저물 때 돌아올 것이라고 약속했기 때문에 돌아올 때 눈이 내리는 시기를 만날 것이라고 미리 말한 것이다. 이때 "군대의 행차는 멀고 먼 도로에 있어서 더뎌져 목마름이 있고 굶주림이 있을 것이니, '내 마음 매우 아프고 애달파도 나의 슬픔을 알아주는 이가 없구나.'라고 말하지 않을 수 있겠는가."라고 해서, 그 노고를 기술한 것이다. 즉 자기가 그 마음을 알아주어 그들을 기쁘게 할 것이라고 말해서, 백성으로 하여금 그 수고로움을 잊게 한 것이다.

【疏】 箋'我來戍役'止'而謂始反時' ○ 正義曰 : 定本無役字，其理是也．

箋의 〔我來戍役〕에서 〔而謂始反時〕까지

○ 正義曰 : ≪五經定本≫에는 役자가 없는데, 이치상 옳다.

采薇六章이니 章八句라

〈采薇〉은 6章이니 章마다 8句이다.

毛詩注疏 卷第九(九之四)

毛詩小雅 鄭氏箋 孔穎達疏

出車(출거)

【序】 出車는 勞還率也라

〈出車〉는 〈수자리에서〉 돌아온 장수를 위로한 시이다.

【箋】 遣將率及戍役에 同歌同時는 欲其同心也요 反而勞之에 異歌異日은 殊尊卑也니 禮記曰 賜에 君子小人不同日이 此其義也라 ○出車如字라 沈尺遂反이라 勞는 力報反이라 還音旋이라

장수〔將率〕와 수자리를 파견할 때 노래를 같이 부르고 시간을 같이 보내는 것은 그 마음을 함께하기를 바라서이고, 그들이 돌아와서 위로할 때 노래를 달리하고 날짜를 달리한 것은 尊卑를 구별하기 위해서이다. ≪禮記≫ 〈玉藻〉에서 "하사할 때 군자와 소인을 같은 날에 하지 않는다."라고 한 것이 그 의미이다.

○ 出車의 글자대로 읽고 해석한다. 沈旋은 尺과 遂의 반절이라고 하였다. 勞는 力과 報의 반절이다. 還은 음이 旋이다.

【疏】 '出車'(六章 章八句) ○ 正義曰 : 作出車詩〔者〕[1], 勞還帥也. 謂文王所遣伐玁狁西戎之將帥, 以四年春行, 五年春反, 於其反也, 述其行事之苦以慰勞之. 六章皆勞辭也.

1) 〔者〕: 저본의 교감기에 따라 '者'를 보충하였다.

序의 〔出車〕

○ 正義曰 : 〈出車〉의 詩를 지은 것은 〈수자리에서〉 돌아온 장수를 위로하기 위한 것이다. 文王이 玁狁과 西戎을 정벌하기 위해 파견한 장수가 4년 봄에 갔다가 5년 봄에 돌아왔는데, 돌아왔을 때 그들이 행했던 일의 괴로움을 기술해서 위로하였음을 말한

것이다. 여섯 章이 모두 위로한 말이다.

【疏】 箋'遣將'至'其義' ○ 正義曰：箋解遣唯一篇，而勞有二篇之意[1]，故曰遣將帥及戍役，同歌同時，欲其同心也. 同歌，謂其共歌采薇[2]也. 同時，謂將帥與戍役俱行. 雖三章三輩別行，每行將帥同發也. 三輩各有將，此獨言南仲者，以元帥，故歸功焉. 反而勞之，異歌，謂出車與杕杜之歌不一時，是異歌異日也. 必異日者，殊尊卑故也. 玉藻云"賜，君子與小人不同日"，與此協，故曰"此其義也." 此將帥有功而還，本其初出以勞之. 首章言四年春，將欲遣軍，出車就馬[3]，命之爲將，仍在國未行也. 二章言就馬於牧地，設旐，旣已受命，臨事而懼，是二月・三月之事也. 從是而行，先伐玁狁. 三章言往朔方，營築壘壁. 旣以春末而行，當以夏初到朔方也. 旣至朔方，將設經略，五月猶尙停息，六月乃始出壘. 四章言黍稷方華，出伐玁狁. 玁狁旣服，因伐西戎，至春凍始釋，又從西戎而反於朔方. 慮有驚急，復且停住也. 以六月出伐玁狁，當至秋末始平，乃移兵西戎. 五章言晩秋之時，西方諸侯嚮望南仲也. 至於五年之春，二方大定，乃始還(帥)〔師〕[4]. 卒章言其迴歸. 其事次也，唯四章因言自壘而出，卽說自西而反. 五章乃更述在西方之事爲小(到)〔倒〕[5]耳.

1) 箋解遣唯一篇 而勞有二篇之意：〈采薇〉, 〈出車〉, 〈杕杜〉 3편은 모두 文王이 殷나라 천자의 명을 받아서, 장수와 수자리를 파견해 험윤・서융을 정벌한 내용을 담은 시이다. 이 중 〈채미〉는 파견한 일을, 〈출거〉와 〈체두〉는 위로한 일을 각각 표현한 시로 해석했다. 이 내용은 〈채미〉의 序에 자세하다.
2) 采薇：〈采薇〉의 序에서 "〈채미〉는 수자리를 파견할 때 읊은 시이다. 文王 때에 서쪽에 昆夷의 우환이 있었고 북쪽에 玁狁의 변란이 있어서, 천자의 명으로 그 휘하를 명하여 장수로 삼고 수자리를 파견해서 중국을 지키고 보호하게 하였다. 그러므로 〈채미〉를 노래하여 수자리를 파견하고 〈出車〉로써 돌아온 장수를 위로하고 〈杕杜〉로써 돌아온 수자리를 위로하였다."라고 하였다.
3) 就馬：말이 있는 牧地로 戎車를 내어 융거의 모습을 갖춘다는 뜻으로 '말에 멍에를 채우다'로 번역하였다. 아래도 동일하다.
4) (帥)〔師〕：저본의 교감기에 따라 '師'로 번역하였다.
5) (到)〔倒〕：저본의 교감기에 따라 '倒'로 번역하였다.

箋의 〔遣將〕에서 〔其義〕까지

○ 正義曰：箋에서 '파견〔遣〕'을 풀이한 시는 오직 〈采薇〉 한 편뿐이고, '위로〔勞〕'의

뜻은 〈出車〉와 〈杕杜〉 두 편에 있다. 그러므로 “장수와 수자리를 파견할 때 노래를 함께 부르고 시간을 함께 보내는 것은 그 마음을 함께하기를 바라기 때문이다.”라고 하였다. ‘同歌’는 〈采薇〉를 함께 부르는 것을 말하고, ‘同時’는 장수와 수자리가 함께 행동하는 것을 말한다. 비록 세 章에서 세 무리가 행군을 달리하더라도, 각각 행군하는 무리마다 장수가 함께 출발한다. 따라서 세 무리에 각각 장수가 있는데, 이 시에서 단지 ‘南仲’만을 말한 것은 그가 元帥이기 때문에 공로를 그에게 돌린 것이다.

“그들이 돌아와서 위로할 때 노래를 달리한다.”라고 한 것은 〈출거〉와 〈체두〉가 동시에 노래 되지 않았음을 말한 것이니, 이것이 ‘異歌異日’이다. 구태여 날을 달리한 것은 尊卑를 구별하기 위해서이다. ≪禮記≫ 〈玉藻〉에서 “하사할 때 군자와 소인을 같은 날에 하지 않는다.”라고 한 것이 이 내용과 합치된다. 그러므로 “이 의미이다.”라고 하였다.

이 시는 장수가 공을 세우고 돌아온 것을, 그가 처음 출발할 때를 기점으로 〈기술해서〉 위로한 것이다. 첫째 장은 4년 봄에 군대를 파견하려고 수레를 내어 말에 멍에를 채우고 명을 내려 장수로 삼는 일을 말하였으니, 나라에서 출발하지 않았을 때이다. 둘째 장은 牧地에서 말에게 멍에 채우고 깃발을 설치하며, 이윽고 王命을 받아서 전쟁을 앞두고 두려워한 일을 말한 것이니, 이것은 2월과 3월의 일이다. 이로부터 行軍해서 먼저 玁狁을 정벌하였다. 셋째 장은 북방에 가서 성벽을 쌓는 일을 계획한 것에 대해 말한 것이다. 늦봄에 행군했으니 초여름에는 북방에 도착하였다. 북방에 도착하고 나서 앞으로 운영할 계획을 세우고, 5월은 그대로 휴식을 취하고 6월이 되어서 비로소 나와 성채를 쌓았다. 넷째 장은 기장이 막 꽃을 피울 때, 성채에서 나와 험윤을 정벌한 것을 말하였다. 험윤이 항복하고 나서 이어 西戎을 정벌하였는데, 봄이 되어 얼음이 막 녹을 때 다시 서융에서 북방으로 되돌아왔다. 놀라거나 위급한 상황이 벌어질까 염려되어서 복귀하여 일단 멈추고 주둔한 것이다. 6월에 험윤을 정벌하기 위해 성채를 나서서 늦가을에 이르러 비로소 평정하고, 곧이어 서융에게로 군대를 옮긴 것이다. 다섯째 장은 가을이 저물 때 서방의 제후들이 南仲을 우러러보고 바란 것을 말하였다. 5년 봄에 이르러 험윤과 서융 두 나라가 크게 안정되어 비로소 군대를 돌렸다. 마지막 장은 그들이 회군할 때 일을 말한 것이다. 그 일의 차례에 있어서, 오직 넷째 장은 성채에서 출정한 일을 말하였기 때문에 서융에서 돌아온 일을 이야기하였는데, 다섯째 장에서 다시 西方에 있을 때의 일을 서술하였으니 조금 도치되었을 뿐이다.

我出我車를 于彼牧矣호라

殷王께서 내 戎車를 내어
저 목축지에 두게 하셨네

【傳】出車는 就馬於牧地라

戎車를 내는 것은 牧畜地에서 말에 멍에를 채우려고 해서이다.

【箋】箋云 上我는 我殷王也요 下我는 將率自謂也라 西伯이 以天子之命으로 出我戎車於所牧之地하니 將使我出征伐이라 ○ 牧音目이라

箋云 : 위의 我는 '우리 殷王'이고, 아래의 我는 장수가 자신을 일컬은 말이다. 西伯(文王)이 천자의 명으로 목축하는 땅에 내 戎車를 내놓게 한 것이다. 이것은 나로 하여금 정벌에 나가게 하려는 것이다.

○ 牧의 음은 目이다.

自天子所여 謂我來矣라

천자가 계신 곳에서
나를 오라고 하셨네

【箋】箋云 自는 從也니 有人從王所來라 謂我來矣는 謂以王命召己하여 將使爲將率也라 先出戎車하고 乃召將率는 將率尊也라

箋云 : 自는 '～로부터'이니, 어떤 사람이 왕의 처소에서 온 것이다. 謂我來矣는 왕명으로 나를 불러서 장수로 삼으려고 한 것임을 말한 것이다. 먼저 戎車를 내게 하고, 이어서 장수를 부른 것은 장수가 존귀하기 때문이다.

召彼僕夫하여 謂之載矣호니 王事多難이라 維其棘矣라호라

저 마부를 불러 짐을 실으라 하였으니
왕의 일엔 어려움이 많아 서두른 것이네

【傳】僕夫는 御夫也라

僕夫는 '〈말과 수레를 모는〉 마부'이다.

【箋】箋云 棘은 急也라 王命召已어늘 已卽召御夫하여 使裝載物而往이라 王之事多難하여 其召我必急이니 欲疾趍之라 此序其忠敬也라 ○ 難은 乃旦反이니 注及下皆同이라 裝은 側良反이니 本又作莊이라

箋云：棘은 '서두르다'이다. 왕이 명을 내려 자기를 부르자, 자기는 즉시 御夫를 불러 짐을 싸서 싣고 가게 한 것이다. 왕의 일에는 어려움이 많아 왕께서 나를 부른 것은 반드시 위급하기 때문이니, 빨리 달려가려고 한 것이다. 여기에서는 장수의 충성과 공경함을 서술한 것이다.

○ 難은 乃와 旦의 반절이다. 注와 아래도 모두 같다. 裝은 側과 良의 반절이니, 어떤 판본에는 莊으로 되어 있다.

【疏】'我出'至'棘矣' ○ 正義曰：文王述將帥之辭. 言汝將帥云 "王今旣以我天子之命, 出我將帥之戎車於彼郊牧之地而就馬矣, 乃從王子之所, 以王命召已, 謂我來爲將帥矣. 我得王命, 卽自召彼僕御之夫, 謂之今使裝載而往矣, 所以不待受命, 卽使裝載者, 以王家之事多危難. 其召我必急矣, 不可緩以待命, 欲疾趨之也." 以王命不辭, 卽召僕夫, 忠也. 知自急難, 欲疾趨之, 敬也. 序其忠敬以慰勞之.

經의 〔我出〕에서 〔棘矣〕까지

○ 正義曰：文王이 將帥에게 한 말을 기술한 것이다. 말하자면 너희 장수가 말하기를 "문왕께서 지금 우리 殷나라 천자의 명으로 저 교외 목축지에 우리 장수의 戎車를 내어서 말에 멍에를 채우게 하고 나서, 이어서 왕의 처소에서 왕명으로 자기를 불렀는데, 나를 오라고 한 것은 장수로 삼으려고 한 것이었다. 내가 왕명을 받아서 곧바로 직접 저 수레를 모는 마부를 불러 '지금 짐을 싸서 싣고 가라.'고 하였으니, 명령을 받기를 기다리지 않고 곧바로 짐을 싣게 한 까닭은 王家의 일에는 위급하고 어려운 일이 많기 때문이다. 왕께서 나를 부른 것은 반드시 위급하기 때문이니 느긋하게 왕명을 기다릴 수 없어서 서둘러 달려가려고 한 것이다."라고 하였다. 왕명을 사양하지 않고 즉시 마부를 부른 것은 忠이고, 스스로 위급함을 알고 빨리 달려가려고 한 것은 敬이다. 〈장수의〉 忠과 敬을 서술하여 위로한 것이다.

【疏】傳'出車'至'牧地' ○ 正義曰：以言于彼牧矣，故知出車就之．下章云 "于彼郊矣"，則牧地在郊，故地官載師職曰 '牧田任遠郊之地'，是也．馬已在牧，而得出車就之者．雖大數在牧，仍有在廐供用者，故月令 "季春乃合累牛騰馬，遊牝於牧"，注云 "累繫在廐者"，是也．廐有馬，可令引車以就牧．不卽以在廐之馬駕戎車者，以戎車自有戎馬，齊力尙强．在廐不必征馬，故不用焉．

傳의 〔出車〕에서 〔牧地〕까지

○ 正義曰：牧地에서 말을 했기 때문에 수레를 내어 말에 멍에를 채우는 것인 줄을 알 수 있다. 아래 章에서 "저 교외에서〔于彼郊矣〕"라고 하였으니 목지는 교외에 있다. 그러므로 ≪周禮≫ 〈地官 載師職〉에서 "牧田은 먼 교외의 땅에 있다."라고 한 것도 이 때문이다. 말이 이미 목지에 있었기 때문에 수레를 내어 맬 수 있는 것이다. 비록 많은 수의 말이 목지에 있더라도 마구간에는 공급할 말이 있다. 그러므로 ≪禮記≫ 〈月令〉에서 "늦봄에는 묶어둔 소와 전쟁에 쓰는 수말을 모아놓고 목장에 암컷을 풀어놓는다."라고 하였는데, 정현의 注에 "마구에 묶어둔 것이다."라고 하였으니 이것이다. 마구간에 말이 있어서 수레를 끌어 목지에 나가게 할 수 있다. 마구간에 있는 말을 몰고 가서 戎車에 매지 않는 것은 융거에는 본래 군마가 있어서 같은 힘을 써도 오히려 강하기 때문이다. 마구간에는 군마를 둘 필요가 없기 때문에 쓰지 않는 것이다.

【疏】箋'上我'至'自謂' ○ 正義曰：此本將帥之辭，以勞之，則我車馬爲將帥之所乘，故知"下我，將帥自謂"也．以天子之命召已，故知出車者亦天子之命，故"上我，我殷王"也．時出車未命將帥，云 "我車"者，以出車本爲將帥，出車纔訖，王卽命已爲將，則將帥之車爲已所乘，復從後本之，故云 "我車"也．

箋의 〔上我〕에서 〔自謂〕까지

○ 正義曰：이 시는 將帥의 말에 근거해서 위로한 것이니, 나의 수레와 말은 장수가 타는 것이다. 그러므로 "아래의 我는 장수가 스스로를 일컬은 말〔下我 將率自謂〕"임을 알 수 있다. 天子의 명으로 자기를 불렀기 때문에 수레를 내라는 것도 천자의 명임을 알 수 있다. 그러므로 "위의 我는 우리 殷王이다.〔上我 我殷王〕"라고 하였다. 수레를 낼 때는 아직 장수로 임명되지 않았는데 '我車'라고 한 것은, 수레를 내는 행위에는 본래 장수로 삼으려는 의도가 있기 때문이었다. 수레를 내는 일이 막 끝나고 왕이 즉시 자기를 장수로 임명하면 장수의 수레는 자기가 타는 수레가 되니, 다시 나중의 일에 기

초했기 때문에 '我車'라고 하였다.

【疏】 傳'僕夫 御夫也' ○ 正義曰：周禮"戎僕掌御(戎)〔貳〕[1]車[2]", 注云 "師出, 王乘以自將也.", "御夫掌御貳車從車." 注云 "貳車, 象路[3]之副. 從車[4], 戎路[5]之副." 是僕夫與御夫別矣. 而言 "僕夫, 御夫"者, 以此云謂之[6]載矣, 言裝載物, 是從車之事, 故爲御夫. 其實此僕夫亦有戎僕, 何者? 在牧戎車, 將帥所乘, 豈更有異人御之哉? 則戎僕也. 故下章"僕夫況瘁", 箋云 "憂其馬之不正", 是正御亦在焉. 以戎車及副各自有御, 不得一人兼之, 則文當竝有. 或(卿)〔卽〕[7]兼官, 其長者爲戎僕, 小者爲御夫矣.

1) (戎)〔貳〕: 저본의 교감기에 따라 '貳'로 번역하였다.
2) 貳車 : 왕이 戎車를 탈 때 보좌하기 위해 뒤따르는 수레이다.
3) 象路 : 상아로 장식한 수레로 제왕이 탄다. '象輅'로 쓰기도 한다.
4) 從車 : 왕을 호종하기 위해 뒤따르는 수레이다.
5) 戎路 : 왕이 군대에서 타던 수레이다.
6) 謂之 : 저본의 교감기에서는 '謂之'가 '維其'의 오류라고 하였으나, 여기서는 經의 '謂之載矣'가 짐을 싣는 것을 말한다는 의미로 보는 것이 타당하다. 따라서 교감기를 따르지 않고 번역하였다.
7) (卿)〔卽〕: 저본의 교감기에 따라 '卽'으로 번역하였다.

傳의 〔僕夫 御夫也〕

○ 正義曰 : ≪周禮≫ 〈戎僕〉에서 "戎僕은 貳車를 모는 일을 담당한다."라고 하였는데, 注에서 "군대가 출정하면 왕은 융거를 타고서 스스로 장수가 된다."라고 하였고, ≪주례≫ 〈御夫〉에서 "御夫는 貳車와 從車를 모는 일을 담당한다."라고 하였는데, 注에서 "貳車는 象路의 副車이고, 從車는 戎路의 副車이다."라고 하였다. 이것이 僕夫와 御夫의 다른 점이다. 그런데 '僕夫는 御夫이다'라고 한 것은, 이 시의 經文에서 '짐을 실으라.'고 한 것이 짐을 싸서 실으라는 뜻으로 말한 것이고 이것은 從車의 일이기 때문에 御夫가 되는 것이다. 그러나 실제로 이 僕夫에게도 또한 융거를 모는 戎僕이 있다. 어째서인가? 목축지에 있는 융거가 장수가 타는 것이라면, 어떻게 다시 그것을 모는 다른 사람이 있겠는가? 즉 戎僕이 있는 것이다. 그러므로 아래 章에 "마부도 걱정으로 초췌해졌네"라 하고, 그 箋에서 "그 말이 바로 가지 않을까 걱정했기 때문이다."라고 하였으니, 이것은 〈마부의 우두머리인〉 正御도 거기에 있기 때문이다. 戎車와 副車는 각각 모는 이가 있는데 한 사람이 그것을 겸할 수가 없으니, 문장도 아울러 있어야 하는

것이다. 혹 겸관을 했다면 그 우두머리가 戎僕이 되고 부하가 御夫가 되었을 것이다.

我出我車하여 **于彼郊矣**요 **設此旐矣**며 **建彼旄矣**하니

왕께서 내 융거를 내어
저 교외에 두게 하셨네
이 旐旗를 설치하며
저 干旄를 세우니

【傳】 龜蛇曰旐요 旄는 干旄[1]라

1) 干旄 : 氂牛의 꼬리로 장식한 깃대이다.

거북과 뱀이 그려진 旗를 旐라고 한다. 旄는 氂牛의 꼬리로 장식한 깃대다.

【箋】 箋云 設旐者는 屬之於干旄하여 而建之戎車라 將(帥)〔率〕[1]既受命하고 行乃乘(馬)〔焉〕[2]이라 牧地는 在遠郊라 ○ 旐音兆요 旄音毛라 屬音燭이니 致也라

1) (帥)〔率〕: 저본의 교감기에 따라 '率'로 번역하였다.
2) (馬)〔焉〕: 저본의 교감기에 따라 '焉'으로 번역하였다.

箋云 : 旐旗를 설치하는 것은 干旄에 〈조기를 부착해서〉 戎車에 세우는 것이다. 장수가 왕명을 받고 나서, 출정할 때는 곧 말을 탄다. 牧場은 먼 교외에 있다.

○ 旐의 음은 兆이다. 旄의 음은 毛이다. 屬은 음이 燭이고 '베풀다'이다.

旟　　　旐

彼旟旐斯가 **胡不旆旆**리오

저 旟旗와 旐旗가
어찌 펄럭이지 않으리오

【傳】 鳥隼曰旟라 旆旆는 旒垂貌라 ○ 旟音餘라 旆는 滿貝反이라 隼은 息允反이라 旒音留라

새매가 그려진 旗를 旟라고 한다. 旆旆는 깃발이 드리워진 모습이다.

○ 旟의 음은 餘이다. 旆는 滿과 貝의 반절이다. 隼은 息과 允의 반절이다. 旒는 음이 留이다.

憂心悄悄하니 僕夫況瘁호라

장수가 근심으로 초조해하니
마부도 이로 인해 초췌하네

【箋】 箋云 況은 茲也라 將率旣受命에 行而憂는 臨事而懼也라 御夫則茲益憔悴하니 憂其馬之不正이라 ○ 悄는 七小反이라 瘁는 似醉反이니 本亦作萃요 依注作悴로되 音同이라 憔는 慈遙反이라 憂其馬之不正은 一本作之不正也요 一本作馬之政이라

箋云 : 況은 '이로 인해'이다. 장수가 명을 받고 나서 출발함에 근심하는 것은 전쟁에 임하여 두려워한 것이다. 마부는 이로 인해 더욱 초췌하니, 그 말이 바로 가지 않을까 걱정했기 때문이다.

○ 悄는 七과 小의 반절이다. 瘁는 似와 醉의 반절이니, 어떤 본에는 또 萃로 쓰고, 注에 따라 悴로 쓰는데, 音은 같다. 憔는 慈와 遙의 반절이다. "憂其馬之不正"은 어떤 본에는 "之不正"으로 되어 있고, 어떤 본에는 "馬之政"으로 되어 있다.

【疏】 '我出'至'況瘁' ○ 正義曰 : 王勞將帥, 本其所言云 "王本以我天子之命, 出我將帥之戎車, 於彼郊牧就馬矣, 旣命我爲將帥. 我受命當行, 卽就於郊牧之車, 設此旐而屬之於旄之干矣". 以屬旐於旄, 乃建立彼旄於戎車之上矣. 旄在地已屬之於干旄, 言建旄, 則亦同建之也. 旣建而後行在道之時, 彼旟旐斯隨車而行, 何有不旆旆者乎? 言皆旆旆然垂也. 時旣受命行, 汝將帥則憂心悄悄然, 臨事而懼. 僕夫憂馬不正亦然, 滋益憔悴矣. 言其勞苦, 示知其情也. 言此旐彼旄者, 凡兩事者, 一言彼, 一言此, 便文耳. '于彼新田, 於此菑畝', 皆此類也.

經의 〔我出〕에서 〔況瘁〕까지

○ 正義曰 : 왕이 장수를 위로할 때 장수가 말한 것을 근거로 해서 말하기를 "文王께

서 본래 우리 천자의 명으로 우리 장수의 戎車를 내어 저 교외 목지에서 말에 멍에를 채우게 하고, 잠시 후에 나에게 명을 내려 장수로 삼았습니다. 내가 명을 받고 출발할 때 즉시 교외 목지의 수레가 있는 곳에 나아가, 이 旐를 설치할 때 旄가 있는 깃대에 부착하였습니다."라고 한 것이다. 旄에 旐를 부착하였기 때문에 곧 戎車 위에 그 旄를 세운 것이다. 旄가 이미 干旄에 부착된 상태인데 旐를 세운다고 말한 것은 〈두 旗를〉 함께 세운 것이다. 旐를 세우고 난 이후에 출발해서 길에 있을 때 저 旟와 旐의 깃발은 곧 수레를 따라 움직이게 되니, 어떻게 펄럭이지 않는 것이 있겠는가? 말하자면 모두 펄럭이며 드리워진 것이다. 명을 받고 길을 나설 때, 너희 장수는 근심으로 초조해하였고 전쟁에 임하여 두려워하였다. 마부도 말이 바로 가지 않을까 염려해 또한 두려워서 더욱 초췌하였다. 그 勞苦를 말해서 그 實情을 알고 있음을 보인 것이다. 이 시에서 '此旐', '彼旄'라고 말한 것은 일반적으로 두 가지 일의 경우에 한 곳에서 '彼'라고 하면 다른 곳에서는 '此'라고 말하는 것이 편리한 文章이기 때문이다. 〈≪詩經≫ 〈小雅 采芑〉에서〉 "于彼新田 於此菑畝"라고 한 것도 모두 이러한 종류이다.

【疏】 傳'龜蛇曰旐' ○ 正義曰：此及下傳云 "鳥隼曰旟", "交龍爲旂", 皆周禮司常文也. 雜互陳之, 則軍之諸帥有建之者矣. 大司馬序云 "凡制軍, 萬二千五百人爲軍, 軍將皆命卿. 二千五百人爲師, 師帥皆中大夫. 五百人爲旅, 旅帥皆下大夫. 百人爲卒, 卒長皆上士. 二十五人爲兩, 兩司馬皆中士. 五人爲伍, 伍皆有長." 此言 "勞還帥", 自伍長以上皆在焉. 鄭於大司馬職注云 "凡旌旗, 有軍衆者畫異物, 無者帛而已." 則伍長以上皆軍衆, 所建畫異物矣. 其職曰 "王載大常, 諸侯載旂, 軍吏載旗, 郊野載旐, 百官載旟." 注云 "軍吏, 諸軍帥也. 郊, 謂鄕遂之州長・縣正以下. 野, 謂公邑大夫. 建旐者, 以其將羨卒. 百官, 卿大夫, 以其屬衛王." 彼據因田敎戰, 王親在焉. 今南仲爲將專行. 若以文王承殷王之命, 則南仲比軍吏而已, 不過載熊虎之旗. 但時未制禮, 文王以諸侯而有王者之化, 此錄入雅, 當爲天子法, 則南仲一人或建旂. 下云 "旂旐央央", 旂蓋南仲所建也. 以下或載旐, 或載旟, 故此經所陳, 唯旂旐旟三物而已. 軍吏戴旗, 則此行必有載旗者, 經所不陳, 文不具耳.

傳의 〔龜蛇曰旐〕

○ 正義曰：이 장과 아래 장의 傳에서 "새매가 그려진 旗를 旟라고 한다."라고 한 것과 "얽혀 있는 두 마리 龍을 그린 깃발을 旂라고 한다."라고 한 것은 모두 ≪周禮≫

〈司常〉의 문장이다. 두서없이 진술한 것은 軍隊의 여러 장수 가운데 그것들을 세운 자가 있기 때문이다. ≪주례≫ 〈大司馬 序官〉에서 "일반적으로 군대를 편성할 때 12,500인이 軍이 되는데, 軍將은 모두 천자가 임명한 제후의 卿이다. 2,500인이 師가 되는데, 師帥는 모두 中大夫다. 500인이 旅가 되는데, 旅帥는 모두 下大夫다. 100인이 卒이 되는데, 卒長은 모두 上士다. 25인이 兩이 되는데, 兩司馬는 모두 中士이다. 5인이 伍가 되는데, 伍는 모두 長을 둔다."라고 하였다. 이 시에서 "돌아온 장수를 위로한다."라고 했을 때, 장수에는 伍長 이상이 모두 해당된다. 鄭玄은 ≪周禮≫ 〈大司馬職〉의 注에서 "일반적으로 깃발은 군대를 가진 자는 특이한 사물을 그리고, 군대가 없는 자는 帛을 세울 뿐이다."라고 하였으니, 伍長 이상은 모두 군대를 소유하였기 때문에 특이한 사물을 그린 기를 세운다. 또 ≪주례≫ 〈대사마직〉에는 "왕은 大常을 싣고, 제후는 旂를 싣고, 군리는 旗를 싣고, 郊와 野는 旐를 싣고, 百官은 旟를 싣는다."라고 하였는데, 주에서 "군리는 여러 軍帥이다. 郊는 鄕遂의 州長과 縣正 이하의 관직을 말한다. 野는 公邑大夫를 말한다. 旐를 세우는 것은 그의 羨卒(正式으로 차출된 正卒 외의 병졸)을 인솔하기 위해서다. 百官은 卿大夫인데, 그의 수하로 왕을 호위한다."라고 하였다. ≪주례≫ 〈대사마직〉은 사냥을 통해서 전쟁을 가르치는 것을 근거로 한 것인데 왕이 직접 그곳에 참여한 것이고, 지금 〈이 시에서는〉 南仲이 장수가 되어 전적으로 시행하는 것이다. 만약 文王이 천자인 殷王의 명령을 받들었다면 남중은 軍吏에 비견될 뿐이어서, 〈곰과 호랑이를 그린〉 熊虎의 旗를 싣는 데 불과할 뿐이다. 다만 이때에는 禮가 아직 제정되지 않았고, 문왕은 제후의 신분이었으나 왕자의 교화가 있어서 이 시가 雅에 수록되었으니, 천자의 법이 되기에 마땅하다면 남중 한 사람은 혹 〈제후가 세우는〉 旂旗를 세울 수 있었을 것이다. 그런데 아래 장에서 "旂와 旐의 깃발 선명하네〔旂旐央央〕"라고 하였으니, 旂는 남중이 세운 것이다. 그 부하들은 〈郊와 野가 싣는〉 旐를 싣기도 하고 〈百官이 싣는〉 旟를 싣기도 했기 때문에, 이 경문에서 진술된 것은 오직 旂·旐·旟 세 가지 물건일 뿐이다. 군리가 旗를 실었다면 이 행차에는 반드시 旗를 싣는 자가 있을 것인데, 경문에서 진술되지 않은 것은 문장이 갖추어지지 않았기 때문이다.

【疏】傳'旆旆 旒垂貌' ○ 正義曰 : 定本云 "旆旆, 旒垂貌", 多一旆字. 又箋云 "憂其馬之不正", 定本正作政, 又無不字, 義竝通.

傳의 〔旆旆 旒垂貌〕

○ 正義曰 : ≪五經定本≫에는 '旆旆 旒垂貌'에서 旆자가 한 글자 많다. 또 箋에서 "憂其馬之不正"이 ≪오경정본≫에는 正자가 政으로 되어 있고 또 不자가 없으나, 의미는 모두 통한다.

王命南仲하사 **往城于方**하시니 **出車彭彭**하며 **旂旐央央**이로다

왕께서 南仲에게 명하셔서
朔方에 가서 성을 쌓게 하시니
수레 끄는 4마리 말은 씩씩하고
旂旗와 旐旗 선명하네

旂

【傳】 王은 殷王也라 南仲은 文王之屬이라 方은 朔方이니 近玁狁之國也라 彭彭은 四馬貌라 交龍爲旂라 央央은 鮮明也라

王은 '殷王'이다. 南仲은 文王의 부하이다. 方은 '朔方'이니 玁狁 부근의 나라이다. 彭彭은 네 마리 말의 모습이다. 두 마리 용이 얽혀 있는 것을 그린 깃발을 '旂'라고 한다. 央央은 '선명하다'이다.

【箋】 箋云 王使南仲爲將率하여 往築城于朔方하니 爲軍壘以御北狄之難이라 ○ 央은 本亦作英한대 同이요 於京反이고 又於良反이라 近은 附近之近이니 下近西戎同이라 壘는 力軌反이라

箋云 : 왕이 南仲을 장수로 임명해서 朔方에 가서 성을 쌓게 하였는데, 군의 보루를 만들어서 北狄의 난을 막기 위해서이다.

○ 央은 어떤 본에는 또한 英으로 쓰는데 의미가 같고, 於와 京의 반절이고 또 於와 良의 반절이다. 近은 附近의 近이니 아래의 "近西戎"도 의미가 같다. 壘는 力과 軌의 반절이다.

天子命我하사 **城彼朔方**하시니 **赫赫南仲**이여 **玁狁于襄**이로다

천자께서 나에게 명하셔서

저 삭방에 성을 쌓게 하시니
훌륭한 남중이여
玁狁이 제거되었도다

【傳】 朔方은 北方也라 赫赫은 盛貌요 襄은 除也라

朔方은 '북방'이다. 赫赫은 '훌륭한 모습'이다. 襄은 '제거하다'이다.

【箋】 箋云 此我는 我戍役也요 戍役築壘하여 而美其將率自此出征也라

箋云 : 여기에서의 我는 '우리 수자리'이다. 수자리가 보루를 쌓고서 그 장수가 이곳에서 출정한 것을 찬미한 것이다.

【疏】 '王命'至'于襄' ○ 正義曰 : 此又本而勞之. 言文王命以殷王之命, 命南仲往城築於彼朔方, 故南仲所以在朔方而築於[1]也. 其往築之時, 出駕其車, 四馬彭彭然, 其所建(旂)〔旅〕[2]旐, 鮮明央央然, 而至於朔方也. 南仲爲將帥, 得人歡心, 故稱戍役當築壘之時云 "天子命我城築軍壘於朔方之地, 欲(今)〔令〕[3]赫赫顯盛之南仲, 從此征玁狁, 於是而平除之." 能爲戍役所美, 所以可嘉也.

1) 築於 : 저본의 교감기에 따라 經文의 '城于'처럼 번역하였다.
2) (旂)〔旅〕 : 저본의 교감기에 따라 '旅'로 번역하였다.
3) (今)〔令〕 : 저본의 교감기에 따라 '令'으로 번역하였다.

經의 〔王命〕에서 〔于襄〕까지

○ 正義曰 : 이 章에서도 또한 사실에 근본해서 위로한 것이다. 말하자면 文王이 殷王의 명을 받아 南仲을 〈장수로〉 임명하여 저 북방에 가서 성을 쌓게 하였기 때문에, 남중이 삭방에서 성을 쌓은 것이다. 그가 가서 성을 쌓을 때 그 수레를 내어 멍에를 매니 네 마리 말이 씩씩하였고, 그가 세운 旐는 선명하게 빛나는 채로 삭방에 도착하였다. 남중이 장수가 되어 병사들에게 환심을 얻었기 때문에 수자리가 보루를 쌓을 때 칭송하여 이르길 "천자께서 나에게 명하여 삭방의 땅에 軍壘를 쌓도록 한 것은, 밝고 훌륭한 남중으로 하여금 이곳에서 험윤을 정벌하기를 바란 것인데, 이로 인해 험윤을 평정하여 제거하였다."라고 하였으니, 수자리에게 찬미 받을 수 있었기 때문에 훌륭하게 여긴 것이다.

【疏】傳'朔方 近玁狁之國' ○ 正義曰：下云 "城彼朔方", 故知方是北方, 近玁狁之國. 朔方, 地名, 云國者, 以國表地, 非國名. 但北方大名皆言朔方. 堯典云 '宅朔方', 爾雅云 '朔, 北方也.' 皆其廣號. 此直云'方', 卽朔方也.

傳의 〔朔方 近玁狁之國〕

○ 正義曰：아래에서 "저 삭방에 성을 쌓게 했다.〔城彼朔方〕"라고 했기 때문에 方이 北方이고 玁狁 부근의 나라임을 알 수 있다. 朔方은 지명인데 國이라고 말한 것은 나라로써 땅을 표시했기 때문이지, 나라의 이름이기 때문이 아니다. 다만 북방은 넓게 명명할 때 모두 朔方이라고 말한다. ≪尙書≫ 〈堯典〉에서 "朔方에 자리를 잡았다."라고 하고, ≪爾雅≫에서 "朔은 북방이다."라고 한 것이 모두 〈북방을〉 광범위하게 부른 것이다. 여기서 다만 '方'이라고 하였으니 곧 朔方이다.

【疏】箋云'往築'至'軍壘' ○ 正義曰：知爲築壘者, 以軍之所處而城之, 唯有壘耳. 曲禮云 "四郊多壘." 注云 "壘, 軍壁也." 言城是築之別名. 春秋築都邑, 皆謂之城. 左傳曰 "邑曰築, 都曰城." 是也. 春秋別大小之例, 故城・築異文. 散則城・築通. 故此築軍壘, 亦謂之城也.

箋의 〔往築〕에서 〔軍壘〕까지

○ 正義曰：堡壘를 쌓게 했다는 것은 軍隊가 주둔한 곳에 쌓은 것이니 오직 보루만 있었을 뿐이라는 것을 알 수 있다. ≪禮記≫ 〈曲禮〉에서 "사방의 교외에 보루가 많다."라고 하였는데, 注에서 "壘는 軍營의 방어벽이다."라고 하였다. 말하자면 '城'은 '築'을 달리 이름한 것이다. ≪春秋≫에서 都와 邑에 성을 쌓는 것을 모두 '城'이라 하였고, ≪春秋左氏傳≫ 莊公 23년에 "邑에 쌓는 것을 '築'이라 하고, 都에 쌓는 것을 '城'이라고 한다."라고 하였으니, 이것이다. ≪춘추≫에서는 크고 작은 書例를 구별했기 때문에 '城'과 '築'으로 글자를 달리했다. 꼼꼼하게 따지지 않으면 '城'과 '築'은 통한다. 그러므로 여기에서 軍壘를 쌓았는데도 '城'이라고 하였다.

昔我往矣엔 黍稷方華러니 今我來思엔 雨雪載途로다 王事多難이라 不遑啓居호니

옛날 내가 갈 때에는

서직이 막 꽃을 피웠는데

이제 내가 돌아올 땐
눈이 내려 진흙탕이 되었네
왕의 일엔 어려움이 많아서
편히 쉴 겨를이 없으니

【傳】 塗는 凍釋也라

塗는 얼음이 녹은 것이다.

【箋】 箋云 黍稷方華는 朔方之地六月時也라 以此時始出壘하여 征伐玁狁하고 因伐西戎하여 至春凍始釋而來反이니 其間非有休息이라

箋云 : "서직이 막 꽃을 피우는 것"은 삭방의 땅에서는 6월의 일이다. 이때에 비로소 보루에서 나가 玁狁을 정벌하고 이어서 西戎까지 정벌해서, 봄이 되어 얼음이 막 녹기 시작할 때 돌아온 것이니 그 사이에는 휴식하지 않았다.

豈不懷歸리오마는 畏此簡書니라

어찌 돌아오고 싶지 않았을까마는
이 簡書가 두려웠기 때문이라네

【傳】 簡書는 戒命也라 隣國有急하여 以簡書相告면 則奔命救之니라

簡書는 위급한 일이 있을 때 내리는 출동 명령서이다. 이웃 나라에 급한 일이 생겨 간서로 알리면 명을 받들어 급하게 달려가서 그 나라를 구원한다.

【疏】 '昔我'至'簡書' ○ 正義曰 : 此因築壘, 從壘敍將帥之辭. 言將帥云 "正月已還至壘", 乃云"昔我從此壘出征伐玁狁矣, 時黍稷方欲生華, 六月之中也. 今我自西戎還到此壘, 時天降雨雪, 則爲塗泥, 正月之中也. 從六月以去, 至於今而來, 以王家之事多危難, 其間不得閒暇跪處也. 雖則到此, 尙不得還, 我豈不思歸乎? 誠思歸也. 所以不得歸者, 畏此簡書, 奔命相救, 故不得還耳. 汝旣如此, 誠爲勞苦."

經의 〔昔我〕에서 〔簡書〕까지

○ 正義曰 : 이 章은 보루를 쌓을 때를 배경으로 한 것이니, 보루에서 장수의 말을 서술한 것이다. 말하자면 장수가 "正月에 이미 보루에 돌아왔다."라고 하고, 곧이어 "예전에 내가 이 보루에서 나가 玁狁을 정벌하였는데, 이때 서직이 막 꽃을 피우려고 할 때니 6월 중이었다. 이제 내가 西戎에서 돌아와 이 보루에 도착하니, 이때는 하늘에서 눈이 내리면 진흙탕이 되니 정월 중이다. 6월에 정벌을 가서 지금에야 돌아온 것은 王家의 일에는 위급하고 어려운 일이 많아서이니 그 사이엔 편안히 쉴 수 없었다. 비록 이러한 지경에 이르렀어도 오히려 돌아올 수 없었는데, 내가 어찌 돌아올 것을 생각하지 않았겠는가? 정말로 돌아올 생각을 했었다. 그러나 돌아올 수 없었던 까닭은 이 簡書가 오면 命을 받들어 급히 달려가 구해줘야 하는 것이 두려웠기 때문에, 돌아올 수 없었을 뿐이다. 너희가 이미 이같이 했으니 참으로 고생했다."라고 한 것이다.

【疏】 ○ 箋'黍稷'至'休息' ○ 正義曰 : 月令孟秋云 "農乃登穀", 則中國黍稷亦六月華矣. 言黍稷方華, 朔方之地六月時者, 明此爲朔方之地發言耳, 非謂中國不然也. 知"以此時出壘征伐玁狁"者, 上云 "城彼朔方", "玁狁于襄", 此卽云 "昔我往矣", 是出壘辭, 故知始出壘伐玁狁也. 旣伐玁狁, 而下章言 "薄伐西戎", 故知因伐西戎也. 言 "雨雪載塗", 雪落而釋爲塗泥, 是春凍始釋也. 卒章, "倉庚鳴, 卉木茂", 方始還歸, 則此時未歸, 而云 "今我來思", 故知來反朔方之壘也. 且云'畏此簡書', 明是未歸之辭. 言 "不遑啓居", 故知其間非有休息也.

箋의 〔黍稷〕에서 〔休息〕까지

○ 正義曰 : ≪禮記≫ 〈月令〉에서 孟秋에는 "農官이 곧 곡식을 거둬들인다."라고 하였으니, 중국의 黍稷도 또한 6월에 꽃을 피운다. "서직이 막 꽃을 피우는 것은 삭방의 땅에선 6월의 일이다."라고 말한 것은 삭방의 땅을 기준으로 삼아서 말한 것일 뿐이지, 중국은 그렇지 않다고 말한 것이 아님이 분명하다. "이때에 비로소 보루에서 나가 玁狁을 정벌하였다."라고 말한 것은 위의 장에서 "저 삭방에 성을 쌓았다."라고 하고, "험윤의 난이 없어졌다."라고 했기 때문임을 알 수 있다. 이 장에서 곧 "옛날 내가 갈 때〔昔我往矣〕"라고 한 것은, 보루에서 나갔을 때의 말이기 때문에, 비로소 보루에서 나가 험윤을 정벌한 것임을 알 수 있다. 험윤을 정벌하고 나서 아래 장에서 "단번에 西戎을 정벌하였네〔薄伐西戎〕"라고 했기 때문에, 이어 西戎을 정벌한 것임을 알 수 있다. "눈이 내려 진흙탕이 되었다."라고 말한 것은 눈이 내리자 녹아서 진흙탕이 된 것이니, 봄에

얼음이 비로소 녹은 것이다. 마지막 6章에서 “꾀꼬리가 울고 초목이 무성할 때 비로소 돌아가 귀의하였다.”라고 하였으니, 이때는 아직 돌아가지 않았는데 “지금 내가 돌아왔다〔今我來思〕”라고 하였기 때문에 朔方의 보류로 되돌아온 것임을 알 수 있다. 또 “이 간서가 두렵다”라고 하였으니, 아직 돌아오지 않았을 때의 말이 분명하다. “쉴 겨를이 없었다.”라고 말했기 때문에 그 사이에 쉴 겨를이 없었다는 것을 알 수 있다.

【疏】傳‘簡書’至‘救之’ ○ 正義曰：古者無紙，有事書之於簡，謂之簡書. 以相戒命之救急，故云戒命，知隣國有難，以簡書相告者. 閔元年左傳引此詩乃云“簡書，同惡相恤之謂也.” 言同惡於彼，共相憂念. 故奔命相救. 得彼告，則奔赴其命，救之. 成七年左傳曰“子重奔命”，是也.

傳의 〔簡書〕에서 〔救之〕까지

○ 正義曰 : 옛날에는 종이가 없어서, 일이 있으면 竹簡에 썼는데 그것을 簡書라고 한다. 위급할 때 구해주기로 서로 경계하자고 명했기 때문에 戒命이라고 하였으니, 이웃 나라에 어려운 일이 있으면 간서로써 서로 알리는 것임을 알 수 있다. ≪春秋左氏傳≫ 閔公 원년 기사에 이 시를 인용해서 곧 “간서는 〈敵을〉 함께 미워하고 서로 구휼하는 것을 말한다.”라고 하였는데, 적을 함께 미워하고 근심스러운 일을 함께 돕자는 것이다. 그러므로 명을 받들어 달려가서 서로 구원해 주는 것이다. 상대의 위급한 보고를 받았으면 그 命에 재빨리 달려가 구하는 것이니, ≪춘추좌씨전≫ 성공 7년에 ‘子重이 命에 재빨리 달려갔다.’라고 한 것이 이것이다.

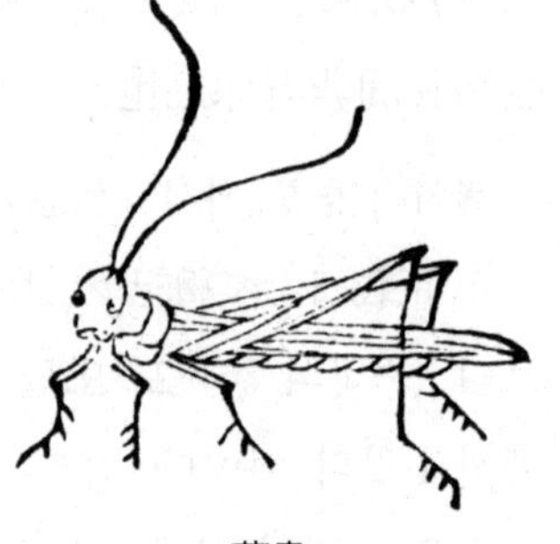
草蟲

喓喓草蟲하니 **趯趯阜螽**이로다

풀벌레 요요하고 우니
여치가 폴짝 따라 뛰네

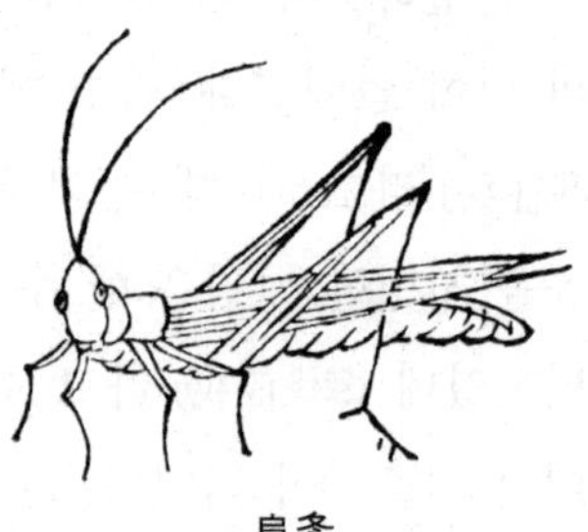
阜螽

【箋】箋云 草蟲鳴이면 阜螽躍而從之는 天性也라 喩近西戎之諸侯가 聞南仲既征玁狁하고 將伐西戎之命이면 則跳躍而鄕望之를 如阜螽之聞草蟲鳴焉이라 草蟲鳴은 晩秋之時也니 此以其時所見而興之라

箋云 : 풀벌레가 울면 여치가 뛰며 따르는 것은 천성이다. 西戎과 가까이 있는 제후가 '南仲이 玁狁을 정벌하고 나서 서융을 정벌할 것이다.'라는 命을 들으면 팔짝 뛰면서 그를 바라기를, 마치 여치가 풀벌레 우는 소리를 들었을 때와 같이 하는 것을 비유한 것이다. 풀벌레가 우는 것은 늦가을 때이니, 이것은 그 당시 본 것으로 인해 비유한 것이다.

未見君子라 **憂心忡忡**호니 **旣見君子**라야 **我心則降**이로다

군자를 보지 못해
근심스런 맘에 울적하니
군자를 보고 나서야
내 마음 놓이겠노라

【箋】箋云 君子는 斥南仲也요 降은 下也라

箋云 : 君子는 南仲을 가리킨다. 降은 '놓이다'이다.

赫赫南仲이여 **薄伐西戎**이로다

훌륭한 南仲이여
단번에 西戎을 정벌하리라

【疏】'喓喓'至'西戎' ○正義曰 : 南仲以平玁狁, 將移伐西戎, 是晩秋之時也. 其近西戎之諸侯, 聞南仲之伐, 皆喜, 時有草蟲鳴, 故因興之焉. 言喓喓然爲聲而鳴者, 草蟲也, 聞此草蟲之鳴, 趯然跳躍而從之者, 阜螽也. 以喩赫赫然有德而盛者, 南仲也, 聞其南仲之將往, 向望而美之者, 近西戎之諸侯也. 言阜螽之從草蟲, 天性然也. 西方諸侯之美南仲, 事勢然也. 故諸侯未見君子南仲之時, 憂心忡忡然, 以西戎爲患, 恐王師不至, 故憂也. 旣見君子南仲, 我心之憂則下矣, 因卽美之, 此赫赫顯盛之南仲, 遂薄往伐西戎而平之.

經의 〔喓喓〕에서 〔西戎〕까지

○正義曰 : 南仲이 玁狁을 평정하고 나서 西戎으로 옮겨가 정벌하려고 한 것이니, 늦가을 때이다. 서융 근처에 있는 제후들이 남중의 정벌 소식을 듣고 모두 기뻐하였는데, 이때 풀벌레가 울고 있었으므로 비유한 것이다. 말하자면 喓喓하고 소리를 내

어 우는 것은 풀벌레이고, 이 풀벌레의 울음소리를 듣고 폴짝 뛰면서 따르는 것은 여치이다. 이것으로 혁혁하게 德이 있는 훌륭한 자는 南仲이고, 남중이 갈 것이라는 소문을 듣고 그를 향해 바라보며 찬미하는 자는 서융 근처에 있는 제후임을 비유한 것이다. 말하자면 여치가 풀벌레를 따르는 것은 天性이 그렇기 때문이고, 西方의 제후가 남중을 찬미하는 것은 일의 형세가 그렇기 때문이다. 그러므로 제후가 군자인 남중을 보지 못했을 때는 근심스런 마음으로 울적해하며 서융을 근심거리로 여겼으니, 아마도 왕의 군대가 오지 않았기 때문에 근심한 것이다. 군자인 남중을 보고 나서는 내 마음의 근심이 곧 내려갔다. 이로 인해서 그를 찬미하여 "이 혁혁하게 무성한 공로를 세운 남중이 드디어 와서 서융을 정벌하고 평정할 것이다."라고 한 것이다.

【疏】 ○ 箋'草蟲鳴 晩秋之時' ○ 正義曰：知者, 以凍釋而反朔方, 則以冬日平西戎也. 此南仲往之時, 爲諸侯向望, 明在冬前矣. 黍稷方華, 始伐玁狁, 明以秋日平之. 旣平玁狁, 方始伐西戎, 故知以晩秋之時, 因有草蟲而爲興耳. 冬則蟲死, 不得過於晩秋也.

箋의 〔草蟲鳴 晩秋之時〕

○ 正義曰 : 알 수 있는 것은, 얼음이 녹는 시기에 삭방으로 돌아왔으니 겨울에 서융을 평정했다는 사실이다. 이 장은 남중이 갈 때여서 제후들이 바라보았다고 한 것이니, 겨울이 되기 전에 있었던 일이 분명하다. 黍稷이 막 꽃을 피울 때 비로소 험윤을 정벌하였으니, 가을에 험윤을 평정한 것이 분명하다. 험윤을 평정하고 나서 곧바로 서융을 정벌하기 시작했기 때문에, 늦가을에 정벌했음을 알 수 있다. 이때 풀벌레가 있었기 때문에 비유한 것일 뿐이다. 겨울에는 풀벌레가 죽으니 늦가을을 지날 수는 없다.

春日遲遲라 **卉**(훼)**木萋萋**며 **倉庚喈喈**라 **采蘩祁祁**어늘 **執訊獲醜**하여 **薄言還歸**로다

봄날이 따스해지니
초목이 무성하고
꾀꼬리 정답게 우네
사람들 떼지어 쑥을 캐는데
신문할 자와 사로잡은 적을 끌고
이에 재빨리 돌아왔다 하네

【傳】卉는 草也요 訊은 辭也라

卉는 '풀'이고, 訊은 '말하다'이다.

【箋】箋云 訊은 言이요 醜는 衆也라 伐西戎하고 以凍釋時로 反朔方之壘하여 息戍役하고 至此時而歸京師라 稱美時物以及其事은 喜而詳之也라 執其可言問・所獲之衆以歸者는 當獻之也라 ○卉는 許貴反이라 萋는 七西反이라 喈音皆라 蘩音煩이라 祁는 巨移反이라 訊音信이라

箋云 : 訊은 '말하다'이고, 醜는 '무리'이다. 서융을 정벌하고 얼음이 녹을 때에 삭방의 보루로 되돌아와서 수자리를 쉬게 하였고, 이때 이르러서 京師로 돌아온 것이다. 당시의 사물이 아름답다고 칭찬하다가 그 당시의 일에까지 미친 것은 기뻐서 상세히 말한 것이다. 신문할 만한 자와 사로잡은 무리를 끌고 돌아온 것은 〈왕에게〉 마땅히 바쳐야 하기 때문이다.

○ 卉는 許와 貴의 반절이다. 萋는 七과 西의 반절이다. 喈는 음이 皆이다. 蘩은 음이 煩이다. 祁는 巨와 移의 반절이다. 訊은 음이 信이다.

赫赫南仲이여 玁狁于夷로다

위대한 남중이
玁狁을 평정하였네

【傳】夷는 平也라

夷는 '평정하다'이다.

【箋】箋云 平者는 平之於王也라 此時亦伐西戎이어늘 獨言平玁狁者는 玁狁大라 故以爲始하고 以爲終이라

箋云 : 平이란 것은 왕에게 평안을 주는 것이다. 이때에 西戎도 정벌했는데 유독 玁狁을 평정했다고 말한 것은, 험윤이 큰 나라이기 때문에 험윤으로 시작하고 험윤으로 끝맺은 것이다.

【疏】'春日'至'于夷' ○ 正義曰 : 此序其歸來之事, 陳戍役之辭. 言季春之日, 遲遲然陽氣舒緩之時, 草之與木已萋萋然茂美, 倉庚喈喈然和鳴, 其在野已有采蘩菜之人, 祁祁然衆多. 我將帥正以此時, 生執戎狄之囚, 可言問者及所獲之衆, 以此而來, 我薄言還歸於京師以獻之也. 說其事終, 又美其功大. 言赫赫顯盛之南仲, 伐玁狁而平之於王, 是將帥成功, 故勞之也.

經의 〔春日〕에서 〔于夷〕

○ 正義曰 : 이 章은 돌아온 일을 서술하면서, 수자리의 말로 진술한 것이다. 말하자면 늦은 봄날 따스한 양기가 느긋하게 퍼져가니, 풀은 나무와 함께 이미 우거져 무성하고 꾀꼬리는 꾀꼴꾀꼴 정답게 우는데, 그 들에는 이미 쑥 나물을 뜯는 사람이 빽빽이 들어찼다. 우리의 장수가 바로 이때 신문할 만한 자와 사로잡은 무리인 戎狄의 포로를 생포해서, 이때에 와서 내가 '京師에 재빨리 돌아온 것은 그들을 바치기 위해서다.'라고 말하였다. 그 일이 끝났음을 설명하면서, 또 그 공이 큰 것을 찬미한 것이다. "혁혁하게 무성한 공로를 세운 남중이 험윤을 정벌해서 왕에게 평안을 주었다."라고 말한 것은 장수가 공을 세운 것이기 때문에 위로한 것이다.

【疏】 ○ 傳'訊 辭'. 箋'訊言'至'詳之' ○ 正義曰 : '訊, 言', 釋言文. 傳云'訊, 辭'者, 謂其有所知識, 可與之爲言辭, 與箋同也. 但箋正取爾雅之文, 非易傳也. 上'雨雪載塗', 到朔方之壘, 息戍役, 此言'還歸', 自朔方而歸, 故至此時而歸京師. 時未稱王, 而言京師者, 以在雅, 天子之事故也. 言稱美時物及事, 喜而詳之者, '春日', 時也, "卉木"·"倉庚", 物也, "采蘩", 事也, 竝以四者記時, 是戍役喜其得歸, 詳之時物也, 故言喜而詳之. 又云'赫赫南仲', 則非將帥自言也. '薄言還歸', 則是序行者之辭, 非文王出意, 故此章陳戍役之辭也. 七月之篇言春日者, 檢上下爲三月. 采蘩爲蠶生所用, 則此時物及事皆三月也.

傳의 〔訊 辭〕. 箋의 〔訊言〕에서 〔詳之〕까지

○ 正義曰 : 鄭箋에서 "訊은 '말하다'이다."라고 한 것은 ≪爾雅≫ 〈釋言〉의 글이다. 毛傳에서 "訊은 '말하다'이다."라고 한 것은 적 가운데 아는 정보가 있어서 함께 말할 수 있는 자를 말한 것이니, 정전과 같다. 다만 정전은 ≪이아≫ 〈석언〉의 문장을 바로 취한 것이지, 모전의 주석을 바꾼 것은 아니다. 위에서 "눈이 내려 진흙탕이 되었다."라고 할 때, 朔方의 보루에 도착해서 수자리를 쉬게 하였으니, 이 장에서 "재빨리 돌아왔다."라고 한 것은, 삭방에서 돌아온 것이기 때문에 이때에 이르러 京師에 돌아왔

다고 말하였다. 이때는 아직 '王'이라고 칭하지 않았는데 京師라고 말한 것은, 雅에 있는 시는 天子의 일이기 때문이다. 말하자면 "당시의 사물을 아름답다고 칭찬하다가 그 당시의 일에까지 미친 것은 기뻐서 상세히 말한 것이다."라고 한 것은 '春日'은 계절이고 '卉木'과 '倉庚'은 사물이며 '采蘩'은 일인데, 아울러 네 가지로 시기를 기술하였으니, 이것이 수자리가 돌아올 수 있음을 기뻐해서 당시의 사물을 상세하게 말한 것이다. 그러므로 "기뻐서 상세히 말했다."고 말한 것이다. 또 "훌륭한 남중"이라고 말한 것은 將師가 스스로 말한 것은 아니다. "이에 재빨리 돌아왔다 하네"라고 한 것은 정벌간 자의 말을 서술한 것이지, 문왕이 의견을 드러낸 것이 아니다. 그러므로 이 장은 수자리의 말을 진술한 것이다. 〈七月〉 편에서 말한 '春日'은 위와 아래의 내용을 검토해보면 3월이 된다. 쑥을 뜯는 것은 누에를 키우기 위해서 필요한 것이니, 이때의 사물과 일도 모두 3월의 사물과 일이다.

出車六章이니 **章八句**라

〈出車〉는 6章이니 章마다 8句이다.

杕杜(체두)

【序】 杕**杜**는 **勞還役也**라

杕杜는 〈수자리에서〉 돌아온 병사를 위로한 시이다.

【傳】 役은 **戍役也**라

役은 변방을 지키는 수자리 일이다.

有杕**之杜**여 **有**(睆)〔**睆**〕[1] **其實**이로다

1) (睆)〔睆〕: 저본의 교감기에 따라 '睆'으로 번역하였다.

우뚝한 아가위나무에
열매가 주렁주렁 달렸네

【傳】興也라 睆은 實貌라 杕杜는 猶得其時蕃滋어늘 役夫勞苦하여 不得盡其天性이라

興이다. 睆은 '열매가 가득한 모양'이다. 아가위나무는 오히려 제철을 만나 번성하지만 役夫는 수고로워 그 하늘이 내려준 본성인 〈자손을 생산하는 일을〉 다할 수 없었다.

王事靡盬라 繼嗣我日이로다

왕사는 견고해야 하니
우리의 날에 계속 일하리라

【箋】箋云 嗣는 續也라 王事無不堅固라 我行役에 續嗣其日이라하니 言常勞苦하여 無休息이라

箋云：嗣는 '계속하다'이다. '王事는 견고하게 하지 않을 수 없기 때문에, 우리가 수자리 역에 가서 그날에 계속 일했을 것이다.'라고 한 것이니, 항상 수고로이 일하며 쉬지 못함을 말한 것이다.

日月陽止하여 女心傷止로니 征夫遑止로다

세월은 10월이 되어서
아내의 마음 아플 것이니
정벌 간 남편 한가하리라

【箋】箋云 十月爲陽이라 遑은 暇也라 婦人思望其君子하여 陽月之時에 已憂傷矣라 征夫如今已閒(한)暇且歸也어늘 而尙不得歸라 故序其男女之情以說之라 陽月而思望之者는 以初時云歲亦莫(모)止[1]라

1) 歲亦莫(모)止：수자리에 처음 파견할 때의 일을 읊은 〈小雅 采薇〉에 보인다.

箋云：10월이 陽이 된다. 遑은 '한가하다'이다. 부인이 그 남편을 생각하고 그리워하다가, 10월이 되어 매우 걱정하며 마음 아파한 것이다. 정벌 간 남편이 지금쯤이면 이미 한가해졌으니 마땅히 돌아왔을 것인데, 아직도 돌아올 수 없었다. 그러므로 남녀의 정을 서술하여 이를 설명한 것이다. 10월이 되어 남편을 생각하고 그리워했다고 말한 것은, 처음 수자리 갈 때 "해도 또한 저물 것이다.〔歲亦莫止〕"라고 했기 때문이다.

【疏】'有杕'至'遑止' ○ 正義曰：文王勞還役, 言汝等在外, 妻皆思汝. 言有杕然特生之杜, 猶得其時, 有(睍)〔晥〕[1]然其實, 蕃滋得所. 我君子獨行役勞苦, 不得安於室家, 以盡天性而生子孫, 乃杕杜之不如. 所以然者, 由王之事理皆當無不攻緻, 使我君子行役, 繼續我所行之日, 朝行明去, 不得休息. 至於此日月陽止十月之時, 爾室家婦人之心憂傷矣, 以爲征夫而今已閒暇, 且應歸矣, 而尙不歸, 所以憂傷.

1) (睍)〔晥〕: 저본의 교감기에 따라 '晥'으로 번역하였다.

經의 〔有杕〕에서 〔遑止〕까지

○ 正義曰 : 文王이 돌아온 수자리를 위로하며 말하기를 "너희들이 밖에 있을 때 아내들은 모두 너희들을 그리워하면서 '우뚝하게 홀로 선 아가위 나무도 오히려 제때를 만나 주렁주렁 그 열매가 충실해서 적절한 곳에서 번식하는데, 우리 남편만 홀로 수자리 역에 가서 고생하여 가정에서 안정을 찾아서 천성을 다해 아들을 낳을 수 없으니, 곧 우뚝한 아가위 나무만도 못하구나.'라고 말하니, 그 까닭은 왕의 일은 모두 마땅히 견고하게 하지 않을 수 없으므로 우리 남편으로 하여금 수자리 역에 가서 우리가 행할 일을 계속하게 해서, 아침에 갔다가 다음날 떠나며 쉴 수 없었기 때문이다. 이 세월이 흘러 陽氣가 생기는 10월의 때에 이르러, 너희 집사람은 아녀자의 마음으로 근심하고 아파하면서 '정벌 간 남편이 지금은 이미 한가해졌을 것이니 잠깐이면 마땅히 돌아오겠지.'라고 생각했으나 아직도 돌아오지 않으니, 이 때문에 걱정하며 마음 아파한 것이다."라고 하였다.

有杕之杜여 **其葉萋萋**로다 **王事靡盬**라 **我心傷悲**호라

우뚝한 아가위 나무여
그 잎이 무성하구나
王事는 견고해야 하니
내 마음 아프고 슬프네

【箋】箋云 傷悲者는 念其君子於今勞苦라

箋云 : 아파하고 슬퍼하는 것은 그의 남편이 지금 고생하고 있는 것을 염려하기 때문이다.

卉木萋止라 **女心悲止**니 **征夫歸止**로다

풀과 나무 무성하니
아내의 마음 슬퍼지니
정벌 간 남편도 돌아오시겠지

【傳】 室家逾時면 則思라

부부는 시기가 지나면 그리워한다.

【疏】 傳'室家逾時則思' ○ 正義曰 : 傳以卉木萋止, 則時未黃落, 猶憂愁也. 前期云 "歲亦暮止", 未至歸期而女心悲者, 以室家之情, 逾時則思也.

傳의 〔室家逾時則思〕

○ 正義曰 : 傳에서 "풀과 나무 무성하다."라고 한 것은 풀이 마르고 나뭇잎이 떨어지지 않았을 때도 여전히 걱정되기 때문이다. 앞서 〈처음 수자리 역에 갈 때, 돌아올 시기는〉 "해도 또한 저물 것이다."라고 기약했으니, 아직 돌아올 기한이 되지 않았는데도 아내가 마음으로 슬퍼한 것은 부부의 정은 시기가 넘으면 그리워하기 때문이다.

陟彼北山하여 **言采其杞**호라 **王事靡盬**라 **憂我父母**로다

저 北山에 올라
나는 구기자를 따노라
王事는 견고해야 하니
우리 남편을 걱정하게 하네

【箋】 箋云 杞는 非常菜也로되 而升北山采之하니 託有事以望君子라

箋云 : 구기자는 항상 채취하는 열매가 아닌데 북산에 올라가서 그것을 따는 것은, 일이 있다고 핑계를 대고 남편이 오는 것을 바라보기 위해서이다.

檀車幝幝하며 **四牡痯痯**하니 **征夫不遠**이로다

박달나무 수레가 너덜해지고
네 마리 말이 골골거릴 것이니
정벌 간 남편 멀리 있지 않겠지

【傳】 檀車는 役車也라 幝幝은 敝貌요 痯痯은 罷貌라

檀車는 '부역에 쓰는 수레'이다. 幝幝은 '해진 모양'이고, 痯痯은 '피곤한 모양'이다.

【箋】 箋云 不遠者는 言其來니 喩路近이라 ○ 檀은 徒丹反이라 幝은 尺善反이요 又敕丹反이니 說文云 車敝也라 從巾이요 單이라하고 韓詩作繟이며 音同이라 痯은 古緩反이라 敝는 婢世反이라 罷音皮라

箋云 : "멀지 않다"라고 한 것은, 그가 돌아오는 것을 말한 것이니 길이 가깝다는 것을 비유한 말이다.

○ 檀은 徒와 丹의 반절이다. 幝은 尺과 善의 반절이고, 또 敕과 丹의 반절이니, ≪說文解字≫에서는 "수레가 너덜너덜해진 것이다. 巾에서 파생되었으며 單으로 발음한다." 라고 하였고, ≪韓詩外傳≫에는 繟으로 되어 있으며, 발음이 같다. 痯은 古와 緩의 반절이다. 敝는 婢와 世의 반절이다. 罷는 음이 皮이다.

【疏】 '陟彼'至'不遠' ○ 正義曰 : 言汝戍役之妻, 思爾而不得, 故升彼北山之上, 我采其杞木之菜. 杞木本非食菜, 而升北山以采之者, 是託有事以望汝也. 以汝勞苦, 故言王事無不堅固. 以君子勞苦堅故之由, 是使我憂之. 父母, 實夫也, 謂之父母, (也)〔由〕[1] 己尊之・又親之也. 又言我君子所乘檀木之役車, 今幝幝然弊, 所乘四牡之馬, 今痯痯然疲, 征夫之來不遠, 當應至也. 如何許時不至, 使己念之.

1) (也)〔由〕: 저본의 교감기에 따라 '由'로 번역하였다.

經의 〔陟彼〕에서 〔不遠〕까지

○ 正義曰 : 말하자면 너희 수자리 역을 간 사람의 아내가 남편을 그리워해도 어쩔 수 없기 때문에, '저 북산 위에 올라서 나는 구기자나무의 잎을 딴다.'라고 말한 것이다. 구기자는 본래 나물을 먹는 것이 아닌데 북산에 올라서 그것을 딴 것은, 일이 있다고 핑계를 대고 남편이 오는 것을 바라보기 위해서이다. 네가 수고롭게 애쓰기 때

문에 王事는 견고하게 하지 않을 수 없다고 말한 것이다. 남편이 수고롭게 일을 견고하게 한다는 이유로 나에게 걱정을 끼치는 것이다. '父母'는 실제로는 남편인데 '父母'라고 말한 것은 자기가 존중하고 또 친애하기 때문이다. 또 "우리 남편이 타고 간 박달나무 부역 수레가 지금 너덜너덜해지고 타는 네 마리의 말이 지금 골골거리며 피곤해하니 정벌 간 남편의 올 길이 머지 않아서 마땅히 와야 한다. 그런데 어째서 기약한 때에 오지 않아서 자기를 염려하게 하는가?"라고 말한 것이다.

【疏】 箋'杞非'至'君子' ○ 正義曰：此類上下皆陳婦人思夫之事, 故爲託采以望君子, 不與北山[1)]同也. 以下章'期逝不至', 上章'我心傷悲'類, 則'憂我父母', 謂夫爲父母也. 日月云 "父兮母兮, 畜我不卒." 莊姜稱莊公爲父母, 與此同也.

1) 北山 : 소서에서 "일을 시키는 것이 고르지 못해 자신은 일에 종사하는 데 수고로워 부모를 봉양할 수 없었다."라고 하여, '父母'가 원래의 뜻대로 사용되었다. 이 시에서는 '남편'을 부모라고 불렀기 때문에 이 시와 쓰임이 같지 않다.

箋의 〔杞非〕에서 〔君子〕까지

○ 正義曰 : 이와 같은 종류의 시는 위아래가 모두 부인이 남편을 그리워하는 일을 진술한 것이다. 그러므로 채집을 핑계대고 남편이 오는 것을 바라보려 한 것이니, 〈大夫가 幽王을 풍자한 시인〉 〈小雅 北山〉과는 같지 않다. 아래 장에서 "기한이 지났건만 오지 않았다.〔期逝不至〕"라고 한 것과 위 장에서 "나의 마음 아프고 슬프네.〔我心傷悲〕"라고 한 것으로 유추해보면 '憂我父母'라고 한 것은 '남편〔夫〕'을 일컬어 '父母'라고 한 것이다. 〈邶風 日月〉 시에서 "아버지 어머니 같은 이가 나를 보살피기를 끝까지 하지 않았네"라고 한 것은 莊姜이 남편인 莊公을 일컬어 父母라고 한 것이니, 이 시와 같다.

【疏】 ○ 傳'檀車 役車' ○ 正義曰：此戍役之妻說君子所乘役車也. 以檀木爲車. 伐檀曰 "坎坎伐檀兮", 又曰 "伐輪"·"伐輻", 是檀可爲車之輪·輻. 又大明云 '檀車煌煌', 武王之戎車, 是檀之所施於車廣矣. 則役夫以從征之故, 其甲士三人所乘之車而備四馬, 故曰四牡, 非庶人尋常得乘四馬也.

傳의 〔檀車 役車〕

○ 正義曰 : 이것은 수자리 간 사람의 아내가 남편이 타고 간 부역 수레를 설명한 것이다. 박달나무로 수레를 만들기 때문에 〈魏風 伐檀〉에서 "쾅쾅 박달나무를 베다"라고

하고, 다시 “바퀴를 베다”, “바퀴살을 베다”라고 하였으니, 이것이 박달나무를 사용해서 수레바퀴와 바퀴살을 만들 수 있는 것이다. 또 〈大雅 大明〉에서 ‘박달나무 수레가 빛난다’라고 한 것은 武王의 戎車인데 이것은 박달나무가 수레에 널리 사용되었기 때문이다. 부역 간 남편이 정벌하는 일에 종사하기 때문에 그 甲士 세 사람이 타는 수레가 됐고 말 네 마리가 갖추어졌다. 그러므로 “四牡”라고 한 것이지, 庶人이 평상시에 네 마리 말을 구해 타는 것은 아니다.

匪載匪來하니 **憂心孔疚**(구)로다

행장을 싣지 않아서인가, 오지 않으려 해서인가?
걱정스런 마음에 매우 괴롭구나

【箋】箋云 匪는 非요 疚는 病也라 君子至期로되 不裝載가 意不爲來하니 我念之하여 憂心甚病이라

箋云 : 匪는 ‘아니다’이고, 疚는 ‘병들다’이다. ‘남편이 돌아올 기한에 이르렀는데, 〈오지 않는 것은〉 짐을 꾸리지 않아서인가, 오지 않으려고 마음먹어서인가?’라고 하니, 내가 그를 염려하여 걱정스런 마음에 매우 괴롭다.

期逝不至라 **而多爲恤**이로다

기한이 지났건만 오지 않으니
매우 근심스럽게 하는구나

【傳】逝는 往이라 恤은 憂也라 遠行不必如期로되 室家之情以期望之라

逝는 ‘가다’이다. 恤은 ‘걱정하다’이다. 먼 길을 가는 일은 반드시 기한대로 될 수는 없지만, 부인의 정으로는 기약한 날로 바라는 것이다.

卜筮偕止하여 **會言近止**라 **征夫邇止**로다

거북점을 치고 시초점을 치고 함께 점을 쳐서
가까이 있다는 점사에 말이 합치되니

정벌 간 남편은 가까이 있으리라

【傳】 卜之筮之하고 會人占之라 邇는 近也라

거북점을 치고 시초점을 치고, 사람을 모아서 점친 것이다. 邇는 '가깝다'이다.

【箋】 箋云 偕는 俱라 會는 合也라 或卜之하고 或筮之하고 俱占之하니 合言於繇爲近이라 征夫如今近耳라

箋云 : 偕는 '함께'이다. 會는 '합치하다'이다. 거북점을 치고 시초점을 치고 〈두 점을〉 함께 점을 치니, 점사에 말이 합치되어 '가깝다'라고 하였으니, 정벌 간 남편은 지금쯤 가까이 있을 것이다.

【疏】 '匪載'至'邇止' ○ 毛以爲"文王勞戍役, 言汝之室家云"我君子歸期已至, 今非裝載乎? 其意非爲來乎? 何爲使我念之, 憂心以至於甚病." 所以然者, 汝室家言, "本與我期, 已往過矣, 於今由不來至, 由是而使我念之, 多爲憂以致病矣. 汝室家旣憂, 或卜之, 或筮之, 其卜筮俱, 會聚人占之, 其言近止. 旣占云近, 則征夫如今且近止, 應到不遠矣. 汝室家念汝如是也. ○ 鄭唯"卜之, 筮之, 俱占之, 合言於繇"爲異. 餘同.

經의 〔匪載〕에서 〔邇止〕까지

○ 毛亨은 "文王이 수자리를 위로하면서 너희 아내는 '우리 남편이 돌아올 기한이 이미 지났는데, 〈오지 않는 것은〉 지금도 짐을 꾸리지 않아서인가, 오지 않으려고 마음먹어서인가? 어찌해서 나로 하여금 염려하게 해서, 걱정스런 마음에 매우 괴로워하는 지경에 이르게 하는가?'라고 말할 것이다. 그렇게 여기는 까닭에 대해, 너희 아내는 '본래 나와 약속한 기한이 이미 지났는데 지금도 오히려 오지 않으니, 이로 인해 나를 염려하게 하고 매우 걱정하게 해서 병들 지경에 이르게 되었다.'라고 할 것이다. 너희 아내가 매우 걱정이 되어 혹은 거북점을 치고 혹은 시초점을 치니 그 거북점과 시초점의 점괘가 합치되고, 사람을 모아 점을 쳐보니 그 말이 가깝다고 하였다. 이미 점에서 가깝다고 하였으면 정벌 간 남편이 지금쯤에는 마땅히 가까이 왔을 것이니 도착할 날이 머지않았을 것이다. 너희 아내가 너희를 생각하는 것이 이와 같다."라고 여긴 것이다.

○ 정현은 다만 '거북점을 치고 시초점을 치고, 함께 점을 쳐보니, 점사에 말이 합치되었다.'고 한 것이 다르다. 나머지는 같다.

【疏】傳'會人占之' ○ 正義曰：傳以會之言，是會聚人占之，義即與士冠禮"筮日"・士喪禮"筮宅旅占[1)]"同，故爲會人占之. 箋以上句言 "偕止者，俱占之." 若不爲占，則文皆空設偕. 旣爲占，則'會'當爲合，故易之，爲"合言於繇"，謂合言於兆卦之繇也.

1) 筮宅旅占：≪儀禮≫〈士喪禮〉의 '筮宅'에서 "돌아와서 동쪽을 향해 旅占을 친다.〔反之東面 旅占〕"라고 했는데，鄭玄 注에서 "旅는 무리이다. 돌아와서 그 휘하와 함께 점을 치는 것인데，연산역・귀장역・주역을 담당하는 사람을 말한다.〔旅衆也 反與其屬共占之 謂掌連山・歸藏・周易者〕"라고 하였다. 이 주에 대해 공영달은 疏에서 "〈洪範〉의 卜筮에서 '세 사람이 점을 치면 두 사람의 말을 따른다.'고 하였는데，주에서 '거북점과 시초점은 각기 세 사람이 하는데，大卜이 三兆와 三易을 담당한다. 거북점에는 三兆가 있는데 玉兆・瓦兆・原兆이다. 시초점에는 三易이 있는데 연산・귀장・주역이다.'라고 하였다.〔洪範卜筮云 三人占則從二人之言 注云卜・筮各三人，大卜掌三兆・三易 以其龜有三兆 玉兆・瓦兆・原兆 筮有三易 連山・歸藏・周易〕"라고 하였다.

傳의〔會人占之〕

○ 正義曰：毛傳에서는 會의 뜻이 '사람을 모아서 점친 것'이라고 했는데，그 뜻은 ≪儀禮≫〈士冠禮〉의 '筮日'과 ≪의례≫〈士喪禮〉의 '筮宅旅占'과 같다. 그러므로 "사람을 모아서 점을 친 것이다."라고 하였다. 鄭箋에서는 위의 句에서 "偕止"라는 것에 대해 "두 점을 함께 점을 친다."라고 말하였으니，만약 점을 치지 않았다면 문장이 또한 부질없이 '偕'를 쓴 것이 된다. 이미 점을 쳤으면 '會'는 마땅히 '합치하다〔合〕'라는 뜻이 되어야 한다. 그러므로 바꾸어서 "점사에 말이 합치되었다."라고 하였으니，점괘의 점사에 말이 합치된다는 말이다.

杕杜四章이니 章七句라

〈杕杜〉는 4章이니 章마다 7句이다.

魚麗(어리)

【序】魚麗는 美萬物盛多하여 能備禮也라 文武以天保以上治內하고 采薇以下治外하니 始於憂勤하고 終於逸樂이라 故美萬物盛多하여 可以告於神明矣라

〈魚麗〉는 만물이 풍성하고 많아져서 禮儀를 두루 갖출 수 있게 됨을 찬미한 시이다. 文王과 武王은 〈天保〉 이상의 시로써 나라 안의 일을 다스리고 〈采薇〉 이하의 시로써 나라 밖의 일을 다스리니, 근심과 근면에서 시작하고 편안함과 즐거움에서 끝을 맺었다. 그러므로 만물이 풍성하고 많아져서 신명에게 고할 수 있게 된 것을 찬미하였다.

【箋】 內는 謂諸夏也요 外는 謂夷狄也라 告於神明者는 於祭祀而歌之라

內는 諸夏를 말하고, 外는 夷狄을 말한다. "神明에게 고한다."는 것은 제사 지낼 때 그것을 노래하는 것이다.

【疏】 '魚麗'(六章 上三章章四句 下三章章二句)至'神明矣' ○ 正義曰 : 作魚麗詩者, 美當時萬物盛多, 能備禮也. 謂武王之時, 天下萬物草木盛多, 鳥獸五穀魚鱉皆得所, 盛大而衆多, 故能備禮也. 禮以財爲用, 須則有之, 是能備禮也. 又說所以得萬物盛多者, 文王武王以天保以上六篇燕樂之事, 以治內之諸夏. 以采薇以下三篇征伐之事, 治外之夷狄. 文王以此九篇治其內外, 是始於憂勤也. 今武王承於文王治平之後, 內外無事, 是終於逸樂. 由其逸樂, 萬物滋生, 故此篇承上九篇, 美萬物盛多, 可以告於神明也. 文・武竝(有)〔言〕[1]者, 以此篇武王詩之始, 而武王因文王之業, 欲見文治內外而憂勤, 武承其後而逸樂, 由是萬物盛多, 能備禮也. "可以告於神明", 極美之言, 可致頌之意, 於經無所當也.

1) (有)〔言〕: 저본의 교감기에 따라 '言'으로 번역하였다.

序의 〔魚麗〕에서 〔神明矣〕까지

○ 正義曰 : 〈魚麗〉 시를 지은 것은 당시에 만물이 풍성하고 많아져서 禮儀를 두루 갖출 수 있게 됨을 찬미하기 위한 것이다. 말하자면 武王이 다스릴 때 천하 만물인 초목이 풍부해지고, 날짐승과 길짐승・오곡・물고기와 자라 등이 모두 제자리를 얻어서 번성하고 많아졌다. 그 때문에 예의를 갖출 수 있게 되었다는 것이다. 禮는 財物을 사용해야 하는데, 필요할 때 그것이 있는 것이 "禮儀를 갖출 수 있게 되었다."라는 것이다.

또 만물이 풍성하고 많아진 이유를 설명하면서, 文王과 武王이 〈여러 신하들과〉 연회를 베풀며 즐긴 일을 노래한 〈天保〉 이상 6편의 시로써 나라 안의 諸夏를 다스리고, 征伐의 일을 노래한 〈采薇〉 이하의 3편의 시로써 나라 밖의 夷狄을 다스렸기 때문이

라고 하였다.

문왕은 이 9편의 시로써 나라의 안팎을 다스렸으니, 이것이 "근심과 근면에서 시작했다."라는 것이다. 이제 무왕이 문왕의 태평한 정치의 뒤를 이어받아서 나라 안팎이 무사하게 되었으니, 이것이 "편안함과 즐거움에서 끝을 맺었다."라는 것이다. 그 편안함과 즐거움을 말미암아 만물이 번성하게 되었기 때문에, 이 편에서는 위의 9편을 이어받아 만물이 풍성하고 많아져서 神明에게 고할 수 있음을 찬미한 것이다.

문왕과 무왕이 아울러 언급되는 것은 이 편이 무왕 시의 시작인데 무왕은 문왕의 업적을 계승하였으니, 문왕이 나라 안팎을 다스릴 때 근심하고 근면했으며 무왕이 그 뒤를 이어받아서 편안하고 즐겁게 해서, 이로 말미암아 만물이 풍성하고 많아져서 예의를 갖출 수 있었음을 드러내고자 했기 때문이다.

"신명에게 고할 수 있게 되었다."라는 것은 지극히 찬미한 말로 칭송할 수 있었다는 뜻이지만, 經文에는 해당하는 구절이 없다.

【疏】箋'內謂'至'歌之' ○ 正義曰：以采薇等三篇征伐, 是治夷狄, 故云"內謂諸夏, 外謂夷狄". 僖二十五年左傳云"德以柔中國, 刑以威四夷." 詩亦見此法也. 言於祭祀歌之者, 言時已太平, 可以作頌. 頌者, 告神明之歌, 云可以告其成功之狀. 陳於祭祀之事, 歌作其詩, 以告神明也. 時雖太平, 猶非政洽, 頌聲未興, 未可以告神明. 但美而欲許之, 故云'可以'.

箋의 〔內謂〕에서 〔歌之〕까지

○ 正義曰 : 〈采薇〉 등의 3편에서 언급한 征伐은 夷狄을 다스리는 것이다. 그러므로 '內는 諸夏를 말하고, 外는 夷狄을 말한다.'라고 한 것이다. ≪春秋左氏傳≫ 僖公 25년에 "德으로써 중원의 나라를 어루만지고, 刑法으로써 四夷에게 위엄을 드러낸다."라고 하였는데, ≪詩經≫에서도 이 법을 보인 것이다.

"제사 지낼 때 그것을 노래한다."라고 말한 것은, 시대가 이미 태평해서 頌을 지을 수 있게 되었음을 말한 것이다. 頌이란 神明에게 고하는 노래이니, 그 성공을 고할 수 있는 글을 말한다. 제사에 바치는 일은 그 시를 지어 노래하며 신명에게 고하는 것이다. 당시는 비록 태평하더라도 아직 정사에는 충분히 반영되지 않아서, 칭송하는 명성이 일어나지 않아서 신명에게 고할 수 없었다. 그래서 단지 찬미해서 인정받을 수 있기를 바란 것이다. 그러므로 "可以(할 수 있게 되었다)"라고 하였다.

魚麗于罶(류)호니 鱨鯊(상사)로다

물고기가 통발에 걸리니

자가사리와 모래무지이네

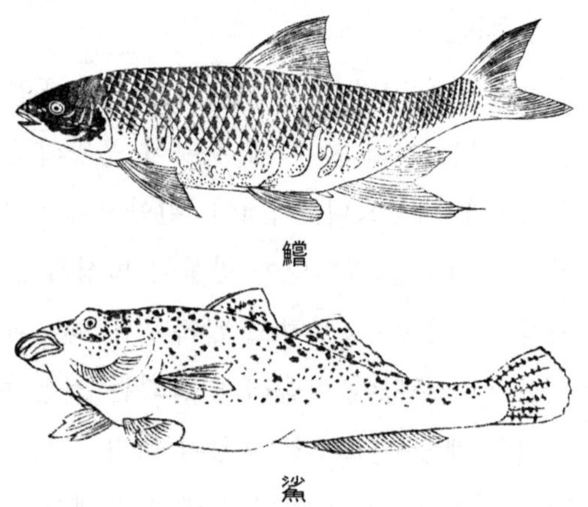

【傳】麗는 歷也요 罶는 曲梁也니 寡婦之笱也라 鱨은 楊也요 鯊는 鮀也라 太平而後에 微物衆多로되 取之有時하고 用之有道면 則物莫不多矣라 古者不風不暴이면 不行火하고 草木不折不操하면 斧斤不入山林이라 豺祭獸然後殺하고 獺祭魚然後漁[1]하며 鷹隼擊然後罻羅設이라 是以天子不合圍하고 諸侯不掩群하며 大夫不麛不卵하고 士不隱塞하며 庶人不數(촉)罟라 罟必四寸하고 然後入澤梁이라 故山不童하고 澤不竭하여 鳥獸魚鱉이 皆得其所然이라 ○ 罶音柳라 鱨音常이니 草木疏云 今江東呼黃鱨魚한대 尾微黃이라 大者長尺七八寸許라하니라 鯊音沙요 亦作魦라 今吹沙니 小魚也라 體圓而有黑點文이라 舍人云 鯊는 石鮀也라하니 鮀는 待何反이라 大平音泰라 暴은 蒲卜反이라 不操는 草刀反이니 一本作不折不芟이요 定本芟作操라 豺는 仕皆反이라 獺은 勑鎋反이요 又佗末反이라 漁音魚라 一本作䱷로되 同이니 取魚也라 罻音畏라 麛는 亡兮反이라 本或作麑로되 同이라 卵은 魯短反이라 隱如字라 本又作偃이로되 亦如字라 塞는 蘇代反이요 又新勒反이라 數은 七欲反이요 又所角反이라 陳氏云 數은 細也라하니라 罟音古라

1) 豺祭獸然後殺 獺祭魚然後漁 : ≪禮記≫ 〈月令〉에 "늦가을 달(9월)에……승냥이가 마침내 짐승을 잡아 제사 지내고 짐승을 사냥한다.〔季秋之月……豺乃祭獸戮禽〕"라고 하였고, 또 "초봄 달(1월)에 수달이 물고기를 잡아 제사 지낸다.〔孟春之月……獺祭魚〕"라고 하였다. 즉 승냥이와 수달이 짐승과 물고기를 사냥해 늘어놓는 것이 마치 사람이 제사를 지내는 모습과 비슷하므로, 옛날 사람들은 승냥이와 수달이 잡은 먹이로 제사를 지낸다고 여겼다.

麗는 '거치다'이다. 罶는 '대나무로 만든 통발'이니, 과부의 통발이다. 鱨은 '자가사리'이고, 鯊는 '모래무지'이다. 태평하게 된 이후에 미물들이 수가 많아지니, 취함에 때가 있고 사용함에 도가 있으면 미물이 많아지지 않을 수 없다. 옛날에 바람이 불지 않거나 사납게 불지 않으면 불을 놓지 않았고, 초목이 가지가 꺾이고 잎이 떨어지지 않으면 도끼를 산림에 들이지 않았다. 승냥이가 짐승으로 제사를 지낸 후에 사람들이 짐승을 죽였고, 수달이 물고기로 제사를 지낸 후에 사람들이 물고기를 잡았으며, 매와 새매가 새들을 습격한 후에 새그물을 놓았다. 그래서 天子는 사면을 완전히 포위하지 않았고 諸侯는 새와 짐승을 모두 다 잡지 않았으며 大夫는 어린 사슴이나 알을 취하지 않았고 士는 어량을 꽉 막아버리지 않았으며 庶人은 촘촘한 그물을 치지 않았다. 그물은 반드시 간격을 4촌으로 만든 후에 택량에 들였다. 그러므로 산은 헐벗지 않았고 못은 고갈되지 않았으며 새와 짐승과 물고기와 자라가 모두 알맞은 자리에 있었다.

○ 罶는 음이 柳이다. 鱨은 음이 常이니, 陸璣의 ≪毛詩草木鳥獸蟲魚疏≫에서는 "지금 江東에서는 黃鱨魚라고 부르는데 꼬리는 미황색이다. 크기가 큰 것은 길이가 1尺 7, 8촌쯤 된다."라고 하였다. 鯊는 음이 沙이고 또 魦로 쓰기도 한다. 지금의 吹沙이니 작은 물고기이다. 몸체는 둥글고 검은색의 점무늬가 있다. 舍人은 "鯊는 石鮀이다."라고 하였는데, 鮀는 待와 何의 반절이다. "大平"의 大는 음이 泰이다. 暴은 蒲와 卜의 반절이다. "不操"의 操는 草와 刀의 반절인데, 어떤 본에는 "不折不芟"로 되어 있고, ≪五經定本≫에는 芟가 操로 되어 있다. 豺는 仕와 皆의 반절이다. 獺은 敕와 鎋의 반절이고, 또 佗와 末의 반절이다. 漁는 음이 魚이다. 어떤 본에는 獻로 되어 있는데 음은 같고, '물고기를 잡는다.'는 뜻이다. 罻는 음이 畏이다. 麛는 亡과 兮의 반절이다. 어떤 본에는 麑로 쓰인 것도 있는데 음은 같다. 卵은 魯와 短의 반절이다. 隱은 본래의 글자대로 읽는다. 어떤 본에는 또 偃으로 되어 있는데 또한 본래 글자대로 읽는다. 塞는 蘇와 代의 반절이고, 또 新과 勒의 반절이다. 數은 七과 欲의 반절이고, 또 所와 角의 반절이다. 陳氏는 "數은 '촘촘하다〔細〕'이다."라고 하였다. 罟는 음이 古이다.

君子有酒旨하고 且多로다

군주에게 맛있는 술이 있고
또 물고기 안주가 많다네

【箋】 箋云 酒美而此魚又多也라 ○ 有酒旨絶句요 且多는 此二字爲句라 後章放此니 異此讀則非라

箋云 : 술이 맛있고 이런 물고기들 역시 많다.

○ "有酒旨"에서 句가 끊기고 "且多"는 2자가 句가 된다. 뒤의 章도 이와 같으니, 이 구두를 다르게 끊으면 옳지 않다.

【疏】'魚麗'至'且多' ○ 正義曰：言武王之時，萬物殷盛．時捕魚者施笱於水中，則魚麗歷於罶者，是鱨鯊之大魚．非直有此大魚，又君子有酒矣．其魚酒如何？酒旣旨美，且魚復衆多．魚酒多矣如是，是萬物盛多，能備禮也．

經의 〔魚麗〕에서 〔且多〕까지

○ 正義曰：武王 때에 만물이 번성했음을 말한 것이다. 이때 물고기를 잡는 사람이 물속에 통발을 설치하면, 통발에 걸리는 물고기는 자가사리와 모래무지 중 큰 물고기이다. 다만 이 큰 물고기만 있는 것이 아니라 또한 군자에게는 술이 있었다. 그 물고기와 술은 어떠했는가? 술은 맛이 좋았고, 또 물고기는 다시 많았다. 물고기와 술이 이와 같이 많으니, 이것이 "만물이 풍성하고 많아져서 禮儀를 갖출 수 있다."는 것이다.

【疏】傳'罶曲'至'所然' ○ 正義曰：釋訓云"凡曲者爲罶"，是"罶，曲梁"也．釋器曰"嫠婦之笱，謂之罶."，是"寡婦之笱"也．釋訓注，郭璞引詩傳曰"罶，曲梁也．凡以薄取魚者，名爲罶也."釋器注，孫炎曰"罶，曲梁．其功易，故謂之寡婦之笱."然則曲(簿)〔薄〕[1]也，以簿(簿)〔薄〕爲魚笱，其功易，故號之寡婦笱耳，非寡婦所作也．鱨，楊者，魚有二名，釋魚無文．陸璣疏云"鱨，一名黃頰魚是也．似燕頭魚，身形厚而長大，頰骨正黃．魚之大而有力解飛者，徐州人謂之楊黃頰，通語也.""鯊，鮀"，釋魚文．郭璞曰"今吹沙也."陸璣疏云"魚狹而小，常張口吹沙，故曰吹沙."此寡婦笱而得鱨鯊之大魚，是衆多也．魚所以衆多，傳因推而廣之云"大平而後，微物衆多."，見此詩擧魚多，明此義也．微物尙衆多，況其著者．微物所以衆多，由取之以時，用之有道，不妄夭殺，使得生養，則物莫不多矣．古者不風不暴，不行火，言風暴然後行火也．風暴者，謂氣寒，其風疾．其風疾，卽北風，謂之涼風．北風箋云"寒涼之風，病害萬物"，是也．北風，冬風之總名，自十月始，則暴風謂十月也．故王制云"昆蟲未蟄，不以火田."羅氏云"蠟則作羅襦."鄭云"謂建亥之月．今俗放火張羅，其遺敎."是十月也．草木不折不芟，斤斧不入山林，言草木折芟，斤斧乃入山林也．草木折芟，謂寒霜之勁，暴風又甚，草木枝折葉隕，謂之折芟．月令"季秋草木黃落"，則十月風暴當折芟矣．言芟者，蓋葉落而盡，似芟之．定本芟作操．又云"斧斤入山林"，無'不'(誤字)〔字，誤〕[2]也．然則十月而斤斧入山林．月令"季秋伐薪爲炭"者，炭以時用，所伐者少耳，故未芟折，可伐之也．"豺祭獸然後殺"者，言豺殺獸，聚而祭其先，然後可田獵取獸也．月令"季秋，豺祭獸而戮禽"．雖九月始，十月猶祭也, 故夏小正云 "十月豺祭獸", 援神契云 "獸蟄伏, 豺食禽", 皆據十月. 是以羅氏注云 "建亥之月, 豺旣祭獸, 可施羅網, 圍取禽獸.", 是也. "獺祭魚然後漁", 亦謂獺聚其魚以祭先, 然後可捕魚耳. 援神契曰 "獸蟄伏, 獺祭魚", 亦十月也. 王制曰 "獺祭魚, 然後虞人入澤梁", 與此一也. 月令 "孟春, 獺祭魚", 則獺亦有二時祭魚. 此類上文爲孟冬矣. "鷹隼擊, 然後罻羅設", 鷹及隼行威擊殺衆鳥, 然後設羅以田也. 案夏小正 "五月, 鳩化爲鷹.", 月令 "季夏, 鷹乃學習. 孟秋, 鷹乃祭鳥", 則一鷹也. 仲春化爲鳩, 其變從五月始, 至八月當全爲鷹, 與仲春相對, 故司裘云 "仲秋, 王乃行羽物." 注云 "此羽物, 小鳥鶉雀之屬, 鷹所擊者. 仲秋, 鳩化爲鷹, 順其始殺, 而大班賜羽物." 王制亦云 "鳩化爲鷹, 而罻羅設." 故據此似八月也. 但鳩化爲鷹, 得在八月, 言罻羅設, 則非八月之事. 鄭云 "順其始殺", 則鷹八月始擊, 十月乃甚. 又文與隼連, 共豺・獺相對, 爲十月事也. 言 "罻羅設"者, 說文云 "罻, 捕鳥網", 則是羅之別名, 蓋其細密者也. 自此以上, 是取之以時也. 旣言取之以時, 又說取之節度. "天子不合圍", 言天子雖田獵, 不得圍之使匝, 恐盡物也. 大司馬云 "仲春, 鼓, 遂圍禁", 則四時皆圍, 但不(麛)〔匝〕[3]耳. 諸侯, 言不掩群, 大夫, 言不麛不卵, 各擧其力之所能以禁之耳. 其實通皆不得, 故魯語云 "獸長麛夭, 鳥翼鷇卵", 王制直言 "不麛不卵, 不殺胎, 不殀夭", 示人禁取麛卵, 是尊卑皆禁也. 但急於春夏, 緩於秋冬, 差可爲, 恐盡物, 以長養之故也. 若時有所須, 如春薦韭卵, 秋膳犢麛之屬, 得取而用, 正不得, 故田獵以取之. 下曲禮云 "國君春田不圍澤, 大夫不掩群, 士不麛不卵", 與此異者, 此自天子而下, 彼自諸侯而下, 各爲等級, 所以不同. 亦推此知各禁其所能耳. 國君直言春田不圍澤, 不言夏者, 以夏長養之時, 彌不得, 從可知也. 雖秋冬得圍之, 自然不得匝也. 士不隱塞者, 爲梁止可爲防於兩邊, 不得當中, 皆隱塞, 亦爲盡物也. 庶人不總罟, 謂罟目不得總之使小, 言使小魚不得過也. 集本'總'作'緵', 依爾雅定本作'數', 義俱通也, 罟目必四寸, 然後始得入澤梁耳. 由其如此, 故山不童, 澤不竭. 童者, 若童子未冠者也. 山無草木, 若童子未冠然. 草木之屬, 不妄斬伐, 則山不童也. 萑蒲之類, 取之以道, 則澤不竭也. 如是, 則鳥獸魚鱉各得其所然也. 是微物衆多. 然者, 語助. 此皆似有成文, 但典籍散亡, 不知其出耳.

1) (溥)〔薄〕: 저본의 교감기에 따라 '薄'으로 번역하였다. 아래도 같다.
2) (誤字)〔字誤〕: 저본의 교감기에 따라 '字誤'로 번역하였다.
3) (麛)〔匝〕: 저본의 교감기에 따라 '匝'로 번역하였다.

傳의 〔罶曲〕에서 〔所然〕까지

○ 正義曰 : ≪爾雅≫ 〈釋訓〉에서 "일반적으로 굽은 것을 罶라고 한다."라고 하였으니, 이것이 "罶는 曲梁이다."라고 한 것이다. ≪爾雅≫ 〈釋器〉에서 "과부의 통발을 罶라고 한다."라고 하였으니, 이것이 "과부의 통발〔寡婦之笱〕"이라고 한 것이다. 〈석훈〉의 注에서 郭璞이 ≪詩經≫ 毛傳을 인용하여 말하기를 "罶는 통발이니, 일반적으로 대그릇〔薄〕으로 물고기를 잡는 것을 이름 지어 罶라고 한다."라고 하였고, 〈석기〉의 주석에서 孫炎이 말하기를 "罶는 통발이다. 그 일이 쉽기 때문에 과부의 통발이라고 한다."라고 하였다. 그렇다면 '曲'은 대그릇이고, 대그릇으로 魚笱를 만들면 그 일이 쉽기 때문에 "寡婦笱"라고 부르는 것일 뿐이지, 과부가 만드는 것은 아니다. "鱨은 楊이다."라고 한 것은 물고기에게 두 가지 이름이 있는 것이니, ≪이아≫ 〈釋魚〉에는 해당하는 글이 없다. 陸璣의 ≪毛詩草木鳥獸蟲魚疏≫에서는 "鱨은 일명 黃頰魚라고 불리는 것이 이것이다. 머리는 제비 같고 몸은 물고기이다. 몸체는 두툼하고 장대하며 뺨의 뼈는 순황색이다. 물고기 중 크고 힘이 있어 재빨리 나는 것도 있다. 徐州의 사람은 楊黃頰이라고 하는데, 일상적으로 쓰는 말이다."라고 하였다. "鯊는 모래무지다."라고 한 말은 ≪이아≫ 〈석어〉의 글이다. 곽박은 그 注에서 "지금의 吹沙이다."라고 하였는데, 육기는 ≪모시초목조수충어소≫에서 "물고기가 갸름하고 작으며, 항상 입을 벌려 모래를 불어 나부끼게 한다. 그래서 '吹沙'라고 한다."라고 하였다. 이것이 과부의 통발을 사용하고도 자가사리와 모래무지 중 큰 물고기를 얻는 것이고, 이것이 미물의 수가 많다는 것이다. 물고기의 수가 많아진 까닭에 毛傳에서는 미루어 확대하여 "태평하게 된 이후에 미물들이 수가 많아진다."라고 하였으니, 이 시에서 물고기가 많다고 거론한 것은 이 뜻을 분명히 한 것임을 드러내었다. 미물도 오히려 많아지니 확연하게 보이는 생물은 어떻겠는가. 미물이 수가 많아지는 까닭은 때에 맞게 취하고 용도에 따라 쓰며, 함부로 살육하지 않고 번식을 할 수 있게 해서이니, 이렇게 하면 동물이 많아지지 않을 수 없다.

"옛날에 바람이 불지 않거나 사납게 불지 않으면 불을 놓지 않았다."는 것은 바람이 사납게 분 이후에 불을 놓았다는 것을 말한다. 바람이 사납다는 것은 공기가 차서 그 바람이 빠른 것을 말한다. 바람이 빠른 것은 북풍인데 그것을 涼風이라고 한다. 〈邶風 北風〉의 鄭箋에서 〈북풍은〉 "차갑고 서늘한 바람이니 만물에 피해를 끼친다."라고 한 것이 이것이다. 북풍은 겨울바람의 총칭으로 10월부터 시작되니, 暴風은 10월을 일컫는다. 그러므로 ≪禮記≫ 〈王制〉에서는 “곤충이 칩거하지 않았을 때는 불을 놓아 사냥을 하지 않는다.”라고 하였고, ≪周禮≫ 〈夏官 羅氏〉에서는 “臘祭에는 비단 저고리를 쓴다.”라고 하였는데, 정현은 “夏曆 10월을 말한다. 지금 풍속에서 불을 놓고 그물을 설치하는 것이 그 교화에 영향을 받은 것이다.”라고 하였으니, 이것이 10월이다. “초목이 가지가 꺾이고 잎이 시들어 떨어지지 않으면 도끼를 산속에 들이지 않았다.”는 것은, 초목이 가지가 꺾이고 잎이 시들어 떨어지면 도끼를 가지고 곧 산림에 들어갔다는 것을 말한다. 초목이 꺾이고 잎이 시들어 떨어진다는 것은 된서리가 매섭고 사나운 바람도 더 심해짐을 말한다. 초목의 가지가 꺾이고 잎이 시들어 떨어지는 것을 ‘折芟’라 한다. ≪예기≫ 〈月令〉에서 “늦가을에 초목이 누레지고 떨어진다.”라고 하였으니, 10월에 바람이 사납게 불면 당연히 가지가 꺾이고 잎이 떨어진다. ‘벤다〔芟〕’고 말한 것은 잎이 떨어져 없어진 것이 마치 벤 것과 같기 때문이다. ≪五經定本≫에는 ‘芟’이 ‘操’로 되어 있다. 또 “斧斤入山林”이라고 해서 ‘不’자가 없는데, 잘못되었다. 그렇다면 10월에 도끼를 산림에 들이는 것이다. 〈월령〉에서 “늦가을에 나무를 베어 숯을 만든다.”라고 한 것은 숯이 이때에 사용되기 때문에 베는 것이 적을 뿐이다. 그러므로 아직 떨어지지 않고 꺾이지 않았을 때 벨 수 있는 것이다.

“승냥이가 짐승으로 제사를 지낸 후에 사람들이 짐승을 죽였다.”라고 한 것은, 승냥이가 짐승을 죽여서 무리지어 그 선조에게 제사를 지낸 후에야 사냥을 해서 짐승을 취할 수 있음을 말한 것이다. 〈월령〉에서는 “늦가을에 승냥이가 짐승을 제사 지낸다.”라고 해서, 〈짐승을 죽이는 것이〉 비록 9월에 시작하지만 10월에도 여전히 제사 지낸다. 그러므로 ≪大戴禮記≫ 〈夏小正〉에서 “10월에 승냥이가 짐승으로 제사 지낸다.”라고 하고, ≪孝經緯≫ 〈援神契〉에서 “짐승이 숨어 엎드리고 승냥이가 짐승을 먹는다.”라고 한 것은 모두 10월을 근거로 말한 것이다. 여기에서 ≪주례≫ 〈하관 나씨〉의 정현 注에서 “10월에 승냥이가 짐승을 제사 지내고 나서 그물을 펼쳐 짐승을 포위해서 잡을 수 있다.”라고 한 것이 이것이다. 또 “수달이 물고기로 제사를 지낸 이후에 사람들이 물고기를 잡는다.”라고 한 것도 수달이 물고기 잡아 모아서 선조에게 제사 지낸 이후에 사람들이 물고기를 잡을 수 있다고 말한 것일 뿐이다. ≪효경위≫ 〈원신계〉에서 “짐승이 숨어 엎드리고 수달이 물고기로 제사 지낸다.”라고 한 것도 10월이다. ≪예기≫ 〈왕제〉에서 “수달이 물고기로 제사 지낸 후에 虞人이 못에 어량을 놓는다.”라고 한 것도 이것과 같다. ≪예기≫ 〈월령〉에 “초봄에 수달이 물고기로 제사 지낸다."라고 하였으니, 수달도 두 계절에 물고기로 제사 지낸다. 이것은 윗 문장에서 '초겨울'이라고 한 것과 비슷하다.

"매와 새매가 새들을 습격한 후에 새그물을 놓았다."는 것은, 매와 새매가 위협을 가하여 뭇 날짐승을 쳐서 죽이고 난 후에 새그물을 설치하여 사냥하는 것이다. 살펴보건대 〈하소정〉에서는 "5월에 비둘기가 변해서 매가 된다."라고 하고, 〈월령〉에서는 "늦여름에 매가 날개짓을 익히고, 초가을에 매가 새를 사냥한다."라고 하였으니 동일한 매이다. 仲春에 변해서 비둘기가 되는데, 그것의 변화는 5월부터 시작해서 8월에 이르면 완전히 매가 되니, 중춘과는 서로 對가 된다. 그러므로 ≪周禮≫ 〈司裘〉에서 "仲秋에 왕이 날짐승으로 여러 관리에게 하사한다."라고 하였는데, 정현이 注에서 "이 날짐승은 메추라기, 참새와 같은 작은 새 종류로 매가 낚아채는 것이다. 중추에 비둘기가 변해서 매가 되는데 매가 처음으로 죽인 것을 의거해서 날짐승을 크게 나눠주는 것이다."라고 하였고, ≪예기≫ 〈왕제〉에서도 "비둘기가 변해서 매가 되면 새그물을 설치한다."라고 하였다. 그러므로 이것을 근거로 8월과 비슷하게 하였다. 다만 비둘기가 변해서 매가 되는 것은 8월에 있을 수 있는 일이지만, 새그물을 설치한다고 말하면 8월의 일이 아니다. 정현이 "매가 처음 죽인 것에 의거하여"라고 말한 것은 매가 8월에 처음으로 낚아채기를 시작해서 10월이면 심해지기 때문이다. 또 문장에서는 '새매〔隼〕'와 연관지어 모두 승냥이(9월), 수달(10월)과 상대해서 쓴 말로 10월의 일이 되기 때문이다. "罻羅設"은 ≪說文解字≫에서 "罻는 새를 잡는 그물이다."라고 하였으니, 이것은 그물의 다른 명칭인데, 그물이 촘촘한 것이다.

이하는 시기에 맞는 짐승을 취한 것이다. 이미 시기에 맞는 짐승을 취했다고 말하고 나서, 다시 그것을 취하는 절도를 설명하였다. "천자는 사면을 완전히 포위하지 않는다"는 것은 천자가 비록 사냥을 하더라도 사면을 에워싸게 할 수 없도록 한 것을 말하니, 동물을 다 잡을까 두려워해서이다. ≪주례≫ 〈大司馬〉에서 "仲春에 북을 쳐서 포위해 가둔다."라고 하였으니, 사계절에 모두 포위하지만 다만 에워싸지 않을 뿐이다. 諸侯에 대해서 '다 잡지 않았다.'고 하고 大夫에 대해서는 '어린 사슴이나 알을 취하지 않았다.'고 한 것은, 각자 그 힘으로 할 수 있는 것을 거론하여 금지한 것일 뿐이다. 사실은 모두 잡을 수 없는 것이니, 그러므로 ≪國語≫ 〈魯語〉에서는 "짐승은 새끼 사슴과 새끼 사불상을 길러주고, 새는 새끼와 알을 보호해준다."라고 하고, ≪예기≫ 〈왕제〉에서도 다만 "짐승의 새끼를 잡지 않고 새의 알을 취하지 않으며, 새끼 밴 어미를 죽이지 않고 어린 짐승을 베어 죽이지 않는다."라고 한 것은, 사람들에게 짐승의 새끼나 새의 알을 취하는 것을 금지하였음을 보인 것이니, 이것은 존귀한 자와 비천한 자가 모두 금지한 것이다.

다만 봄과 여름에는 급하게 하고 가을과 겨울에는 느슨하게 하는 것은 조금 할 만한 것이고, 동물을 다 잡을까 두려워하는 것은 키우고 번식시키려 했기 때문이다. 예컨대 시기에 맞게 필요한 것이 있으니, 봄에 부추와 알을 제수로 올리고 가을에 송아지를 희생으로 쓴다는 것과 같은 것은 취할 수 있어서 쓰는 것인데, 바로 취할 수 없기 때문에 사냥해서 취하는 것이다. ≪예기≫ 〈曲禮 下〉에서 "國君이 봄 사냥할 때 늪을 포위하지 않고, 大夫는 짐승의 무리를 덮치지 않고, 士는 새끼를 잡지 않고 알을 취하지 않는다."라고 해서 이와 달리한 것은, 앞에는 천자에서부터 내려온 것이고 뒤에는 제후에서부터 내려온 것이어서 각각 등급 때문에 같지 않은 것이다. 또한 이것을 미루어 각자 그가 할 수 있는 것을 금지했음을 알 수 있을 뿐이다. 국군에 대해서 다만 봄 사냥에 늪을 포위하지 않는다고 하고 여름을 말하지 않은 것은, 여름은 키우고 번식하는 때라서 널리 잡을 수 없음을 미루어서 알 수 있다. 비록 가을과 겨울에는 포위할 수 있으나 자연스럽게 에워쌀 수 없다.

"士는 어량을 다 막지 않는다"는 것은 어량을 만들 때 단지 양쪽에 칸막이를 만들고 중앙에는 만들지 않았으니, 모두 막아버리면 역시 동물을 다 잡게 되기 때문이다. "庶人은 촘촘한 그물을 치지 않았다."는 것은 그물의 눈을 묶을 때 작게 만들 수 없게 한 것을 이르니, 말하자면 작은 물고기로 하여금 통과할 수 없게 하기 때문이다. ≪集本≫에는 '總'이 '緵'으로 되어 있는데, ≪이아≫와 ≪오경정본≫에 '數'이라고 되어 있는 것을 따랐다. 뜻은 모두 통하기 때문에, 그물의 눈은 반드시 4寸이 된 이후에 비로소 澤梁에 들일 수 있을 뿐이다. 이같이 한 것으로 말미암아 산은 헐벗지 않았고 못은 고갈되지 않았다. '童'이란 어린아이가 관을 쓰지 않은 것과 같은 것이다. 산에 초목이 없는 것이 동자가 관을 쓰지 않는 모습과 같다. 초목의 부류를 쓸데없이 쳐서 없애지 않으면 산은 헐벗게 되지 않고, 물억새와 부들의 부류를 도에 맞게 취하면 못은 고갈되지 않는다. 이같이 하면 새와 짐승과 물고기와 자라가 모두 알맞은 자리에 있게 되니, 이것이 微物이 많아지는 이유이다. '然'은 어조사이다. 여기에는 완성된 문장이 있었을 것이나 다만 典籍이 흩어지고 없어졌으니, 그 전적이 나올지는 알 수 없을 뿐이다.

【疏】箋'酒美'至'又多' ○ 正義曰：言'且多'文, 承'有酒'之下, (三章)[1]則似酒多也. 而以爲魚多者, 以此篇下三章還覆上三章也. 首章言'旨且多', 四章云'物其多矣', 二章云'多且旨', 五章云'物其旨矣', 三章言'旨且有', 卒章云'物其有矣', 下章皆疊上章句末之字. 謂之爲物若酒, 則人之所爲, 非自然之物, 以此知'且多'・'且旨'・'且有'皆是魚也.

1) (三章) : 저본의 교감기에 따라 '三章'을 衍文으로 처리하였다.

箋의 〔酒美〕에서 〔又多〕까지

○ 正義曰 : '且多'라는 문장을 '有酒'의 아래에 이으면, 술이 많은 것처럼 된다. 그러나 물고기가 많다고 한 것은 이 편의 아래 3장이 다시 위의 3장을 반복하기 때문이다. 1장에서 '旨且多'라고 하였는데 4장에서 '物其多矣'라 하고, 2장에서 '多且旨'라고 하였는데 5장에서 '物其旨矣'라 하고, 3장에서 '旨且有'라 하였는데 6장에서 '物其有矣'라고 하였다. 아래 장은 모두 위 장의 句 마지막 글자와 겹치는데 그것을 物이라고 하였으니, 만약 술이라면 사람이 만드는 것이어서 자연의 物이 아니다. 이것으로 '且多', '且旨', '且有'가 모두 물고기라는 것을 알 수 있다.

魚麗於罶호니 **魴鱧**(례)로다

물고기가 통발에 걸리니

방어와 가물치이네

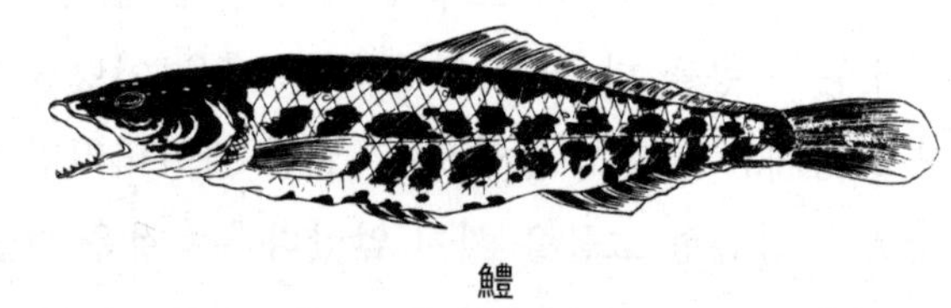
鱧

【傳】鱧는 鮦也라

鱧는 '가물치'이다.

君子有酒多하고 **且旨**로다

군자에게 술이 많고

물고기도 맛있네

【箋】箋云 酒多而此魚又美也라

箋云 : 술이 많고 이 물고기도 맛있다.

【疏】傳'鱧 鮦' ○ 正義曰：釋魚云 "鱧, 鯇", 舍人曰 "鱧, 名鯇", 郭璞曰 "'鱧, 鮦', 徧檢諸本, 或作'鱧鱯', 或作鱧鯇. 若作鮦, 似與郭璞正同. 若作鯇, 又與舍人不異. 或有本作鱧鯉者. 定本鱣鮦, 鮦與鱯音同.

傳의〔鱧 鮦〕

○ 正義曰：≪爾雅≫〈釋魚〉에서는 "鱧는 鯇이다."라 하였는데, 舍人은 "鱧는 이름이 鯇이다."라 하고, 郭璞은 "'鱧는 鮦이다.'라고 하였다. 여러 본을 두루 검토해보니, 어떤 본에는 鱧鱯으로 되어 있고, 어떤 본에는 鱧鯇으로 되어 있다. 만약 鮦으로 되어 있으면 곽박과 꼭 같은 듯하고, 만약 鯇으로 되어 있으면 다시 舍人과 다르지 않았다. 어떤 본에는 鱧鯉로 되어 있는 것도 있다. ≪五經定本≫에는 鱣鮦으로 되어 있는데, 鮦은 鱯과 음이 같다.

魚麗於罶호니 鰋鯉로다

물고기가 통발에 걸리니

메기와 잉어로다

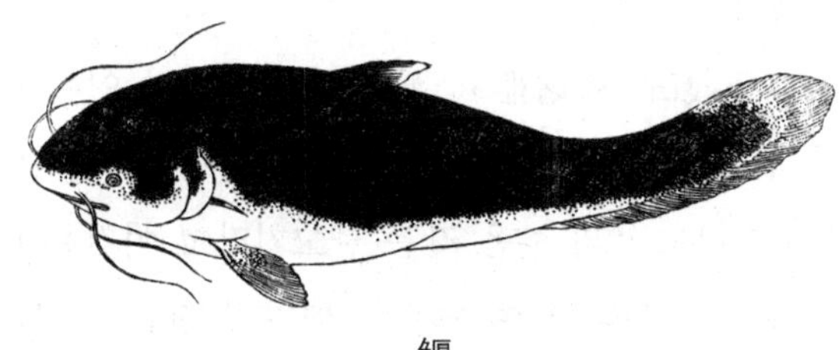

鰋

【傳】鰋은 鮎也라 ○ 鰋音偃이니 郭云 今偃額白魚라 鮎은 乃兼反이니 江東呼鮎爲鮧라 鮧音啼요 又在私反이라 毛及前儒는 皆以鮎釋鰋하고 鱧爲鯇하며 鱣爲鯉라 唯郭注爾雅하여 是六魚之名이라하니라 今目驗이라도 毛解與世不協이라 或恐古今名異는 逐世移耳라

鰋은 메기이다.

○ 鰋은 음이 偃이니, 郭璞은 "지금 偃은 이마가 흰 물고기이다."라고 하였다. 鮎은 乃와 兼의 반절이니, 江東에서는 메기를 '鮧'라고 부른다. 鮧의 음은 啼이다. 또 在와 私의 반절이다. 毛亨과 前代의 유학자는 모두 鮎을 메기로 해석하였고, 鱧는 산천어라 하며 鱣은 잉어라고 하였다. 오직 곽박만이 ≪爾雅≫에 주를 붙여, 이것은 6가지 물고기의 이름이라고 하였다. 지금 눈으로 살펴보아도 모씨의 해석은 세상과 합치되지 않는다. 아마도 옛날과 지금의 이름이 다른 것은 시대에 따라 바뀌었기 때문일 것이다.

君子有酒旨하고 且有로다

군주에겐 맛있는 술이 있고

이 물고기도 있네

【箋】箋云 酒美而此魚又有라

箋云 : 술이 맛있고 이 물고기도 있다.

【疏】傳'鰋 鮎' ○ 正義曰 : 釋魚有鰋鮎, 郭璞曰 "鰋, 今鰋額白魚也. 鮎, 別名鯷." 孫炎以爲鰋·鮎一魚, 鱧鯇一魚, 郭璞以爲鰋·鮎·鱧·(鮦)〔鯇〕[1]四者各爲一魚. 傳文質略, 未知從誰.

1) (鮦)〔鯇〕: 저본의 교감기에 따라 '鯇'으로 번역하였다.

傳의 〔鰋 鮎〕

○ 正義曰 : ≪爾雅≫ 〈釋魚〉에 '鰋鮎'이 있는데, 郭璞은 "鰋은 지금의 메기 가운데 이마 부분이 하얀 물고기이다. 鮎은 별명이 '鯷'이다."라고 하였다. 孫炎은 鰋과 鮎은 같은 물고기이고 鱧와 鯇은 같은 물고기라고 여겼는데, 곽박은 鰋·鮎·鱧·鯇 4가지는 각각 한 종류가 된다고 여겼다. 毛傳의 문장은 소략해서 누구를 따른 것인지 알 수 없다.

物其多矣요 維其嘉矣라

물고기가 많고
그 품질이 좋네

【箋】箋云 魚既多하고 又善이라

箋云 : 물고기의 수가 많은데다가 또 좋다.

物其旨矣요 維其偕矣라

물고기가 맛있고
그 질이 균등하네

【箋】箋云 魚既美하고 又齊等이라

箋云 : 물고기가 맛있는데다가 또 질이 균등하다.

物其有矣요 **維其時矣**라

물고기가 있는데
시기에 적절하도다

【箋】 箋云 魚旣有요 又得其時라

箋云 : 물고기가 있는데다가 또 시기에도 맞는다.

魚麗六章이니 **三章章四句**요 **三章章二句**라

〈魚麗〉는 6章이니 3章은 章마다 4句이고, 3章은 章마다 2구이다.

南陔(남해)·白華(백화)·華黍(화서)

【序】 **南陔**는 **孝子相戒以養也**라 **白華**는 **孝子之絜白也**라 **華黍**는 **時和歲豐**하여 **宜黍稷也**라

〈南陔〉는 효자들이 부모를 봉양하는 것으로 서로 경계한 시이다. 〈白華〉는 효자의 絜白을 읊은 시이다. 〈華黍〉는 사시의 기후가 순조로워 풍년이 들어서 黍稷에 마땅함을 읊은 시이다.

【疏】 '南陔'至'黍稷' ○ 正義曰 此三篇旣亡其辭, 其名曰南陔·白華·華黍之由, 必是詩有此字. 不可以意言也.

序의 〔南陔〕에서 〔黍稷〕까지

正義曰 : 이 세 편의 시는 이미 가사가 없는데 시 제목을 〈南陔〉·〈白華〉·〈華黍〉이라고 이름 지은 까닭은, 반드시 시의 經文에 南陔·白華·華黍라는 글자가 있기 때문일 것이다. 그러나 내 마음대로 말할 수는 없다.

【傳】 有其義而亡其辭라

시의 주제는 있으나 가사는 없어졌다.

【箋】此三篇者는 鄉飮酒・燕禮用焉이니 曰 笙入하여 立于縣[1]中하여 奏南陔・白華・華黍흡이 是也라 孔子論詩에 雅・頌各得其所라하니 時俱在耳라 篇第當在於此나 遭戰國及秦之世而亡之로되 其義則與衆篇之義合編이라 故存이라 至毛公爲詁訓傳하여 乃分衆篇之義하여 各置於其篇端하고 云 又闕其亡者하여 以見在爲數라 故推改什首하여 遂通耳로되 而下非孔子之舊라 ○ 此三篇은 蓋武王之時에 周公制禮하고 用爲樂章하여 吹笙以播其曲이라 孔子刪定在三百一十一篇內한대 遭戰國及秦而亡이라 子夏序詩에 篇義合編이라 故詩雖亡而義猶在也라 毛氏訓傳에 各引序冠其篇首하여 故序存而詩亡이라 縣音玄이요 編은 必先反이라 見은 賢遍反이라

1) 縣 : ≪儀禮≫ 〈鄕射禮〉의 注釋에서 "현악기가 있는 중앙은 磬의 동쪽에서 서쪽을 바라본다.〔縣中 磬東立西面〕"라고 하였는데, 縣은 현악기가 있는 곳임을 알 수 있다.

이 세 편의 시는 ≪儀禮≫ 〈鄕飮酒禮〉와 〈燕禮〉에 사용되었다. 〈연례〉에서 "笙 연주자가 들어와 縣의 중앙에 서서 〈南陔〉, 〈白華〉, 〈華黍〉를 연주한다."라고 한 것이 이것이다. 〈≪論語≫ 〈子罕〉에〉 孔子가 시를 논하면서 "雅와 頌이 각자 제자리를 찾았다."라고 하였으니, 당시에는 모두 존재했을 것이다. 편의 순서는 마땅히 이 자리에 있었을 것이나 戰國과 秦나라의 시대를 만나서 없어지게 되었는데, 그 주제는 여러 시편의 주제와 함께 편집되었으므로 남았다. 毛亨이 ≪詁訓傳≫을 지을 때에 이르러서야 여러 시편의 주제를 분별하여 각각 그 편의 맨 앞에 위치시키고, "또 없어진 시를 빼놓고 현존하는 열 편의 시로 編修를 만들었다. 그러므로 什의 첫 편의 시를 고치고 마침내 〈小雅〉의 전편을 통해 적용했을 뿐이다."라고 하였으니, 이하의 편차는 공자 때의 옛 모습이 아니다.

○ 이 세 편의 시는 武王 때 周公이 禮를 제정하고 이것으로 樂章을 만들어, 笙을 불어 그 곡조를 전파한 것이다. 공자가 산정한 311편 내에 들었는데, 전국과 진나라의 시대를 만나서 없어졌다. 子夏가 詩에 序를 지을 때 시편의 주제로써 함께 편집했기 때문에 시는 비록 없어졌으나 주제는 여전히 남아 있었다. 모형의 ≪고훈전≫에서는 각각 序를 끌어와 그 편의 첫머리에 씌웠기 때문에 序는 보존되었으나 시는 없어졌다. 縣은 음이 玄이고, 編은 必와 先의 반절이다. 見은 賢과 遍의 반절이다.

【疏】'有其義而亡其辭' ○ 正義曰 : 此二句, 毛氏著之也. 言有其詩篇之義, 而亡其詩辭, 故置其篇義於本次, 後別著此語記之焉.

傳의 〔有其義而亡其辭〕

○ 正義曰：이 두 句는 毛亨이 지은 것이다. 말하자면 시편의 주제는 있으나 시의 본문이 없기 때문에, 본래의 차례에 시편의 주제를 두고 나중에 별도로 이 말을 지어서 기억하게 한 것이다.

【疏】 箋云'三篇'至'之舊' ○ 正義曰：鄭見三篇亡其詩辭, 乃跡其所用亡之早晩. 此三篇者, 鄕飮酒及燕禮二處皆用焉, 何者是用之也? 曰 "笙入立於縣中, 奏南陔・白華・華黍", 是用之也. 此雖總言鄕飮酒, 燕禮用焉, 其言 "笙入立於縣中", 直燕禮文耳. 鄕飮酒則云 "笙入堂下, (鼓)〔磬〕[1]南北面, 歌南陔・白華・華黍.", 是文不同也, 鄭據一而言之耳. 孔子歸魯, 論其詩, 今雅・頌各得其所. 此三篇時俱在耳, 篇之次第當在於此. 知者, 以子夏得爲立序, 則時未亡. 以六月序知次在此處也. 孔子之時尙在, 漢氏之初已亡, 故知戰國及秦之世而亡之也. 戰國, 謂六國韓・魏・燕・趙・齊・楚用兵力戰, 故號戰國. 六國之滅, 皆秦竝之. 始皇三十四年而燔詩・書, 故以爲遭此而亡之. 又解(爲)〔篇〕[2]亡而義得存者, 其義則以衆篇之義合編, 故得存也. 至毛公爲詁訓傳, 乃分別衆篇之義, 各置於其篇(亡)〔端〕[3]. 此三篇之序, 無詩可屬, 故連聚置於此也. 旣言毛公分之, 則此詩未亡之時, 什當通數焉. 今在什外者, 毛公又闕其亡者, 以見在爲數, 推改什篇之首, 遂通盡小雅云耳. 是以亡者不在數中, 從此而下, 非孔子之舊矣. 言以下非, 則止鹿鳴一(篇)〔什〕[4]是也. 此云有其義, 而鄕飮酒・(之禮)〔燕禮〕[5]注皆云 "今亡, 其義未聞." 鄭志 "答炅模云'爲記注時就盧君耳. 先師亦然. 後乃得毛公傳. 旣古書義又當然, 記注已行, 不復改之.'" 是注禮之時, 未見此序, 故云 "義未聞"也. 彼注又云 "後世衰微, 幽・厲尤甚, 禮樂之書〔稍〕[6]稍廢棄.", 以爲孔子之前, 六篇已亡, 亦爲不見此序故也. 案儀禮鄭注解關雎・鵲巢・鹿鳴・四牡之等, 皆取詩序爲義, 而云未見毛傳者, 注述大事, 更須硏精, 得毛傳之後, 大誤者追而正之, 可知者不復改定故也. 據六月之序, 由庚本第在華黍之下, 其義不備論於此, 而與崇丘同處者, 以其是成王之詩, 故下從其類.

1) (鼓)〔磬〕: 저본의 교감기에 따라 '磬'으로 번역하였다.
2) (爲)〔篇〕: 저본의 교감기에 따라 '篇'으로 번역하였다.
3) (亡)〔端〕: 저본의 교감기에 따라 '端'으로 번역하였다.
4) (篇)〔什〕: 저본의 교감기에 따라 '什'으로 번역하였다.
5) (之禮)〔燕禮〕: 저본의 교감기에 따라 '之禮'로 번역하였다.

6)〔稍〕: 저본의 교감기에 따라 '稍'를 보충하였다.

箋의 〔三篇〕부터 〔之舊〕까지

○ 正義曰 : 鄭玄은 이 세 편의 詩가 본문이 없는 것을 보고, 그 쓰임이 없어진 순서를 추적하였다. 이 세 편은 ≪儀禮≫ 〈鄕飮酒禮〉와 〈燕禮〉 2곳에서 모두 사용되었는데, 무엇 때문에 이 시들을 사용한 것인가? 〈연례〉에서 "笙 연주자가 들어가 縣의 중앙에 서서 〈南陔〉, 〈白華〉, 〈華黍〉를 연주한다."라고 하였으니, 이 3편의 시를 사용한 것이다. 여기에서는 비록 〈향음주례〉와 〈연례〉를 총괄해서 말한 것이지만, "笙 연주자가 들어가서 縣의 중앙에 섰다."라고 말한 것은 단지 〈연례〉의 문장일 뿐이다. 〈향음주례〉에서는 "笙 연주자가 堂下에 들어가 磬의 남쪽에 서서 북쪽을 바라보고 연주할 때, 樂人이 〈남해〉, 〈백화〉, 〈화서〉를 노래하였다."라고 하였으니 문장이 같지 않다. 따라서 정현은 〈연례〉만 근거로 들어 말한 것일 뿐이다. 孔子가 魯나라로 돌아가서 그 시를 논하여 지금 雅와 頌이 각각 그 자리를 찾았다. 이 세 편의 시도 당시에는 모두 있었고, 편의 차례도 마땅히 이곳에 있었다. 이러한 사실을 통해서 알 수 있는 것은 子夏가 〈311편의 시를 얻어서〉 序를 지었다는 것이니, 당시에는 세 편의 시가 없어지지 않았다. 〈六月〉의 序를 통해서 차례가 여기에 있었다는 것을 알 수 있다. 공자의 시대에는 여전히 있었고 漢나라 초기에는 이미 없어졌기 때문에, 戰國시대와 秦나라의 시대에 없어졌다는 것을 알 수 있다. 전국은 여섯 나라인 韓, 魏, 燕, 趙, 齊, 楚가 병력을 써서 전쟁을 한 시대를 말한다. 그러므로 '戰國'이라고 부른다. 여섯 나라가 멸망하자 모두 秦나라가 병합하였다. 秦 始皇 34년에 ≪詩≫와 ≪書≫를 불살랐기 때문에, 이 시기를 만나서 없어졌다고 하였다.

또 시편은 없어졌으나 주제는 보존될 수 있었다고 해석한 것은 그 주제는 여러 시편의 주제와 함께 편집되었기 때문에 보존될 수 있었다. 毛亨이 ≪詁訓傳≫을 지을 때에 이르러서 여러 편의 주제를 분별해서 각각 그 편의 첫 부분에 두었는데, 이 세 편의 序는 붙일 만한 시의 본문이 없었기 때문에 연이어 이곳에 모아둔 것이다. 이미 모형이 그것을 나누었다고 말했으니, 이 시가 없어지기 전에는 什편에 마땅히 합쳐서 계산했다. 그런데 지금 什편에 포함시키지 않은 것은 모형이 다시 없어진 시를 빼놓고 현존하는 시로 什편의 수를 삼고, 이를 미뤄 什편의 첫 시를 고치고 마침내 〈小雅〉의 전편을 통해 적용했을 뿐이다. 이런 까닭으로 없어진 시는 편수에 포함되지 않았으니 이 이후로는 공자 때의 옛 편차가 아니었다. "이하는 아니었다."라고 말하였으니, 단지 鹿鳴之什 하나만이 공자 때의 편차라는 것이다. 毛傳에서 "그 주제가 있다."라고 하였으나 〈향음주례〉와 〈연례〉의 정현의 주석에서는 모두 "지금 없어져 그 주제를 듣지 못했다."라고 하였고, ≪鄭志≫에서 "炅模에게 대답하기를 '≪禮記注≫를 지을 때 盧植에게 나아가 배웠을 따름인데, 先師인 張恭祖도 그렇게 하였다. 그 후에야 毛傳을 얻었다. 이미 古書의 주제에도 당연히 그렇게 했으니, ≪예기주≫가 간행되고 나서는 다시 고치지 않았다.'고 하였다."라고 하였다. 이것은 〈정현이〉 ≪儀禮≫를 주석할 때 이 序를 아직 보지 못했으므로 "주제를 듣지 못했다."라고 한 것이다. 저 ≪의례≫ 〈士冠禮〉의 주석에서 정현은 다시 "후세에 쇠퇴해졌는데, 幽王과 厲王 때에는 더욱 심해져 禮樂의 책이 점차 폐기되었다."라고 하였으니, 정현이 공자 이전에 6편이 이미 없어졌다고 여긴 것은 또한 이 序를 보지 못했기 때문이다.

살펴보건대 ≪의례≫에서 정현이 〈關雎〉, 〈鵲巢〉, 〈鹿鳴〉, 〈四牡〉 등을 注解할 때도 모두 〈詩序〉를 취하여 주제로 삼았는데도 "毛傳을 보지 못했다."라고 말한 것은, 大事를 주석해서 서술할 때에는 거듭 정밀한 연구를 필요로 하기에 毛傳을 얻은 이후에 크게 잘못된 곳은 추적해서 바로잡았고, 쉽게 알 만한 것은 다시 고쳐 바로잡지 않았기 때문이다. 〈유월〉의 序를 근거로 하면 〈由庚〉은 본래 순서가 〈華黍〉의 아래에 있었으나 그 주제상 이곳에서 함께 갖춰 논하지 않고 〈崇丘〉와 함께 자리한 것은, 그 시가 成王의 시이기 때문에 아래의 편차로 내려서 그 종류의 시를 따른 것이다.

鹿鳴之什十篇은 **五十五章**이고 **三百一十五句**라

鹿鳴之什의 10篇은 55章이고 315句이다.

毛詩注疏 卷第十(十之一)

毛詩小雅 鄭氏箋 孔穎達疏

南有嘉魚之什詁訓傳 第十七

○陸曰：自此至菁菁者莪六篇에 竝亡篇三이니 是成王・周公之小雅라 成王有雅名이요 公有雅德하여 二人協佐하여 以致太平이라 故亦竝爲正也라

○ 陸德明이 말하였다. "이 시부터 〈菁菁者莪〉까지 6편에서 아울러 없어진 시가 3편이니, 成王과 周公의 〈小雅〉이다. 성왕에게는 훌륭한 명성이 있고 주공에게는 훌륭한 德이 있어서, 두 사람이 협조하고 도와서 태평 시대를 이루었다. 그러므로 역시 아울러 正雅가 되었다."

南有嘉魚(남유가어)

【序】南有嘉魚는 樂與賢也라 太平〔之〕[1]君子가 至誠樂與賢者共之也라

1)〔之〕: 저본의 교감기에 따라 '之'를 보충하였다.

〈南有嘉魚〉는 賢者와 함께함을 즐거워한 시이다. 태평 시대의 군자가 정성을 다해서 현자와 함께하는 것을 즐거워하였다.

【傳】樂得賢者하여 與共立於朝하여 相燕樂也라 ○樂與音洛이요 又音樂이며 徐五教反이라한대 序文同이라 太平音泰니 後太平皆同이라 朝는 直遙反이니 下註同이라 燕樂音洛이니 下註皆同이라

賢者를 얻어서 그와 함께 조정에 서고, 서로 연회를 베풀며 즐기는 것을 즐거워하였다.

○"樂與"에서 樂의 음은 洛이고, 또 음이 樂이며, 徐邈은 五와 教의 반절이라고 하였는데, 序文도 같다. "太平"의 太의 음은 泰이니, 뒤의 太平은 모두 같다. 朝는 直과

遙의 반절이니 아래의 註에서도 같다. "燕樂"에서 樂의 음은 洛이니 아래의 註에서도 모두 같다.

【疏】'南有嘉魚'(四章 章四句)至'共之' ○ 正義曰：作南有嘉魚之詩者, 言樂與賢也. 當周公・成王太平之時, 君子之人已在位有職祿, 皆有至誠篤實之心. 樂與在野有賢德者共立於朝, 而有之願俱得祿位, 共相燕樂, 是樂與賢也. 經四章皆是樂與賢者之事.

序의 〔南有嘉魚〕에서 〔共之〕까지

○ 正義曰：〈南有嘉魚〉 詩를 지은 이유는 현자와 함께함을 즐거워한다고 말한 것이다. 周公과 成王의 태평한 시대를 맞아서, 군자의 덕을 가진 사람이 이미 벼슬자리에서 직책과 봉록을 가지고 있으면서 모두 지극한 정성과 독실한 마음을 가지고 있었다. 그래서 재야에 있는 어진 덕행이 있는 자와 함께 조정에 서는 것을 즐겁게 여기고, 〈현자가 있으면〉 봉록과 지위를 모두 얻어서 서로 잔치를 베풀며 함께 즐기기를 바란 것이니, 이것이 "현자와 함께함을 즐거워한다."라는 것이다. 經文의 네 章이 모두 현자와 함께하는 것을 즐거워한 일이다.

南有嘉魚하니 烝然罩罩(조조)로다

남쪽에 좋은 고기가 있으니
오래도록 가리질하고 가리질하네

【傳】江漢之間은 魚所產也라 罩罩는 篧(착)也라

江水와 漢水 사이는 물고기 많이 나오는 곳이다. 罩罩는 '가리로 물고기를 잡는 것'이다.

【箋】箋云 烝은 塵也니 塵然은 猶言久如也라 言南方水中有善魚에 人將久如而俱罩之하며 遲之也라 喻天下有賢者어늘 在位之人이 將久如而竝求致之於朝하며 亦遲之也라 遲之者는 謂至誠也라 ○ 烝은 之丞反이니 王衆也라하니라 罩는 張教反이라 徐又都學反이라하니라 字林竹卓反하고 云捕魚器也라하니라 篧은 助角反이니 郭云捕魚籠也라하니라

箋云：烝은 '오래하다'의 뜻이니, 塵然은 '오래도록 그렇게 하다.'라고 말하는 것과

같다. 말하자면 南方의 물속에 좋은 고기가 있어서 사람들이 오래도록 함께 가리질하면서 〈물고기잡이를〉 오래도록 하는 것이다. 이것으로 천하에 현자가 있으니, 지위에 있는 사람들이 오래도록 함께 조정에 그들을 천거하기를 구하면서, 또한 그 현자를 오래도록 구하는 것을 비유하였다. 오래도록 한다는 것은 정성을 다한다는 말이다.

○ 烝은 之와 丞의 반절이니, 王氏는 '많다'라고 하였다. 罩는 張과 教의 반절이다. 徐邈은 다시 都와 學의 반절이라고 하였다. ≪字林≫에서는 竹과 卓의 반절이라 하고 "물고기를 잡는 기구이다."라고 하였다. 罺은 助와 角의 반절이니, 郭璞은 "물고기를 잡는 통발이다."라고 하였다.

君子有酒하니 嘉賓式燕以樂(락)이노라

군자에게 술이 있으니
훌륭한 손님에게 연회를 베풀어 즐기네

【箋】箋云 君子는 斥時在位者也라 式은 用也니 用酒與賢者燕飮而樂也라 ○ 樂音洛이요 協句며 五教反이라하니 得賢致酒에 歡情怡暢하니 故樂이라

箋云 : 군자는 당시에 신하의 지위에 있는 자를 가리킨다. 式은 '사용하다'이니, 술을 사용해서 현자와 함께 연회를 베풀어 마시며 즐기는 것이다.

○ 樂의 음은 洛이고 韻을 맞춘 것이며, 五와 教의 반절이다. 현자를 얻어 술을 대접할 때 즐거운 마음에 기쁨이 펴지기 때문에 즐겁다.

【疏】'南有'至'樂' ○ 正義曰 : 言南方江漢之間有善魚, 人將久如俱往罩. 而罩此善魚者, 人之所欲. 己自將罩以求之, 則思遲此魚, 皆欲得之矣. 以興在野天下之處有賢者, 時在朝君子久如竝各樂而求之. 有至誠之心, 思遲此賢者, 欲致之於朝, 猶罩者之願魚也. 君子旣至誠如此, 遂得賢者共立於朝. 君子之家有酒矣, 在野賢者嘉善之賓旣至, 用此酒與之燕飮, 以復歡樂耳. 心遲其來, 至卽嘉樂, 是至誠樂與賢也.

經의 〔南有〕에서 〔樂〕까지

○ 正義曰 : 말하자면 南方의 江水와 漢水 사이의 지역에 좋은 물고기가 있어서, 사람들은 함께 가서 오래도록 가리질하려고 한다. 이 좋은 물고기를 가리질하는 것은

사람들이 바라는 것이기 때문이다. 자기가 직접 가리를 가지고 물고기를 잡으려 한다면 이 물고기를 오랫동안 가리질해야 한다고 생각하는데, 모두 그것을 얻기를 바라기 때문이다. 이것으로 '재야에는 천하 곳곳에 현자가 있어서, 당시 조정에 있는 君子들이 오래도록 함께하며 각자 즐거워하고 그들을 구하려고 한다. 지극히 정성스런 마음이 있어서 이 현자를 오래도록 구해야 한다고 생각하는데, 가리질하는 자가 물고기를 원하는 것처럼 조정에 그들을 천거하기를 바라기 때문이다.'라는 것을 비유하였다〔興〕. 군자가 이미 지극한 정성으로 이같이 해서, 마침내 현자를 얻어 조정에 함께 서는 것이다. 군자의 집에 좋은 술이 있어서, 재야의 현자인 훌륭한 손님이 오면 이 술을 사용해서 그들과 함께 연회를 베풀어 마시면서 다시 기뻐하고 즐거워할 뿐이다. 현자가 오기를 진심으로 오래도록 기다리다가, 현자가 오면 즉시 기뻐하고 즐기는 것이 지성으로 현자와 함께하는 것을 즐거워하는 것이다.

【疏】傳'江漢'至'罩也' ○ 正義曰：言南, 知江漢間者, 以言善魚, 南方魚之善者, 莫善於江漢之間. 且言善魚者, 謂大而衆多, 多大之魚, 必在大水, 南方大水, 唯江漢耳. 必取善魚者, 以喩賢者之有善德也. 此實興, 不云興也, 傳文略. 三章一云 "興也", 擧中明此上下, 足知魚・鵻皆興也. 釋器云 "罩謂之罩", 李巡曰 "罩, 編細竹以爲罩, 捕魚也." 孫炎曰 "今楚罩也." 郭璞曰 "今魚罩." 然則罩以竹爲之, 無竹則以荊, 故謂之楚罩. 重云 "罩罩"者, 非一也.

傳의 〔江漢〕에서 〔罩也〕까지

○ 正義曰：南이라고 말했는데 江水와 漢水 사이의 지역인 줄 아는 이유는 '좋은 물고기〔善魚〕'라고 했기 때문이다. 南方의 좋은 물고기는 강수와 한수 사이의 지역에 있는 물고기보다 좋은 것이 없다. 또 "善魚"라고 말한 것은 크고 무리가 많은 것을 말하는 것인데, 많고 큰 물고기는 반드시 큰물이 있어야 하니 남방의 큰물은 오직 강수와 한수가 있을 뿐이다. 반드시 좋은 물고기를 취하는 것은 현자 가운데 훌륭한 덕행이 있는 자를 비유한 것이다. 이 시는 실제로는 興인데, 興이라고 말하지 않은 것은 毛傳의 문장에서 생략한 것이다. 세 章 중에서 가운데 한 章에서만 "흥이다〔興也〕"라고 하였는데, 가운데 장을 들어서 상하 장을 밝힌 것이니 魚와 鵻가 모두 興한 것임을 알 수 있다. ≪爾雅≫ 〈釋器〉에서 "罩은 '가리'를 말한다."라고 하였는데, 李巡은 "罩은 가는 대나무를 엮어서 가리를 만드는데 물고기를 잡는 기구이다."라고 하였고, 孫炎은

"지금의 楚籗이다."라고 하였으며, 郭璞은 "지금의 魚罩이다."라고 하였다. 그렇다면 罩는 대나무로 만드는 것이고, 대나무가 없으면 가시나무를 쓴다. 그러므로 楚籗이라고 한다. "罩罩"라고 거듭 말한 것은 한 번에 그치지 않기 때문이다.

【疏】 箋'烝塵'至'至誠' ○ 正義曰："烝, 塵", 釋言文, 釋詁云"塵, 久也." 鄭欲烝爲久, 故言"烝, 塵也", 又云"塵然, 猶言久如." 塵爲久, 然爲如也. 不言烝爲衆者, 以此罩魚喻求賢. 久如欲往罩之, 是欲魚之甚, 以興君子久如欲求賢爲思遲之極. 若以爲衆, 止見求魚之多, 無關思遲之義, 則於至誠之事不顯, 故云遲之謂至誠也. 重言罩罩, 衆自明矣, 不假復言衆也, 故云"人將俱往", 是衆可知. 喻天下有賢, 在位之人久如竝求之, 斯卽在朝之君子衆皆求賢. 其'竝'與'俱', 皆出經重罩而求也.

箋의 〔烝塵〕부터 〔至誠〕까지

○ 正義曰："烝은 塵이다."라고 한 것은 ≪爾雅≫ 〈釋言〉의 문장이다. ≪이아≫ 〈釋詁〉에서 "塵은 오래하다."라고 했는데, 정현은 烝이 '오래하다〔久〕'의 뜻이 되게 하고 싶었기 때문에 "烝은 塵이다."라고 하였고, 또 "塵然은 '오래도록 그렇게 하다.'라고 말한 것과 같다."라고 한 것은 塵이 '오래하다〔久〕'가 되고 然은 '그렇게 하다〔如〕'의 뜻이 되기 때문이다. 烝이 '많다'의 뜻이 된다고 말하지 않은 것은 이 시에서 물고기를 가리질 하는 것으로 현자를 구하는 것을 비유하였기 때문이다. 오래도록 가서 가리질하기를 바란 것은 물고기를 매우 바란 것이니, 이것으로 군자가 오래도록 현자를 구하기를 바라서 지극히 기다린다고 생각하는 것을 비유하였다. 만약 '많다'의 뜻으로 여긴다면 단지 물고기를 구한 것이 많다는 것만 나타낼 뿐, 오래도록 구하기를 생각한다는 뜻과는 관계가 없으니, 지극히 정성을 다하는 일에 대해선 드러나지 않는다. 그러므로 "'오래도록 한다.'는 것은 '정성을 다한다.'는 말이다."라고 하였다. 거듭 가리질한다고 말하여 〈물고기가〉 많다는 뜻이 절로 분명해지니, 다시 많다고 말할 겨를이 없다. 그러므로 "사람들이 모두 가려고 한다."라고 하였으니, 〈물고기가〉 많다는 것을 알 수 있다. 비유하자면 천하에 현자가 있는데, 재위에 있는 사람들이 오래도록 아울러 그들을 구하니, 이것이 곧 조정에 있는 군자가 많이 현자를 구하는 것이다. 竝과 俱는 모두 經에서 거듭 가리질해서 구하는 것을 드러낸 시어이다.

【疏】 箋'君子 斥時在位者' ○ 正義曰：鳧鷖與此序皆云太平之君子, 彼注云"君子, 謂成王", 與此不同者, 以彼序云 "能持盈守成, 則神祇祖考安樂之矣." 經陳祭天地宗廟, 是太平之君子爲百神之主, 非王不然, 故知斥君子謂成王. 此序云 "樂與賢者共之", 言與言共, 是等夷之稱, 非人君之辭, 故知斥在位者也. 且人君求賢, 至誠不足以爲美矣. 人臣事君, 多在專利, 以文仲之賢, 尙稱竊位[1], 知賢不妒, 自古所稀. 假有擧薦, 或事不獲已, 至誠者寡. 今太平君子至誠樂賢, 故所以爲美耳. 下章箋曰 君子下其臣, 故賢者歸往之. 似斥成王者. 此言君子, 博關朝廷公卿. 孝經唯士言爭友, 大夫以上則有爭臣[2], 是公卿之於下民, 有臣之道. 且人之進賢, 唯善所在, 公叔文子升家臣以公[3]. 所樂之賢, 或是己之私屬, 故箋言臣以通之. 王肅·孫毓亦以爲在位朝廷之求賢, 則毛亦不斥成王, 明矣.

1) 以文仲之賢 尙稱竊位 : ≪論語≫ 〈衛靈公〉에 나오는 말이다. 臧文仲은 현명한 자로 알려졌으나, 높은 자리에 있으면서 柳下惠의 어짊을 알고도 천거하여 함께 조정에 서지 않음을 孔子께서 비판하였다.

2) 孝經唯士言爭友 大夫以上則有爭臣 : ≪孝經≫ 〈諫諍章〉에 나오는 말이다. 曾子가 아버지의 명령을 따르기만 하는 것이 孝인지 묻자, 孔子는 부모가 옳지 않으면 자식은 간쟁해야 한다면서, 옛날 天子·諸侯·大夫는 간쟁하는 신하가 있어서 無道로 인해 천하·나라·관할지를 잃지 않았고, 士는 간쟁하는 동료가 있어서 어질다는 평판이 몸에서 떨어지지 않는다고 하였다.

3) 公叔文子升家臣以公 : ≪論語≫ 〈衛靈公〉에 나오는 말이다. 衛나라 公叔文子의 家臣 大夫 僎이 文子와 함께 나란히 公朝에 올랐다는 말을 듣고, 공자가 시호에 '文'이란 글자를 쓸 만하다고 평하였다.

箋의 〔君子 斥時在位者〕

正義曰 : 〈大雅 鳧鷖〉와 이 시의 〈序〉에서는 모두 "太平의 君子"라고 하였는데, 저 〈부예〉의 注에서는 "군자는 成王을 말한다."라고 해서 이 시와 같지 않은 것은, 〈부예〉의 序에서는 "이미 이룬 훌륭한 업적을 보존하고 지킬 수 있으니, 天神과 地神, 조상신이 그것을 편안히 여기고 즐거워한 시이다."라고 하고, 經에서는 天地의 신과 宗廟에 제사 지내는 일을 진술하였으니, 여기서 태평의 군자는 百神의 주인이어서 왕이 아니면 그렇게 할 수 없다. 그러므로 군자를 가리켜 成王이라고 했음을 알 수 있다.

이 시의 序에서는 "賢者와 함께하는 것을 즐거워하였다."라고 하였으니, 與라고 말하고 共이라고 말한 것은 동류의 사람이 부르는 말이지 人君이 쓰는 말이 아니다. 그러므로 재위에 있는 자를 가리킨 것임을 알 수 있다. 또 임금이 현자를 구함에 정성을 다하는 것은 찬미하기에 부족하다. 그러나 신하가 임금을 섬길 때는 私利를 독점하려는 경우가 많아서 將文仲의 현명함으로도 오히려 지위를 훔쳤다고 일컬어졌으니, 현자가 시샘을 받지 않는 것이 예부터 드문 일이라는 것을 알 수 있다.

가령 천거되는 일이 있어도 어쩔 수 없는 일이어서, 현자를 구하는 데 정성을 다하는 자는 적다. 지금 태평시대의 군자가 정성을 다해서 현자와 함께하는 것을 즐거워하기 때문에 찬미한다고 하는 것일 따름이다. 아래 장의 鄭箋에서 "군자가 그 신하에게 자신을 낮추기 때문에 현자가 그에게 귀의한다."라고 하였으니, 마치 성왕을 가리키는 것 같다. 그러나 이 시에서 말한 군자는 모든 조정의 公卿과 관계된다. ≪孝經≫에서는 오직 士에게만 諫爭하는 동료가 있고 大夫 이상의 벼슬에는 간쟁하는 신하가 있다고 하였으니, 이것이 공경이 아래 백성에 대해서도 신하를 삼는 도가 있는 것이다. 또 사람이 어진 이를 천거하는 것은 오직 善에 달려 있을 뿐이니, 〈이 때문에〉 公叔文子가 家臣 僎을 公朝로 올린 것이다. 즐거워하는 현자가 자기의 측근일 수도 있기 때문에 鄭箋에서는 신하라고 말하여 통괄하였다. 王肅과 孫毓도 또한 조정에 지위를 가진 신하가 현자를 구한다고 하였으니, 毛亨도 또한 성왕을 가리키지 않은 것이 분명하다.

南有嘉魚호니 烝然汕汕이로다

남쪽에 좋은 물고기가 있으니
오래도록 오구질하고 오구질하네

【傳】 汕汕은 樔也라

汕汕은 '오구질하다'이다.

【箋】 箋云 樔者는 今之撩罟也라 ○ 汕은 所諫反이요 樔也이니 說文云魚游水貌라한대 樔는 側交反이라 字或作罺同이라 撩는 力吊反이요 又力條反이니 沈旋力到反이라하니라

箋云 : "樔라는 것은, 지금의 撩罟이다."라고 하였다.

○ 汕은 所와 諫의 반절이고 '오구질하다'이니, ≪說文解字≫에서 "물고기가 물에서 헤엄치는 모양이다."라고 하였는데, 樔는 側과 交의 반절이다. 글자를 罺로 쓰기도 하는데 같다. 撩는 力과 吊의 반절이고, 또 力과 條의 반절인데, 沈旋은 力과 到의 반절

이라고 하였다.

【疏】 傳'汕汕 樔' ○ 正義曰：釋器云 "樔, 謂之汕." 李巡曰 "汕, 以薄〔汕〕[1]魚也." 孫炎曰 "今之撩罟." 皆以今曉古.

1)〔汕〕: 저본의 교감기에 따라 '汕'을 보충하였다.

傳의〔汕汕 樔〕

○ 正義曰：≪爾雅≫〈釋器〉에서 "樔를 오구라고 한다."라고 하였는데, 그 注에서 李巡은 "汕은 발로 물고기를 오구질하는 것이다."라고 하였고, 孫炎은 "지금의 撩罟이다."라고 하였는데, 모두 지금의 것으로 옛날 것을 밝힌 것이다.

君子有酒호니 嘉賓式燕以衎(간)이라

군자에게 술이 있으니
훌륭한 손님에게 연회를 베풀어 즐기네

【傳】 衎은 樂也라

衎은 '즐기다'이다.

南有樛(규)木하니 甘瓠纍之로다

남쪽에 늘어진 나무 있으니
甘瓠가 덩굴져있네

【傳】 興也라 纍는 蔓也라

興이다. 纍는 '덩굴지다'이다.

【箋】 箋云 君子下其臣이라 故賢者歸往也라

箋云 : 군자가 신하에게 자신을 낮추기 때문에 현자가 귀의한다.

君子有酒하니 嘉賓式燕綏之로다

군자에게 술이 있으니
훌륭한 손님에게 잔치를 베풀어 편안케 하네

【箋】箋云 綏는 安也라 與嘉賓燕飮而安之라 (鄕飮酒)〔燕禮〕[1]曰 賓以我安이라

1) (鄕飮酒)〔燕禮〕: 저본의 교감기에 따라 '燕禮'로 번역하였다.

箋云 : 綏는 '편안하다'이다. 훌륭한 손님과 잔치를 베풀어 마시며 그를 편안하게 한 것이다. ≪儀禮≫ 〈燕禮〉에 "빈객이 나로 인해 편안하게 여긴다."라고 했다.

【疏】'南有'至'綏之' ○ 正義曰 : 言南方有樛然下垂之木, 甘瓠之草得上而纍蔓之, 以興在位有下下之君子, 故在野賢者得往而歸就之. 言君子之下下, 猶樛木之下垂, 賢者所以往矣. 又在位君子之家有酒矣, 在野賢者嘉善之賓既來, 則用此酒燕飮而安之.

經의 〔南有〕에서 〔綏之〕까지

○ 正義曰 : 南方에 늘어져 가지가 아래로 드리워진 나무가 있어서 甘瓠의 풀이 올라가서 매달려 덩굴질 수 있다는 것을 말해서, 직위에 있는 신하 중에 아랫사람에게 자신을 낮추는 군자가 있기 때문에 재야에 있는 현자가 가서 귀의할 수 있다는 것을 비유하였다. 말하자면 군자가 아랫사람에게 자신을 낮추는 것이 늘어진 나무가 아래로 가지를 드리운 것과 같아서 현자가 갈 수 있는 것이다. 또 직위에 있는 군자의 집에 술이 있는데, 재야에 있는 현자가 훌륭한 손님으로 오면 이 술을 써서 연회를 베풀어 마시며 편안하게 하는 것이다.

【疏】箋'鄕飮酒曰賓以我安' ○ 正義曰 : 案鄕飮酒(燕飮而安之)[1]無"以我安"之文. 燕禮"司正洗〔角〕[2]觶, 南面奠于中庭, 升東楹之東, 受命西階上, 北面命卿大夫. 君曰'以我安.' 卿大夫皆對曰'諾. 敢不安?'", 則此文在燕禮矣. 言鄕飮酒者, 誤也. 定本亦誤. 以南陔與由庚之箋, 皆鄕飮酒·燕禮連言之, 故學者加鄕飮酒於上. 後人知其不合兩引, 故略去燕禮焉. 今本猶有言燕禮者.

1) (燕飮而安之) : 저본의 교감기에 따라 '燕飮而安之'를 衍文으로 처리하였다.
2) 〔角〕: 저본의 교감기에 따라 '角'을 보충하였다.

箋의 〔鄕飮酒曰賓以我安〕

○ 正義曰 : 살펴보건대 ≪儀禮≫ 〈鄕飮酒〉에는 "以我安"이란 문장이 없다. 〈燕禮〉에 "司正은 觶 술잔을 씻고 남쪽을 보고 中庭에서 잔을 올리고, 묘당 동쪽 기둥의 동쪽으로 올라가 西階 위에서 命을 받고, 북쪽을 바라보고 卿과 大夫에게 命을 내린다. 임금이 '나를 편안히 여겨라.'라고 하면, 경과 대부는 모두 '예. 어찌 감히 편안히 여기지 않겠습니까?'하고 대답하였다."라고 하였으니, 이 문장은 〈연례〉에 있다. 그런데 〈향음주〉라고 말한 것은 잘못되었다. ≪五經定本≫도 역시 잘못되었다. 〈南陔〉와 〈由庚〉의 箋에서는 모두 〈향음주〉와 〈연례〉를 연결해서 말했기 때문에 學者가 위에 〈향음주〉를 더한 것이다. 후대의 사람은 두 편에서 인용하는 것이 합치되지 않은 줄 알았기 때문에 〈연례〉를 생략해 버렸다. 지금 本에는 오히려 〈연례〉를 말하는 것이 있다.

翩翩者鵻(추)여 烝然來思로다

휠휠 나는 비둘기여
오래 있다가 오는구나

【傳】 鵻는 壹宿之鳥라

鵻는 '일정한 곳에 머무는 새'이다.

【箋】 箋云 壹宿者는 壹意於其所宿之木也라 喩賢者有專壹之意於我로되 我將久如而來하니 遲之也라

箋云 : 壹宿이란 머물기에 적합한 나무에 한결같은 마음을 둔다는 것이다. 현자가 나에게 한결같은 마음을 두고 있었지만 나는 오래 있다가 오려고 해서 늦어졌다는 것을 비유하였다.

君子有酒하니 嘉賓式燕又思로다

군자에게 술이 있으니
훌륭한 손님에게 연회를 베풀고 다시 연회를 베푸네

【箋】 箋云 又는 復(부)也라 以其壹意로 欲復與燕하여 加厚之라

箋云 : 又는 '다시'이다. 그 뜻이 한결같기 때문에 다시 함께 연회를 베풀어 그를 더 후하게 대접하려고 하였다.

【疏】 '翩翩'至'又思' ○ 正義曰 : 上章云君子思遲賢人, 此章言賢者願往. 翩翩而飛者, 是鵻鳥也. 此鳥由壹意於其所宿之木, 故久如欲來, 所以翩翩而飛來, 集於木也. 以喻在野之賢者, 有專壹之意, 〔於〕[1]我君子, 亦久如願來, 今來在於我君子之朝. 言君子求之至, 故賢者意能專壹也. 在位君子之家有酒矣, 與此在野賢者嘉善之賓旣來, 用此酒與之燕, 又燕也. 思皆爲辭, 燕又燕, 頻與之燕, 言親之甚也.

1) 〔於〕 : 저본의 교감기에 따라 '於'를 보충하였다.

經의 〔翩翩〕에서 〔又思〕까지

○ 正義曰 : 위의 章에서 "군자가 현인을 생각하고 오래 기다린다."라고 했으니, 이 장에서는 "현자가 가기 원한 것이다."라고 말하였다. 훨훨 날아가는 새는 비둘기인데 이 새는 머물기에 적합한 나무에 한결같은 뜻을 두는 습성이 있으므로, 오래도록 날아오기를 바랐기 때문에 훨훨 날아와서 나무에 모인 것이다. 이것으로 재야의 현자가 우리 군자에게 한결같은 마음이 있었으나, 또한 오래도록 오기를 바라서 지금 우리 군자의 조정에 와 있다는 것을 비유하였다. 말하자면 군자가 현자를 지극히 구했기 때문에 현자가 한결같이 머물 수 있는 곳이라고 뜻을 둔 것이다.

직위가 있는 군자의 집에 술이 있으니, 이 재야의 현자가 훌륭한 손님으로 함께 오고 나서, 이 술을 써서 그와 함께 연회를 베풀고 나서 다시 연회를 베푼 것이다. 思는 모두 語辭이다. 연회를 베풀고 나서 다시 연회를 베푸는 것은 자주 그와 함께 연회를 베푼 것이니, 매우 친밀하다는 뜻을 말한 것이다.

【疏】 箋云'壹宿'至'遲之' ○ 正義曰 : 毛言壹宿義微, 故申之云 "壹宿者, 壹意於其所宿之木也." 鵻, 夫(擇木)〔不〕[1]之鳥, 慤謹, 故將宿於木, 專壹其心. 故特以鵻鳥爲喩. 以鳥之擇木, 喩賢者有專壹之意於我, 此我謂君子也. 將久如而來遲之者, 賢者遲, 君子物類相感, 所以相思遲之也. 定本"式燕又思"下, 有"箋云又復也以其壹意欲復與燕加厚之"也. 俗本多無此語.

1) (擇木)〔不〕 : 저본의 교감기에 따라 '不'로 번역하였다.

箋의 〔壹宿〕부터 〔遲之〕까지

○ 正義曰：毛亨이 壹宿이라고 말한 것은 의미가 미묘하기 때문에 ,鄭玄은 그것을 펴서 "壹宿이란 머물기에 적합한 나무에 한결같이 마음을 둔다는 것이다."라고 하였다. 鵻는 夫不이라는 새로 성실하고 신중하기 때문에, 나무에 머무르려고 할 때 그 마음을 한결같이 한다. 그러므로 특별히 비둘기로써 비유를 삼았다. 새가 나무를 선택하는 것으로 "현자가 나에게 한결같은 뜻이 있음을 비유하였다."라고 하였으니, 여기서 我는 君子를 말한다. "오래 있다가 오려고 해서 늦어졌다."라고 한 것은 현자가 늦게 온 것이다. 군자는 동등한 상황에 있는 사물에게 서로 감응한다. 그 때문에 서로 생각하다가 늦어진 것이다. ≪五經定本≫에는 "式燕又思"의 아래에 "箋云又復也以其壹意欲復與燕加厚之"가 있으나, 俗本에는 대부분 이 말이 없다.

南有嘉魚四章이니 **章四句**라

〈南有嘉魚〉는 4章이니 章마다 4句이다.

南山有臺(남산유대)

【序】南山有臺는 **樂得賢也**니 **得賢則能爲邦家立太平之基矣**라

〈南山有臺〉는 賢者를 얻은 것을 즐거워한 시다. 현자를 얻으면 국가가 태평한 시대를 세우는 기틀이 될 수 있다.

【傳】人君得賢이면 **則其德廣大堅固**하여 **如南山之有基趾**라 ○ **爲**는 **如字**요 **又于僞反**이라

임금이 어진 이를 얻으면 자신의 德이 광대하고 견고해져서 남산에 基礎가 있는 것과 같다.

○ 爲는 글자대로 읽고 해석하고, 또 于와 僞의 반절이다.

南山有臺요 **北山有萊**(래)로다

남산엔 夫須가 있고

북산엔 명아주가 있네

【傳】興也라 臺는 夫須[1)]也라 萊는 草也라

1) 夫須 : 沙草이다. 다년생 풀이며 뿌리와 줄기가 억세고 넓으며 평평하다. 들과 늪지에 자생하고 줄기와 잎을 엮어 도롱이와 삿갓 등을 만들 수 있다.

興이다. 臺는 '夫須'이다. 萊는 '풀'이다.

【箋】箋云 興者는 山之有草木이면 以自覆蓋하여 成其高大로 喻人君有賢臣이면 以自尊顯이라

箋云 : 興한 것은 산에 초목이 있으면 자연스럽게 산을 뒤덮어서 높고 크게 된다. 이것으로 임금에게 현명한 신하가 있으면 저절로 존귀해지는 것을 비유한 것이다.

樂只君子여 邦家之基로다 樂只君子여 萬壽無期로다

즐거운 군자여
국가의 근본이다
즐거운 군자여
만수무강 하시리라

【傳】基는 本也라

基는 '기초'이다.

【箋】箋云 只之言은 是也니 人君既得賢者하여 置之於位하고 又尊敬以禮樂樂之면 則能爲國家之本이요 得壽考之福이라 ○ 樂樂은 上音岳이요 下音洛이라

箋云 : 只의 발음은 '是'이다. 임금이 현자를 얻고 나서 벼슬자리에 앉히고 또 존경해서 禮樂으로 즐겁게 하면 국가의 기초를 만들 수 있고 오래 누리는 복을 얻을 수 있다.
○ "樂樂"에서 위의 樂은 음이 '악'이고, 아래의 樂은 '락'이다.

【疏】'南山'至'無期' ○ 正義曰：言南山所以得高峻者, 以南山之上有臺, 北山之上有萊. 以有草木而自覆蓋, 故能成其高大. 以喻人君所以能令天下太平, 以人君所任之官有德, 所治之職有能, 以有賢臣, 各治其事, 故能致太平. 言山以草木高大, 君以賢臣尊顯. 賢德之人光益若是, 故我人君以禮樂樂是有德之君子, 置之於位而尊用之, 令人君得爲邦家太平之基. 以禮樂樂是有德君子, 又使我國家得萬壽之福, 無有期竟, 所以樂之也.

經의 〔南山〕에서 〔無期〕까지

○ 正義曰：말하자면 南山이 웅장할 수 있는 까닭은 남산 위에 臺草가 있고 北山 위에 명아주가 있기 때문이다. 초목이 있으면 자연스럽게 산을 뒤덮기 때문에 그 웅장함을 이룰 수 있다. 이것으로 임금이 천하를 태평하게 할 수 있는 까닭은 임금이 임명하는 관리가 덕이 있고 다스리는 직임에 능력이 있어서이니, 현명한 신하가 있어 각자 그 일을 잘 다스리기 때문에 태평한 시대에 이를 수 있다는 것을 비유하였다.

말하자면 산은 초목 때문에 웅장해지고 임금은 현명한 신하 때문에 존귀해진다. 현명하고 덕이 있는 사람은 이같이 빛을 더한다. 그러므로 우리 임금이 禮樂으로 덕이 있는 군자를 즐겁게 대우하고 신하의 벼슬자리에 임명하여 높이 등용하면, 현명한 신하는 임금이 태평한 나라의 기틀을 만들 수 있게 한다. 임금은 예악으로 이 덕이 있는 군자를 즐겁게 하고, 현명한 신하는 다시 우리 국가가 오래도록 누리는 복을 얻어서 끝없는 지경에 이르게 하니, 이것이 즐길 수 있는 이유이다.

【疏】傳'臺 夫須 萊 草' ○ 正義曰："臺, 夫須", 釋草文. 舍人曰 "臺, 一名夫須.", 陸璣疏云 "舊說, 夫須, 莎草也, 可爲蓑笠. 都人士云'臺笠緇撮', 傳云 '臺, 所以禦雨.'", 是也. 十月之交曰 "田卒汙萊", 又周禮云 "萊五十畝." 萊爲草之總名, 非有別草名之爲萊. 陸璣疏云 "萊, 草名, 其葉可食. 今兗州人烝以爲茹, 謂之萊烝." 以上下類之, 皆指草木之名, 其義或當然矣. 此山有草木, 成其高大, 而車舝箋云'析其柞薪, 爲蔽岡之高'者, 以興喩者各有所取. 若欲睹其山形, 草木便爲蔽障之物, 若欲顯其高大, 草木則是裨益之言, 不一端矣.

傳의 〔臺 夫須 萊 草〕

○ 正義曰："臺는 夫須이다."라는 것은 ≪爾雅≫ 〈釋草〉의 문장이다. 그 疏에서 舍人은 "臺는 일명 夫須라고 한다."라고 했고, 陸璣의 ≪毛詩草木鳥獸蟲魚疏≫에서는 "舊說

에 夫須는 莎草이니, 도롱이와 삿갓을 만들 수 있다. 〈小雅 都人士〉에서 '莎草 삿갓과 치포관을 썼네'라 하였는데, 그 傳에서 '臺는 비를 막는 도구이다.'라고 하였다."라고 하였으니, 이것이다.

〈十月之交〉에서 "밭은 모두 웅덩이와 쑥밭으로 만들고"라 하고, 또 ≪周禮≫에서는 "휴경지 50묘"라고 하였으니, 萊는 풀의 총칭이지 별도로 풀이름이 있어서 萊라고 한 것이 아니다. 그러나 육기의 ≪모시초목조수충어소≫에서는 "萊는 풀이름이니, 그 잎은 먹을 수 있다. 지금 兗州 사람은 쪄서 먹는데, 그것을 萊烝이라 한다."라고 했는데, 위아래의 글로 유추해보면 모두 초목의 이름을 가리키니 그 뜻은 당연히 풀이름이어야 할 듯하다.

이 시는 산에 초목이 있어서 그 웅장함을 이룬다고 하였는데, 〈車舝〉의 鄭箋에서 "經文에서 '갈참나무 땔감을 자른다.'라고 한 것은 산등성이의 웅장함을 가리키기 때문이다."라고 한 것은 興으로 비유한 자가 각각 취하는 것이 있어서이다. 만약 그 산의 모양을 보고 싶다면 초목은 곧 장애물이 되지만, 만약 그 웅장함을 드러내려고 한다면 초목은 도움이 되는 말이니, 한 방향만 있는 것이 아니다.

南山有桑이요 北山有楊이로다 樂只君子여 邦家之光이로다 樂只君子여 萬壽無疆(강)이로다

남산엔 뽕나무 있고
북산엔 버드나무 있네
즐거운 군자여
국가에 영화가 있도다
즐거운 군자여
만수무강 하리라

【箋】箋云 光은 明也라 政教明하여 有榮曜라

箋云 : 光은 '밝다'이다. 정치의 교화가 밝아서 榮華가 있다.

南山有杞(기)요 北山有李로다 樂只君子여 民之父母로다 樂只君子여 德音不已로다

남산엔 구기자나무 있고
북산엔 오얏나무 있네
즐거운 군자여
백성이 부모로 여기도다
즐거운 군자여
명성이 끝이 없으리라

【箋】箋云 已는 止也니 不止者는 言長見稱頌也라 ○ 杞音起니 草木疏云 其樹如樗하고 一名狗骨이라하니라

箋云 : 已는 '그치다'이니, 그치지 않는다는 것은 오래도록 칭송받는다는 것을 말한다.

○ 杞의 음은 '起'이니, 〈草木〉의 疏에서 "그 樹種은 가죽나무와 같고, 일명 '狗骨'이다."라고 하였다.

南山有栲요 北山有杻로다

남산엔 산가죽나무 있고
북산엔 감탕나무 있네

【傳】栲는 山樗요 杻는 檍也라

栲는 '산가죽나무'이고, 杻는 '감탕나무'이다.

樂只君子여 遐不眉壽리오 樂只君子여 德音是茂로다

즐거운 군자여
어찌 장수하지 않으리오
즐거운 군자여
명성이 무성하구나

【傳】 眉壽는 秀眉[1)]也라

1) 秀眉 : 노인의 눈썹 가운데 긴 눈썹으로 장수의 상징이다.

眉壽는 '장수하다'이다.

【箋】 箋云 遐는 遠也니 遠不眉壽者는 言其近眉壽也라 茂는 盛也라

箋云 : 遐는 '멀다'이니, "遠不眉壽"라는 것은 장수하는 것에 가깝다는 말이다. 茂는 '무성하다'이다.

南山有枸요 北山有楰로다

남산엔 헛개나무 있고
북산에 개오동나무 있네

【傳】 枸는 枳枸요 楰는 鼠梓라 ○ 枸는 俱甫反이라 楰音庾니 楸屬이라 枳는 諸氏反이라

枸는 '헛개나무'이고, 楰는 '개오동나무'이다.

○ 枸는 俱와 甫의 반절이다. 楰의 음은 庾이니 개오동나무 종류이다. 枳는 諸와 氏의 반절이다.

【疏】 傳'枸枳'至'鼠梓' ○ 正義曰 : 枸, 釋木無文. 宋玉賦曰 "枳枸來巢", 則枸木多枝而曲, 所以來巢也. 陸璣疏云 "枸樹高大, 似白楊, 有子著枝端, 大如指, 長數寸, 啖之甘美如飴, 八月熟. 今官園種之, 謂之木蜜." "楰, 鼠梓", 釋木文. 李巡曰 "鼠梓, 一名楰." 郭璞曰 "楸屬也." 陸璣疏曰 "其樹葉木理如楸, 山楸之異者, 今人謂之苦楸", 是也.

傳의 〔枸枳〕에서 〔鼠梓〕까지

○ 正義曰 : 枸는 ≪爾雅≫ 〈釋木〉에는 문장이 없다. 宋玉의 賦에서는 "枳枸에 와서 둥지를 만든다."라고 하였으니, 枸木은 가지가 많으면서 굽어 있어 새가 와서 둥지를 만드는 것이다. 陸璣의 ≪毛詩草木鳥獸蟲魚疏≫에서 "헛개나무는 나무가 높고 커서 백양나무와 비슷하다. 씨앗은 가지 끝에 붙어 있는데 크기는 손가락만하고 길이는 두어 치 된다. 먹으면 엿처럼 달고 맛있는데 8월에 익는다. 지금 관원의 정원에 그것을 심는데, 木蜜이라고 한다."라고 하였다. "楰는 '개오동나무'이다."라는 것은 ≪이아≫ 〈석

목〉의 문장이다. 그 疏에서 李巡은 "鼠梓는 일명 楰이다."라고 하였고, 郭璞은 "호두의 종류이다."라고 하였으며, 육기의 ≪모시초목조수충어소≫에서는 "그 나무는 잎의 무늬가 호두나무와 같고, 산 가래나무의 별종이다. 지금 사람들이 苦楸라고 부르는 것이다."라고 하였는데, 이것이다.

樂只君子여 遐不黃耈리오 樂只君子여 保艾爾後로다

즐거운 군자여
어찌 오래 살지 않으리오
즐거운 군자여
노후를 편안히 봉양하리다

【傳】 黃은 黃髮也라 耈는 老라 艾는 養이요 保는 安也라 ○ 耈音苟니 壽也라 艾는 五蓋反이라 沈音刈라하니라

黃은 '누런 머리카락'이다. 耈는 '늙다'이다. 艾는 '봉양'이고, 保는 '편안하다'이다.
○ 耈는 음이 苟이니 '장수하다'의 뜻이다. 艾는 五와 蓋의 반절이다. 沈旋은 음이 刈라고 하였다.

【疏】 傳'黃 黃髮 耈 老' ○ 正義曰 : 釋詁云 "黃髮・耈・老, 壽也." 舍人曰 "黃髮, 老人髮白復黃也." 孫炎曰 "耈, 面凍梨色如浮垢."

傳의 〔黃 黃髮 耈 老〕
○ 正義曰 : ≪爾雅≫ 〈釋詁〉에서 "黃髮, 耈, 老는 '장수하다'의 뜻이다."라고 하였는데, 그 疏에서 舍人은 "黃髮은 노인의 머리카락이 하얗다가 다시 누렇게 되는 것이다."라고 하였고, 孫炎은 "耈는 얼굴빛이 언 배색에 때가 낀 것과 같은 것이다."라고 하였다.

南山有臺五章이니 章六句라

〈南山有臺〉는 5章이니 章마다 六句이다.

由庚(유경)・崇丘(숭구)・由儀(유의)

【序】由庚은 萬物得由其道也요 崇丘는 萬物得極其高大也요 由儀는 萬物之生이 各得其宜也니 有其義而亡其辭라

〈由庚〉은 만물이 자신의 道를 따를 수 있음을 읊은 시이고, 〈崇丘〉는 만물이 융성함을 다할 수 있음을 읊은 시이며, 〈由儀〉는 만물이 생장하여 각각 마땅함을 얻은 것을 읊은 시이니, 세 편은 모두 주제는 있으나 시의 본문은 없어졌다.

【箋】此三篇者는 鄉飲酒・燕禮亦用焉하여 曰 乃間歌魚麗면 笙由庚하고 歌南有嘉魚면 笙崇丘하고 歌南山有臺면 笙由儀라하나 亦遭世亂而亡之라 燕禮又有升歌鹿鳴하면 下管新宮이라하니 新宮亦詩篇名也로되 辭義皆亡하여 無以知其篇第之(處)〔意〕[1]라 ○ 此三篇義는 與南陔等同이라 依六月序면 由庚在南有嘉魚前이요 崇丘在南山有臺前이라 今同在此者는 以其俱亡하여 使相從耳라 間은 古莧反이라

1) (處)〔意〕: 저본의 교감기에 따라 '意'로 번역하였다.

이 세 편은 ≪儀禮≫ 〈鄉飲酒禮〉와 〈燕禮〉에도 사용되어서, "번갈아서 〈魚麗〉를 노래하면 〈由庚〉을 笙으로 연주하고, 〈南有嘉魚〉를 노래하면 〈崇丘〉를 笙으로 연주하며, 〈南山有臺〉를 노래하면 〈由儀〉를 笙으로 연주한다."라고 하였는데, 세상이 혼란한 시기를 만나서 없어졌다. 〈연례〉에도 다시 "堂에 올라가 〈鹿鳴〉을 노래하면, 堂 아래에서는 〈新宮〉을 피리로 연주한다."라는 구절이 있으니, 〈신궁〉도 시의 편명이다. 그러나 시의 본문과 주제가 모두 없어져, 그 시들이 편집된 순서의 의도를 알 수 없다.

○ 이 세 편의 주제는 〈南陔〉 등의 시와 같다. 〈六月〉 序에 의하면 〈유경〉은 〈남유가어〉의 앞에 있고, 〈숭구〉는 〈남산유대〉의 앞에 있다. 지금 모두 여기에 있는 것은 그 시들이 함께 없어져 서로 이어지게 했기 때문이다. 間은 古와 莧의 반절이다.

【疏】'由庚萬物'至'其辭' ○ 正義曰 "有其義而亡其辭", 亦毛氏所著, 於後行別記之.

序의 〔由庚萬物〕에서 〔其辭〕까지

○ 正義曰 : "주제는 있으나 시의 본문은 없어졌다."라는 것도 毛亨이 지은 말로 뒷줄에 별도로 기록한 것이다.

【疏】 箋'此三篇'至'之處' ○ 正義曰：此鄭亦本其所用所亡之事也. 此三篇, 鄉飮酒・燕禮亦用焉, 亦者, 亦南陔等也, 卽言其事之用. 曰 "乃間歌魚麗, 笙由庚, 歌南有嘉魚, 笙崇丘, 歌南山有臺, 笙由儀." 鄉飮酒・燕禮二篇, 俱有此辭也. 言間歌者, 堂上與堂下遞歌, 不比篇而間取之. 笙者, 在笙中吹之. 所以亡者, 亦遭亂而亡, 亦如南陔等遭戰國及秦之亂而失之也. 因此亡詩事終, 更述"燕禮又有升歌鹿鳴, 下管新宮, 亦詩篇名也.", 以對鹿鳴而入管用, 故知詩篇名也. "辭義皆亡, 今無以知其篇第所在之意也.", 篇第所在, 皆當言處, 云"之意"者, 以無意義可推尋而知, 故云意也. 案魚麗, 武王詩也, 而與嘉魚間歌, 南陔等三篇, 亦武王詩也. 乃在堂下笙歌之, 是武王之詩得下管用之也. 新宮制禮所用, 必在禮前而作, 不知武王詩也, 成王詩也? 此箋因亡詩事終而言之耳, 不謂當在成王詩中, 故曰 "無以知其篇第之意也". 案禮・射義, 諸侯以貍首爲節. 以彼類之, 當在召南.[1] 但召南無亡詩之比, 故鄭於(譜)〔此〕[2]言 "辭義皆亡"者, 對六篇有義無辭. 新宮竝義亦無, 故言 "皆亡". 不謂已爲作序, 與經俱亡. 若子夏爲之作序, 何由辭及目篇, 幷六月連序竝無存者? 以此知孔子錄而不得, 子夏不爲之序也. 左傳昭二十五年, 宋公享昭子, 賦新宮. 計孔子時年三十餘矣. 所以錄不得者, 詩之逸亡, 必有積漸, 當孔子之時, 道衰樂廢, 自宋公賦新宮, 至孔子定詩, 三十餘年, 其間足得亡之也. 聖人雖無所不知, 不得以意錄之也.

1) 當在召南 : ≪禮記≫ 〈射義〉에서는 天子는 〈騶虞〉로, 諸侯는 〈貍首〉로, 卿大夫는 〈采蘋〉으로, 士는 〈采蘩〉으로 절도를 삼았다고 했다. 여기서 제후의 시인 〈이수〉를 제외하고는 모두 召南의 시를 가지고 절도를 삼았다. 따라서 〈이수〉도 소남에 있어야 한다는 말이다.

2) (譜)〔此〕 : 저본의 교감기에 따라 '此'로 번역하였다.

箋의 〔此三篇〕에서 〔之處〕까지

○ 正義曰 : 여기에서 鄭玄도 그 시들이 사용된 사실과 없어진 사실에 근거해서 말한 것이다. "이 세 편은 〈鄉飮酒〉와 〈燕禮〉에도 사용되었다.〔此三篇 鄉飮酒燕禮亦用焉〕"에서 '亦'이란 것은 또한 〈南陔〉 등의 시이니, 그 일에 사용된 것을 말한다. "번갈아가며 〈魚麗〉를 노래하고 〈由庚〉을 笙으로 연주하며, 〈南有嘉魚〉를 노래하고 〈崇丘〉를 笙으로 연주하며, 〈南山有臺〉를 노래하고 〈由儀〉를 笙으로 연주한다."라고 하였으니, ≪儀禮≫의 〈향음주례〉와 〈연례〉 두 편 모두에 이 말이 있다.

여기서 '間歌'라고 하는 것은 堂上과 堂下에서 번갈아가며 노래한 것이지, 편집한 순서가 이웃해서 번갈아가며 취한 것이 아니다. '笙'이란 것은 笙으로 중간에 부는 것이다. 笙으로 연주한 시가 없어진 까닭은 또한 혼란한 시대를 만나서 없어진 것이니, 또한 〈남해〉 등의 시가 戰國과 秦나라의 혼란기를 만나서 없어진 것과 같다. 이 없어진 시로 말미암아 일이 끝났는데, 다시 "〈연례〉에도 다시 '堂에 올라가 〈鹿鳴〉을 노래하면, 堂 아래에서는 〈新宮〉을 피리로 연주한다.'라는 구절이 있으니, 〈신궁〉도 역시 시의 편명이다."라고 기술한 것은 〈녹명〉을 상대해서 피리 연주에 썼기 때문에 〈신궁〉이 시의 편명인 줄 안 것이다. "시의 본문과 주제가 모두 없어져 지금 그 篇이 차례지어져 있는 것의 의도를 알 수 없다.〔辭義皆亡 今無以知其篇第所在之意也〕"에서, '篇이 차례지어져 있는 것〔篇第所在〕'에는 모두 '處'를 말하는 것이 마땅한데 '之意'라고 말한 것은 유추를 통해 규명해서 알 수 있는 의의가 없기 때문에 '意'라고 하였다.

살펴보건대 〈어리〉는 武王의 詩인데 〈남유가어〉와 번갈아가며 노래하였으니 〈남해〉 등 세 편의 시도 역시 무왕의 시이다. 곧 堂下에서 이 시들을 笙으로 연주하고 노래하였으니, 이것이 무왕의 시를 堂下에서 악기로 연주하는 데 사용한 것이다. 〈신궁〉은 예를 제정할 때 사용하였으니 반드시 禮를 제정하기 전에 지어진 것이지만, 무왕의 시인지 成王의 시인지 알 수 없다. 그러나 이 鄭箋에서는 없어진 시로 인해서 일이 끝나서 그렇게 말했을 따름이지, 성왕의 시 중에 있어야 한다고 말한 것이 아니다. 그러므로 "그 시들이 편집된 순서의 의도를 알 수 없다."라고 하였다.

살펴보건대 ≪禮記≫ 〈射義〉에서 "제후는 〈貍首〉를 절도로 삼는다."라고 하였으니, 저 내용으로 유추해보면 〈이수〉는 마땅히 召南에 있어야 한다. 다만 소남에는 없어진 시와 짝하는 시가 없다. 그러므로 정현이 여기에서 "시의 본문과 주제가 모두 없어졌다."라고 한 것은 주제가 있고 시의 본문이 없는 6편의 시를 상대해서 말한 것이다. 〈신궁〉은 주제도 아울러 없기 때문에 "모두 없다."라고 말한 것이지, 이미 지어진 序가 經과 함께 모두 없어졌다고 말한 것은 아니다. 만약 子夏가 詩序를 지었다면 무슨 이유로 시의 본문과 篇目, 〈六月〉에서 詩序를 연이어 설명한 내용까지 모두 남아 있는 것이 없겠는가? 이것으로 공자가 기록할 때 얻지 못해서 자하가 詩序를 짓지 못했다는 것을 알 수 있다. ≪春秋左氏傳≫ 昭公 25년에 "宋公이 연회를 열어 昭子를 接待할 때 〈新宮〉 詩를 읊었다."라고 하였는데, 공자의 이때 나이를 계산해보니 30세 남짓이었다. 따라서 기록할 때 얻지 못한 까닭은 시가 사라져 없어진 것이 반드시 점차 진행되고 있다가, 공자가 시를 산삭할 때에는 도가 쇠퇴하고 음악이 폐해졌기 때문일 것이다. 宋公이 〈신궁〉을 읊을 때부터 공자가 시를 산정할 때까지는 30여 년이니, 그 사이는 충분히 없어질 수 있다. 성인이 비록 모르는 것이 없더라도 마음대로 기록할 수는 없다.

蓼蕭(요소)

【序】蓼蕭는 **澤及四海也**라

〈蓼蕭〉는 은택이 四海에 미치는 것을 읊은 시이다.

【箋】九夷·八狄·七戎·六蠻을 **謂之四海**라 **國在九州之外**하여 **雖有大者**라도 **爵不過子**라 **虞書曰 州十有二師**니 **外薄四海**히 **咸建五長**이라하니라 ○ **蓼音六**이라 **薄音博**이니 **諸本作外敷**이요 **注音芳夫反**이라 **四海**에 **海者晦也**니 **地險**이라 **言其去中國險遠**하여 **稟政教昏昧也**라 **長**은 **張丈反**이라

九夷·八狄·七戎·六蠻을 四海라고 한다. 나라가 九州의 밖에 있으면, 비록 큰 나라가 있더라도 爵位는 子를 넘지 않는다. ≪書經≫〈虞書 益稷〉에 "州마다 12師를 두었으며, 밖으로 四海에 이르기까지 모두 5長을 세운다."라고 하였다.

○ 蓼의 음은 '六(요)'이다. 薄은 음이 博인데, 여러 本에는 外敷로 되어 있고, 注에서는 "음은 芳과 夫의 반절이다."라고 하였다. 四海에서 海는 '어둡다'이니, 지형이 험하다는 뜻이다. 말하자면 그곳이 중국과 떨어져 길이 험하고 멀어서 政教를 내려주어도 예의에 어둡다는 것이다. 長은 張과 丈의 반절이다.

【疏】'蓼蕭'(四章 章六句)至'四海' ○ 正義曰：作蓼蕭詩者, 謂時王者恩澤被及四海之國也, 使四海無侵伐之憂, 得風雨之節. 書傳稱越常氏之譯, 曰 "吾受命吾國黃老, 曰 '久矣, 天之無烈風淫雨, 意中國有聖人. 遠往朝之.'" 是澤及四海之事. 經四章, 皆上二句是澤及四海. 由其澤及, 故其君來朝, 王燕樂之, 亦是澤及之事, 故序總其目焉. 經所陳, 是四海君蒙其澤. 而序漫言四海者, 作者以四海諸侯朝王而得燕慶, 故本其在國蒙澤, 說其朝見光寵. 序以王者恩及其君, 不可遺其臣, 見其通及上下, 故直言四海以廣之.

序의 〔蓼蕭〕에서 〔四海〕까지

○ 正義曰 : 〈蓼蕭〉의 詩를 지은 것은 당시 周나라 王의 은택이 四海의 나라까지 영향을 끼쳤음을 말한 것이니, 사해의 나라로 하여금 군대를 일으켜 토벌하는 근심이 없게 하자, 바람과 비가 절도에 맞았다. ≪尙書大傳≫에서 周公이 越常氏의 번역을 칭찬하자, 월상씨가 말하기를 "우리가 우리나라의 黃老에게 명을 받았는데, 그 말에 '오래도록 하늘이 사나운 바람과 궂은비를 내리지 않으니, 아마도 중국에 성인이 있을 것이다. 멀리 가서 조회해야 한다.'라고 하였습니다."라고 하였는데, 이것이 은택이 사해에 미친 일이다. 經의 네 章에서, 모두 위 2구는 은택이 사해에 미친 내용이다. 그 은택이 미쳤기 때문에 그 나라 군주가 와서 조회하였고, 왕이 연회를 베풀어 그들을 즐겁게 한 것이니, 이 역시 은택이 미친 일이다. 그러므로 序에서 그 조목을 총괄한 것이다. 經에서 진술한 것은 사해의 군주가 周王의 은택을 입은 것인데 序에서 四海라고 두루뭉술하게 말한 것은, 작자가 사해의 제후가 왕에게 조회하고 연회를 베풀어주는 경사를 얻기 때문에, 그가 주나라에서 은택을 입은 것에 근거해서 주나라에 조현하는 은총을 입은 것을 말하였다. 序에서는 주나라 왕의 은택이 사해의 군주에게 미쳐, 〈사해의 군주가 자신의〉 신하를 내버려 둘 수 없었으니, 주나라 왕의 은택이 사해 上下의 사람까지 두루 미쳤음을 드러내 보였다. 그러므로 곧바로 사해라고 말해서 확대한 것이다.

【疏】 箋'九夷'至'五長' ○ 正義曰 : "九夷・八狄・七戎・六蠻, 謂之四海", 釋地文. 李巡曰 "九夷在東方, 八狄在北方, 七戎在西方, 六蠻在南方." 孫炎曰 "海之言晦, 晦闇於禮儀也." 雒師謀・我應注, 皆與此同. 職方氏及布憲注, 亦引爾雅云 "九夷・八蠻・六戎・五狄, 謂之四海". 數既不同, 而俱云爾雅, 則爾雅本有兩文, 今李巡所注'謂之四海'之下, 更三句云 "八蠻在南方, 六戎在西方, 五狄在北方". 此三句, 唯李巡有之, 孫炎・郭璞諸本皆無也. 李巡與鄭同時, 鄭讀爾雅蓋與巡同, 故或取上文, 或取下文也. 爾雅本有二文者, 由王所服國數不同, 故異文耳. 亦不知九夷・八狄・七戎・六蠻正據何時也. 此及中候直言四海, 不列其數, 故引上文解之. 職方列其國數, 唯"五戎, 六狄", 與爾雅'六戎・五狄'上下不同, 餘則相似, 故據下文也. 布憲則秋官承夏官之下, 故同於職方焉. 周禮注據爾雅下文"八蠻・六戎・五狄"當四海者, 以明堂位陳周公朝於明堂之時, 其數與之等, 是周時之驗, 故據之焉. 明堂位與職方不同者, 鄭志答趙商

云 "戎狄之數, 或五或六, 兩文異耳. 爾雅雖有, 與(周)〔同〕[1]皆兩數耳, 無別國之名, 不甚明, 故不定之也." 是鄭疑兩文必有一誤, 但無國數可明, 故不敢定之耳. 四海之於王者, 世一見耳. 此經說四海來朝, 應是攝政六年時事, 當與明堂位同. 直以漫言四海, 故取爾雅上句'謂之四海'之文充之. 其實此當八蠻・六戎・五狄也. 國在九州之外者, 明四海不屬九州, 其州長所不領, 故周禮曰 "九州之外, 謂之蕃國, 世一見." 是也. 若然, 下文"蠻荊, 謂荊州之蠻", 堯典曰 "流共工于幽州", 注云 "幽州, 北裔." 則四海亦有在九州之內者矣. 言外者, 以大凡化內非州牧所領, 則謂之四海之國. 其境所居, 不妨在九州之內. 禹貢萬里大界, 盡以九州目之, 故得有荊州之蠻, 及幽州爲北裔也. 曲禮曰 "其在東夷, 北狄, 西戎, 南蠻, 雖大曰子." 是雖有大者, 爵不過子也. 大者曰子, 小者曰男而已. 左傳曰 "驪戎, 男.", 是也. 若殷爵三等, 無子・男, 則四夷之君爲伯爵也. 而書序曰 "武王勝殷, 巢伯來朝." 注云 "巢伯, 南方諸侯, 世一見者." 以武王卽位來朝, 是九州外爲伯. 又虞書曰 "州有十二師, 外薄四海, 咸建五長.", 明四海是九州之外也. 何者? 旣言 "州十有二師", 是九州之內立師也. 又曰 "外薄四海, 咸建五長", 是四海在九州之外矣. 所引者, 皐陶謨文也. 檢鄭所注尙書經作'外薄', 今定本作'外敷', 恐非也. 彼注云 "九州, 州立十二人爲諸侯之師, 以佐其牧. 外則五國立長, 使各守其職." 此"建五長", 卽下曲禮所謂子, 故彼注云 "子, 謂九州之外長也. 天子亦選其諸侯之賢者以爲之子, 子猶牧", 是也. 案彼上云 "弼成五服, 至于五千." 鄭以爲, 禹治水輔成五服, 土方萬里. 以七千里內爲九州, 七七四十九, 千里者之方四十九, 以其一爲畿內, 餘四十八, 八州分之, 各得方千里者六. 計一州方百里之國二百, 七十里之國四百, 五十里之國八百. 計一州有一千四百國, 以二百國爲名山大川不封之地, 餘有一千二百國, 以百國立一師, 故州有十二師. 鄭又云 "八州九千六百國, 又四百國在畿內, 以子・男備其數.", 是鄭計充"禹會諸侯于塗山, 執玉帛者萬國"之文.

1) (周)〔同〕: 저본의 교감기에 따라 '同'으로 번역하였다.

箋의 〔九夷〕에서 〔五長〕까지

○ 正義曰: "九夷・八狄・七戎・六蠻을 四海라고 한다."라고 한 것은 ≪爾雅≫ 〈釋地〉의 문장이다. 그 注에서 李巡이 "九夷는 동쪽 지방에 있고 八狄은 북쪽 지방에 있으며, 七戎은 서쪽 지방에 있고 六蠻은 남쪽 지방에 있다."라고 하였는데, 疏에서 孫炎은 "海를 晦라고 말한 것은 禮儀에 어둡기 때문이다."라고 하였으니, ≪尙書中候≫의

〈雒師謀〉와 〈我應〉의 注에도 모두 이것과 같다.

≪周禮≫의 〈夏官 職方氏〉와 〈秋官 布憲〉의 注에서도 또한 ≪이아≫를 인용해서 "九夷·八蠻·六戎·五狄을 四海라고 한다."라고 하였는데, 나라의 수가 이미 같지 않은 데도 모두 '爾雅'라고 하였다. ≪이아≫는 본래 두 개의 문장이 있는데, 지금 이순이 注解한 本에는 "謂之四海" 아래에 다시 "八蠻은 남쪽 지방에 있고, 六戎은 서쪽 지방에 있으며, 五狄은 북쪽 지방에 있다."라고 하는 세 句가 있다. 이 세 구는 오직 이순이 주해한 판본에만 있고, 손염과 郭璞 등의 여러 판본에는 모두 없다.

이순과 鄭玄은 활동한 시기가 같아서, 정현이 ≪이아≫를 解讀한 것도 대체로 이순과 같다. 그러므로 어떨 때에는 위의 문장을 취하였고 어떨 때에는 아래의 문장을 취했다. ≪이아≫에 본래 두 문장이 있었다는 것은 왕이 복종시킨 나라의 수가 같지 않기 때문에, 문장을 달리한 것일 따름이다. 또 九夷·八狄·七戎·六蠻이 정확하게 어느 시기를 근거로 한 것인지 알 수 없다. 이 시와 ≪상서중후≫에서는 단지 四海라 하고 그 數를 열거하지 않았다. 그러므로 위의 문장을 인용하여 해석하였다.

〈직방씨〉에서 그 나라 수를 나열하면서 오직 "五戎·六狄"이라고 한 것은 ≪이아≫에서 "六戎·五狄"이라고 한 것과 위아래가 같지 않으나, 나머지는 서로 비슷하기 때문에 아래 문장을 거론하였다. 〈布憲〉은 곧 秋官의 관직으로서 〈편집된 순서가〉 夏官의 아래에 이어졌기 때문에 〈職方〉과 같이 했다. ≪주례≫의 注에서 ≪이아≫의 아래 문장인 "八蠻·六戎·五狄"을 들어서 四海에 해당시킨 것은, ≪禮記≫ 〈明堂位〉에서 周公이 明堂에서 조회 받을 때의 일을 진술하였는데 그 수가 ≪이아≫의 아래 문장 같고, 이것이 周나라 때의 증거가 되므로 거론한 것이다.

〈명당위〉의 六戎·五狄과 〈직방씨〉의 五戎·六狄이 같지 않은 것에 대해서, ≪鄭志≫에서 "趙商에게 답하길 '戎狄의 수가 어떤 곳에는 五로 되어 있고 어떤 곳에는 六으로 되어 있으니 두 문장만 다를 뿐이다. ≪이아≫엔 비록 있더라도 함께 모두 두 수일 뿐이고, 별도로 국명이 없어 그다지 분명하지 않기 때문에 그것을 확정하지 못하였다.'고 하였다."라고 하였으니, 정현은 두 문장 중에 반드시 한 곳에 오류가 있으리라 의심했지만 나라의 수를 밝힐 수가 없었으므로 감히 확정하지 못한 것일 뿐이다.

사해의 군주가 周나라 王에 대해서 一世에 한 번 알현할 뿐인데, 이 經에서는 사해의 군주가 朝會하러 온 것을 말했으니, 周公이 섭정한 지 6년이 되었을 때의 일이고, 당연히 〈명당위〉와 같은 시기이다. 다만 '四海'라고 두루뭉술하게 말했기 때문에 ≪이아≫의 위 구절 '謂之四海'의 문장을 취하여 보충 설명하였으니, 실제로 이것은 八蠻・六戎・五狄에 해당한다. 나라가 九州 밖에 있는 것이니, 사해가 구주에 속하지 않는 것은 분명하다. 그 州의 우두머리가 통솔하지 못하는 까닭에 ≪주례≫에서는 "九州의 밖을 蕃國이라고 하는데 一世에 한 번 알현한다."라고 한 것이다.

만약 그렇다면 아래 문장 〈采芑〉에서 "蠻荊은 '荊州의 蠻族'이다."라고 하였고, ≪書經≫ 〈堯典〉에서 "幽州에 共工을 유배하였다."라고 하였는데 注에서 "幽州는 北狄(北裔)이다."라고 하였으니, 사해 가운데 구주의 안에 있는 나라도 있다. 그런데 '外'라고 말한 것은 대개 교화가 미치는 지역이나 州牧이 통솔하는 곳이 아니면 그곳을 四海의 나라라고 하기 때문이다. 그 경계에 자리한 곳은 구주의 안에 있는 곳이라고 해도 무방하다. 〈禹貢〉에서는 萬里를 큰 경계로 삼아서, 모두 구주로 간주하였다. 그러므로 荊州의 蠻族이 있고, 幽州가 北裔가 되는 것이다.

≪禮記≫ 〈曲禮〉에 이르기를 "東夷, 北狄, 西戎, 南蠻에 있는 나라는 비록 큰 나라라도 그 爵位는 子라고 한다."라고 하였으니, 이것이 "비록 큰 나라가 있더라도 작위는 子를 넘지 않는다."라는 것이다. 큰 나라의 군주는 子라고 하고 작은 나라의 군주는 男이라고 할 뿐이다. ≪春秋左氏傳≫ 莊公 28년에서 "驪戎의 男"이라고 한 것이 이것이다. 만약 殷나라와 같이 爵位가 3등급이어서 子와 男이 없는 경우라면, 四夷의 군주도 伯爵이 된다. 그래서 〈書序〉에서 "武王이 은나라를 이기자 巢伯이 와서 朝會하였다."라고 하였는데, 注에서 "소백은 南方의 제후로서 일세에 한 번 알현하는 자이다."라고 하였으니, 무왕이 즉위했기 때문에 와서 조회한 것이다. 이것이 구주 밖의 군주가 伯爵이 된 경우이다.

또 ≪尙書≫ 〈虞書〉에서 "州마다 12師를 두었으며, 밖으로 四海에 이르기까지 모두 5長을 세운다."라고 하였으니, 분명히 사해는 구주 밖에 있다. 어째서인가? 이미 "州마다 12師를 두었다."라고 하였으니, 이것은 구주의 안에 師를 세운 것이다. 또 "밖으로 사해에 이르기까지 모두 5長을 세운다."라고 하였으니, 이것이 사해가 구주의 밖에 있는 것이다. 인용한 글은 〈皐陶謨〉의 문장이다. 정현이 주석한 ≪상서≫의 經文을 살펴보면 '外薄'으로 쓰여 있는데, 지금 ≪五經定本≫에는 '外敷'로 쓰여 있으니 아마도 잘못된 듯하다. 그 注에서 "구주에는 州마다 12사람을 세워 제후의 師로 삼아서 그 牧을 돕게 하였다. 구주 밖에는 5國마다 長을 세워 각각 그 직임을 계속 유지하게 하였다."라고 하였는데, 여기서 '5장을 세웠다.'고 하였으니, 곧 〈曲禮 下〉에서 말한 '子'이다. 그러므로 그 注에서 "子는 구주 밖의 나라 長이다. 천자는 제후 가운데 현명한 자를 선별해서 子로 삼는데, 子는 牧과 같다."라고 하였으니, 이것이다.

살펴보건대 〈고요모〉 편에서 인용한 내용 위에서 "五服의 제도를 도와 완성해서 5천 리에 이르게 하였다."라고 하였는데, 정현은 "禹가 물길을 다스려 五服 가운데 부족한 수를 보충하여 완성해서 영토가 사방 만 리가 되었다. 사방 7천 리 안의 땅으로 九州를 삼았는데 7에 7을 곱하면 49이니, 사방 천 리가 되는 지역이 49개이다. 그 가운데 한 지역으로 畿內를 만들고, 나머지 48개 지역을 여덟 州로 나누면 각 州마다 사방 천 리가 되는 지역이 6곳이다. 한 州로 계산하면 사방 100리의 나라가 200개, 70리의 나라가 400개, 50리의 나라가 800개이니, 1州를 계산하면 1,400개의 나라가 있지만, 200개의 나라를 봉할 수 없는 명산, 큰 하천 등의 땅이라 여기면 나머지는 1,200개의 나라가 있다. 100개의 나라마다 한 명의 師를 세우기 때문에 주마다 12명의 師를 두는 것이다."라고 하였다. 정현은 다시 "8州는 9,600개의 나라이고, 또 400개의 나라가 畿內에 있으니, 子와 男으로 만의 수를 갖추었다."라고 하였는데, 이것은 정현이 "禹가 塗山에서 제후와 회합할 때 玉帛을 잡은 자가 만 개의 나라였다."라고 한 문장을 계산해서 보충한 것이다.

蓼彼蕭斯에 零露湑(서)兮로다

저 키 큰 쑥에
내린 이슬이 촉촉이 맺혔네

【傳】 興也라 蓼는 長大貌라 蕭는 蒿也라 湑는 湑然蕭上露貌라

興이다. 蓼는 길고 큰 모양이다. 蕭는 '쑥'이다. 湑는 쑥 위에 이슬이 무성하게 맺힌 모양이다.

【箋】 箋云 興者는 蕭는 香物之微者니 喩四海之諸侯도 亦國君之賤者라 露者는 天所以潤萬物이니 喩王者恩澤이 不爲遠國則不及也라

箋云 : 興한 것은, '쑥'은 향기가 나는 식물 가운데 미천한 것이니 이것으로 四海의 諸侯도 군주 가운데 미천한 자임을 비유하였고, '이슬'이란 것은 하늘이 만물을 윤택하게 하는 것이니 이것으로 왕이 내린 은택이 먼 나라까지도 미치지 않음이 없다는 것

을 비유하였다.

既見君子호니 **我心寫兮**로다

군자를 보고 나니
내 마음 시원하네

【傳】輸寫其心也라

그 마음을 미련 없이 다 쏟아내는 것이다.

【箋】箋云 既見君子者는 遠國之君이 朝見於天子也라 我心寫者는 舒其情意하여 無留恨也라

箋云 : "既見君子"는 먼 나라의 군주가 천자에게 조회하는 것이다. "我心寫"는 그 마음과 뜻을 펼쳐 맺힌 恨이 없는 것이다.

燕笑語兮하니 **是以有譽處兮**로다

연회를 베풀어 웃고 이야기하니
이로 인해 명예를 얻고 지위를 얻었네

【箋】箋云 天子與之燕而笑語하니 則遠國之君이 各得其所라 是以稱揚德美하여 使聲譽常處天子라

箋云 : 天子가 그들과 연회를 베풀어 웃고 이야기하니 먼 나라의 군주가 각자 제자리를 얻을 수 있었다. 이 때문에 천자의 아름다운 덕을 칭송해서, 그 천자를 명예롭게 하였고 항상 천자의 지위에게 자리하게 하였다.

【疏】'蓼彼'至'處兮' ○ 正義曰 : 言蓼然長大者, 彼蕭斯也, 此蕭所以得長大者, 由天以善露潤之, 使其上露湑湑然盛兮, 以故得其長大耳. 以興得所者, 彼四夷之君, 此四夷之君所以得所者, 由王以恩澤及之, 使其恩澤豐多, 故令其得所耳. 然此蕭是香物之微者, 天不以其微而不潤也, 喻四海諸侯乃國君之賤者, 王不以其賤而不及也. 遠國既蒙王澤, 乃來朝見, 自言己既得朝見君子之王者, 我心則舒寫盡兮, 無復留恨. 在國恐不得見, 今來得見, 則意盡也. 朝之後, 王又與之燕飮而笑語兮. 感王之恩, 皆稱揚王之德美, 是以使王得有聲譽, 又常處天子之位兮. 言爲天(下)〔子〕[1]所保, 不憂危亡也.

1) (下)〔子〕: 저본의 교감기에 따라 '子'로 번역하였다.

經의 〔蓼彼〕에서 〔處兮〕까지

○ 正義曰 : 말하자면 훤칠하고 크게 자란 것은 저 쑥이다. 이 쑥이 크게 자랄 수 있는 까닭은 하늘이 좋은 이슬로 윤택하게 하였기 때문이니, 쑥 위에 이슬이 촉촉이 맺혔기 때문에 크게 자랄 수 있을 뿐이다. 이것으로 '적합한 자리를 얻은 이는 저 四夷의 군주이다. 이 四夷의 군주가 적합한 자리를 얻은 까닭은 周나라 王이 은택으로 그 영향을 주었기 때문이니, 그 은택이 풍성했기 때문에 군주로 하여금 제자리를 얻게 할 수 있었을 뿐'임을 비유하였다.

그러나 이 쑥은 향기 나는 식물 중에 보잘것없는 것인데, 하늘이 그 미천한 식물에게도 윤택하게 하지 않음이 없다. 이것으로 '四海의 諸侯는 군주 가운데 천한 자인데, 王이 그 천한 군주에게도 〈은택이〉 미치지 않는 것이 없게 하였다'는 것을 비유하였다.

먼 제후의 나라가 이미 왕의 은택을 받아, 와서 조회하고 스스로 말하기를 "몸소 君子인 왕을 조회하고 나서 내 마음을 펴서 다 쏟아낼 수 있었으니 다시 남은 恨이 없다."라고 하였다. 나라에 있을 때는 왕을 만날 수 없을까 두려웠는데, 지금 와서 보았으니 내 뜻이 다 이루어졌다는 것이다. 조회를 마친 후에 왕이 다시 그와 함께 연회를 베풀어 술을 마시고 웃으며 이야기를 나누었는데, 왕의 은혜에 감사하며 모두 왕의 덕이 아름답다고 칭송하였다. 이 때문에 천자로 하여금 명예를 둘 수 있고, 항상 천자의 지위에 자리할 수 있게 하였다. 말하자면 천자에게 보호받아 위기에 처해도 망할 것을 근심하지 않게 되었다.

【疏】 傳'蕭蒿'至'露貌' ○ 正義曰 : 釋草云 "蕭, 荻也.", 李巡曰 "荻, 一名蕭." 郭璞曰 "卽蒿也." 下章'瀼瀼'·'泥泥'皆重言, 故此以爲'湑湑'也. 湑湑, 露在物之狀, 故爲蕭上露貌.

傳의 〔蕭蒿〕에서 〔露貌〕까지

○ 正義曰 : ≪爾雅≫ 〈釋草〉에서 "蕭는 '물억새'이다."라고 하였는데, 그 注에서 李巡은 "荻은 일명 '蕭'이다."라고 하였고, 郭璞은 "곧 '쑥'이다."라고 하였다. 아래 章의 '瀼瀼'과 '泥泥'도 모두 중복해서 말했기 때문에, 여기에서도 '湑湑'라고 하였다. 湑湑는 이

슬이 물체에 있는 모양이다. 그러므로 '쑥 위에 이슬이 맺힌 모양이다.'라고 하였다.

【疏】箋'蕭香'至'賤者' ○ 正義曰：生民曰"取蕭祭脂", 郊特牲曰"爇蕭合馨香.", 是蕭爲香物也. 雖香, 而是物之微者, 以喻四海諸侯亦是國君之賤者.

箋의〔蕭香〕에서〔賤者〕까지

○ 正義曰：≪詩經≫〈大雅 生民〉에서는 "쑥을 가져다 태워서 강신제를 지낸다."라고 하였고, ≪禮記≫〈郊特牲〉에서 "쑥을 태워서 향기를 합한다."라고 하였으니, 이것이 쑥이 향기 나는 식물이 되는 것이다. 비록 향기가 있지만 이 식물은 보잘것없는 것이므로, 四海의 제후도 나라의 군주 가운데 보잘것없는 자임을 비유한 것이다.

蓼彼蕭斯에 零露瀼瀼이로다

저 키 큰 쑥에
내린 이슬이 축축하게 맺혔네

【傳】瀼瀼은 露蕃貌라 ○ 瀼은 如羊反이니 徐又乃剛反이라하니라 蕃音煩이라

瀼瀼은 '이슬이 무성한 모양'이다.

○ 瀼은 如와 羊의 반절이니, 徐邈은 또 乃와 剛의 반절이라고 하였다. 蕃은 音이 煩이다.

旣見君子호니 爲龍爲光이라

군자를 보고 나니
은택을 받고 영광을 받았네

【傳】龍은 寵也라

龍은 '은택'이다.

【箋】箋云 爲龍爲光은 言天子恩澤光耀가 被及己也라 ○ 被는 皮寄反이라

箋云："爲龍爲光"은 천자의 은택과 영광이 나에게 미친 것을 말한다.

○ 被는 皮와 寄의 반절이다.

其德不爽하니 壽考不忘이라

그 덕이 어긋나지 않으니
길이 잊지 못하리라

【傳】 爽은 差也라

爽은 '어긋나다'이다.

【疏】 '旣見'至'不忘' ○ 正義曰：言遠國之君, 蒙王恩澤, 今皆來朝. 旣得見君子之王者, 爲君所寵遇, 爲君所光榮, 得其恩意, 又燕見笑語, 使四海稱頌之不忘也.

經의 〔旣見〕에서 〔不忘〕까지

○ 正義曰 : 말하자면 먼 제후국의 군주가 周나라 왕의 은택을 입어서 지금 모두 와서 조회한 것이다. 이윽고 君子인 왕을 만나볼 수 있어서 군주가 은택과 영광을 받았으니 천자의 은혜로운 마음을 얻은 것인데, 다시 燕禮로 접견해줘서 웃고 이야기할 수 있었으니, 사해의 군주로 하여금 칭송하게 하고 잊을 수 없게 만든 것이다.

蓼彼蕭斯에 零露泥泥로다

저 키 큰 쑥에
내린 이슬이 골고루 적셨네

【傳】 泥泥는 霑濡也라 ○ 泥는 乃札反이라

泥泥는 '골고루 적시다'이다.

○ 泥는 乃와 札의 반절이다.

旣見君子호니 孔燕豈弟라

군자를 보고 나니
매우 편안하며 즐겁고 평온하네

【傳】豈는 樂이요 弟는 易也라

豈는 '즐겁다'이고, 弟는 '평온하다'이다.

【箋】箋云 孔은 甚이요 燕은 安也라

箋云 : 孔은 '심하다'이고, 燕은 '편안하다'이다.

宜兄宜弟니 令德壽豈로다

형이 되기에도 적합하고 아우이 되기에도 적합하니
아름다운 덕을 지녀서 화락함을 길이 누리리라

【傳】爲兄亦宜요 爲弟亦宜라 ○ 豈는 開在反이요 本亦作愷며 下同이라 後豈弟放此라 弟如字니 本亦作悌며 音同이라 後皆放此라 樂音洛이요 下篇同이라 易는 夷豉反이라

형이 되기에도 적합하고 아우가 되기에도 적합한 것이다.

○ 豈는 開와 在의 반절이고 어떤 본에는 또 愷로 쓰며, 아래도 같다. 뒤에 豈弟도 이와 같다. 弟는 본래의 글자대로 읽으니, 어떤 본에는 또 悌로 쓰며 音이 같다. 뒤에도 모두 이와 같다. 樂은 음이 洛이고, 아래 篇도 같다. 易은 夷와 豉의 반절이다.

【疏】'旣見'至'壽豈' ○ 正義曰 : 遠國之君旣朝見君子, 爲君子所接遇, 故皆甚安, 而情又喜樂以怡易也. 君子旣接, 遠國得所, 而又燕見以盡其歡, 是君子爲人之能宜爲人兄, 宜爲人弟. 隨其所爲, 皆得其宜, 故能有善德之譽, 壽凱樂之福也.

經의 〔旣見〕에서 〔壽豈〕까지

○ 正義曰 : 먼 제후국의 군주가 君子를 조정에서 보고 나서, 군자에게 대우를 받았기 때문에 모두 매우 편안했고, 마음도 기쁘고 즐거워서 평온하였다. 군자가 대접하고 나서 먼 제후국의 군주가 제자리를 얻었는데, 또 연례로 접견해줘서 그 기쁨을 다하니, 이것이 군자의 사람됨이 다른 사람의 형이 되기에 마땅하고 다른 사람의 아우가 되기에도 마땅할 수 있는 것이다. 그가 행동하는 것에 따라서 모두 그 마땅함을 얻기 때문에, 훌륭한 덕을 지녔다는 명예가 있을 수 있고 화락한 복을 길이 누릴 수 있는 것이다.

蓼彼蕭斯에 **零露濃濃**이로다

저 키 큰 쑥에

내린 이슬이 질펀하게 맺혔네

【傳】 濃濃은 厚貌라 ○ 濃은 奴同反이요 又女龍反이라

濃濃은 '농후한 모양'이다.

○ 濃은 奴와 同의 반절이고, 또 女와 龍의 반절이다.

既見君子호니 **鞗革(忡忡)〔沖沖〕**[1)]하고 **和鸞雝雝**하니 **萬福攸同**이로다

1) (忡忡)〔沖沖〕: 저본의 교감기에 따라 '沖沖'으로 번역하였다.

君子를 만나보니

고삐 머리 장식은 치렁치렁하고

방울소리 딸랑딸랑거리니

온갖 복이 다 모이리라

【傳】 鞗는 轡也라 革은 轡首也라 沖沖은 垂飾貌라 在軾曰和요 在鑣(표)曰鸞이라

鞗는 '고삐'이다. 革은 '고삐의 머리'이다. 沖沖은 장식이 드리워진 모양이다. 수레 앞턱 부분의 가로댄 나무에 단 방울을 和라 하고, 재갈에 단 방울을 鸞이라 한다.

【箋】 箋云 此說天子之車飾者라 諸侯燕見天子에 天子必乘車迎于門이라 是以云然이라 攸는 所也라 ○ 鞗는 徒彫反이라 沖은 直弓反이니 徐音同이요 又音勑弓反이라하니라 軾音式이요 鑣는 彼苗反이라

箋云 : 이것은 천자의 수레 장식을 말한 것이다. 제후들이 연회에서 천자를 알현할 때 천자는 반드시 수레를 타고 문에서 영접하기 때문에, 이렇게 말한 것이다. 攸는 '~하는 것'의 뜻이다.

○ 鞗는 徒와 彫의 반절이다. 沖은 直과 弓의 반절이니, 徐邈은 음이 같고 또 勑과 弓의 반절이라고 하였다. 軾은 음이 式이고, 鑣는 彼와 苗의 반절이다.

【疏】'旣見'至'攸同' ○ 正義曰：言遠國之君，旣見君子之王者，又蒙垂意燕見於己，說其燕見之車飾. 君子所乘燕見之車，鞗皮以爲轡首之革，垂之衝衝然. 其在軾之和鈴與衡鑣之八鸞，其聲雝雝然. 乘是車服，屈己之尊，降接卑賤，恩遇若是，是王爲主得所，故宜爲萬福之所同，皆得歸聚之.

經의 〔旣見〕에서 〔攸同〕까지

○ 正義曰：말하자면 먼 제후국의 군주로서 君子인 周나라 왕을 본 자가 다시 곡진한 마음으로 자신에게 연례로 접견하는 은혜를 입어서, 연례로 접견할 때의 수레 장식을 설명한 것이다. 군자가 연례로 접견할 때 타는 수레는, 고삐 가죽으로 고삐 머리의 늘어진 부분에 장식을 만들고 그것을 드리워 치렁치렁하게 하였다. 그 수레에는 앞턱 부분의 가로댄 나무에 단 和鈴과 끌채의 재갈에 단 8개의 鸞鈴이 있는데, 그 소리가 딸랑딸랑거린다. 이렇게 장식된 수레를 타서 자기의 존귀함을 굽히고, 비천한 군주를 禮로 접견한 것이다. 은혜로 대우하는 것이 이와 같으니 이것이 왕이 주인으로서 마땅한 것이다. 그러므로 萬福이 함께하기에 마땅한 것이고, 모두 그에게 귀의할 수 있는 것이다.

【疏】傳'鞗轡也'至'曰鸞' ○ 正義曰：釋器云 "轡首謂之革"，郭璞曰 "轡，靶也." 然則馬轡所靶之外有餘而垂者，謂之革. 鞗皮爲之，故云鞗革. 轡首垂也，鞗革卽言沖沖，故知垂飾貌. 在軾曰和，和亦鈴也，以其與鸞相應和，故載見曰 "和鈴央央"，是也. 在鑣曰鸞，謂鸞鈴置於馬之鑣. 郭璞曰 "鑣，馬勒傍鐵也." 言置鈴於馬口之兩傍，此無文也，故鄭不從之. 禮記注云 "鸞在衡"，駟鐵箋云 "置鸞於鑣，異於乘車." 是鄭以乘車之鸞不在鑣. 知此天子所乘以迎賓，則亦乘車也，鸞不當在鑣矣. 此箋不易之者，以駟鐵已明之，此從可知也.

傳의 〔鞗轡也〕에서 〔曰鸞〕까지

○ 正義曰：≪爾雅≫ 〈釋器〉에서 "고삐 머리를 革이라고 한다."라고 하였는데, 그 注에서 郭璞은 "轡는 '고삐'이다."라고 하였다. 그렇다면 말의 고삐에는 손잡이 부분 외에 나머지 아래로 늘어진 부분이 있는데, 그것을 革이라고 한다. 고삐는 가죽으로 만들기 때문에, "鞗革"이라고 운운하는 것은 고삐 머리에서 늘어진 부분이다. 鞗革에 곧이어 沖沖이라고 말했기 때문에, 드리운 장식의 모양임을 알 수 있다.

수레 앞턱 부분의 가로댄 나무에 단 것을 '和'라고 하는데, 和도 방울이다. 그것이

鸞鈴과 서로 반응하여 어울리기 때문에, ≪詩經≫ 〈周頌 載見〉에서 "和鈴央央"이라고 한 것이다. 毛傳에서 "재갈에 단 방울을 鸞이라고 한다."라고 한 것은, 鸞鈴이 말의 재갈에 설치된다고 말한 것이다. 곽박은 "鑣는 말의 재갈 옆에 있는 쇠이다."라고 하였으니, 말 주둥이의 양옆에 방울을 설치한다고 말한 것이다. 그러나 이 시에는 해당 글자인 '鑣'자가 없으므로, 정현은 이 설을 따르지 않았다. ≪禮記≫ 〈玉藻〉의 鄭注에서는 "鸞은 수레 앞턱 부분에 가로댄 나무에 있다."라고 했고, ≪詩經≫ 〈秦風 駟鐵〉의 鄭箋에서는 "〈짐승을 모는 수레는〉 재갈에 鸞을 설치하니, 乘車와는 다르다."라고 하였으니, 이것은 정현이 乘車의 鸞은 재갈에 있지 않은 것으로 여겼기 때문이다. 이로써 이 시에서 천자가 타고 빈객을 맞이하는 것도 또한 乘車이니, 鸞이 재갈에 있어서는 안 된다는 것을 알 수 있다. 이 鄭箋은 바꿀 수 없는 것임을 〈사철〉에서 이미 밝혔기 때문에 이 시에서도 따랐음을 알 수 있다.

【疏】 箋'此說'至'然' ○ 正義曰：既見君子, 卽言 "鞗革沖沖, 和鸞雝雝", 是見君子車上有此飾, 故知說天子之車飾也. 解所以得見天子車飾者, 以"諸侯燕見天子, 必以車迎於門, 是以云然", 此既見天子之言爲朝見之後, 則燕見之. 皆是見君子之事, 故蒙上既見之文也. 知燕見迎諸侯者, 以王唯覲禮不下堂而見諸侯耳. 其朝宗當迎之, 故秋官・大行人說車迎之法・賓主步數. 彼六服[1]諸侯尙有車迎, 則四夷之君車迎可知. 燕主歡心, 不可不接. 既然迎接, 不得無車, 故燕禮云 "若四方之賓, 公迎之於大門內." 是燕有迎法也. 以唯首章言 "燕笑語兮", 是燕時事, 故知此見車飾亦是燕時事. 案大行人, 上公九命, 貳車九乘, 介九人, 禮九牢, 朝位[2]賓主之間九十步, 立當車軹, 擯者五人. 侯・伯以七爲節, 立當前(疾)〔侯〕[3], 擯者四人. 子・男以五爲節, 立當車衡, 擯者三人. 注云 "王立當軫." 又鄭注下曲禮以春夏受贄於朝, 受享於廟, 以生氣文也. 秋冬一受之於廟, 殺氣質也. 鄭又以覲禮不出迎諸侯, 則冬遇亦不迎[4]. 然則秋冬燕見亦無出迎之法也.

1) 六服：周나라 王畿 밖 諸侯의 나라를 '服'이라고 한다. 그 등급에는 6가지가 있는데 侯服, 甸服, 男服, 采服, 衛服, 蠻服이다.

2) 朝位：대문 밖에서 賓이 수레에서 내리는 곳과 왕의 수레가 나가 맞이할 때 서 있는 자리를 말한다.(≪周禮≫ 〈秋官 大行人〉)

3) 前(疾)〔侯〕：저본의 교감기에 따라 '侯'로 번역하였다. '前侯'는 네 마리 말이 끄는 수레 끌채 앞부분의 턱으로, 아래로 드리워서 땅에 세우는 것을 말한다.(≪周禮≫ 〈秋官

大行人〉)

4) 覲禮不出迎諸侯 則冬遇亦不迎 : '가을의 覲禮에 천자가 나가서 제후를 맞이하지 않으니, 겨울의 遇禮에도 나가서 맞이하지 않는다.'라고 한 이유는 겨울의 우례는 가을의 근례를 따르기 때문이다.(≪禮記≫ 〈曲禮 下〉)

箋의 〔此說〕에서 〔然〕까지

○ 正義曰 : 君子를 만나보고 즉시 "고삐 머리 장식은 치렁치렁하고, 방울소리 딸랑딸랑거린다."라고 말하였으니, 이것이 군자의 수레 위에 이 장식이 있음을 본 것이다. 그러므로 천자의 수레 장식을 설명한 것임을 알 수 있다. 천자의 수레 장식을 본 것이라고 해석한 이유에 대해, "제후가 연회에서 천자를 알현할 때, 천자는 반드시 수레를 타고 문에서 맞이하기 때문에 이렇게 말한 것이다."라고 하였다.

여기에서 '이미 천자를 만나보았다.'라는 말은 조정에서 알현한 뒤의 일이니, 연회에서 만나본 것이다. 모두 군자를 보는 일이기 때문에, 앞에 "이미 만나보았다.〔旣見〕"라는 말을 두었다. 연회에서 접견할 때 제후를 맞이하는 것인 줄 아는 까닭은, 천자는 오직 〈제후가 천자에게 조회하는〉 覲禮에서만 堂을 내려가지 않고 제후를 만나기 때문이다. 제후가 천자를 조회할 때 천자는 마땅히 제후를 맞이해야 한다. 그러므로 ≪周禮≫ 〈秋官 大行人〉에서 수레로 맞이하는 법과 賓과 主 사이의 거리인 步數에 대해 설명하였다.

저 六服의 제후는 아직 수레로 맞이하는 예가 있으니, 四夷의 군주도 수레로 맞이한다는 사실을 알 수 있다. 연회의 주인은 기쁜 마음으로 대접하지 않을 수 없다. 이미 그런 마음으로 맞이해 대접하니 수레가 없을 수 없다. 그러므로 ≪儀禮≫ 〈燕禮〉에서 "사방에서 오는 賓의 경우에는 公이 대문 안에서 맞이한다."라고 하였는데, 이것이 연회에 맞이하는 법이 있다는 것이다. 다만 이 시의 첫 장에서 "연회를 베풀어 웃고 이야기한다."라고 하였으니, 이것은 연회 때의 일이다. 그러므로 여기에서 수레의 장식을 본 것도 연회 때의 일이다. 살펴보건대 〈대행인〉에서 "上公은 九命이니, 貳車는 아홉 대이고, 介는 아홉 사람이며, 禮는 九牢를 쓰고, 朝位는 賓과 主의 사이가 90步이며, 설 때는 수레의 굴대 머리를 마주하며 빈객을 맞이하는 신하는 5인이다. 侯와 伯은 7의 수로 節度를 삼고, 설 때는 前侯를 마주하며 빈객을 맞이하는 신하는 4인이다. 子와 男은 5의 수로 절도를 삼고, 설 때는 車衡을 마주하며, 맞이하는 신하는 3인이다."라고 하였는데, 그 注에서 "王이 설 때는 수레 뒤턱을 마주한다."라고 하였다. 또 ≪禮記≫ 〈曲禮 下〉의 정현 주에서 "봄과 여름에 천자를 알현하는 朝禮와 宗禮의 때 조정에서 폐백을 받고 사당에서 享을 받는 것은 氣가 생겨 문채가 나기 때문이다. 가을과 겨울에 〈천자를 알현하는 근례와 우례의 때〉 사당에서 한번 그것을 받는 것은 氣가 사그라들어 質朴하기 때문이다."라고 하였고, 정현은 또 "〈가을의〉 근례에 천자가 나가서 제후를 맞이하지 않으니, 겨울의 우례에도 나가서 맞이하지 않는다."라고 하였다. 그렇다면 가을과 겨울에 연회에서 접견할 때도 나가서 맞이하는 법은 없다.

蓼蕭四章이니 **章六句**라

〈蓼蕭〉는 4章이니 章마다 6句이다.

湛露(담로)

【序】**湛露**는 **天子燕諸侯也**라

〈湛露〉는 天子가 諸侯에게 연회를 베푼 것을 읊은 시이다.

【傳】燕은 謂與之燕飮酒也라 諸侯朝覲會同에 天子與之燕하여 所以示慈惠라

燕은 제후와 함께 연회를 베풀어 술을 마시는 것이다. 제후들이 조회하고 회동할 때 천자가 그들에게 연회를 베풀어서 자애로운 은혜를 보여주는 것이다.

【疏】'湛露'至'諸侯' ○ 正義曰：作湛露詩者, 天子燕諸侯也. 諸侯來朝, 天子與之燕飮, 美其事而歌之. 經雖分別同姓・庶姓・二王之後, 皆是天子燕諸侯之事也. 蓼蕭序不云天子, 此及彤弓獨言天子者, 此及彤弓燕賜諸侯之身, 旣言諸侯, 不得不言天子以對之. 蓼蕭序〔不〕[1]言諸侯, 文無所對, 故不言天子也. 四章雖皆說天子燕諸侯之事, 而皆首章見天子於諸侯之義, 下三章見諸侯於天子之事. 首章言王燕諸侯, 雖至於夜, 留與飮燕, 無問同姓異姓, 皆不醉不歸, 是天子恩厚之義也. 下三章乃分別說之. 二章言同姓則成夜飮之禮, 非同姓讓之則止. 三章言庶姓. 卒章言二王之後, 不得成其夜飮, 故云善德・善儀, 言其不至於醉也. 首章直言"湛湛露斯", 不指所在之物, 總下章云草木也, 故下章各言草木以充之. 以同姓一類, 故廣擧豐草. 庶姓非一族之人, 喩以異類之木. 二王之後, 同爲天子所尊, 譬之同類之木. 各取其所象也. 豐草杞棘言露在, 桐椅不言露在, 承上露在, 可知天子燕諸侯之義備於此矣. 不言異姓與三恪[2)]者, 兄弟甥舅禮雖不同, 要夜飮之義, 非宗不可, 則異姓從庶姓禮也. 三恪卑於二代[3)], 其亦在異姓中.

1) 〔不〕: 저본의 교감기에 따라 '不'을 보충하여 번역하였다.
2) 三恪 : 三恪은 周나라에서 이전 세 왕조의 후손을 封하고, 王侯의 名號를 내려 존중의 뜻을 보인 호칭이다. 여기에는 두 가지 설이 있다. 하나는 陳·杞·宋에 봉한 虞· 夏·殷의 세 나라의 후손을 말하고, 다른 하나는 薊·祝·陳에 봉한 黃帝·帝堯·帝舜의 후손을 말한다. 그런데 ≪詩經≫ 〈陳風譜〉의 孔穎達 疏에서 "살펴보건대 ≪樂記≫에서 '武王이 수레에서 내리기 전에 薊에 黃帝의 후손을 봉하고, 祝에 帝堯의 후손을 봉하고, 陳에 帝舜의 후손을 봉하였다. 수레에 내려서는 곧 杞에 夏后氏의 후손을 봉하고, 宋에 殷의 후손을 봉하였다.'라고 하였으니, 陳은 薊·祝과 함께 三恪이 되고, 杞·宋은 별도로 二王의 後裔가 된다.〔案樂記云 武王未及下車 封黃帝之後於薊 封帝堯之後於祝 封帝舜之後於陳 下車乃封夏后氏之後於杞 封殷之後於宋 則陳與薊祝共爲三恪 杞宋別爲二王之後矣〕"라고 하였으니, 이곳 공영달 소에서도 三恪과 二代를 대조하여 설명하였으므로, 여기에서의 三恪은 黃帝·帝堯·帝舜의 후손을 말하는 것으로 보는 것이 타당하다.
3) 二代 : 여기서는 杞에 封한 夏의 후손과 宋에 봉한 殷의 후손을 말한다.

序의 〔湛露〕에서 〔諸侯〕까지

○ 正義曰 : 〈湛露〉 시를 지은 것은 天子가 諸侯에게 연회를 베푼 것을 읊은 것이다. 제후가 조회에 와서 천자가 그와 함께 연회를 즐기고 술을 마셨는데 그 일을 찬미해서 노래한 것이다. 經文에서는 비록 同姓의 제후, 여러 姓의 제후, 夏와 殷나라 두 왕족의 후손을 분별하였으나, 모두 천자가 제후에게 연회를 베푼 일이다.

〈蓼蕭〉의 序에서는 天子라고 말하지 않았는데, 이 시와 〈彤弓〉에서 유독 천자라고 말한 것은 이 시와 〈동궁〉은 제후에게 연회를 베풀고 하사하는 신분이고, 이미 제후라고 말했으니 천자로서 그들을 상대했다고 말하지 않을 수 없기 때문이다. 〈요소〉의 序에서 제후를 말하지 않은 것은 문장에 대상이 되는 말이 없기 때문이다. 그러므로 천자라고도 말하지 않았다.

네 章이 비록 모두 천자가 제후에게 연회를 베푸는 일을 말했으나, 대개 첫째 章에서는 천자가 제후를 대하는 의리를 드러내었고, 아래 세 장은 제후가 천자를 대하는 일을 드러내었다. 첫째 장은 王이 제후에게 연회를 베풀 때 비록 밤이 되어도 머물며 함께 술을 마시고 연회를 즐기는데 동성과 이성의 제후를 따지지 않고 모두 취하지 않으면 돌아가지 않음을 말하였으니, 이것은 천자가 은혜를 융성하게 내려주는 뜻이다. 아래의 세 장은 곧 분별해서 설명하였다. 2장은 동성의 제후를 말하였다. 밤새 술을 마시는 예를 이룬 것이니, 동성의 제후가 아니면 그것을 사양하고 그만둔다. 3장은 여러 姓의 제후를 말하였다. 마지막 장은 夏와 殷 두 왕조의 후손을 말하였다. 밤새 술 마시는 예를 이룰 수 없었기 때문에, 經文에서 '좋은 덕성'과 '좋은 몸가짐'을 운운하였으니 그들이 취하는 지경에 이르지 않음을 말한 것이다.

첫째 장에서 "송골송골 맺힌 이슬"이라고만 말하고, 이슬이 남아 있는 물건을 가리키지 않은 것은 아래 장에서 草木에 대해 말한 것을 총괄했기 때문이다. 그러므로 아래 장에서는 각각 초목을 말해서 보충하였다. 동성은 같은 부류이기 때문에 2장에서는 널리 "무성한 풀〔豐草〕"을 거론하였다. 다른 성씨의 제후는 一族의 사람이 아니기 때문에 3장에서는 다른 부류의 나무로써 비유하였고, 두 왕조의 후손은 모두 천자에게 존중받기 때문에 4장에서는 같은 종류의 나무로 비유하였으니, 각각 그 상징을 취하였다.

'豐草'와 '杞', '棘'에는 이슬이 있다고 말하고, '桐', '椅'에 이슬이 있다고 말하지 않은 것은 위의 장에서 이슬이 있다는 것을 이어받아서이니, 천자가 제후에게 연회를 베푸는 뜻이 여기에 갖춰져 있음을 알 수 있다. '異姓', '三恪'이라고 말하지 않은 것은 형제와 인척의 예가 같지 않아서이다. 밤새 술을 마시는 義를 요구하는 것은 동족이 아니면 불가하니 異姓은 여러 姓의 禮를 따른 것이고, 三恪은 二代보다는 낮으니 그도 또한 이성 가운데 있다.

湛湛露斯여 **匪陽不晞**(희)로다

송골송골 맺힌 이슬
태양이 아니면 마르지 않네

【傳】 興也라 湛湛은 露茂盛貌라 陽은 日也요 晞는 乾也라 露雖湛湛然이나 見陽則乾이라

興이다. '湛湛'은 '이슬이 무성한 모양'이다. 陽은 '태양'이다. 晞는 '마르다'이다. 이슬이 비록 송골송골 무성하게 맺혔지만, 햇볕을 쬐면 마른다.

【箋】 箋云 興者는 露之在物湛湛然하여 使物柯葉低垂로 喻諸侯受燕爵에 其(義)〔儀〕[1]有

似醉之貌라 諸侯旅酬之則猶然이나 唯天子賜爵則貌變하여 肅敬承命이 有似露見日而晞也라

1) (義)〔儀〕: 저본의 교감기에 따라 '儀'로 번역하였다.

箋云 : 興한 것은, 이슬이 식물에 송골송골 맺혀 식물의 가지와 잎사귀가 아래로 늘어지게 되는데, 이것으로 제후들이 연회에서 술잔을 받았을 때 그들의 몸가짐이 취한 듯한 모습을 하고 있음을 비유하였다. 제후가 술잔을 돌려가며 마실 때도 똑같이 그렇게 하지만, 오직 천자가 술잔을 내려줄 때는 곧 몸가짐을 바꿔 엄숙하고 공경하게 명을 받드는데, 이것이 마치 이슬이 햇볕을 쬐면 마르는 것과 같다.

厭厭夜飮이여 不醉無歸로다

편안하게 밤새도록 마시네
취하지 않으면 돌아가지 마오

【傳】 厭厭은 安也라 夜飮은 (私燕)〔燕私〕[1]也라 宗子將有事면 則族人皆侍니 不醉而出은 是不親也요 醉而不出은 是渫宗也라

1) (私燕)〔燕私〕: 저본의 교감기에 따라 '燕私'로 번역하였다. 燕私는 동족의 친족에게 베푸는 사적인 연례이다.

厭厭은 '편안하다'이다. 夜飮은 '사적인 연회'이다. 적장자인 宗子에게 일이 있으면 친족들이 모두 시중을 드는데, 친족들이 취하지 않고 나오면 이것은 친족을 친하게 대우하지 않는 것이고, 친족들이 취했는데도 나오지 않으면 이것은 적장자를 업신여기는 것이다.

【箋】 箋云 天子燕諸侯之禮亡에 此假宗子與族人燕爲說爾니 族人은 猶群臣也라 其醉不出하고 不醉出은 猶諸侯之(儀)〔義〕[1]也라 飮酒至夜에 猶云 不醉無歸는 此天子於諸侯之義라 燕飮之禮에 宵則兩階及庭門에 皆設大燭焉이라 ○ 厭은 於鹽反이라 韓詩作愔愔이니 和悅之貌라 渫은 息列反이라

1) (儀)〔義〕: 저본의 교감기에 따라 '義'로 번역하였다.

箋云 : 천자가 제후들에게 연회를 베푸는 예가 없어져서, 여기에서는 적장자가 친족

들과 함께 연회를 베푸는 예를 빌려와 설명한 것일 뿐이다. 친족들은 여러 신하와 같으니, 그들이 취해서 나가지 않거나 취하지 않았는데 나가는 것은 제후들의 의리와 같다. 술을 마시다가 밤에 이르렀다는 것은 "취하지 않으면 돌아가지 않는다."라고 말한 것과 같으니, 이것이 천자가 제후들에 대한 의리이다. 연회를 베풀어 술을 마시는 예는 밤이 되면 양쪽 계단과 뜰, 寢門에 모두 큰 횃불을 설치한다.

○ 厭은 於와 鹽의 반절이다. ≪韓詩外傳≫에는 愔愔으로 되어 있으니, 화목하고 기쁜 모양이다. 湀은 息과 列의 반절이다.

【疏】'湛湛'至'無歸' ○ 正義曰：湛湛然在物上者, 露斯也. 此物得露而湛湛然, 柯葉低垂, 非見日之陽則不得乾而舒放也. 以興諸侯受王燕飮而嵬峩然威儀縱弛, 非天子之賜爵, 則不承命而嚴肅也. 是王燕諸侯恩厚, 至於厭厭安閑之夜, 尙與燕飮. 其意殷勤以留賓客, 言不至於醉不得歸也.

經의 〔湛湛〕에서 〔無歸〕까지

○ 正義曰 : 송골송골 식물 위의 있는 것은 이슬이다. 이 식물이 이슬을 받아 송골송골 맺혀 가지와 잎이 아래로 늘어졌는데 햇볕을 쬐지 않으면 말라서 펴질 수 없다. 이것으로 제후가, 왕이 베푼 연회의 술을 받아 마시고 꼿꼿한 威儀가 풀어지는데, 천자가 내려주는 술잔이 아니면 명을 받들어 엄숙해질 수 없음을 비유한 것이다. 이것이 왕이 제후에게 연회를 베풀어준 은혜가 융성한 것이고, 편안하고 고요한 밤에 이르러서도 여전히 함께 연회를 즐기며 마시는 것이다. 그 뜻이 정성스러워 손님을 머무르게 하는 것이어서, 흠뻑 취하지 않으면 돌아갈 수 없다고 말하였다.

【疏】傳'湛湛'至'陽日' ○ 正義曰：此在物而湛湛, 是盛也. 興王隆厚於諸侯, 故以盛爲喩. 以陽爲乾物, 故知日也.

傳의 〔湛湛〕에서 〔陽日〕까지

○ 正義曰 : 이슬이 식물에 있는데 송골송골 맺혀 있으니, 이것이 융성한 것이다. 이것으로 왕이 제후에게 융성하게 대접을 했기 때문에 융성함으로 비유한 것이다. 陽으로 식물을 마르게 한다고 했기 때문에, 태양임을 알 수 있다.

【疏】箋'露之'至'而晞' ○ 正義曰：露之所霑, 必在草木. 此言所在, 以摠下文, 故箋亦順經直言在物. 物正謂下章豐草・杞・棘也. 柯謂枝也. 露在於葉, 則令柯亦低, 故言柯葉低垂, 草木通然, 非木柯而草葉也. 此燕諸侯之詩, 露比王燕諸侯, 物得露而低, 猶諸侯得酒而醉, 故喩諸侯受燕爵, 其威儀有似醉之貌也. 其醉必在燕末, 諸侯旅酬則然. 以擧行旅酬・燕末之事, 故以露見日而乾, 喩諸侯有承命之事燕之. 天子有命, 唯賜爵耳, 故言"唯天子賜爵則貌變, 肅敬承命, 有似露見日而乾也'

箋의 〔露之〕에서 〔而晞〕까지

○ 正義曰 : 이슬이 맺힌 것은 반드시 초목에 있는데, 여기에서 '있다〔在〕'는 것을 말해서 아래 문장을 총괄하였다. 그러므로 鄭箋에서도 경문을 따라서 곧바로 '在物'이라고 말한 것이다. 物은 바로 아래 장의 '豐草'와 杞, 棘을 말한다. 柯는 가지를 말한다. 이슬이 잎사귀에 있으면 가지가 아래로 늘어지게 된다. 그러므로 "가지와 잎사귀가 아래로 늘어지게 된다."라고 하였으니, 초목이 모두 그렇게 되는 것은 나뭇가지 때문이 아니라 풀과 잎사귀 때문이다.

이 시는 제후에게 연회를 베푼 시이니, 이슬은 왕이 제후에게 연회를 베푼 것을 비유한 것이다. 식물이 이슬을 맞으면 늘어지는 것은 제후가 술을 받으면 취하는 것과 같다. 그러므로 제후가 연회의 술잔을 받으면 그 몸가짐이 마치 취한 사람과 같은 모습이 됨을 알 수 있다. 그가 취한 이유는 반드시 연회의 마지막까지 있어서이고, 제후가 〈서로 술을 권하며 돌려 마시는〉 旅酬禮도 곧 그러하다. 이 장은 旅酬禮를 행한 일과 연회 마지막의 일을 들었다. 그러므로 이슬이 햇볕을 쬐면 마르는 것으로 제후가 명을 받을 일이 있어서 연회를 베풀어준 것을 비유하였다. 〈연회에서〉 천자가 명을 내릴 때는 오직 술잔을 하사하는 것뿐이다. 그러므로 "오직 천자가 술잔을 내려줄 때는 곧 몸가짐을 바꿔 엄숙하게 하고 공경하게 명을 받드는데, 마치 이슬이 햇볕을 쬐면 마르는 것과 같다."라고 하였다.

【疏】 傳'夜飮'至'渫宗' ○ 正義曰 : 楚茨云 "備言燕私.", 傳曰 "燕而盡其私恩." 明夜飮者, 亦君留而盡私恩之義, 故言燕私也. 解夜飮之意, 言宗子將有事, 族人皆入侍, 宗子或與之圖事, 則當飮之酒. 若宗子不飮之酒, 使不醉而出, 是不親族人也. 若族人飮宗子酒, 至醉仍不出, 是渫慢宗子也. 言此者, 明宗子之義, 族人雖醉, 尙留之飮. 族人之義, 雖不至醉, 亦當辭出, 不得盡宗子之意. 是主法自當留賓, 賓則可以辭主去. 天子於諸侯, 義亦當然. 書傳曰 "旣侍其宗, 然後得燕. 燕私者何? 〔已〕[1]而與族人飮. 飮而不醉是不親, 醉而不出是不敬." 與此傳同. 毛・伏俱大儒, 當各有所據而言也.

1)〔已〕: 교감기에 따라 '已'를 보충하였다.

傳의 〔夜飮〕에서 〔渫宗〕까지

○ 正義曰 : 〈小雅 楚茨〉의 "사적인 연회를 베푸네〔備言燕私〕"에 대해, 毛傳에서 "연회를 베풀어 그 사적인 은혜를 다하였다."라고 하였으니, 밤에 술 마실 때도 임금이 남아서 사적인 은혜를 다한다는 뜻을 밝힌 것이다. 그러므로 "燕私"라고 말하였다.

"夜飮"의 의미를 해석하면서 "적장자인 宗子에게 일이 있으면 친족들이 모두 시중을 든다."라고 한 것은, 종자가 혹 그들과 함께 일을 도모하게 되면 마땅히 술을 마시게 된다는 것이다. 만약 종자가 그들에게 술을 마시지 못하게 해서 친족들이 취하지 않고 나오면 이것은 친족을 친하게 여기지 않는 것이고, 만약 친족들이 종자의 술을 마시면서 취했는데도 나오지 않으면 이것은 종자를 업신여기는 것이다.

이 장에서 말한 것은 종자의 의리는 친족이 비록 취해도 오히려 머물러 마시게 하는 것이고, 친족의 의리는 비록 취하는 데 이르지 않았더라도 마땅히 사양하고 나와서 종자의 뜻을 다할 수 없게 하는 것임을 밝힌 것이다. 이것이 바로 주인의 법은 자연스럽게 빈객을 머무르게 해야 하고, 빈객은 주인을 사양하고 떠날 수 있어야 한다는 것이다.

天子가 諸侯에 대해 그 의리도 마땅히 그러하다. 伏生의 ≪尙書大傳≫에서 말하길 "그 宗子를 모신 후에 연회를 베풀 수 있다. 사적인 연회란 무엇인가? 친족과 술 마시는 것이다. 술을 마시되 취하지 않은 것은 친애하지 않는 것이고, 취했는데도 나오지 않는 것은 공경하지 않는 것이다."라고 하였는데, 여기의 모전과 같다. 毛亨와 복생은 모두 큰 선비이니, 마땅히 각각 근거하는 것이 있어서 말한 것이다.

【疏】 箋'天子'至'大燭焉' ○ 正義曰 : 申毛之意, 言傳所稱宗子飮族人之事者, 以天子燕諸侯之禮亡, 此假宗子與族人燕爲說耳. 以天子比宗子, 族人比群臣, 是假託之也. 族人至醉, 而有出・有不出之二塗, 猶諸侯至醉, 亦當辭出. 若不辭出, 是渫慢王也, 是以諸侯皆當辭出. 但王得其辭, 異姓則聽之出, 同姓則留之飮也. 又解燕飮當以晝, 所以泜飮至夜, 猶云不醉不歸者, 此天子於諸侯之義. 言天子與諸侯爲主, 雖終日而未盡歡, 故留之夜飮, 使至於必醉也. 燕飮之禮, 宵則兩階及庭門皆設大燭, 是燕必至夜, 故欲留之夜飮也. 燕禮曰 "宵則庶子執燭於阼階上, 甸人執大燭於庭, 閽人爲燭於門外.", 是兩階門庭皆有燭也. 彼兩階與門言執燭, 唯庭言大燭, 此云皆設大燭者, 因彼有大燭, 總而言之.

箋의 〔天子〕에서 〔大燭焉〕까지

○ 正義曰 : 毛亨의 뜻을 펴서 설명한 것이다. 말하자면 毛傳에서 宗子가 친족에게 술을 대접한 일을 일컬은 까닭은 천자가 제후에게 연회를 베푸는 예가 없어졌기 때문이니, 여기에서 종자가 친족과 함께 연회를 행하는 예를 빌려와 설명한 것일 뿐이다. 천자를 종자에 견주고 친족을 여러 신하에게 견준 것이니, 이것이 假託한 것이다.

친족이 매우 취했을 때 나오거나 나오지 않는 두 가지 길이 있는 것은, 제후가 매우 취했을 때도 마땅히 인사하고 나와야 하는 것과 같다. 만약 인사하지 않고 나오면 이것은 왕을 업신여기는 것이다. 이 때문에 제후는 모두 인사하고 나와야 한다. 다만 왕이 그 인사를 받을 때 異姓의 제후는 그것을 따라서 나오고 동성의 제후는 머무르게 해서 술을 마신다.

또 연회를 베풀고 술을 마시는 것은 마땅히 낮에 해야 하는 것을 이해하였기 때문에 "지나치게 마시다가 밤에 이르렀다는 것은 '취하지 않으면 돌아가지 않는다'라고 말하는 것과 같으니, 이것이 제후들에 대한 천자의 의리이다."라고 하였다. 말하자면 천자가 제후와 함께 할 때 主가 되니, 비록 종일토록 술을 마셔도 기쁨을 다할 수 없는 까닭에 머무르게 해서 밤에도 술을 마셔 반드시 취하는 지경에 이르도록 하는 것이다.

"연회를 베풀어 술을 마시는 예는 밤이 되면 양쪽 계단과 뜰, 門에 모두 큰 횃불을 설치한다."라고 한 것은 바로 연회를 베풀면 반드시 밤에 이르기 때문에, 머무르게 해서 밤에도 술을 마시기를 바라는 것이다. ≪儀禮≫ 〈燕禮〉에서 "밤이 되면 庶子는 동쪽 계단 위에서 횃불을 잡고, 甸人은 뜰에서 큰 횃불을 잡고, 閽人은 문 밖에서 큰 횃불을 만들어 설치한다."라고 하였으니, 바로 양쪽 계단과 문, 뜰에 모두 횃불을 두는 것이다. 양쪽 계단과 문에서는 "횃불을 잡는다〔執燭〕"고 했는데, 오직 뜰에서만 "큰 횃불〔大燭〕"이라고 말하였으니, 여기에서 "모두 큰 횃불을 설치했다.〔皆設大燭〕"라고 한 것은 뜰에 큰 횃불이 있기 때문에 총괄해서 말한 것이다.

湛湛露斯여 **在彼豐草**로다 **厭厭夜飮**이여 **在宗載考**로다

송골송골 맺힌 저 이슬
저 무성한 풀 위에 있네

좋아 좋아 밤새고 마시길
종실이라면 이루어지리

【傳】 豐은 茂也라 夜飮은 必於宗室이라

豐은 '무성하다'이다. 夜飮은 '반드시 종실에서 한다'는 뜻이다.

【箋】 箋云 豐草는 喩同姓諸侯也라 載之言은 則也라 考는 成也라 夜飮之禮에 在宗室同姓諸侯則成之하고 於庶姓其讓之則止라 昔者에 陳敬仲飮桓公酒하니 而樂이라 桓公命以火繼之한대 敬仲曰 臣卜其晝이요 未卜其夜노이다하니 於是乃止라 此之謂不成也라 ○ 飮桓은 於鴆反이라

箋云 : 豐草는 同姓의 제후를 비유한 것이다. 載란 말은 '~라면'의 뜻이다. 考는 '이루다'이다. 밤에 술을 마시는 禮에 종실의 同姓 제후가 있으면 그것을 이루게 하지만, 여러 姓의 제후가 있는 경우에는 그들이 사양한다면 그만둔다. 옛날 陳敬仲이 齊나라 桓公에게 술을 접대하니, 환공이 즐거워하였다. 환공이 촛불을 피워 계속 마실 것을 명령하자, 경중이 말하기를 "저는 낮에 술 마실 것은 점을 쳐보았지만, 밤에 술 마실 것은 아직 점을 쳐보지 않았습니다."라고 했다. 그래서 술자리가 그쳤다. 이것을 "不成"이라고 한다.

○ 飮桓의 飮은 於와 鴆의 반절이다.

【疏】 '湛湛'至'載考' ○ 正義曰 : 湛湛然者, 彼露斯也. 此露在彼豐草之上, 豐草得露則湛湛然, 柯葉低垂, 以興王之燕飮於彼同姓諸侯, 此同姓諸侯得王燕飮, 則威儀寬縱也. 王與歡酣, 至於厭厭安閑之夜, 留之私飮, 雖則辭讓, 以其宗室之故, 則留之而成飮. 不許其讓, 以崇親厚焉.

經의 〔湛湛〕에서 〔載考〕까지

○ 正義曰 : 송골송골 맺힌 것은 저 이슬이다. 이 이슬이 저 무성한 초목 위에 있는데, 무성한 초목이 이슬을 맞으면 송골송골 맺혀 가지와 잎사귀가 아래로 늘어진다. 이것으로 왕이 저 同姓의 제후에게 연회를 베풀어 술을 대접하는데, 이 동성의 제후가 왕이 베푼 연회와 하사한 술을 받으면 威儀가 풀어지는 것을 비유하였다. 왕이 함께 기뻐하면서 한창 무르익어 좋고 평안한 밤에 이르면, 그들을 머무르게 해서 사사

로이 술을 마신다. 비록 사양하더라도 그 종실이란 이유를 들면, 머무르게 해서 밤까지 술을 마실 수 있다. 사양을 허락하지 않는 것은 그것이 친족을 두터이 숭상하는 것이기 때문이다.

【疏】箋'夜飮'至'不成' ○ 正義曰：鄭以經言"載考", 言"則成", 對有不成者. 旣天子欲留之, 而有不成者, 明是賓讓之也, 故言 "夜飮之禮, 在宗室同姓諸侯則成之, 於庶姓讓之則止"也. 獨言庶姓, 除同姓皆耳, 故以庶姓總之. "昔者陳敬仲飮桓公酒"至"於是止", 莊二十二年左傳有其事, 引之以證異姓不得成夜飮之義, 故云此之謂不成也. 飮桓公酒者, 桓公至敬仲之家, 而敬仲飮之酒也, 故鄭志答張逸云 "時桓公館敬仲, 若哀公館孔子之類." 杜預亦云 "桓公賢敬仲之故, 幸賢人之家." 是也. 言卜晝・不卜夜者, 服虔云 "臣享君必卜, 示敬愼也." 此燕諸侯, 王爲之主, 彼桓公飮酒, 敬仲爲主, 而得證此者, 君適其臣, 君爲主人. 其進退在君所裁, 敬仲之辭與諸侯之讓同, 故得爲證也.

箋의 〔夜飮〕에서 〔不成〕까지

○ 正義曰：鄭玄이 經文에서 "載考"라고 한 것을 "則成"이라고 말한 것은 '이룰 수 없는 경우〔不成〕'를 상대해서 말한 것이다. 천자가 머무르게 하고 싶어도 이루지 못하는 경우가 있는 것은 분명히 빈객이 사양했기 때문이다. 그러므로 "밤에 술을 마시는 예는 종실에서 동성 제후라면 그것을 이루게 하지만, 여러 姓의 제후의 경우에는 그들이 사양한다면 그만둔다."라고 말하였다. 다만 "庶姓"이라고 말한 것은 동성을 제외한 모든 제후일 뿐이다. 그러므로 庶姓으로 총괄하였다.

鄭箋에서의 "昔者陳敬仲飮桓公酒"에서 "於是止"까지는 ≪春秋左氏傳≫ 莊公 22년에 그 기사가 있으니, 그것을 인용하여 이성의 제후가 밤까지 술을 마실 수 없는 의리를 증명하였다. 그러므로 "이것을 '不成'이라고 한다."라고 하였다.

"桓公에게 술을 대접했다."라고 한 것은, 환공이 敬仲의 집에 와서 경중이 술로 대접한 것이다. 그러므로 ≪鄭志≫에서 張逸에게 "이때 환공이 경중의 집에 묵었다는 것은, 哀公이 孔子의 집에 묵은 것과 같은 부류이다."라고 대답하였고, 杜預도 "환공이 경중을 현명하다고 여겼기 때문에 賢人의 집에 간 것이다."라고 하였으니, 바로 이것이다.

"낮에 술 마실 것은 점을 쳤고, 밤에 술 마실 것은 점을 치지 않았다."라고 한 것에 대해, 服虔은 "신하가 임금을 대접할 때 반드시 점을 치는 것은 공경하고 신중함을 보이는 것이다."라고 하였다. 여기에서는 왕이 제후에게 연회를 베푸는 것이어서 왕이 主가 되고, 저기에서는 경중이 환공에게 술을 대접하는 것이어서 경중이 主가 되는데, 이것을 증거로 삼을 수 있는 것은 임금이 신하를 만나면 임금이 주인이 되기 때문이다. 신하가 나아가고 물러나는 것도 임금에게 허락을 받아야 하니, 경중이 사양하는 것은 제후가 사양하는 것과 같기 때문에 증거로 삼을 수 있는 것이다.

湛湛露斯여 **在彼杞棘**로다 **顯允君子**여 **莫不令德**이라

무성한 저 이슬
저 기나무와 극나무에 있네
명석하고 미더운 군자들
그 덕을 좋게 하지 않은 이가 없네

【箋】 箋云 杞也棘也는 異類니 喩庶姓諸侯也라 令은 善也라 無不善其德은 言飮酒不至於醉라

箋云 : 기나무와 극나무는 다른 종류의 나무이니, 여러 姓의 제후들을 비유한 것이다. 令은 '좋다'이다. 자기의 덕을 좋게 하지 않음이 없다는 것은 술을 마셔도 취하는 데 이르지 않는다는 것을 말한다.

【疏】 '湛湛'至'令德' ○ 正義曰 : 湛湛然者, 露斯. 此露在此杞棘之木, 此杞棘之木得露則湛湛然, 柯葉低垂, 以興王之燕飮在彼庶姓之諸侯, 此庶姓諸侯得王燕飮, 皆威儀寬縱也. 此庶姓明信之君子, 雖得王之燕禮飮酒, 不至於醉, 莫不皆善其德, 使之無過差.

經의 〔湛湛〕에서 〔令德〕까지

○ 正義曰 : 송골송골 맺힌 것은 이슬이다. 이 이슬은 기나무와 극나무에 있는데, 이 기나무와 극나무가 이슬을 받아서 송골송골 맺혀 가지와 잎사귀가 아래로 늘어졌다. 이것으로 왕이 저 여러 姓의 제후에게 연회를 베풀어 술을 마시는데, 이 여러 姓의 제후가 왕이 베푼 연회와 술을 받아서 모두 위의가 풀어짐을 비유하였다. 이 여러 姓의 명석하고 미더운 군자가 비록 왕의 연례를 받아 술을 마셨으나 취하는 데 이르지 않고, 모두 그 덕을 좋게 하지 않은 이가 없어서 실수가 없었다.

其桐其椅여 **其實離離**로다 **豈弟君子**여 **莫不令儀**로다

저 오동나무와 의나무에
그 열매 주렁주렁 열렸네
즐겁고 느긋한 군자들
좋은 威儀를 갖지 않은 이 없네

【傳】 離離는 垂也라

'離離'는 '늘어지다'이다.

【箋】 箋云 桐也椅也는 同類而異名이니 喩二王之後也라 其實離離는 喩其薦俎禮物多於諸侯也라 飮酒에 不至於醉하고 徒善其威儀而已니 謂陔節也라 ○ 椅는 於宜反이니 木名也라 陔는 古哀反이며 字亦作祴요 音同戒也라

箋云 : 오동나무와 의나무는 종류는 같으나 이름을 달리한 것이니, 夏와 殷 두 왕조의 후예를 비유한 것이다. "其實離離"는 두 왕조의 후예가 예물을 올린 것이 다른 제후보다 많음을 비유한 것이다. 술을 마셔도 취하는 데에 이르지 않고 다만 그 威儀를 좋게 한 것일 뿐이니, 〈陔夏〉의 예절을 말한 것이다.

○ 椅는 於와 宜의 반절이니 나무 이름이다. 陔는 古와 哀의 반절이며, 字書에서는 또 '祴'로도 썼고 음은 戒와 같다.

【疏】 '其桐'至'令儀' ○ 正義曰 : 其桐也・其椅也, 言二樹當秋成之時, 其子實離離然垂而蕃多. 以興其杞也・其宋也, 二君於王燕之時, 其薦俎衆多, 而於王爲客, 加其厚恩故也. 此二王之後, 樂易之君子, 雖得王之燕禮, 飮酒不至於醉, 莫不善其威儀, 令可觀望也.

經의 〔其桐〕에서 〔令儀〕까지

○ 正義曰 : 經文에서 오동나무와 의나무를 말한 것은 두 나무가 가을 추수의 시기를 맞으면 그 열매가 주렁주렁 늘어져서 많이 우거지기 때문이다. 이것으로 夏의 후예인 杞나라와 殷의 후예인 宋나라의 두 군주가 왕의 연회 때 올린 예물이 풍성하고 많아서, 왕이 빈객을 위해서 그 융성한 은혜를 더하였기 때문임을 비유하였다. 이 두 왕조

의 후예는 온화하고 편안한 군자여서 비록 왕의 연례를 받았지만 술을 마신 것이 취하는 지경에 이르지 않고, 그 위의를 좋게 하지 않음이 없어서 바라보게 할 만하였다.

【疏】 箋'其實'至'陔節' ○ 正義曰：以此變(言在)〔在言〕[1], 其實當燕之時, 唯酒與薦俎, 酒則樽不屬賓, 賓所專者, 唯薦俎耳. 昭二十五年, "宋樂大心曰'我於周爲客.'." 是二王之後, 其尊與諸侯殊絶, 故知薦俎禮物多於諸侯也. 此美天子之燕諸侯無不醉之理, 故燕飮, 賓醉乃出, 是燕末必醉也. 此與上章善威儀, 箋皆云不至醉者, 言其蘊藉自持, 不至醉亂. 內實困酒, 空善外儀, 故云"徒善其威儀而已." 又言善儀早晩, 謂陔節, 當奏陔夏之節, 猶善威儀. 以其美人必擧其終, 故知當陔之節也. 燕禮"賓醉, 北面坐, 取其薦脯以降, 奏陔夏. 取所執脯以賜鍾人於門內霤, 遂出." 是也. 天子燕諸侯之禮亡, 故據燕禮以況之. 二王之後, 燕罷而出, 不必奏陔夏.

1) (言在)〔在言〕: 저본의 교감기에 따라 '在言'으로 번역하였다.

箋의 〔其實〕에서 〔陔節〕까지

○ 正義曰：이렇게 〈夏·殷 왕조의 후예를 오동나무·의나무로〉 바꾸어 말한 까닭은 실제 연회를 할 때 오직 술과 올린 예물만이 있는데, 술의 경우는 빈객에게 술잔을 권하게 하지 않기 때문에 빈객이 전적으로 할 수 있는 것은 예물을 올리는 일뿐이기 때문이다. ≪春秋左氏傳≫ 昭公 25년에 "宋나라 樂大心이 '우리나라는 周나라에게 빈객이다.'라고 하였다."라고 하였으니, 이것이 두 왕조의 후예로서 그 존귀함이 다른 諸侯보다는 매우 다른 것이다. 그러므로 예물을 올린 것이 다른 제후보다 풍성하고 많았음을 알 수 있다.

이 시는 천자가 제후에게 연회를 베풂에 취하지 않을 도리가 없는 것을 찬미하였다. 그러므로 연회를 베풀어 술을 마실 때 빈객이 취해서 나오니, 이것이 연회의 마지막에는 반드시 취하는 것이다. 이 장은 위의 장과 함께 威儀를 좋게하는 것이니, 鄭箋에서 모두 "취하는 데에 이르지 않았다."라고 말한 것은 그가 온화하고 인자함을 본래 지니고 있어 취해서 난잡해지는 지경에 이르지 않음을 말한 것이다. 속으로는 실제 술에 절어 있으면서, 공연히 외적으로 위의를 좋게 하였기 때문에 "다만 그 위의를 좋게한 것일 뿐이다."라고 하였다.

또 '위의가 때에 맞는 것을 陔節이라고 한다.'라고 한 것은 〈陔夏〉를 연주할 때의 예절에 맞았다는 것이 위의를 좋게 했다는 것과 같기 때문이다. 사람을 찬미할 때 반드시 그 끝을 거론하기 때문에 〈해하〉의 예절에 맞는 줄 아는 것이다. 《儀禮》〈燕禮〉에 "빈객이 취하면 북쪽을 향해 앉아 올린 脯를 가지고 내려가는데, 〈해하〉를 연주한다. 잡은 脯를 가지고서 문 안의 霤에서 鍾人에게 내려주고 마침내 나온다."라고 한 것이 이것이다. 천자가 제후에게 연회를 베푸는 예가 사라졌기 때문에 〈연례〉에 의거하여 추측한 것〔況〕이지, 두 왕조의 후예가 연례 후에 나갈 때 반드시 〈해하〉를 연주하는 것은 아니다.

湛露四章이니 **章四句**라

〈湛露〉는 4章이니 章마다 4句이다.

彤弓(동궁)

【序】彤弓은 **天子錫有功諸侯也**라

〈彤弓〉은 天子가 功이 있는 諸侯에게 하사하는 내용을 읊은 시이다.

【箋】諸侯敵王所愾而獻其功이어든 **王饗禮之**하고 **於是賜彤弓一**과 **彤矢百**과 **玈弓矢千**하니라 **凡諸侯**는 **賜弓矢然後**에 **專征伐**이라 ○ **彤**은 **徒冬反**이며 **彤弓**은 **赤弓也**라 **愾**는 **苦愛反**이니 **很也**라 **杜預云 很**은 **怒也**라하니라 **說文作𢜭**니 **火既反**이요 **云 怒戰也**라하니라 **玈音盧**요 **黑弓也**라 **本或作旅**이로되 **字訛**라

제후가 왕을 거스르는 대상과 맞서서 그 공적을 바치면, 왕이 饗禮로써 대접하고 이에 彤弓 한 개와 彤矢 백 개, 玈弓 열 개와 玈矢 천 개를 하사하였다. 일반적으로 제후는 활과 화살을 하사받은 이후에 정벌을 전담할 수 있다.

○ 彤은 徒와 冬의 반절이며, 彤弓은 붉은색 활이다. 愾는 苦와 愛의 반절이니, '거스르다'이다. 杜預는 "很은 '노여워하다'이다."라고 하였다. 《說文解字》에는 '𢜭'로 되어 있으니 火와 既의 반절이고, "노여워서 다투는 것이다."라고 하였다. 玈의 음은 '盧'이고, 검은색 활이다. 어떤 본에는 '旅'로 되어 있는데 글자가 잘못되었다.

【疏】'彤弓'(三章 章六句)至'諸侯' ○ 正義曰 : 作彤弓詩者, 天子賜有功諸侯. 諸侯有征

伐之功, 王以弓矢賜之也. 經三章, 上二句言諸侯受王彤弓, 是賜之事, 下四句言王設樂饗醻, 而行饗, 亦是賜之事, 故云'錫'以兼之.

序의 〔彤弓〕에서 〔諸侯〕까지

○ 正義曰 : 〈彤弓〉의 시를 지은 까닭은 天子가 공훈이 있는 諸侯에게 하사하였기 때문이다. 제후에게 정벌의 공적이 있어서 왕이 활과 화살로써 하사한 것이다. 경문은 3장이며, 위의 2구는 제후가 왕에게 彤弓을 받은 일을 말하였으니, 이것이 하사받은 일이다. 아래의 4구는 왕이 연회를 베풀고 술 마시는 것을 즐기는 내용을 말하였는데, 연회를 베푸는 것도 역시 하사하는 일이기 때문에 '하사하다〔錫〕'라고 해서 아울러 말했다.

【疏】 箋'諸侯'至'征伐' ○ 正義曰 : 自'諸侯敵王所愾'盡'旅弓矢千', 除'饗禮'一句以外, 皆文四年左傳甯武子辭也. "諸侯賜弓矢 然後專征伐", 禮記・王制文也. 引左傳者, 解有功賜之由. 王賜諸侯, 非唯弓矢而已, 獨言彤弓者, 以弓矢爲重, 故又引王制以明之. 言敵王所愾者, 敵者, 當也, 愾, 恨也. 謂夷狄戎蠻不用王命, 王心恨之, 命諸侯有德者使征之. 諸侯於是以王命興師以討. 王之所恨者爲讎敵, 而伐之旣勝, 而獻其所獲之功於王. 王親受之, 又設饗禮禮之, 於是賜之弓矢也. 獻功者, 伐四夷而勝則獻之. 其伐中國, 雖勝不獻, 故莊三十一年左傳曰 "則獻於王, 以警於夷. 中國則否." 是中國之功不獻捷也. 其獻唯四夷之功乃獻之. 其賜有功則賜之, 不須要四夷之功始賜之也. 晉文侯夾輔周室, 平王東遷洛邑, 無伐四夷之功, 王亦賜之弓矢. 尙書文侯之命是其事也. 經先言受功, 後說(享)〔饗〕[1]. 鄭先言饗禮之, 乃言賜弓矢者, 襄二十六年左傳曰 "將賞則加膳, 加膳則飫賜." 將欲賞人, 尙加殽膳, 況弓矢之賜, 賞之大者, 焉得無其禮也? 爲賜以設饗而賜之, 故鄭先言饗也. 其饗之日, 先受弓矢之賜, 後受獻醻之禮也. 且王以賜弓爲重, 故經先言賜弓, 後言饗之事也. 若僖二十八年左傳說晉文公敗楚於城濮, 獻功於王, "王饗醴, 命晉侯宥", 下乃言 "策命晉侯爲侯伯", 賜之以弓矢. 似先饗後賜者. 彼饗醴・命宥別行, 饗禮非賜日之饗也, 故丁未獻俘, 己酉設享, 是先饗禮以勞其功, 它日乃賜之弓矢, 更加策命. 其賜之日, 別行饗禮. 則此經所云, 是與彼饗別也. 莊十八年, "虢公・晉侯朝王. 王饗醴, 命之宥", 僖二十五年, "晉侯朝王. 王饗醴, 命之宥", 於時不賜, 特行饗醴. 以此知城濮之言饗禮者, 非賜日之饗. 賜之日實行饗禮, 而左傳甯武子云 "以覺報宴"者, 杜預云 "歌彤弓者, 以明報功宴樂, 非謂賜時設饗禮." 甯武子所言, 及晉文侯・文公所受, 皆竝有旅弓. 此詩獨言彤弓者, 以二文皆先彤後旅, 彤少旅多, 擧重可以包輕, 故直言彤弓也. 有弓則有矢, 言弓則矢可知, 故亦不言矢也. 傳文直云'旅弓矢千', 定本亦然, 故服虔云"矢千則弓十." 是本無'十旅'二字矣. 俗本有者, 誤也. 首章爲總目, 下二章分而述之, 以相成也. 毛以'藏之'者爲藏之於其家, 以示子孫. 先櫜之, 乃載以歸, 後始藏於其家, 以藏爲重, 先言之. 藏於家, 受後之事, 致其意而言之, 非受時也. '好之'・'喜之', 由悅樂而賜之, 故'貺之'爲總也. '饗之'是大禮之名, '右之'・'醻之'是饗時之事, 亦饗爲總也. 鄭亦首章爲總, 但藏・載於車卽是受時之事爲異耳.

1) (享)〔饗〕: 저본의 교감기에 따라 '饗'으로 번역하였다.

箋의 〔諸侯〕에서 〔征伐〕까지

○ 正義曰: "諸侯敵王所愾"부터 "旅弓矢千"까지의 내용에서 '饗禮' 한 구절을 제외하고는 모두 ≪春秋左氏傳≫ 文公 4년 기사에서 甯武子의 말이고, "제후가 활과 화살을 하사받은 이후에 정벌을 전담한다."라는 것은 ≪禮記≫ 〈王制〉의 문장이다.

≪춘추좌씨전≫을 인용한 것은 功이 있는 제후에게 하사하는 이유를 풀이한 것이다. 王이 제후에게 하사하는 것은 단지 활과 화살뿐만이 아닌데, 유독 彤弓을 말한 것은 활과 화살을 중시했기 때문이다. 그러므로 다시 〈왕제〉를 인용하여 분명하게 하였다. "왕이 자신을 거스르는 적과 맞서다.〔敵王所愾〕"라는 것에서 敵은 '맞서다〔當〕'이고 愾는 '거스르다〔恨〕'이니, 夷・狄・戎・蠻이 왕의 命을 따르지 않아서, 왕이 마음속으로 그들을 원망해서 제후 중에 德이 있는 자로 하여금 정벌케 한 것임을 말하였다. 제후는 이에 따라 王命으로 군대를 일으켜서 토벌하였다. 왕이 원망한 자를 적으로 삼아 그들을 정벌해서 승리하고 나서 왕에게 획득한 공을 바치면, 왕은 직접 그것을 받아들이고 다시 연례를 베풀어 그들을 예로 대우하니, 이때 활과 화살을 하사하는 것이다.

"공을 바친다."라는 것은 사방의 오랑캐를 정벌해서 이기면 그 공로를 바치는 것이니, 만약〔其〕 중국의 나라를 정벌한 경우에는 비록 승리하더라도 바치지 않는다. 그러므로 ≪춘추좌씨전≫ 莊公 31년의 기사에서 "제후가 사방의 오랑캐를 정벌한 공로가 있는 경우에 왕에게 그 공로를 바치는데, 왕은 이것으로 오랑캐를 경계시킨다. 중국의 제후를 정벌한 경우에는 그렇게 하지 않는다."라고 하였으니, 이것이 중국의 나라를 정벌한 공로가 있는 경우에는 전리품을 바치지 않는 것이다. 제후들이 바치는 경우는 오직 사방의 오랑캐를 정벌한 공로가 있는 경우에만 바치는 것이다.

그러나 하사하는 경우는 공로가 있으면 하사하니, 사방의 오랑캐를 정벌한 공로가 있어야만 하사하는 것은 아니다. 晉나라 文侯가 周나라 王室을 보좌해서, 平王이 동쪽으로 가서 洛邑에 도읍을 옮길 수 있었다. 진나라 문후는 사방의 오랑캐를 정벌한 공로가 없었지만 왕이 활과 화살을 하사하였다. ≪尙書≫ 〈文侯之命〉의 내용이 그 일이다.

經文에서는 功을 받은 것을 먼저 말하고 연회한 일을 나중에 이야기했는데, 정현이 향례를 베푸는 것을 먼저 말하고 나서 활과 화살을 하사한 일을 말한 것은, ≪춘추좌씨전≫ 襄公 26년의 기사에서 "賞을 주려 할 때에는 반찬과 안주를 더해주고, 반찬과 안주를 더해줄 때는 넉넉하게 하사한다."라고 했기 때문이다. 사람들에게 상을 내려주려고 할 때도 오히려 반찬과 안주를 더해주었는데, 하물며 활과 화살을 하사하는 것은 상을 내려주는 일 중 큰일이니 어찌 그 禮가 없을 수 있겠는가? 하사할 때 연회를 베풀고 하사했기 때문에 정현은 향례를 베푸는 일을 먼저 말하였다.

향례를 베푸는 날에는 먼저 하사한 활과 화살을 받고, 그 뒤에 獻醻의 禮를 받는다. 또 왕은 활을 하사하는 것을 중요하게 여기기 때문에, 경문에서는 활을 하사하는 것을 먼저 말하고 향례를 베푸는 일을 나중에 말했다. 예컨대 ≪춘추좌씨전≫ 僖公 28년 조에 晉나라 文公이 城濮에서 楚나라 군대를 패배시키고 왕에게 전리품을 바친 일을 이야기했는데, 그 기사에서 "왕이 단술을 대접하고, 晉侯에게 폐물을 내리도록 명하였다."라고 하고, 그 아래에서 "策書를 내려 晉侯를 侯伯으로 삼게 하였다."라고 말하며 활과 화살을 그에게 내려주었다고 하였으니, 먼저 향례를 베풀고 나중에 하사한 듯하다. 여기에서 하사하는 것은 '단술을 대접하고 폐물을 내리도록 명을 내린 것'과는 별도로 시행되었으니, 饗禮는 하사하는 날의 향연이 아니다. 그러므로 丁未日에 전리품을 바치고, 己酉日에 단술을 대접하였다. 이것이 먼저 향례를 베풀어서 그 공을 위로하고 뒷날에야 활과 화살을 하사하고, 다시 책명을 더해준 것이다.

〈활과 화살을〉 하사하는 날에 별도로 향례를 베푸니, 이것이 경문에서 말한 것으로, 전리품을 바칠 때의 향례와는 다르다. ≪춘추좌씨전≫ 莊公 18년에 "虢公과 晉侯가 周王을 朝見하니, 왕이 단술을 대접하고 그들에게 폐물을 내리도록 명하였다."라고 하였고, 희공 25년에 "晉侯가 주왕을 조현하니, 왕이 단술을 대접하고 폐물을 내리도록 명하였다."라고 하였는데, 이때에는 하사하는 일은 시행하지 않고 다만 단술을 대접하는 의식만을 시행하였다. 이것으로 城濮에서 향례라고 말한 것이 하사하는 날의 향례가 아님을 알 수 있다.

하사하는 날에도 실제로 향례를 시행했는데, ≪춘추좌씨전≫ 文公 4년에 甯武子가

"〈제후의 공로에〉 보답하여 연례를 베푼 것임을 밝힌 것입니다."라고 말한 것에 대해, 杜預는 "〈彤弓〉을 부르는 것은 공로에 보답하여 연회를 베풀어 즐기는 것임을 밝힌 것이지, 하사할 때 향례를 베푼 것을 일컫는 것이 아니다."라고 하였다. 영무자가 말한 것과 晉나라 文侯와 文公이 받은 것은 모두 아울러 玈弓이다. 그런데 이 시에서 유독 동궁을 말한 것은, 문후와 문공이 모두 동궁을 먼저 받고 노궁을 뒤에 받았으며 동궁은 적고 노궁은 많으니, 중요한 것을 거론하면 보통의 것을 포함할 수 있기 때문에 다만 동궁을 말했을 뿐이다.

활이 있으면 화살이 있으니, 활을 말하면 화살을 알 수 있다. 그러므로 역시 화살을 말하지 않았다. 傳文에서는 다만 '玈弓矢千'이라 하였고, ≪五經定本≫도 역시 그렇다. 그러므로 服虔은 "화살이 천 개이면 활은 열 개다."라고 하였다. 이 판본에는 '十玈' 두 글자가 없다. 俗本에 〈두 글자가〉 있는 것은 잘못된 것이다.

첫째 장이 總目이 되고, 아래 두 장에서는 그것을 나누어 기술해서 서로 보충했다. 毛亨은 '藏之'를 자손에게 보이기 위해 그의 집에 갈무리하는 것으로 여겼다. 먼저 그것을 활집에 넣고 나서 수레에 실어 돌아온 뒤에 비로소 그의 집에 소장하였는데, 소장하는 것을 중요하게 여겼기 때문에 먼저 말하였다. 집에 소장하는 것은 받은 이후의 일이니, 그 뜻을 다해서 말한 것이지 받을 때의 일이 아니다. '好之'라고 하고 '喜之'라고 한 것은 기쁘고 즐거워서 하사한 것이기 때문에, '貺之'로써 총괄하였다. '饗之'는 크게 예우하는 것을 이름한 것이고, '右之'와 '醻之'는 대접할 때의 일이니, 역시 '饗'으로 총괄하였다.

정현도 첫째 장으로 총목을 삼았다. 다만 '갈무리하는 것과 수레에 싣는 것'을 곧 받을 때의 일이라고 한 것이 다를 뿐이다.

彤弓

彤弓弨兮어늘 受言藏之호라

붉은색 활이 풀어져 있거늘
王命을 받들어 갈무리하노라

【傳】彤弓은 朱弓也니 以講德習射라 弨는 弛貌요 言은 我也라

彤弓은 '붉은색 활'이니, 이것을 가지고 덕을 닦고 활쏘기를 익힌다. 弨는 '풀어진 모양'이고, 言은 '나'이다.

【箋】箋云 言者는 謂王策命也라 王賜朱弓할새 必策其功以命之라 受出藏之하고 乃反入也라 ○ 弨는 尺昭反이니 說文云 弓反也라하고 字林充小反이라 弛는 式氏反이라

箋云 : 言이란 것은 왕이 策書로써 명하는 것을 말한다. 왕이 붉은색 활을 하사할 때 반드시 그 공을 策書에 적어 명한다. 제후는 그것을 받아서 나와 갈무리하고, 곧바로 돌아와 집으로 들어가는 것이다.

○ 弨는 尺와 昭의 반절이니, ≪說文解字≫에서는 "활이 뒤집힌 것이다."라고 하였고, ≪字林≫에서는 充과 小의 반절이라고 하였다. 弛는 式과 氏의 반절이다.

我有嘉賓이니 中心貺之로다

내게 좋은 빈객이 있으니
진심으로 내려주노라

【傳】貺은 賜也라

貺은 '하사하다'이다.

【箋】箋云 貺者는 欲加恩惠也라 王意殷勤於賓이라 故歌序之라

箋云 : 하사하는 것은 은혜를 더 내려주려고 한 것이다. 왕이 빈객에게 정성을 다하는 데 뜻을 두었기 때문에, 그것을 노래하여 서술한 것이다.

鍾鼓旣設하고 一朝饗之호라

종과 북을 마련해두고
이른 아침에 향연을 베푸노라

【箋】箋云 大飮(임)賓曰饗이라 一朝는 猶早朝라 ○ 飮은 於鴆反이라

箋云 : 크게 빈객을 접대하는 것을 饗이라 한다. 一朝는 '이른 아침'과 같다.

○ 飮은 於와 鴆의 반절이다.

【疏】'彤弓'至'饗之' ○ 毛以爲"諸侯受天子所賜彤赤之弓, 弨然而弛. 旣天子以此賜我,我則於王受之矣. 既受之, 我當於家藏之, 以示子孫, 不忘大功也. 於時王既賜諸侯以弓, 又饗禮禮之. 我有嘉善之賓, 中心至誠而貺賜之, 以鍾鼓既爲之設, 一旦早朝, 大設禮而饗之." 鄭以敍王之意, 言我彤赤之弓弨然弛兮, 以賜諸侯, 則受策命之言與此賜之弓, 出而藏之, 乃反之入也. 餘同.

經의 〔彤弓〕에서 〔饗之〕까지

○ 毛亨은 "천자가 내려준 붉은색 활을 諸侯가 받았는데, 느슨하게 풀어져 있었다. 이미 천자가 이것을 나에게 하사하고 나는 왕에게 그것을 받았다. 이미 그것을 받았으니, 나는 마땅히 집에 갈무리해서 자손에게 보여 큰 공을 잊지 않게 한다. 이때 왕이 이미 활을 가지고 제후에게 하사하고 다시 연례를 베풀어 그를 예우하며, '나에게는 훌륭하고 좋은 빈객이 있어서 진심으로 정성을 다해서 그것을 내려주고 종과 북을 설치하게 하고 이른 아침에 크게 예를 갖춰 연회를 베풀게 하노라'라고 하였다."라고 여겼다.

鄭玄은 왕의 뜻을 서술한 것으로 생각했다. 말하자면 나의 붉은색 활을 느슨하게 풀어서 제후에게 주면, 제후는 책서로 명한 말과 이 하사한 활을 받아서 나가서 갈무리하고, 곧 되돌아와서 집으로 들어간다고 여겼다. 나머지는 같다.

【疏】 傳'彤弓'至'言我' ○ 正義曰 : 彤赤, 故言朱弓. 周禮無彤弓之名. 言講德習射, 則彤弓周禮當唐弓・大弓也. 夏官・司弓矢有六弓, 王・弧・夾・庾・唐・大. 鄭云"六者, 弓異體之名也. 往體寡, 來體多, 曰王・弧. 往體多, 來體寡, 曰夾・庾. 往體來體若一, 曰唐・大." 經曰"唐弓・〔大弓〕[1], 以授學射者・使者・勞者." 鄭云"學射者, 弓用中, 後習强, 弱則易也. 使者・勞者, 弓亦用中, 遠近可也. 勞者, 勤勞王事, 若晉文侯・文公受王弓矢之賜也." 如是, 則鄭以此彤弓及玈弓, 於周禮爲唐・大, 故言勞者受得之後, 則以學射, 故云"以講德習射"也. 但唐・大者, 是其體强弱之名, 此彤・玈者, 爲弓色之異稱, 爲弓者皆漆之, 以禦後霜露. 漆之爲色, 赤之而已. 彤既是赤, 則知玈者爲黑也. 色以赤者, 周之所尙, 故賜弓赤一而黑十, 以赤爲重耳. 爲其體同異未聞, 正以有功者受彤弓・(彤)〔玈〕[2]弓之賜, 周禮唐弓・大弓以授勞者, 此傳言彤弓以講德習射, 周禮唐弓・大弓以授學射者, 此彤弓必當唐・大二者之中有之耳. 其必當唐・大, 亦未能審玈弓與彤弓俱賜勞者, 蓋亦當唐・大乎? 服虔云"玈弓以射甲革椹質", 則以玈弓當周禮之弧. 安得賜玈弓多, 彤弓少, 則體不得過之. 而以彤爲學射, 當唐・大, 合七成規, 玈弓爲王・弧, 合九成規. 準之周禮, 非其差也. 周禮又有八矢, 弓弩各四.

其弓之矢有枉・殺・矰・恒. 而恒矢云 "用諸散射", 鄭云 "散射, 謂禮射及習射", 與此講德習射事同, 則彤矢旅矢當周禮恒矢也. "弨, 弛貌." 說文云 "弨, 弓反.", 謂弛之而體反也. 此言 "弨, 弛貌", 則受弓矢者皆定體之弓弛而賜之. 至於凡平敵體, 自出臨時之宜, 故曲禮有"張弓尙筋, 弛弓尙角". 弓定體・未定體之事, 不與此同. 傳訓'言'爲'我', 不解藏義. 王肅云 "我藏之, 以示子孫也."

1) 〔大弓〕: 저본의 교감기에 따라 '大弓'을 보충하였다.
2) (彤)〔旅〕: 저본의 교감기에 따라 '旅'로 번역하였다.

傳의 〔彤弓〕에서 〔言我〕까지

○ 正義曰 : 彤은 '붉다'이므로 붉은색 활을 말한다. ≪周禮≫에는 彤弓이란 명칭이 없다. "덕을 닦고 활쏘기를 익힌다."라고 말하였으니, 동궁은 ≪주례≫의 唐弓과 大弓에 해당한다. ≪주례≫ 〈夏官 司弓矢〉에는 여섯 종류의 활이 있는데, 王弓・弧弓・夾弓・庾弓・唐弓・大弓이다. 鄭玄이 말하기를 "여섯 가지 활은 활의 몸체를 달리하는 명칭이다. 〈활을 당겼을 때〉 활의 자루 부분이 밖으로 향해 나가는 것이 적고 안으로 들어오는 것이 많은 것은 王弓과 弧弓이라 하고, 활의 자루 부분이 밖으로 향해 나가는 것이 많고 안으로 들어오는 것이 적은 것은 夾弓과 庾弓이라고 한다. 밖으로 나가는 것과 안으로 들어오는 정도가 같은 것은 唐弓과 大弓이라고 한다."라고 하였다.

≪주례≫ 經文에서 "唐弓과 大弓은 활쏘기를 배우는 자〔學射者〕, 사신 가는 자〔使者〕, 王事에 공로가 있는 자〔勞者〕에게 준다."라고 하였는데, 정현은 "學射者는 중간 세기의 활을 쓴 후에 강한 활을 익힌다. 使者와 勞者의 활도 중간 세기를 사용하면 멀고 가까운 곳이 가능하다. 勞者는 왕의 대사에 공로가 있는 자이니, 예컨대 晉나라 文侯와 文公이 왕의 활과 화살을 하사받은 경우와 같은 것이다."라고 하였다. 이와 같다면 정현은 이 시의 彤弓과 旅弓을 가지고 ≪주례≫의 唐弓과 大弓이라고 여겼기 때문에 왕사에 공로가 있는 자는 활과 화살을 받은 후에는 곧 활쏘기를 익힌다고 말하였다. 그러므로 "이것을 가지고 덕을 닦고 활쏘기를 익힌다."라고 하였다.

다만 唐弓과 大弓이란 것은 그 형태의 강약을 달리하는 이름인데, 이 시의 彤弓과 旅弓이란 것은 활의 색깔 때문에 명칭을 달리하는 것이다. 활을 만드는 자는 모두 옻칠을 해서 뒤에 부식되는 것을 막는다. 옻을 칠하면 물드는 빛은 붉은색일 뿐이다. 彤이 이미 붉은색이니, 旅라는 것이 검은색인 줄 알 수 있다. 붉은색으로 물들이는 것은 周나라가 숭상하는 색이기 때문이다. 그러므로 활을 하사하면서 붉은색 한 개를 하사할 때 검은색 열 개를 하사한 것은 붉은색을 중요시했기 때문이다.

그 형체의 차이에 대해서 알 수 없으나, 바로 이 시에서는 공로가 있는 자가 왕이 하사한 동궁과 노궁을 받았는데 ≪주례≫에서는 당궁과 대궁으로써 공로가 있는 자에게 주었고, 이 傳에서는 '동궁으로써 덕을 닦고 활쏘기를 익힌다'고 말하였는데 ≪주례≫에서는 당궁과 대궁으로써 활쏘기를 익히는 자에게 주었다고 하였으니, 이 시의 동궁은 반드시 당궁과 대궁 두 가지 중에 해당하는 것이 있을 따름이다. 반드시 당궁과 대궁이 동궁에 해당되지만, 또한 노궁과 동궁을 모두 공로가 있는 자에게 하사할 때도 역시 당궁과 대궁이 이에 해당하는지는 자세히 알 수 없다.

服虔이 말하기를 "玈弓으로써 갑옷과 과녁을 쏜다."라고 하였으니, 노궁은 ≪주례≫의 弧에 해당하는데 어떻게 하사한 노궁이 많고 동궁이 적은 줄 알 수 있는가? 몸체가 넘을 수 없기 때문이다. 동궁으로 활쏘기를 배운다고 하였는데 당궁과 대궁이 이에 해당되니 7할 정도의 원모양을 만들고, 玈弓은 王弓과 弧弓이 해당되니 9할 정도의 원모양을 만든다. ≪주례≫에 견주어 보아도 차이가 나지 않는다.

≪주례≫에는 다시 8가지의 화살이 있는데, 활과 쇠뇌가 각각 4가지이다. 그중 활의 화살은 枉, 殺, 矰, 恒이 있다. 恒矢에 대해 "산사에 사용된다.〔用諸散射〕"라고 하였는데, 정현이 말하기를 "散射는 〈예를 행할 때 쏘는〉 禮射와 〈활쏘기를 익힐 때 쏘는〉 習射를 말한다."라고 하였으니, 이 시에서 덕을 닦고 활쏘기를 익힌다고 한 일과 같으니, 彤矢와 玈矢는 ≪주례≫의 恒矢에 해당한다.

"弨는 느슨한 모양이다."라고 한 것에 대해, ≪說文解字≫에서는 "弨는 활이 뒤집힌 것이다."라고 하였으니, 풀어져서 몸체가 뒤집힌 것을 말한다. 이 毛傳에서 "弨는 풀어진 모양이다."라고 하였으니, 활과 화살로 받은 것은 모두 고정된 몸체의 활을 풀어서 하사한 것이다. 일반적으로 평상시와 대적할 때의 몸체에 이르러서는 자연스럽게 마주한 시기의 적절함에서 나온다. 그러므로 ≪禮記≫ 〈曲禮〉에는 "메운 활은 힘줄이 있는 부분을 위쪽으로 하고, 풀어놓은 활은 角이 위쪽으로 향하게 한다."라고 언급하였다. 활의 몸체를 고정하고, 고정하지 않은 일은 이곳의 경우와 같지 않다.

毛傳에서는 言을 '我'라고 풀이하고 '갈무리하다'는 뜻으로 풀이하지 않았는데, 王肅은 "내가 그것을 갈무리해서 자손에게 보여준다."라고 하였다.

【疏】 箋'言者'至'反入' ○ 正義曰：鄭以此歌本敍王意, 故云有嘉賓. 旣敍王意, 不得諸侯言我受藏之也. 晉文公受弓矢之賜, 傳稱"王命尹氏及王子虎・內史叔興父策命晉侯爲侯伯", 此與彼同, 宜有策命, 故知言者謂王命策也. 王賜朱弓, 必策其功以命之. 左傳策命晉侯之文是其事也. 此直言藏之, 則"受出藏之, 乃反入"者, 以傳說晉文公旣從命, 云 "受策以出, 出入三覲", 故知之.

箋의 〔言者〕에서 〔反入〕까지

○ 正義曰 : 정현은 이 노래가 왕의 뜻을 근본하여 서술하였기 때문에 "嘉賓이 있다." 고 운운한 것이라 생각하였다. 이미 왕의 뜻을 서술했으니, 제후가 '내가 그것을 받아서 갈무리한다.'라고 말할 수 없다. 晉나라 文公이 하사한 활과 화살을 받았을 때 ≪春秋左氏傳≫에서는 "王이 尹氏와 王子虎, 內史 叔興父에게 命하여, 策命하여 晉侯를 侯伯으로 삼았다."라고 하였는데, 이 기사가 저 정현의 箋과 같으니 마땅히 책명이 있었다. 그러므로 '言'이란 것은 왕이 명한 책서임을 알 수 있다. 왕이 붉은색 활을 하사할 때에는 반드시 그 공을 책서에 써서 명령했다. ≪춘추좌씨전≫의 "策命晉侯"의 문장이 바로 그 일이다. 이 시에서는 단지 "그것을 갈무리했다.〔藏之〕"라고 말했을 뿐인데, 〈정현이〉 "받고 나가서 갈무리하고 곧 다시 들어왔다.〔受出藏之 乃反入〕"라고 한 것은 ≪춘추좌씨전≫에서 晉나라 文公이 왕명을 받든 것을 말하면서 "책명을 받아서 나왔다. 〈진나라 문후는〉 출입하며 3차례 〈천자를〉 알현하였다."라고 했기 때문에, 그 사실을 알 수 있다.

【疏】 箋'王意'至'序之' ○ 正義曰 : 箋以言王中心以貺之, 是中心誠實, 非飾貌矯情, 是殷勤於賓也. 由王如此, 故復作詩歌而敍之, 解此彤弓之意, 以王中心之實, 故歌之以示法耳.

箋의 〔王意〕에서 〔序之〕까지

○ 正義曰 : 鄭箋에서는 王이 진심으로 내려주었다고 말했으니 이것이 마음속이 성실한 것이고, 그럴듯하게 꾸며 억지를 쓰지 않았으니 이것이 빈객에게 정성스럽게 한 것이다. 왕이 이같이 했기 때문에 다시 詩歌를 지어서 그 일을 서술하여 이 〈彤弓〉의 뜻을 풀이하였다. 왕의 마음이 진실하기 때문에 그것을 노래하여 본보기를 보인 것일 뿐이다.

【疏】 箋'大飮'至'早朝' ○ 正義曰 : 饗者, 烹大牢以飮賓, 是禮之大者, 故曰 "大飮賓曰饗", 謂以大禮飮賓, 獻如命數, 設牲俎豆, 盛於食燕. 周語曰 "王饗有體薦[1], 燕有折俎[2]. 公當享, 卿當燕." 是其禮盛也. 言一朝者, 言王殷勤於賓, 早朝而卽行禮, 故云 "一朝, 猶早朝". 以燕如至夜, 饗則如其獻數, 禮成而罷, 故以〔一〕[3]朝言之. 昭元年左傳云 "鄭饗趙孟, 禮終乃燕." 是享不終日也.

1) 體薦 : 제사를 지내거나 饗禮를 베풀 때 犧牲의 반을 잘라 大俎에 담아 올리는 것을 말한다.
2) 折俎 : 犧牲을 부위별로 나누어 俎에 담아 올리는 것을 말한다.
3) 〔一〕: 저본의 교감기에 따라 '一'을 보충하였다.

箋의 〔大飮〕에서 〔早朝〕까지

○ 正義曰 : 饗이란 것은 大牢(소)를 삶아서 빈객을 대접하는 것이니, 이것은 큰 禮이다. 그러므로 "크게 빈객을 대접하는 것을 饗이라고 한다."라고 하였다. 大禮로써 빈객을 대접하고, 작위에 맞게 물건을 내려주며 俎豆에 犧牲을 마련하여 食禮와 燕禮를 성대하게 치른다. ≪國語≫ 〈周語〉에서 "王이 향례를 베풀 때에는 體薦으로 하고 燕禮에는 折俎를 두며, 公은 享禮로 대접하고 卿은 燕禮로 대접한다."라고 한 것이 바로 융성하게 예우하는 것이다. 一朝라고 말한 것은 왕이 빈객에게 정성을 다해서 이른 아침에 즉시 예를 행하기 때문에 "一朝는 '이른 아침'과 같다."라고 말하였다. 연례는 밤까지 베풀 듯이 행하지만, 향례는 그 헌수와 같게 해서 예가 이루어지면 파하기 때문에 一朝로써 말했다. ≪春秋左氏傳≫ 昭公 원년의 기사에 "鄭나라에서 趙孟에게 향례를 베풀어주었는데, 享禮가 끝나자 곧 연례를 행하였다."라고 하였는데, 이것이 향례는 하루 종일 행하지 않는다는 것이다.

彤弓弨兮어늘 受言載之호라

붉은색 활이 풀어져 있거늘
이를 받아서 싣고 돌아가노라

【傳】 載以歸也라

실어서 돌아가는 것이다.

【箋】 箋云 出載之車也라

箋云 : 나와서 수레에 싣는 것이다.

我有嘉賓이니 中心喜之로다

내게 좋은 빈객이 있으니

진심으로 즐겁도다

【傳】 喜는 樂也라 ○ 樂音洛이라

喜는 '즐거워하다〔樂〕'이다.

○ 樂은 음이 洛이다.

鍾鼓既設하고 一朝右之호라

종과 북을 마련해두고

이른 아침에 술을 권하노라

【傳】 右는 勸也라

右는 '권하다'이다.

【箋】 箋云 右之者는 主人獻之어든 賓受爵하여 奠於薦右하고 既祭俎에 乃席末坐하여 卒爵之謂也라 ○ 右는 毛音又라하고 鄭如字니 薦右也라 卒은 遵律反이니 本或作啐者는 誤也라 啐音七內反이라

箋云 : 右之라는 것은 주인이 술을 올리면 빈객이 술잔을 받아 희생의 오른쪽에 올리고, 희생에 제사 지내면 말석에 앉아서 마지막으로 술을 맛보는 것을 말한다.

○ 右는 毛亨은 음이 又라고 하였고, 鄭玄은 본래의 글자로 읽고 해석했으니 오른쪽에 올리는 것이다. 卒은 遵과 律의 반절이니, 어떤 판본에 啐라고 쓴 것은 오류이다. 啐의 음은 七과 內의 반절이다.

【疏】 傳'右 勸' ○ 正義曰 : 下章言'壽'. 壽賓之前, 止有獻賓. 初獻未得名爲勸, 則勸者非以酒勸賓, 謂設享禮勸其功也. 故成二年左傳曰 "王親受而勞之, 所以懲不敬, 勸有功", 是也. 此勸既非勸酒, 故卒章"壽", 亦不得壽酒. 傳'壽, 報', 言爲享以報其功, 故左傳曰 "以覺報宴", 是也.

傳의 〔右 勸〕

○ 正義曰 : 아래 장에서 '보답하다.〔壽〕'라고 하였으니, 賓客에게 보답하기 전에는

단지 빈객에게 술을 올리는 것이 있을 따름이다. 처음 술잔을 올릴 때는 권면한다고 이름 붙일 수 없으니, '勸'이란 것은 술로써 빈객에게 권면하는 것이 아니라 享禮를 베풀어서 그의 공로를 권면하는 것을 이른다. 그러므로 ≪春秋左氏傳≫ 成公 2년의 기사에서 "왕이 직접 전리품을 받고 공로를 위로하니, 불경한 자를 징벌하고 공로가 있는 자를 권면하기 위한 것이다."라고 하였으니, 이것이다.

이 시에서 권면하는 것이 술이 아닌 까닭에, 마지막 장의 '壽'도 또한 술에 보답할 수 없다. 毛傳에서 "壽는 '보답하다〔報〕'이다."라고 한 것은 향례를 베풀어서 그 공로에 보답한 것임을 말한다. 그러므로 ≪춘추좌씨전≫에서 "〈제후의 공로에〉 보답해서 연례를 베푼 것임을 밝힙니다."라고 하였으니, 바로 이것이다.

【疏】 箋'右之'至'之謂' ○ 正義曰：案燕禮云"主人筵前獻賓. 賓西階上拜, 筵前受爵, 反位. 主人賓右拜送爵. 膳宰薦脯醢, 賓升筵. 膳宰設折俎, 賓坐, 左挩爵, 右祭脯醢, 奠爵於薦右, 興. 取肺, 坐絶祭, 嚌之, 興, 加於俎. 坐挩手, 執爵, 遂祭酒, 興；席末坐啐酒." 此鄭略其事, 故言之謂右之者, 卽此燕禮所言奠於薦右之謂也. 彼啐酒卽此卒爵, 爵卽酒也. 鄭以下言壽之爲壽賓, 故此右之爲當獻賓. 旣獻賓, 賓受而奠之於薦右. 是(言)〔右〕[1]之可以明主之獻賓, 故作者擧以表之.

1) (言)〔右〕: 저본의 교감기에 따라 '右'로 번역하였다.

箋의 〔右之〕에서 〔之謂〕까지

○ 正義曰 : 살펴보건대 ≪儀禮≫ 〈燕禮〉에서 "主人이 술상 앞에서 빈객에서 술을 주면, 빈객은 서쪽 계단으로 올라가서 절을 하고 술상 앞에서 술잔은 받고 본래 자리로 돌아온다. 주인과 빈객은 오른쪽으로 절하고 술잔을 보낸다. 膳宰가 말린 고기와 젓갈을 올리면 빈객이 연회의 자리에 오르고, 膳宰가 折俎를 차리면 빈객은 왼쪽에서 술잔을 씻고 오른쪽에서 말린 고기와 젓갈을 祭하고, 제수의 오른쪽에 술잔을 바치고 일어난다. 허파를 잡고 왼쪽에서 허파를 잘라서 제사를 지내고, 맛을 보고 일어나서 허파를 俎에 놓는다. 자리에 앉아 손을 씻고 술잔을 잡고 그대로 술을 올려 제사 지내고 일어난다. 자리의 가장자리에 앉아서 술을 맛본다."라고 하였다.

이곳 鄭箋에서 정현은 그 일을 생략했기 때문에 그것을 말하여 '右之'라고 한 것이니, 곧 〈연례〉에서 말한 "薦의 오른쪽에 술잔을 올린다."는 것을 말한다. 〈연례〉에서 '啐酒'라고 한 것을 鄭箋에서는 '卒爵'이라고 하였으니, 爵은 곧 술이다. 정현은 아래 장의 '壽之'를 '壽賓'이라고 말하였기 때문에, 이 章의 '右之'는 마땅히 빈객에게 술잔을 바치는 것이 된다. 빈객에게 술잔을 바치면 빈객이 이 술잔을 받아서 제수의 오른쪽에 올린다. 이것이 右之가 주인이 빈객에게 술잔을 바치는 것임을 밝힐 수 있는 것이다. 그러므로 지은 자가 그것을 거론해서 표현하였다.

彤弓弨兮어늘 **受言櫜之**호라

붉은색 활이 풀어져 있거늘
이를 받아 갈무리하도다

【傳】 櫜는 韜也라 ○ 櫜는 古刀反이라 韜는 本又作弢(도)니 吐刀反이며 弓衣也라

櫜는 '활집에 넣다'이다.

○ 櫜는 古와 刀의 반절이다. 韜는 어떤 본에서는 弢로 쓰니 吐와 刀의 반절이며, 뜻은 '활집'이다.

我有嘉賓이니 **中心好之**로다

내게 좋은 빈객이 있으니
진심으로 기쁘도다

【傳】 好는 說(열)也라 ○ 好는 呼報反이라 說音悅이라

好는 '기뻐하다'이다.

○ 好는 呼와 報의 반절이다. 說은 음이 悅이다.

鍾鼓旣設하고 **一朝醻(수)之**로다

종과 북을 마련해두고
이른 아침에 보답하도다

【傳】 醻는 報也라

醻는 '보답하다'이다.

【箋】 箋云 飮酒之禮에 主人獻賓이어든 賓酢主人하고 主人又飮而酌賓을 謂之醻라 醻는 猶厚也요 勸也라 ○ 醻는 本又作酬니 市由反이라 酢은 才洛反이라

箋云：飮酒의 예에 주인이 빈객에게 술잔을 올리면 빈객은 주인에게 술잔을 돌려주고, 주인이 다시 술을 마시고 빈객에게 돌려주는 것을 醻라 한다. 醻는 '융성하게 대접하고 권면하는 것'과 같다.

○ 醻는 어떤 본에는 또 酬로 쓰니, 市와 由의 반절이다. 酢은 才와 洛의 반절이다.

【疏】 箋'飮酒'至'厚勸' ○ 正義曰：案燕禮賓旣受獻, "西階上北面坐, 卒爵. 賓以虛爵降. 賓坐取觚, 奠於篚下, 盥洗. 卒盥, 揖升. 酌以酢主人於西階上. 主人北面拜受." 又曰 "遂卒爵", 是"主人獻賓, 賓酢主人"也. 又曰 "主人盥洗, 升, 媵觚於賓. 酌散, 西階上坐奠爵, 拜賓. 賓降筵, 北面答拜. 主人坐祭, 遂飮." 又曰 "主人酌膳. 賓西階上拜, 受爵於筵前, 反位. 主人拜送爵. 賓升席, 坐祭酒, 遂奠於薦東." 是"主人又飮而酌賓, 曰醻"也. 其鄕飮酒亦然. 彼注"醻, 勸酒", 與此"厚・勸"一也. 瓠葉傳曰 "醻, 導飮." 主人又飮, 以導賓而醻之. 此傳訓"醻"爲"報", 是傳意醻之不施於飮酒, 明矣, 故王肅云 "醻, 報功也."

箋의 〔飮酒〕에서 〔厚勸〕까지

○ 正義曰：살펴보건대 ≪儀禮≫ 〈燕禮〉에서, 賓客이 술잔을 받고 난 후 "서쪽 계단 위에서 북쪽을 향해 앉아서 술 마시기를 마친다. 빈객은 빈 술잔을 가지고 내려간다. 빈객이 앉아서 술잔〔觚〕을 취해 대광주리 아래에 놓고 손을 씻고 잔을 씻는다. 씻기를 마치면 읍하고 올라가서, 술을 부어 서쪽 계단 위에서 주인에게 술잔을 돌려준다. 주인은 북쪽을 향해서 절하고 술잔을 받는다."라고 하였고, 또 "마침내 술잔을 비운다."라고 하였는데, 이것이 "주인이 빈객에게 술잔을 올리면 빈객이 주인에게 술잔을 돌려준다."라고 한 것이다.

또 "주인이 손을 씻고 올라가서 빈객에게 술잔을 보내고, 술동이〔散〕에서 술을 떠서 서쪽 계단 위에 앉아서 술잔을 바치고 빈객에게 절한다. 빈객은 자리로 내려가서 북쪽을 향해서 답배를 한다. 주인은 앉아서 제사 지내고 마침내 술을 마신다."라고 하고, 또 "주인이 술을 따르고 안주를 권한다. 빈객은 서쪽 계단 위에서 절하고, 연회 상 앞에서 술잔을 받아서 자리로 돌아온다. 주인은 절하고 술잔을 보낸다. 빈객은 자리에 올라서 앉아 술잔에 제사 지내고, 드디어 제수의 동쪽에 술잔을 둔다."라고 하였는데, 이것이 "주인이 다시 술을 마시고, 빈객에게 술을 돌려주는 것을 醻라고 한다."라

고 한 것이다. 〈鄕飮酒〉에서도 그렇다.

≪의례≫의 注에서는 "醻는 '술잔을 권하다'이다."라고 하였으니, 이 장의 鄭箋에서 "융성하게 대접하다. 권면하다."라고 한 것과 매한가지다. ≪詩經≫ 〈小雅 瓠葉〉의 毛傳에서 "醻는 인도하여 마시게 하는 것이다."라고 하였는데, 주인이 다시 마시고 빈객을 인도해서 마시게 하는 것이다. 이 시의 모전에서는 醻를 '보답하다'로 풀이하였는데, 모전에서는 보답하는 것이 술 마시는 일에 베풀어지지 않았다고 생각한 것이 분명하다. 그러므로 王肅은 "醻는 '공훈에 보답하는 것'이다."라고 하였다.

彤弓三章이니 **章六句**라

〈彤弓〉은 3章이니 章마다 6句이다.

菁菁者莪(청청자아)

【序】菁菁者莪는 **樂育材也**라 **君子能長育人材**면 **則天下喜樂之矣**라

〈菁菁者莪〉는 인재를 기르는 것을 즐거워한 시이다. 君子가 인재를 크게 기를 수 있으면 天下가 그것을 기뻐하고 즐거워한다.

【箋】樂育材者는 **歌樂人君教學國人**하고 **秀士**와 **選士**와 **俊士**와 **造士**와 **進士**를 **養之以漸**하여 **至於官之**라 ○ **菁者莪**에 **上子丁反**이요 **下五何反**이라 **長**은 **張丈反**이니 **下注竝同**이라 **樂音洛**이니 **下竝注同**이라 **選**은 **雪戀反**이라

"인재를 기르는 것을 즐거워한다."라고 한 것은 임금이 나라 사람에게 학문을 가르쳐 秀士·選士·俊士·造士·進士를 점진적으로 양성하여 관직과 작위를 내려주게 된 것을 노래하며 즐거워한 것이다.

○ 菁者莪에서 위의 菁은 子와 丁의 반절이고 아래의 莪는 五와 何의 반절이다. 長은 張와 丈의 반절이니, 아래의 注도 모두 같다. 樂은 음이 洛이니 아래의 모든 주도 같다. 選은 雪과 戀의 반절이다.

【疏】'菁菁者莪'(四章 章四句)至'樂之矣' ○ 正義曰：作菁菁者莪詩者, 樂育材也. 言君子之爲人君, 能教學而長育其國人, 使有材而成秀進之士, 至於官爵之. 君能如此, 則爲天下喜樂矣, 故作詩以美之. 經四章, 言長養・成就・賜之官爵, 皆是育材之事也. 南有嘉魚言樂與賢也, 南山有臺云樂得賢者. 彼謂在位及人君於時樂求賢者, 本在上之心, 非下人所樂. 此則下人所樂, 樂君之能育材, 與彼別. 又經言喜樂者, 謂被人君所育者, 以被育有材得官爵而喜. 又序言喜樂之者, 他人見之如是而喜樂之, 非獨被育者也. 作者述天下之情而作歌耳.

經의 〔菁菁者莪〕부터 〔樂之矣〕까지

○ 正義曰 : 〈菁菁者莪〉 詩를 지은 까닭은 인재를 양육하는 것을 즐거워한 것이다. 말하자면 君子가 임금이 되어서 학문을 가르쳐 그 나라 사람을 크게 기를 수 있고, 재능이 있는 자로 하여금 秀士부터 進士까지의 선비가 되게 하여, 관작을 주는 데에 이르게 하는 것이다. 임금이 이렇게 할 수 있으면 천하의 사람들을 기쁘고 즐겁게 할 수 있다. 그러므로 시를 지어서 찬미한 것이다.

經文의 4章에서는 크게 양성하는 것〔長養〕, 성취하는 것〔成就〕, 관작을 하사는 것〔賜之官爵〕을 말하였는데, 모두 인재를 기르는 일이다. 〈南有嘉魚〉에서는 賢者와 함께 하는 즐거움을 말했고, 〈南山有臺〉에서는 현자를 얻은 즐거움을 말했다. 이 두 편의 시는 지위에 있는 신하와 임금이 당시에 현자를 구하는 즐거움을 말한 것이니, 고위직 관리의 마음에 근본한 것이어서 아랫사람이 즐거워한 것이 아니다.

이 시에서는 아랫사람이 즐거워한 시로서 임금이 인재를 기를 수 있음을 즐거워한 것이니, 위의 시들과는 구별된다. 또 경문에서 "기쁘다〔喜〕", "즐겁다〔樂〕"라고 한 것은 임금에게 양성되는 것을 일컫는 것이니, 재능이 있는 이를 길러서 관직과 작위를 얻을 수 있게 했기 때문에 기뻐한 것이다. 또 序에서 "기뻐하고 즐거워한 것이다."라고 말한 것은 다른 사람이 이와 같은 것을 보고서 기뻐하고 즐거워한 것이니, 다만 양성된 자뿐만이 아니다. 작자는 천하가 감동한 것을 기술해서 노래를 지은 것일 뿐이다.

【疏】 箋'樂育'至'官之' ○ 正義曰 : 箋解樂育材者, 樂養之以至於材, 故言教學之漸, 至於官爵也. 王制云 "興〔學〕[1], 立小學・大學", 乃言若有循教者, 鄕人子弟・卿大夫餘子皆入學. 九年大成, 名曰秀士. 又曰 "命鄕論秀士, 升之司徒, 曰選(官)〔士〕[2]. 司徒論選士之秀者, 升之於大學, 曰俊士. 升於司徒者, 不征於鄕. 升於大學者, 不征於司徒, 曰造士." 又曰 "大樂正論造士之秀者, 以告於王, 而升諸司馬, 曰進士.", 注云 "進士, 可進受爵祿.", 又曰 "司馬辨論官材, 論進士之賢者, 以告於王, 而定其論. 論定然後官之, 任官然後爵之." 如是, 從鄕人中敎之爲秀士, 是"敎學之", 從秀士, 漸至於進士, 是"養之以漸"也. 進士, 論材任官, 而又爵之, 是"至於官爵之"也. 其養成爲此五士, 是"長育人材"也. 進士是材之大成, 故官爵以進士爲主. 但人材有限, 官有尊卑, 其進士以下, 學已大成, 超逾倫輩, 亦可隨材任之, 不必要至進士始官之也. 卒章箋云 "文亦用, 武亦用, 於人之材無所廢." 是秀士以上, 皆可爲官也. 定本無"進士"二字, 誤也.

1) 〔學〕: 저본에는 없으나, ≪禮記≫ 〈王制〉에 의거하여 '學'을 보충하였다.
2) (官)〔士〕: 저본의 교감기에 따라 '士'로 번역하였다.

箋의 〔樂育〕부터 〔官之〕까지

○ 正義曰 : 鄭箋에서 "樂育材"를 풀이한 것은, 그들을 양성해서 인재가 되게 한 것을 즐거워한 것이다. 그러므로 "학문을 가르쳐 차츰 나아가게 해서 관작을 얻는데 이르게 하였다."라고 말하였다. ≪禮記≫ 〈王制〉에서 "학문을 일으켜 小學과 大學을 세웠다."라고 한 것은, 만약 가르침을 따르는 자가 있으면 鄕人의 자제와 卿大夫의 적장자를 제외한 자제들이 모두 학교에 들어갔다고 말한 것이다. 9년이 지나 크게 성취하면, 秀士라고 명명하였다.

또 "鄕에 명해서 秀士를 평가해서 司徒에게 천거하게 하였는데, 이들을 選士라고 하였다. 司徒는 選士 중에 빼어난 자를 평가해서 大學에 천거하였는데, 이들을 俊士라고 하였다. 사도에 천거된 자는 鄕에서 부역을 하지 않았고, 大學에 천거된 자는 사도에게 부역하지 않았는데, 이들을 造士라고 하였다."라고 하고, 또 "大樂正은 造士 가운데 빼어난 자를 평가해서 왕에게 아뢰고 司馬에 천거하는데, 이들을 進士라고 한다."라고 하였는데, 그 注에서 "진사는 나가서 관직과 복록을 받을 수 있다."라고 하였고, 또 "司馬는 관직을 할 만한 재능이 있는지 조사하고 평가하며, 진사 가운데 어진 자를 평가해서 왕에게 보고하고 그 평가를 확정한다. 확정한 후에 그에게 벼슬을 내리고, 벼슬을 맡긴 후에 그에게 작위를 내린다."라고 하였다.

이와 같이 향인 가운데 가르쳐서 秀士가 되게 하는 것이 "그들에게 학문을 가르친다."라는 것이고, 秀士부터 점진적으로 進士에 이르는 것이 '점진적으로 양성한다.'라는 것이다. 진사에게서 재주를 평가해서 관직을 맡기고 또 작위를 내리는 것이 '관직과 작위를 내려주는 데 이르게 된다.'라는 것이다.

양성해서 이 다섯 부류의 士를 만드는 것이 〈序에서 말한〉 "인재를 크게 기른다."는 것이다. 진사는 재능이 크게 이루어진 선비이다. 그러므로 관직과 작위를 내려줄 때 진사로서 주를 삼은 것이다. 다만 人材에는 한계가 있고 벼슬에는 지위의 높낮이가 있으므로, 진사 이하는 학문이 이미 크게 완성되어 같은 무리들을 뛰어넘어서 또한 재능에 따라 임명할 수 있는 것이니, 반드시 진사가 된 후에 비로소 벼슬을 내릴 필요는 없다.

마지막 장의 鄭箋에서 "문사도 쓰고 무사도 쓰니 사람의 재능에서 쓸모없는 것은 없다."라고 하였으니, 秀士 이상은 모두 벼슬할 만하다는 것이다. ≪五經定本≫에는 '進士' 2글자가 없는데 잘못됐다.

菁菁者莪가 在彼中阿로다

무성한 다북쑥이
저 언덕 가운데 있도다

莪

【傳】 興也라 菁菁은 盛貌요 莪는 蘿蒿也라 中阿는 阿中也니 大陵曰阿라 君子能長育人材를 如阿之長莪菁菁然이라

興이다. 菁菁은 '무성한 모양'이다. 莪는 '다북쑥'이다. 中阿는 阿中과 같으니 큰 언덕을 阿라고 한다. 군자가 인재를 크게 기를 수 있는 것이 마치 큰 언덕이 쑥을 크게 키워 무성해지는 것과 같다.

【箋】 箋云 長育之者는 既教學之하고 又不征役也라

箋云 : 毛傳에서 '크게 기른다.'고 한 것은 학문을 가르치고 나서 다시 賦稅와 徭役을 부가하지 않는 것이다.

既見君子호니 樂且有儀로다

군자를 보고 나니
즐거운데 또 예의가 있도다

【箋】 箋云 既見君子者는 官爵之而得見也라 見則心既喜樂이요 又以禮儀見接이라

箋云 : "군자를 보았다."는 것은 관직과 작위를 내려줘서 볼 수 있는 것이다. 보고

나서 마음이 기쁘고 즐거웠는데, 다시 예의로써 대접받은 것이다.

【疏】'菁菁'至'有儀' ○ 正義曰：言菁菁然茂盛者, 蘿蒿也, (此蘿蒿也)[1]此蘿蒿所以得茂盛者, 由生在阿中, 得阿之長養, 故茂盛. 以興德盛者, 是學士也, 此學士所以致德盛者, 由升在彼學中, 得君之長育, 故使德盛. 人君既能長育人材, 教學之, 又能官而用之, 故此學士既見君子則心喜樂, 且又有禮儀見接也. 又君子能養材與官, 又接之以禮, 故下所以歌之也. 言此養莪者以沚, 則有水之潤, 阿・陵有所居之勢, 草得於中而長遂, 故言長也.

1) (此蘿蒿也)：저본의 교감기에 따라 '此蘿蒿也'를 衍文으로 처리하였다.

經의 〔菁菁〕부터 〔有儀〕까지

○ 正義曰：우거져 무성한 것은 蘿蒿인데, 이 蘿蒿가 무성해질 수 있었던 까닭은 큰 언덕 가운데서 자라나서 큰 언덕의 큰 양육을 받을 수 있었기 때문에 무성해진 것이다. 이것으로 덕성이 훌륭한 자는 學士인데 이 학사가 덕이 훌륭해질 수 있었던 까닭은 저 배움의 과정 중에 올라서서 임금의 양육을 받을 수 있었기 때문에 덕이 훌륭해질 수 있게 되었다는 것을 비유하였다.

임금이 이미 인재를 양성하고 그들을 학문으로 가르칠 수 있었는데 다시 관직을 내려 등용할 수 있었다. 그러므로 이 학사가 군자를 보고 나서 곧 마음이 기쁘고 즐거웠는데, 다시 禮儀로 대우받을 수 있었다. 또 군자가 인재를 양성하고 벼슬을 내려줄 수 있었는데, 다시 예로써 대접할 수 있었다. 그러므로 아래 장에서 그것을 노래하였다. 다북쑥을 양육한 곳을 모래톱이라고 말하였으니 물 가운데 기름진 곳이 있는 것이고, 阿와 陵에 자리할 형세가 있어서 풀이 그 가운데에서 생장할 수 있었기 때문에, '長'이라고 말하였다.

【疏】傳'莪 蘿蒿' ○ 正義曰：釋草云"莪, 蘿蒿也." 舍人曰"莪, 一名蘿.", 郭璞曰"今莪蒿也." 陸璣疏云"莪, 蒿也, 一名蘿蒿也. 生澤田漸洳之處, (栾)〔葉〕[1]似邪蒿而細, 科生. 三月中, 莖可生食, 又可蒸, 香美, 味頗似蔞蒿.", 是也.

1) (栾)〔葉〕：저본의 교감기에 따라 '葉'으로 번역하였다.

傳의 〔莪 蘿蒿〕

○ 正義曰：≪爾雅≫ 〈釋草〉에서 "莪는 다북쑥이다."라고 하였는데, 舍人은 "莪는 일명 미나리이다."라고 하였고, 郭璞은 "지금의 莪蒿이다."라고 하였으며, 陸璣는 ≪毛詩

草木鳥獸蟲魚疏≫에서 "莪는 蒿이니, 일명 蘿蒿이다. 습한 논과 진흙 진 곳에 자라는데 잎은 邪蒿와 비슷하지만 가늘고, 한곳에 모여 자란다. 3월에는 줄기를 생으로 먹을 수 있고, 또 삶아서 먹을 수 있다. 향기롭고 맛있으며, 맛은 蔞蒿와 매우 비슷하다."라고 하였는데, 이것이다.

【疏】箋'官爵'至'見接' ○ 正義曰：以下云 "賜我百朋", 得祿之事, 故此樂者爲得官而樂也. 旣樂爲官爵之, 又云 "且有儀", 且, 兼事之辭, 故爲君子以禮儀接已也.

箋의 〔官爵〕부터 〔見接〕까지

○ 正義曰 : 아래 장의 "내게 百朋을 주는구나."를 가지고 봉록을 받은 일로 여겼다. 그러므로 이 장에서 즐거워한 것은 관직을 얻어서 즐거워한 것이다. 이미 관직과 작위를 내려준 것을 즐거워하였는데, 다시 "또 禮儀가 있다."라고 하였으니, 且는 '일을 아우른다.'는 말이다. 그러므로 군자가 예의로써 자기를 대접한다고 여긴 것이다.

菁菁者莪가 在彼中沚(지)로다

무성한 다북쑥이

저 모래톱 가운데 있도다

【傳】中沚는 沚中也라 ○ 沚音止라

中沚는 모래톱 가운데이다.

○ 沚의 음은 止이다.

旣見君子호니 我心則喜로다

군자를 보고 나니

내 마음이 즐겁도다

【傳】喜는 樂也라

喜는 '즐겁다'이다.

菁菁者莪가 **在彼中陵**이로다

무성한 다북쑥이
저 언덕 가운데 있도다

【傳】 中陵은 陵中也라

中陵은 '언덕 가운데'이다.

旣見君子호니 **錫我百朋**이로다

군자를 만나보니
내게 百朋을 주는구나

【箋】 箋云 古者貨貝는 五貝爲朋이라 賜我百朋은 得祿多니 言得意也라

箋云 : 옛날의 화폐는 5貝가 朋이 된다. 나에게 백 朋을 하사했다는 것은 녹봉을 받은 것이 많다는 것이니, 만족스러운 뜻을 말한 것이다.

【疏】 箋'古者'至'得意' ○ 正義曰 : 言賜我, 是入己之辭, 故爲得祿也. 言"古者貨貝", 言古者, 寶此貝爲貨也. 五貝者, 漢書・食貨志以爲大貝・壯貝・幺貝・小貝・不成貝爲五也. 言爲朋者, 爲小貝以上四種, 各二貝爲一朋. 而不成者不爲朋. 鄭因經廣解之, 言有五種之貝, 貝中以相與爲朋, 非總五貝爲一朋也. 故志曰"大貝四寸八分以上, 直錢二百一十文, 二貝爲朋. 壯貝三寸六分以上, 直錢五十文, 二貝爲朋. 幺貝二寸四分以上, 直錢三十文, 二貝爲朋. 小貝一寸二分以上, 直錢一十文, 二貝爲朋. 不成貝〔不盈〕[1]寸二分, 漏度不得爲朋, 率枚直錢三文.", 是也. 以志所言, 王莽時事. 王莽多擧古事而行五貝, 故知古者貨貝焉.

1)〔不盈〕: 저본의 교감기에 따라 '不盈'을 보충하였다.

【疏】 箋의 〔古者〕부터 〔得意〕까지

○ 正義曰 : "나에게 하사했다."라고 한 것은 〈재물이〉 자기에게 들어왔다는 말이다. 그러므로 "봉록을 받았다."라고 말하였다. "옛날의 화폐"라고 한 것은 옛날에는 이 조개를 보배로 여겨 화폐로 삼았음을 말한 것이다. 五貝라는 것은 ≪漢書≫ 〈食貨志〉에

서 大貝・壯貝・幺貝・小貝・不成貝 등의 다섯 가지라고 하였다. "朋이 된다."라고 한 것은 小貝 이상 4종류는 각각 2貝가 1朋이 되고, 不成貝는 朋이 되지 못한다.

鄭玄은 經文에 따라 널리 해석한 것이다. 말하자면 5종류의 貝가 있는데 貝 가운데 서로 함께 하는 것이 朋이 되는 것이지, 5貝를 합친 것이 1朋이 되는 것이 아니다. 그러므로 〈식화지〉에서 "大貝는 4寸 8分 이상이니 돈 210文의 가치가 있고 2貝가 朋이 된다. 壯貝는 3寸 6分 이상이니 돈 50文의 가치가 있고 2貝가 朋이 된다. 幺貝는 2寸 4分 이상이니 돈 30文의 가치가 있고 2貝가 朋이 된다. 小貝는 1寸 2分 이상이니 돈 10文의 가치가 있고 2貝가 朋이 된다. 不成貝는 1寸 2分이 되지 않고 기준에 차지 않아서 朋이 될 수 없으니, 낱낱개가 단지 돈 3文의 가치가 있다."라고 한 것이 이것이다.

〈식화지〉에서 말한 것은 王莽 때의 일인데, 왕망은 옛 일을 많이 들어서 5貝의 제도를 시행했기 때문에 옛날의 화패임을 알 수 있다.

汎汎楊舟여 載沈載浮로다

두둥실 떠가는 버드나무 배여
가라앉았다가 떴다가 하네

【傳】 楊木爲舟라 載沈亦(沈)〔浮〕[1)]하고 載浮亦浮라

1) (沈)〔浮〕: 저본의 교감기에 따라 '浮'로 번역하였다.

버드나무로 배를 만들어서, 가라앉는 것을 실어도 물 위에 뜨고 뜨는 것을 실어도 뜬다.

【箋】 箋云 舟者는 沈物亦載하고 浮物亦載라 喩人君用士에 文亦用이요 武亦用이라 於人之材에 無所廢라 ○ 汎汎은 方劍反이라

箋云 : 배라는 것은 가라앉는 물건도 싣고 뜨는 물건도 싣는다. 이것으로 임금이 선비를 쓸 때 文士로도 등용하고 武士로도 등용해서 사람의 재능에는 버릴 것이 없음을 비유하였다.

○ 汎汎은 方과 劍의 반절이다.

旣見君子호니 我心則休로다

이미 군자를 보고 나니
내 마음은 편해지네

【箋】箋云 休者는 休休然이라 ○ 休는 虛虯反이니 美也라

箋云 : 休는 '편안하고 여유로운 모양'이다. ○ 休는 虛와 虯의 반절이니 '아름답다'의 뜻이다.

【疏】'汎汎'至'則休' ○ 正義曰 : 言汎汎然楊木之舟, 則載其沉物, 則載其浮物, 俱浮水上. 以興當時君子, 用其文者, 又用其武者, 俱致在朝. 言君子於人, 唯才是用, 故旣見君子, 而得官爵, 我心則休休然而美. "載飛載止"及"載震"·"載育"之類, 箋·傳皆以"載"爲"則", 然則此"載"亦爲"則", 言則載沉物, 則載浮物也. 傳言 "載沈亦浮", 箋云 "沉物亦載", 則以載解義, 非經中之載也.

經의 〔汎汎〕부터 〔則休〕까지

○ 正義曰 : 두둥실 떠가는 버드나무 배는 가라앉는 물건을 실어도 뜨는 물건을 실어도 모두 물 위에 뜬다. 이것으로 당시의 군자가 문사를 등용하고 무사를 등용해도 모두 조정에 헌신할 수 있음을 비유한 것이다. 말하자면 군자가 사람에 대해 오직 재능을 쓰기 때문에 군자를 보고 나서 관직과 작위를 얻어서, 내 마음이 편안하고 여유로워 좋다는 것이다.

〈四牡〉의 "載飛載止"와 〈生民〉의 "載震", "載育" 등에 대해, 鄭箋과 毛傳에서는 모두 載를 則이라고 하였다. 그렇다면 이 시에서의 載도 則이 된다. 말하자면 곧 가라앉는 물건도 싣고 뜨는 물건도 싣는 것이다. 毛傳에서 "가라앉는 것을 실어도 물 위에 뜬다."라고 하고, 鄭箋에서 "가라앉는 물건도 싣는다."라고 하였으니, '싣다〔載〕'라는 뜻으로 풀이하였으나 經文 안의 載는 아니다.

菁菁者莪四章이니 **章四句**라

〈菁菁者莪〉는 4章이니 章마다 4句이다.

附 錄

1.《毛詩正義6》參考書目 / 335

2.《毛詩正義6》參考圖版 目錄 및 出處 / 340

3.《毛詩正義》總目次(QR코드) / 341

4.《毛詩正義》解題(QR코드) / 341

〔附 錄〕

1. ≪毛詩正義 6≫ 參考書目

◇ 底本

• ≪毛詩正義≫, 阮元(淸) 校刻, 十三經注疏(淸 嘉慶刊本), 中華書局, 2009.

◇ 주요 참고본

• ≪毛詩正義≫, 十三經注疏整理委員會 整理, 北京大學出版社, 2000.

◇ 十三經注疏

• ≪周易正義≫, 阮元(淸) 校刻, 十三經注疏(淸 嘉慶刊本), 中華書局, 2009.
• ≪尙書正義≫, 阮元(淸) 校刻, 十三經注疏(淸 嘉慶刊本), 中華書局, 2009.
• ≪周禮注疏≫, 阮元(淸) 校刻, 十三經注疏(淸 嘉慶刊本), 中華書局, 2009.
• ≪儀禮注疏≫, 阮元(淸) 校刻, 十三經注疏(淸 嘉慶刊本), 中華書局, 2009.
• ≪禮記正義≫, 阮元(淸) 校刻, 十三經注疏(淸 嘉慶刊本), 中華書局, 2009.
• ≪春秋左傳正義≫, 阮元(淸) 校刻, 十三經注疏(淸 嘉慶刊本), 中華書局, 2009.
• ≪春秋穀梁傳注疏≫, 阮元(淸) 校刻, 十三經注疏(淸 嘉慶刊本), 中華書局, 2009.
• ≪春秋公羊傳注疏≫, 阮元(淸) 校刻, 十三經注疏(淸 嘉慶刊本), 中華書局, 2009.
• ≪論語注疏≫, 阮元(淸) 校刻, 十三經注疏(淸 嘉慶刊本), 中華書局, 2009.
• ≪爾雅注疏≫, 阮元(淸) 校刻, 十三經注疏(淸 嘉慶刊本), 中華書局, 2009.
• ≪孟子注疏≫, 阮元(淸) 校刻, 十三經注疏(淸 嘉慶刊本), 中華書局, 2009.
• ≪孝經注疏≫, 阮元(淸) 校刻, 十三經注疏(淸 嘉慶刊本), 中華書局, 2009.

◇ 原典 및 字典類

• ≪經典釋文≫, 陸德明(唐), 文淵閣四庫全書 182, 商務印書館, 1983.
• ≪文獻學大辭典≫, 趙國璋・潘樹廣 主編, 廣陵書社, 2005.

- ≪本草綱目≫, 李時珍(明), 文淵閣四庫全書 772~773, 商務印書館, 1983.
- ≪四庫全書總目提要≫, 紀昀(淸) 總纂, 孟蓬生 外 點校, 河北人民出版社, 2000.
- ≪四庫提要辨證≫, 余嘉錫, 雲南人民出版社, 2004.
- ≪說文解字≫, 許愼(後漢), 文淵閣四庫全書 223, 商務印書館, 1983.
- ≪說文解字注≫, 段玉裁(淸), 上海古籍出版社, 2011.
- ≪詩經講義≫, 丁若鏞(朝鮮), 韓國文集叢刊 282, 民族文化推進會, 2002.
- ≪詩經講義補遺≫, 丁若鏞(朝鮮), 韓國文集叢刊 282, 民族文化推進會, 2002.
- ≪詩經原始≫, 方玉潤(淸) 撰, 李先耕 點校, 中華書局, 2006.
- ≪王力古漢語字典≫, 王力, 中華書局, 2005.
- ≪前漢書≫, 班固(後漢), 文淵閣四庫全書 249~250, 商務印書館, 1983.
- ≪周禮正義≫, 孫詒讓(淸), 續修四庫全書 82~84, 上海古籍出版社, 1995.
- ≪中國官制大辭典≫, 兪鹿年, 黑龍江人民出版社, 1998.
- ≪中國歷代人名大辭典≫, 張撝之外 主編, 上海古籍出版社, 1999.
- ≪中國歷史紀年表≫, 方時銘, 上海人民出版社, 2007.
- ≪中國歷史大事典≫, 張海鵬 主編, 山東大學出版部, 2000.
- ≪春秋考徵≫, 丁若鏞(朝鮮), 韓國文集叢刊 283, 民族文化推進會, 2002.
- ≪春秋傳服氏注≫, 服虔(後漢), 續修四庫全書 117, 上海古籍出版社, 1995.
- ≪漢書補注≫, 王先謙(淸), 上海古籍出版社, 2008.
- ≪韓詩外傳≫, 韓嬰(前漢), 영인본, 學民文化社, 1999.
- ≪漢詩原流字典≫, 谷衍奎, 華夏出版社, 2003.
- ≪漢語大詞典≫, 羅竹風 主編, 漢語大詞典出版社, 1995.

◇ 單行本類

- ≪經學歷史≫, 皮錫瑞(淸), 河洛圖書出版社, 1974.
- ≪古代漢語≫, 王力, 中華書局, 2004.
- ≪國語全譯≫, 黃永堂 譯注, 貴州人民出版社. 1995.
- ≪論鄭玄詩譜的貢獻≫, 王洲明, 人民文學出版社, 1986.
- ≪毛詩・尙書≫, 漢文大系, 新文豐出版有限公司, 1996.
- ≪毛詩李黃集解≫, 李樗(宋)・黃櫄(宋), 編錄者 未詳, 文淵閣四庫全書, 臺灣商務印書館, 1982.
- ≪毛詩傳箋通釋≫, 馬瑞辰(淸) 撰, 陳金生 點校, 中華書局, 2004.

- ≪毛詩鄭箋≫, 鄭玄(後漢), 中華書局, 1979.
- ≪說文解字今釋≫ 上・下, 湯可敬, 岳鹿書社, 2002.
- ≪詩經名物新證≫, 揚之水, 北京古籍出版社, 2000.
- ≪詩經研究史概要≫, 夏傳才, 清華大學出版社, 2007.
- ≪詩三家義集疏≫, 王先謙(淸), 中華書局, 1987.
- ≪詩集傳≫, 朱熹(宋), 臺灣中華書局, 1973.
- ≪鄭玄詩箋例釋≫, 周國瑞, 殷都學刊, 1989.

◇ 研究論著 및 飜譯書

〔韓國〕

- 〈≪四書集註≫의 ≪詩經≫引用詩 註解와 ≪詩集傳≫註解 比較研究〉, 박순철, ≪中國人文科學≫ 50집, 2012.
- 〈鄭衆의 ≪草木鳥獸, 皆興辭≫ 考察 : ≪毛詩傳≫・≪鄭箋≫과 ≪孔疏≫를 中心으로〉, 安性栽, ≪중국학≫ 39집, 2011.
- 〈鄭玄 ≪毛詩鄭箋≫ 釋例와 詩經學上의 貢獻〉, 李康範, ≪시경연구≫ 1집, 1999.
- 〈조선 실학시대 君臣間의 학문활동 : ≪詩經講義≫를 통해 본 正祖와 丁若鏞의경우〉, 한예원, ≪남명학연구≫ 6집, 2003.
- 〈朱熹 ≪詩集傳≫ 〈북풍〉 新舊傳 비교 연구(上)〉, 李再薰, ≪中國語文論叢≫ 26집, 2004.
- 〈韓國 經學研究의 回顧와 展望〉, 최석기, ≪大東漢文學≫ 19집, 2003.
- 〈한국의 시경론〉, 李炳燦, 단국대학교 박사학위논문, 2001.
- 〈≪韓詩外傳≫에 관한 고찰〉, 宋熹準, ≪중국어문학≫ 40집, 2002.
- ≪詩經≫의 음악성에 대한 조선시대 학자들의 논의와 활용〉, 김수경, ≪中國語文論叢≫ 5집, 2012.
- ≪詩經集傳≫, 成百曉 譯註, 傳統文化研究會, 1999.
- ≪漢文學과 詩經論≫, 沈慶昊, 一志社, 1999.
- ≪春秋左氏傳≫, 鄭太鉉 譯註, 傳統文化研究會, 2014.

〔中國〕

- ≪經學歷史≫, 皮錫瑞(淸), 河洛圖書出版社, 1974.

- ≪古代漢語≫, 王力, 中華書局, 2004.
- ≪國語全譯≫, 黃永堂 譯注, 貴州人民出版社. 1995.
- ≪論鄭玄詩譜的貢獻≫, 王洲明, 人民文學出版社, 1986.
- ≪毛詩・尙書≫, 漢文大系, 新文豐出版有限公司, 1996.
- ≪毛詩李黃集解≫, 李樗(宋)・黃櫄(宋), 編錄者 未詳, 文淵閣四庫全書, 臺灣商務印書館, 1982.
- ≪毛詩傳箋通釋≫, 馬瑞辰(淸) 撰, 陳金生 點校, 中華書局, 2004.
- ≪毛詩鄭箋≫, 鄭玄(後漢), 中華書局, 1979.
- ≪說文解字今釋≫ 上・下, 湯可敬, 岳鹿書社, 2002.
- ≪詩經名物新證≫, 揚之水, 北京古籍出版社, 2000.
- ≪詩經硏究史槪要≫, 夏傳才, 淸華大學出版社, 2007.
- ≪詩三家義集疏≫, 王先謙(淸), 中華書局, 1987.
- ≪詩集傳≫, 朱熹(宋), 臺灣中華書局, 1973.
- ≪鄭玄詩箋例釋≫, 周國瑞, 殷都學刊, 1989.

〔日本〕

- ≪毛詩の文獻學的硏究一出土文獻との比較を中心に≫, 藪敏裕, 汲古書院, 2020
- ≪毛詩正義譯注≫1, 岡村繁, 中國書店, 1986.
- ≪毛詩正義硏究≫, 田中和夫, 白帝社, 2003
- 〈毛詩正義引書索引>, 野間文史, 廣島大學大學院文學硏究科論集 66卷 特輯號 1, 廣島大學大學院文學硏究科, 2006
- ≪毛詩注疏譯注 小雅≫1~3, 田中和夫, 白帝社, 2010/2013/2019.
- ≪詩經興詞硏究≫, 福本郁子, 硏文出版, 2012.

〔英美〕

- *A Guide to Chinese Literature,* Wilt L. Idema, University of Michigan Press, 1997.
- *Book of Songs (Shi-Jing) : A New Translation of Selected Poems from the Ancient Chinese Anthology,* James Trapp, Amber Books Limited, 2021.
- *Chinese Theories of Reading and Writing : A Route to Hermeneutics and Open Poetics,* Ming Dong Gu, State University of New York Press, 2005.

- *Love and War in Ancient China : Voices from the Shijing*, William S-Y. WANG, City University of Hong Kong Press, 2013.
- *The Book of Songs*, Arthur Waley, Routledge, 2005.
- *The Language of the Book of Songs*, W.A.C.H. Dobson, University of Toronto Press, 1968.
- *The Making of Early Chinese Classical Poetry*, Stephen Owen, Harvard University Asia Center, 2006.
- *The Shaping of the Book of Songs : From Ritualization to Secularization*, Zhi Chen, Institut Monumenta Serica, 2007.

◇ 도판 자료

- ≪毛詩名物圖說≫, 徐鼎(淸), 辛卯年刊本.
- ≪毛詩品物圖攷≫, 岡元鳳(日) 纂輯, 新世紀出版社, 1975.
- ≪三才圖會≫, 王圻(明) 外, 上海古籍出版社, 2005.
- ≪宋板六經圖≫, 未詳, 1987.
- ≪新政三禮圖≫, 聶崇義(宋), 康熙 12年(1673) 通知堂刊本.
- ≪五經圖彙≫, 松本幻憲(日) 編, 寬政 3年(1791) 刊本.
- ≪禮器圖≫ - 漢文大系本.
- ≪六經圖≫ - 四庫全書本.
- ≪六經圖考≫ - 禮耕堂重訂本.
- ≪陸氏草木鳥獸蟲魚疏圖解≫, 淵在寬(日), 安永 8年(1779) 京都書肆刊本.

◇ 電子文獻 및 Web DB

- CD-ROM 中國基本古籍庫
- 동양고전종합DB (http://db.cyberseodang.or.kr)
- 상우천고 (http://www.s-sangwoo.kr)
- 이체자정보검색 (http://db.itkc.or.kr/DCH/)
- 電子版 文淵閣四庫全書, 上海古籍出版社.
- 한국고전종합DB (http://db.itkc.or.kr)

2. ≪毛詩正義 6≫ 參考圖版 目錄 및 出處

(1) 鹿(≪毛詩品物圖攷≫) / 72
(2) 苹(≪毛詩品物圖攷≫) / 73
(3) 瑟(≪欽定周官義疏≫) / 73
(4) 笙(≪三禮圖≫) / 73
(5) 蒿(≪毛詩品物圖攷≫) / 80
(6) 鵻(≪毛詩品物圖攷≫) / 93
(7) 常棣(≪毛詩品物圖攷≫) / 120
(8) 脊令(≪詩經名物圖解≫) / 125
(9) 九族親睦圖(≪欽定書經圖說≫) / 132
(10) 簋(≪欽定周官義疏≫) / 151
(11) 薇(≪毛詩名物圖說≫) / 190
(12) 魚服(≪五經圖彙≫) / 205
(13) 旗(≪欽定周官義疏≫) / 219
(14) 旐(≪五經圖彙≫) / 219
(15) 旂(≪五經圖彙≫) / 223
(16) 草蟲(≪毛詩名物圖說≫) / 228
(17) 阜螽(≪毛詩名物圖說≫) / 228
(18) 鱨(≪毛詩品物圖攷≫) / 244
(19) 鯊(≪毛詩品物圖攷≫) / 244
(20) 鱧(≪毛詩品物圖攷≫) / 252
(21) 鰋(≪毛詩品物圖攷≫) / 253
(22) 萊(≪毛詩品物圖攷≫) / 272
(23) 臺(≪毛詩品物圖攷≫) / 272
(24) 彤弓(≪新定三禮圖≫) / 313
(25) 莪(≪毛詩品物圖攷≫) / 327

3. ≪毛詩正義≫ 總目次

≪毛詩正義≫ 總目次

QR코드를 스캔하면 ≪毛詩正義≫ 總目次를 볼 수 있습니다.

4. ≪毛詩正義≫ 解 題

≪毛詩正義≫ 解 題

QR코드를 스캔하면 ≪毛詩正義≫ 解題를 볼 수 있습니다.

責任飜譯者

林在完

成均館大 漢文學科 碩・博士科程 卒業
翰林大 泰東古典研究所(芝谷書堂) 修了
삼성미술관 Leeum 首席研究員
翰林大 泰東古典研究所 研究教授
國史編纂委員會 漢文講師(現)

論文 및 譯書

論文 〈浦渚 趙翼의 四書學 研究〉
譯書 ≪세 분 선생님의 편지글 三賢手簡≫, ≪조선시대 문인들의 초서 편지글≫,
　　 ≪정조대왕의 편지글≫, ≪대각등계집≫
共譯 ≪三經淺見錄≫, ≪爾雅注疏≫, ≪省齋集≫, ≪剛齋集≫, ≪明谷集≫
編書 ≪옛 편지 낱말사전≫

共同飜譯者

金明煥

韓國學中央研究院 國文學科 博士課程 卒業
翰林大 泰東古典研究所(芝谷書堂) 修了
泰東古典研究所 研究員
檀國大 東洋學研究所 研究員
韓國國學振興院 研究員

論文 및 譯書

論文 〈西溪朴世堂의 詩經思辨錄 研究〉 등
譯書 ≪兵經百字≫, ≪健元陵丁字閣重修都監儀軌≫,
　　 ≪파수록 : 옛 선비들의 심심타파≫, ≪古今名人讀書法(假稱)≫ 등

懸　吐

吳圭根

江原 平昌 大化 出生
南山 鄭鑽 先生, 祖父 鳳西 先生, 家親 硏靑 先生에게 受學
民族文化推進會 國譯硏修院 卒業
國譯硏修院 講師 歷任
傳統文化硏究會 古典硏修院 講師 歷任
理事(現)

譯書 및 校勘標點

譯書 ≪朝鮮王朝實錄 ≪宣祖實錄≫, ≪光海君日記≫, ≪中宗實錄≫
≪白湖全書≫, ≪順菴集≫, ≪承政院日記≫(高宗祖) 등
校勘標點 ≪韓國文集叢刊≫

十三經注疏
譯註 毛詩正義 6 정가 34,000원

2021년 12월 30일 초판 발행
2024년 05월 30일 초판 3쇄

企劃編輯 東洋古典飜譯編輯委員會
傳 毛亨 箋 鄭玄 疏 孔穎達
責任飜譯 林在完
共同飜譯 金明煥
懸 吐 吳圭根
潤 文 朴勝珠
校 訂 郭成龍

發 行 人 郭成文
發 行 處 社團法人 傳統文化硏究會
서울시 종로구 삼일대로 428 낙원빌딩 411호
전화 : (02)762-8401 전송 : (02)747-0083
전자우편 : juntong@juntong.or.kr
사이버書堂 : cyberseodang.or.kr
온라인서점 : book.cyberseodang.or.kr
등록 : 1989. 7. 3. 제1-936호

인쇄처 : 한국법령정보주식회사(02-462-3860)
총 판 : 한국출판협동조합(070-7119-1750)

ISBN 979-11-5794-496-5 94140
978-89-91720-93-0 (세트)

※이 책은 2021년도 교육부 고전문헌 국역지원사업 지원비에 의해 초판(비매품) 간행.